高等职业教育轨道交通新形态一体化系列教材

铁路列车行车安全装置

主　编　刘　畅　陈友伟　董亚男
副主编　高　瑞　顾　贺　朱鹏飞　陈　君

微课　　课程思政　　课件

校企合作　　教学大纲　　新形态一体化教材

西南交通大学出版社
·成　都·

图书在版编目（CIP）数据

铁路列车行车安全装置 / 刘畅，陈友伟，董亚男主编. —成都：西南交通大学出版社，2021.7（2024.1 重印）
ISBN 978-7-5643-8154-7

Ⅰ. ①铁… Ⅱ. ①刘… ②陈… ③董… Ⅲ. ①铁路行车－行车安全－安全装置－高等职业教育－教材 Ⅳ. ①U298.1

中国版本图书馆 CIP 数据核字（2021）第 151685 号

Tielu Lieche Xingche Anquan Zhuangzhi
铁路列车行车安全装置

主编　刘　畅　陈友伟　董亚男

责任编辑　李　伟
封面设计　何东琳设计工作室

出版发行　西南交通大学出版社
（四川省成都市金牛区二环路北一段 111 号
西南交通大学创新大厦 21 楼）
邮政编码　610031
发行部电话　028-87600564　028-87600533
网址　http://www.xnjdcbs.com
印刷　成都中永印务有限责任公司

成品尺寸　185 mm × 260 mm
印张　23.25
字数　581 千
版次　2021 年 7 月第 1 版
印次　2024 年 1 月第 2 次
定价　69.00 元
书号　ISBN 978-7-5643-8154-7

课件咨询电话：028-81435775
图书如有印装质量问题　本社负责退换

前　言

2019 年 9 月，中共中央、国务院印发《交通强国建设纲要》，明确从 2021 年到 21 世纪中叶，我国将分两个阶段推进交通强国建设。到 2035 年，基本建成交通强国，形成三张交通网、两个交通圈。交通强国，铁路先行。随着铁路的高速发展，智能监测、智慧管理越来越多地得到应用，尤其是在列车行车安全领域。本教材根据新时代铁路列车行车安全装置的发展和运用情况，对全路正在广泛使用和全面推广的列车行车安全装置进行了详细介绍，内容涵盖 LKJ2000 型列车运行监控装置、TAX2 型机车安全信息综合监测装置、机车综合无线通信设备（CIR）、列车防护报警和列尾安全防护设备、机车车载安全防护系统（6A 系统）、无线调车机车信号和监控系统（STP）、中国机车远程监测与诊断系统（CMD 系统），以及列车运行控制系统。教材从各个设备的构成、功能、界面显示、操作方法和故障处理几个方面进行了细致描述，内容全面，准确易懂。

教材全面支持任务驱动式一体化教学的开展，编写了完整的任务书、任务实施检查单、任务评价表和能力测试题等教学文件，配套制作了优质信息化课程资源，精选了与课程紧密结合的思政案例。教师可灵活使用教材资源，设计课堂环节，搭建以学生为主体，以立德强技为目标的优质一体化课堂。

本教材的特点主要有：

（1）配备了全套任务驱动式一体化教学的教学文件、教学资源。

（2）全面涵盖各种铁路列车行车安全装置的认知和使用。

（3）甄选了与教学内容密切贴合的思政案例。

（4）配图充分，语言通俗易懂，利于学生自主获得资讯。

本教材依据中国铁路沈阳局集团有限公司对新入职职工的培训要求，由辽宁铁道职业技术学院铁道机车运用与维护专业教学团队编写。项目 1 由陈友伟编写，项目 2 的任务 2-1 至任务 2-3 由刘畅编写，项目 2 的任务 2-4 至任务 2-5 由顾贺编写，项目 2 的任务 2-6 至任务 2-7 和项目 3 由朱鹏飞编写，项目 4 和项目 5 由高瑞编写，项目 6 和项目 7 由陈君编写，项目 8 和项目 9 由董亚男编写。

由于编写团队水平有限，书中难免有疏漏和不足之处，恳请广大读者批评指正。

编　者

2021 年 6 月

目　录

项目 1　轨道电路与机车信号

列车运行安全与信号设备的准确稳定密不可分。轨道电路负责监测线路的占用情况，实时将占用情况传送给地面信号机和列车上的机车信号机，将列车运行情况与信号显示等联系起来。轨道电路和信号设备共同为铁路列车运行安全保驾护航。

“轨道电路与机车信号”项目引入

任务 1-1　认识轨道电路

任务安排

任务编号	1-1	任务名称	认识轨道电路	建议学时	4（学时）
任务描述					
铁路信号有指示列车运行，防止列车追尾、冲突事故和列车颠覆事故的重要作用。机车乘务员必须通过识别信号控制列车运行，而信号机显示的信号是通过轨道电路来实现的。轨道电路监测列车运行情况，将信息实时传递给信号机，从而保障运行安全。 请你制作一个简单的轨道电路，并在沙盘上模拟自动闭塞区段的行车过程。					
任务实施要求做到： （1）绘制简单轨道电路原理图； （2）动手制作简单的轨道电路，并检测其动作是否正确； （3）分析轨道电路对列车运行的作用； （4）说明闭塞的意义及分类； （5）说明自动闭塞的工作方式； （6）在沙盘上模拟自动闭塞区段的行车过程，并说明通过信号显示的含义。					

续表

任务编号	1-1	任务名称	认识轨道电路	建议学时	4（学时）
实施说明					
（1）以小组（5~6人）为单位开展任务； （2）课下自主完成任务资讯的学习和储备； （3）小组制订任务实施计划，按任务实施要求，全员掌握各项内容； （4）评价验收：成绩由理论成绩和实践成绩两部分组成。对小组全部同学进行理论知识考核，记录个人成绩，作为第一部分成绩；小组指派代表展示制作的轨道电路，叙述轨道电路的工作原理、自动闭塞工作方式和自动闭塞区间通过信号机的显示意义，作为全组共同的第二部分成绩。第二部分成绩，由教师和其他各组同学对展示小组按标准进行评分。					
任务注意事项					
（1）任务开始前，必须做好充分的知识储备工作； （2）在沙盘模拟自动闭塞行车过程时，注意观察列车通过后各通过信号机的显示情况； （3）任务过程中，要爱护实训设备，禁止暴力操作； （4）实训过程中遵守实训室管理规定，注意用电安全和人身财产安全。					
职业与思政					
春节值守无人站：入川大动脉畅通无阻 “想死大家了。”2月22日，李毅一路进工区，激动地和每个人拥抱。此前半个月，他一个人在下冷水站值班，日夜守护入川大动脉畅通无阻。 下冷水站是襄渝二线一个四等小站，面临汉江，背靠巴山，只办理列车会让、通过业务。由于条件艰苦，2010年开通时定为无人站，特殊时期才派人值守。 李毅是西安铁路局安康电务段冷水信号工区职工，2月3日吃过晚饭，告别妻子、女儿，扛起早已装好的方便面、零食和几样卤菜就出发了。 “没敢回头，女儿一直哭着喊着要‘爸爸，爸爸’。”有一瞬间李毅觉着自己心肠特硬，为此还自责了好几天。“但总要有人去，这样更多人能够团圆。” 从安康乘每天唯一一趟慢车到冷水站，然后换乘汽车，再步行到下冷水站，已是晚上11点多。走进临时宿舍，只有一张床、一台旧电视，五六个频道，而且全部模糊不清。 周边六户人家，最近的也有三四百米。第二天早上，李毅发现只有两户开门，一打听其余四户投亲靠友到其他地方过年去了，李毅成了他们度过蛇年春节的新邻居。 每天，利用列车间隙，李毅坚持上道巡检，仔细查看每一架信号机、每一处道岔、每一段轨道电路。累了，就到机械室调看设备电气特性，或者到老乡家里闲聊，干些力所能及的农活。“有点‘采菊东篱下，悠然见南山’的感觉。”李毅笑着说。 2月9日是农历蛇年除夕，在老乡家“团圆”。散养的土鸡、自做的腊肉、葱绿的白菜以及本地人才喝的“杆杆酒”，李毅被浓浓的亲情包围。“别有一番意思。”为此专门拍了照片，发给家人，既为留念，也是诉说。 每天，一百多趟呼啸而过的列车是李毅百看不厌的风景，匆匆而过的旅客连站名都看不清，但李毅坚信：守在这里，也是为春运出力，再苦再累也值！ 当所有食物告罄的时候，李毅回到班组；另一名职工又开始了“驻站生涯”，将一直坚守到春运结束。 摘自：中国新闻网					

任务资讯

一、轨道电路

轨道电路是利用一段铁路线路的两根钢轨作为导体，用引接线连接电源和接收设备所构成的电气回路，用于监督铁路线路是否空闲，也用于传输列车控制信息。

如图 1.1.1 所示，当闭塞分区内无列车行驶时，电流会从电源经由轨道流经继电器，并使励磁带动接点，接通绿灯的电路（信号机立即显示进行信号）。当有列车驶入闭塞分区时，由于轮对电阻很小，使轨道电路短路，电流改行经列车车轴，并不会流经继电器，继电器因失去电流而失磁，接点接通红灯的电路（信号机立即显示停车信号）。假若轨道断裂，轨道电路因此阻断，造成继电器失磁，信号机也会显示行车信号，仍可保障列车行驶安全。当列车驶离整个区间，继电器便会重新励磁，绿灯便会再次亮起，其他列车便可进入区间。

轨道电路能够防止列车追尾、冲突事故和列车颠覆事故，确保行车安全。

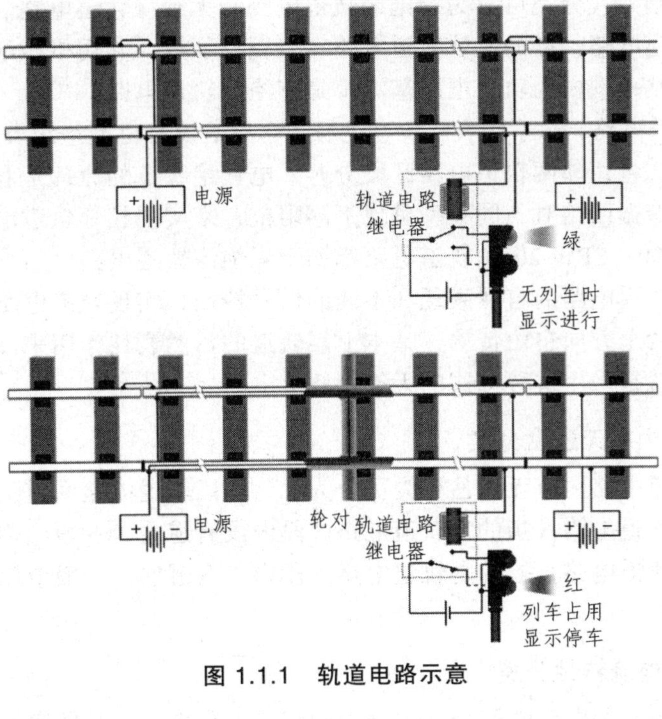

图 1.1.1　轨道电路示意

（一）轨道电路的分类

1. 按供电电源分类

轨道电路按供电电源分类可分为交流轨道电路和直流轨道电路。

（1）交流轨道电路采用交流电源供电，为常用的轨道电路。交流轨道电路的种类很多，现场主要应用的有一般交流轨道电路（专指工频 50 Hz 的轨道电路），25 Hz 相敏轨道电路，ZPW-2000、UM-2000、UM-71 等移频轨道电路，JWXC-2.3 型交流闭路式驼峰轨道电路。各种交流轨道电路最主要的区别是轨道电源的信号频率范围不同。

（2）直流轨道电路采用直流电源供电，由于该轨道电路存在传输衰耗较大等缺点，现已很少采用。

2. 按工作方式分类

轨道电路按工作方式分类可分为闭路式轨道电路和开路式轨道电路。

（1）闭路式轨道电路是最常用的轨道电路。所谓闭路式，指的是平时构成闭合回路。当轨道电路上没有列车占用时，轨道继电器吸起；当轨道电路有车占用时，轨道继电器落下；当发生断轨等故障时，轨道继电器也会落下。闭路式轨道电路的最大优点是能保证故障导向安全。由于平时无车占用时，轨道继电器始终处于吸起状态，所以，闭路式轨道电路的最大缺点是浪费能源。

（2）平时开路式轨道电路轨道继电器不吸起，当轨道电路有车占用构成闭合回路时，轨道继电器吸起。它的优点是能够节约能源，但当轨道电路发生故障时不能实现故障导向安全。

3. 按分割方式分类

轨道电路按分割方式分类可分为有绝缘轨道电路和无绝缘轨道电路。

（1）有绝缘轨道电路，指的是该轨道电路有机械绝缘节，利用机械绝缘将相邻两轨道电路区段分开。如车站范围内的轨道电路基本都是有绝缘轨道电路。

（2）无绝缘轨道电路，并不代表它没有绝缘，它只是没有机械绝缘节，但有电气绝缘节，即采用电气隔离方式将相邻两轨道电路区段分开。电气绝缘节的原理是利用谐振槽路，采用不同的信号频率，谐振回路对不同频率呈现不同阻抗，来实现相邻轨道电路间的电气隔离。如 UM-71、UM-2000、ZPW-2000 轨道电路都属于无绝缘轨道电路。另外，无绝缘轨道电路有自然衰耗，利用轨道电路的自然衰耗和不同的信号特征，实现轨道电路的相互隔离。钢轨中的电流可沿正反两个方向自由传输，基本上靠轨道的自然衰耗作用来衰减信号。道口信号所用的道口控制器就是采用这种方式的无绝缘轨道电路。

4. 按轨道电路内有无道岔分类

轨道电路按轨道电路内有无道岔分类可分为无岔区段轨道电路和道岔区段轨道电路。

（1）无岔区段轨道电路，指的是轨道电路区段内没有道岔，一般应用于到发线等处。

（2）道岔区段轨道电路，指的是轨道电路区段内含有道岔，一般应用于车站咽喉区内的轨道电路。

5. 按所传送的电流特性分类

轨道电路按所传送的电流特性分类可分为连续式、移频式以及数字编码式。

（1）连续式轨道电路，指的是在钢轨中传送的是连续的交流或直流电流。典型的连续式轨道电路有车站范围内使用的工频交流连续式轨道电路和 25 Hz 相敏轨道电路。

（2）移频轨道电路，指的是在钢轨中传送的是移频电流。典型的移频轨道电路有 ZPW-2000、UM-2000、UM-71 轨道电路。

（3）数字编码式轨道电路，指的是根据速度码、线路坡度码、闭塞分区长度码、路网码、纠错码等编码去调制载频，形成一个若干比特的一群调制频率。

（二）轨道电路的基本组成

如图 1.1.2 所示，轨道电路是以铁路线路的两根基本钢轨作为导体，两端装设钢轨绝缘（或电气绝缘），一端安装送电设备，另一端安装受电设备所构成的电路。

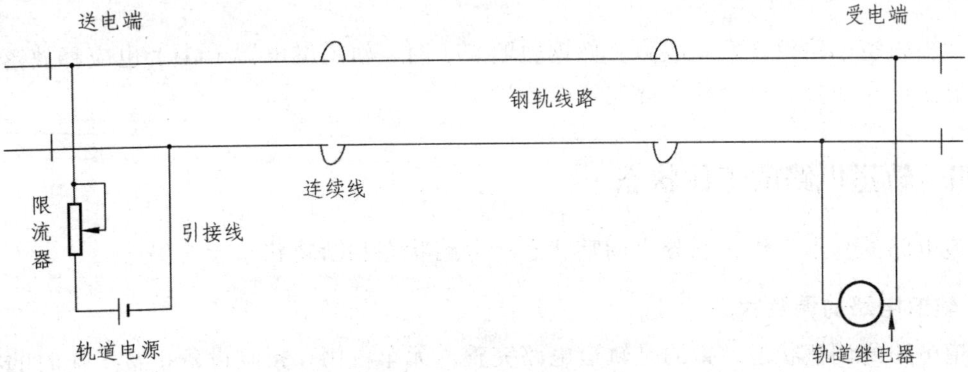

图 1.1.2 轨道电路原理

轨道电路的送电设备由轨道电源和限流器组成。其中，轨道电源可以用直流电源、交流电源、脉冲电源。限流器是由可调整的电阻器或电抗器组成，它的作用一是保护电源设备，二是保证列车占用轨道电路时，轨道继电器可靠落下，即提高轨道电路的分路灵敏度。

轨道电路的受电设备一般采用继电器，称为轨道继电器，用来接收轨道电路的信号电流，反映轨道电路的状态。当轨道电路内钢轨完整，且没有列车占用时，轨道继电器吸起，表示轨道电路空闲，轨道继电器的前接点接通信号机的绿灯电路，允许列车进入轨道电路。当轨道电路被列车占用时，它被列车轮对分路，轮对电阻远小于轨道继电器线圈电阻，流经轨道继电器的电流大大减小，轨道继电器落下，轨道继电器的后接点接通信号机的红灯电路，向续行列车发送停车信号，以保证列车在该轨道区段内的运行安全。

钢轨线路由轨条、连接线和钢轨绝缘等组成。连接线包括将送电设备和受电设备接向钢轨的引接线和连接钢轨的接续线。钢轨绝缘是钢轨线路两端的绝缘装置，用来划分轨道区段的范围。同时，在轨道的轨距杆、尖轨连接杆、转辙机安装装置等处都要安装绝缘装置。

（三）轨道电路的作用

1. 监督列车的占用，反映线路的空闲状况

监督列车在区间或列车、车列在站内的占用情况的最常用的方法就是利用轨道电路。由轨道电路反映该段线路是否空闲并与联锁、闭塞联系起来。

2. 传递行车信息

轨道电路除了监督列车占用情况外，利用轨道电路还可以传递与行车有关的各种信息。如在车站内利用轨道电路传递移频信息，实现站内电码化。再比如，利用轨道电路向机车传递报文等信息，实现列车自动控制。

轨道继电器（GJ）监督着轨道电路的工作状态，继电器的接点控制着信号机的显示，信号的显示指挥着列车的运行，列车的运行改变着轨道电路的工作状态，从而实现了轨道电路

的自动控制。由此可见，轨道电路能否正常工作，直接关系到信号机的显示，关系着列车安全与行车效率。因此，轨道电路必须具备下列要求：

（1）当轨道区段空闲时，轨道继电器（GJ）应可靠吸起，保持正常工作。

（2）轨道区段被列车占用时，即使只有一组轮对轧上轨道电路，轨道继电器（GJ）也应可靠落下。

（3）当轨道电路设备发生故障（如钢轨断裂）时，轨道继电器（GJ）也应释放落下，使信号机显示停车信号，符合故障导向安全原则。

（四）轨道电路的工作状态

轨道电路的基本工作状态分为调整状态、分路状态和断轨状态。

1. 轨道电路的调整状态

轨道电路的调整状态，指的是轨道电路完整、无车占用，接收设备正常工作时的状态。轨道电路在调整状态下，接收端的轨道继电器线圈中有电流流过，它应处于吸起状态。但流过继电器线圈中的电流值将随着道床电阻、钢轨阻抗、发送电压等外界因素的变化而变化。道床电阻最小、钢轨阻抗最大、电源电压最低这三个最不利因素，直接导致轨道电路受电端接收到的电流最小，即轨道电路调整状态的最不利工作条件。

2. 轨道电路的分路状态

轨道电路的分路状态，指的是当轨道电路区段有车占用时，接收设备停止工作的状态。当轨道电路处于分路状态时，由于列车、车列的轮对和轮轴在钢轨之间形成了短路作用，可以看成两钢轨之间跨接了一个分路电阻，故称为分路状态。无论在任何地点、任何参数条件以及任意车轴数分路时，都应使轨道电路的接收设备处于不工作状态。当钢轨阻抗最小、道床电阻最大、电源电压最高时，轨道电路的受电端会接收到最大值的电流，这对分路状态来讲是最不利工作条件。在分路状态的最不利条件下，轨道电路接收设备应能可靠地停止工作，反映轨道电路区段有车占用。

3. 轨道电路的断轨状态

轨道电路的断轨状态，指的是轨道电路的钢轨在某处折断的情况下，其接收设备应停止工作。此时，虽然钢轨已经断开，但轨道电路仍可以通过大地而构成回路，轨道电路的接收设备中还会有一定数量的电流流过。断轨状态的最不利的工作条件是：钢轨阻抗模值最小、电源电压最大、临界断轨地点的临界道床电阻最小。

另一种断轨状态是当轨道电路空闲（无车占用）时，移去一段钢轨，这时轨道接收设备也必须停止工作，这种情况称为移轨状态。

二、自动闭塞系统

闭塞是指列车进入区间后，使之与外界隔离起来，区间两端车站都不再向这一区间发车，以防止列车相撞和追尾。闭塞设备即为实现“一个区间（闭塞分区）内，同一时间只允许一列车占用”而设置的铁路区间信号设备。

（一）运行间隔的划分

2017 版的《铁路技术管理规程（普速版）》（下文中简称《技规》）中第 308 条规定：

列车运行是以车站、线路所划分的区间及自动闭塞区间的通过信号机所划分的闭塞分区作间隔。

区间及闭塞分区的界限，按下列规定划分：

1. 站间区间

（1）在单线上，车站与车站间以进站信号机柱的中心线为车站与区间的分界线；

（2）在双线或多线上，车站与车站间分别以各线的进站信号机柱或站界标的中心线为车站与区间的分界线。

2. 所间区间

两线路所间或线路所与车站间，以该线上的通过信号机柱的中心线为所间区间的分界线。设有进站信号机的线路所，所间区间的分界方法与站间区间相同。

3. 闭塞分区

自动闭塞区间同方向相邻的两架色灯信号机间，以该线上的通过信号机柱的中心线为闭塞分区的分界线。

（二）闭塞的分类

《技规》第 93 条规定：

闭塞设备分为自动闭塞、自动站间闭塞和半自动闭塞。具体设置条件如下：

（1）在单线区段，应采用半自动闭塞或自动站间闭塞，繁忙区段可根据情况采用自动闭塞；

（2）在双线区段，应采用自动闭塞。

在一个区段内，原则上应采用同一类型的闭塞方式。

《技规》第 309 条规定：

车站均须装设基本闭塞设备。行车基本闭塞法采用下列三种：

（1）自动闭塞；

（2）自动站间闭塞；

（3）半自动闭塞。

电话闭塞法是当基本闭塞法不能使用时所采用的代用闭塞法。原则上不使用隔时续行办法，如必须使用时，由铁路局规定。

1. 自动闭塞

自动闭塞是根据列车运行及有关闭塞分区状态，自动变换通过信号机显示而机车乘务员凭信号的显示行车的闭塞方法，它是一种较先进的行车闭塞方法。自动闭塞是在列车运行过程中自动完成闭塞作用的。双线单方向自动闭塞如图 1.1.3 所示，它将一个站间区间划分为若干小段——闭塞分区。在每个闭塞分区的起点都装设通过信号机用以防护其后方的闭塞分区。每个闭塞分区内都装设轨道电路（或计轴器等列车检测设备），通过轨道电路将列车和通过信号机的显示联系起来，根据列车运行及有关闭塞分区的状态使通过信号机的显示自动变换。因为闭塞作用的完成不需要人工操纵，故称为自动闭塞。

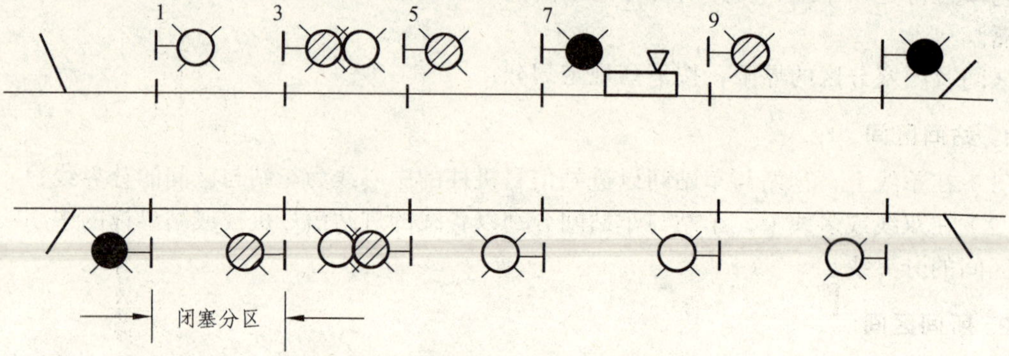

图 1.1.3 双线单方向自动闭塞示意

2. 自动站间闭塞

自动站间闭塞是在半自动闭塞基础上发展起来的闭塞方法，区间两端车站的出站信号机和列车检测设备构成联锁关系，采用列车检测设备自动检查区间空闲。当自动检查区间空闲时，发车站办理发车进路后即自动构成站间闭塞。列车到达接车站或返回发车站并出清区间后，自动解除闭塞。自动站间闭塞，两站间不划分闭塞分区，也不设通过信号机，两站之间作为一个闭塞分区。

3. 半自动闭塞

半自动闭塞由人工办理闭塞手续，区间无列车检测设备，不能自动检查区间占用情况。列车凭出站信号机的允许信号显示出发，出站信号机在列车出发后自动关闭，列车到达接车站经人工确认整列到达后办理到达复原，解除闭塞。半自动闭塞利用车站来隔离列车，即两站间的区间同时只允许一列列车运行。半自动闭塞，两站间不划分闭塞分区，也不设通过信号机，两站之间作为一个闭塞分区。

（三）自动闭塞的分类

自动闭塞的分类一般是根据运营上和技术上的特征来进行的。

1. 按行车组织方法分类

自动闭塞按行车组织方法分类可分为单线双向自动闭塞、双线单向自动闭塞和双线双向自动闭塞。

在单线区段，因只有一条线路，所以既要运行上行列车，又要运行下行列车。为了调整双方向列车的运行，在线路的两侧都要装设通过信号机，这种自动闭塞称为单线双向自动闭塞。

在双线区段，一般采用列车的单方向运行方式，即一条铁路线路只允许上行列车运行，而另一条铁路线路只允许下行列车运行。为此，对于每一条铁路线路仅在一侧装设通过信号机，这样的自动闭塞称为双线单向自动闭塞。

为了充分发挥铁路线路的运输能力，在双线区段的每一条线路上都能双方向运行列车，这样的自动闭塞称为双线双向自动闭塞。反方向运行的列车是按机车信号的显示作为行车的命令，即此时以机车信号作为主体信号。

双线单向自动闭塞，只防护列车的尾部，而单线或双线的双向自动闭塞，必须对列车的尾部和头部两个方向进行防护。为了防止两方向的列车正面冲突，平时规定一个方向的通过信号机亮灯，另一个方向的通过信号机灭灯（或双线区段另一个方向的机车信号没有信息），只有在需要改变运行方向，而且在区间空闲的条件下，由车站值班员办理一定的手续后才能允许反方向的列车运行。

2. 按通过信号机的显示制式分类

自动闭塞按通过信号机的显示制式分类可分为三显示自动闭塞和四显示自动闭塞。

三显示自动闭塞的通过信号机具有三种显示，能预告列车前方两个闭塞分区的状态。三显示自动闭塞，当通过信号机所防护的闭塞分区被列车占用时显示红灯；仅它所防护的闭塞分区空闲时显示黄灯；其后方有两个及以上的闭塞分区空闲时显示绿灯。

通过信号机显示红灯，除其所防护的闭塞分区被占用外，也可能是该分区设备发生故障，或该闭塞分区线路发生障碍，或系后方相邻的一架通过信号机的红灯灯泡断丝而引起的灯光转移。考虑到自动闭塞区段一般列车密度较大，如果列车长时间在显示停车信号的通过信号机前停车，将会造成整个区段列车运行秩序的紊乱。因此，为了既保证行车安全，又考虑运输效率，规定除确认运行前方闭塞分区内有列车时不得进入，并鸣笛一长声外，列车可在显示红灯的通过信号机前停车两分钟，该信号机仍未显示进行的信号时，以不超过 20 km/h 的速度继续运行至下一架通过信号机。这样，一方面须先停车两分钟，以便当前行列车被迫停车时，本列车可设好防护；另一方面，本列车以遇到随时停车的速度继续运行，以便万一发现危险时还能及时停车，这就保证了列车即使进入已有列车或线路发生故障的闭塞分区，仍不致发生危险。应指出，列车驶入该闭塞分区内，必须在整个闭塞分区内限速运行，一直到机车越过次一架通过信号机后，才能按该信号机显示的要求运行。

对位于长大上坡道上的通过信号机，当铁路局规定的货物列车停车后起动困难时，在该信号机上装设容许信号——蓝色和红色灯光，此时准许列车不停车，以不超过 20 km/h 的速度越过该显示红灯的通过信号机。

三显示自动闭塞，能使列车经常按规定速度在绿灯下运行，并能得到前方一架通过信号机显示的预告，基本上能满足运行要求，又能保证行车安全。因此，三显示自动闭塞在提速线的自动闭塞区段得到广泛的应用。

列车运行在三显示自动闭塞区段，越过显示黄灯的通过信号机时开始减速，至次一架显示红灯的通过信号机前停车，因此要求每个闭塞分区的长度绝对不能小于列车的制动距离。随着列车速度和密度的不断提高，在某些繁忙的客货混运区段，各种列车运行的速度和制动距离相差很大。如市郊列车等需经常停车，且制动距离短，要求实现最小运行间隔，闭塞分区长度越短越好，而高速客车、重载货车制动距离长，闭塞分区长度又不能太短。三显示自动闭塞不能解决这一矛盾，提高区间通过能力的最好方法是采用四显示自动闭塞。

四显示自动闭塞是在三显示自动闭塞的基础上增加一种绿黄显示。它能预告列车运行前方三个闭塞分区的状态，规定高速列车以规定的速度越过绿黄显示后必须减速，以便列车在抵达黄灯显示下运行时不大于规定的黄灯允许速度，保证在显示红灯的通过信号机前停车；而对于低速、制动距离短的列车，越过绿黄显示后不减速。由于增加了绿黄显示，四显示自动闭塞圆满地解决了上述矛盾。

3. 按信息传递方式分类

自动闭塞按信息传递方式分类可分为有线路自动闭塞和无线路自动闭塞。

有线路自动闭塞以架空线路电缆电路传递信息，设备不复杂，但投资较大。

无线路自动闭塞利用轨道电路作为通信道来传递信息，不需架设线路，比较经济，但设备较复杂。

4. 按设备放置方式分类

自动闭塞按设备放置方式分类可分为分散式自动闭塞和集中式自动闭塞。

分散式自动闭塞的设备都放置在每个信号点处。

集中式自动闭塞的设备集中放置在相近的车站继电器室内，用电缆与通过信号机相联系。集中式自动闭塞具有改善设备的工作条件、便于维修等优点，但需大量电缆，造价较高。

5. 按传递信息的特征分类

自动闭塞按传递信息的特征分类可分为交流计数电码自动闭塞、极频自动闭塞和移频自动闭塞。

交流计数电码自动闭塞以交流计数电码轨道电路为基础，以钢轨作为传输通道传递信息，不同信息的特征靠电码脉冲和间隔构成不同的电码组合来区分。交流信号的频率，在非电化区段是 50 Hz；而电化区段是 25 Hz，以与 50 Hz 牵引电流相区别。用不同的电码周期和电路切割的方法解决相邻轨道电路的干扰。交流计数电码自动闭塞采用电磁元件，电路简单，对工作环境要求不严，工作稳定，传输性能好；轨道电路长度可达 2 600 m，具有断轨检查性能。但是在技术上已落后，信息构成简单，抗干扰性能不强，绝缘双破损时可能出现升级显示，当区间发送设备有一处故障时，会同时造成两相邻信号机点红灯的现象，影响效率；接点磨损严重，维修周期短；信息量少，不能满足所需要的信息要求；应变时间长，最长达 20 s，不能适应铁路运输发展的需要，而且存在冒进信号的危险。

极性频率脉冲自动闭塞（简称极频自动闭塞）以极性频率脉冲轨道电路为基础，以钢轨作为通道传递信息，不同信息的特征是靠两种不同极性和每个周期内不同数目的脉冲来区分的。其设备采用电子电路，组匣方式，并采用工频电源相位交叉来防止相邻轨道电路的干扰，用锁相原理使发送系统设备故障后导向安全，同时接收端设有抗交流工频连续干扰的抑制电路。极频自动闭塞设备简单，原理简明，容易掌握；轨道电路传输性能较好，长度可达 2 600 m，断轨检查性能较好。但其信息简单，抵抗来自外界的交直流断续干扰性能差，对邻线干扰和不规则的脉冲干扰没有防护措施，对一般离散的脉冲干扰以及脉冲尾的干扰很难防护，不适用于电化区段；因其会对接触网产生火花，因此对可控硅调速机车的牵引和再生制动、斩波器机车牵引所引起的谐波干扰难以防护。

移频自动闭塞以移频轨道电路为基础，用钢轨传递移频信息。它是一种选用频率参数作为信息的制式，利用调制方法把规定的调制信号（低频信息）搬移到载频频段并形成振荡，由上下变频构成交替变化的移频波形，其交替变化的速率就是调制信号频率。移频自动闭塞其信息特征就是不同的调制信号频率。移频自动闭塞采用不同载频交叉来防护相邻轨道电路绝缘节的破损、上下行邻线的串漏、站内相邻区段的干扰。对工频及其谐波的防护，采用躲开的方法，站内将载频选在工频的偶次谐波上，区间选在奇次谐波上。移频自动闭塞抗干扰性能强；设备无接点化，组匣化，工作寿命长，维修方便；信息量相对较多，技术上较先进；适用于电化和非电化区段。但是，在站内相邻线路干扰和绝缘节破损的情况下，因轨道电路载频单边互相侵入，曾发生过险性事故，对电力机车的干扰也存在一定的问题；检查断轨性能差；因频率较高，轨道电路长度受到限制，传输长度为 1 950 m；设备较复杂，造价较高，对防雷需特殊电路，调整困难，对元件参数要求过严。尤其是在电化区段使用时，受吸流线、回流线的迂回等影响使轨道电路性能变坏而造成许多不良后果，乃至危及行车安全。

近年来出现的 25 Hz 相敏自动闭塞，以 25 Hz 相敏轨道电路为基础，用电缆来传递信息，有较强的抗干扰性能，特别适用于电化区段。

6. 按是否设置轨道绝缘节分类

自动闭塞按是否设置轨道绝缘节分类可分为有绝缘自动闭塞和无绝缘自动闭塞。

有绝缘自动闭塞和无绝缘自动闭塞的主要区别在于其轨道电路采用的绝缘节是机械绝缘还是电气绝缘。

（四）自动闭塞的特点

自动闭塞不需要办理闭塞手续，并可开行追踪列车，既保证了行车安全，又提高了运输效率。与半自动闭塞方式相比，自动闭塞有以下优点：

（1）由于两站间的区间允许续行列车追踪运行，大幅度地提高了行车密度，显著提高了区间通过能力。

（2）由于不需要办理闭塞手续，简化了办理接发列车的程序，所以既提高了通过能力，又大大减轻了车站值班人员的劳动强度。

（3）由于通过信号机的显示能直接反映运行列车所在位置以及线路的状态，因而确保了列车在区间运行的安全。

自动闭塞具有明显的技术经济效果，因此广泛应用于各国铁路（尤其是双线铁路）。同时，自动闭塞便于和列车自动控制、行车指挥自动化等系统相结合，它已成为现代铁路必不可少的基础设备。

（五）自动闭塞的基本原理

自动闭塞通过轨道电路（或计轴器等列车检测设备）自动地检查闭塞分区的占用情况，根据轨道电路的占用和空闲状态，通过信号机自动地变换其显示，以指示列车运行。

如图 1.1.4 所示为四显示自动闭塞原理图，通过信号机的不同显示调整列车运行的命令。

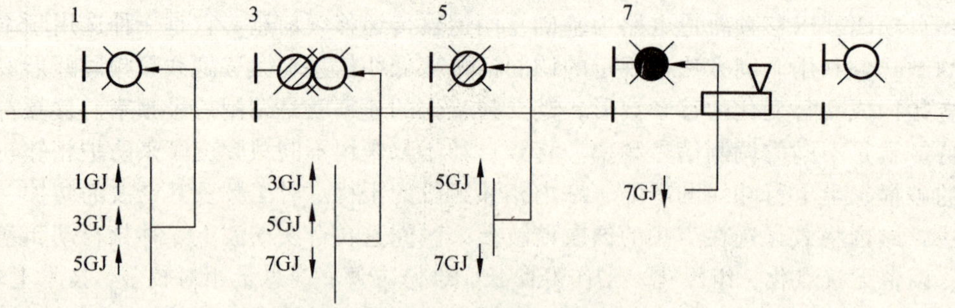

图 1.1.4 自动闭塞的工作原理

四显示自动闭塞通过信号机的显示意义如下：

一个绿色灯光——准许列车按规定速度运行，表示运行前方至少有三个闭塞分区空闲。

一个黄色灯光——要求列车注意减速运行，表示运行前方有一个闭塞分区空闲。

一个绿色灯光和一个黄色灯光——注意运行，表示运行前方有两个闭塞分区空闲。

一个红色灯光——列车应在该信号机前停车。

通过信号机平时显示绿灯，即“定位开放式”，只有当列车占用该信号机所防护的闭塞分区或线路发生断轨、塌方等故障时才显示红灯——停车信号。

每架通过信号机处为一个信号点，信号点的名称以通过信号机命名。例如，通过信号“1”处就称为“1”信号点。通过信号机所防护的闭塞分区及轨道电路都以通过信号机命名。

现以图 1.1.4 为例，说明自动闭塞的工作原理：

当列车进入 7G 闭塞分区时，7G 闭塞分区的轨道电路被列车车轮分路，轨道继电器 7GJ 落下。控制通过信号机 7 显示红灯。由于 7GJ 落下，作为编码条件产生控制信息发向 5 轨道，5 信号点接收设备的 5GJ 吸起，5GJ 和 7GJ 的条件控制通过信号机 5 显示黄灯。同时 5GJ 和 7GJ 的接点作为编码条件产生控制信息发向 3 轨道，3 信号点接收设备的 3GJ 吸起，3GJ、5GJ 和 7GJ 的条件控制通过信号机 3 显示绿灯和黄灯。3GJ、5GJ 和 7GJ 作为编码条件产生控制信息发向 1 轨道，1 信号点接收设备的 1GJ 吸起，1GJ、3GJ 和 5GJ 的条件控制通过信号机 1 显示绿灯。通过对四显示动闭塞基本原理的叙述，可得出以下几点结论：

（1）通过信号机的显示是随着列车运行的位置而自动改变的。当显示黄灯时，列车运行前方只有一个闭塞分区空闲；当显示绿灯和黄灯时，列车运行前方有两个闭塞分区空闲；当显示绿灯时，列车运行前方至少有三个闭塞分区空闲。

（2）通过信号机的禁止信号——红灯显示，是利用轨道电路传送的；而其他的显示信息可以利用轨道电路，也可利用架空线或电缆传送。对于现在的自动闭塞必须传递多种信息。

（3）若利用轨道电路传送信息，在每一个信号点处不但有接收本信号点信息的接收设备，同时还须有向前方信号点发送信息的发送设备。

虽然自动闭塞有不少制式，但是它们有着共同的特点，即大多是以轨道电路为基础构成的，也就是说是采用轨道电路来传输信息的。

（六）自动闭塞的技术要求

根据自动闭塞的工作特点，它必须满足下列技术要求：

（1）自动闭塞区段的通过信号机，应不间断地检查所防护的闭塞分区的空闲及占用情况。

（2）自动闭塞设备应满足以下要求：

① 当闭塞分区被占用或采用轨道电路传输信息的设备失效时，防护该闭塞分区的通过信号机应自动关闭。

② 在双方向运行的区段，不得改变运行方向，在双向运行的自动闭塞区段，当一个方向的出站及通过信号机开放后，则相反方向的出站及通过信号机应不能开放，其反方向通过信号机应在灭灯状态。

③ 在双向运行的自动闭塞区段，当设备故障、错误办理或外电干扰时，应不出现敌对发车。

④ 当进站或通过信号机灭灯时，其前方一架通过信号机应自动显示红灯。

（3）自动闭塞通过信号机应采用经常点灯方式。

（4）当采用轨道电路传输信息时，除符合轨道电路技术标准外，还应满足以下要求：

① 轨道电路极限长度应尽量满足最大闭塞分区长度，其设计传输长度应不大于计算长度的 80%。

② 自动闭塞应有与本轨道电路信息相同的连续式机车信号，当技术发展信息需要量增多，本制式难以满足要求时，可叠加其他信息，并应具备抗迷流、抗交流和直流断续干扰、抗邻线及其他干扰的防护性能。

③ 当轨道电路的钢轨绝缘破损时，通过信号机不应错误地显示允许信号，必须采用闭路式轨道电路。

（5）自动闭塞通过信号机的设置，除应满足《列车牵引计算规程》的有关规定外，还需具备以下条件：

① 自动闭塞运行间隔时分的选定，应满足运量要求，按牵引计算求得的最佳运行时间随时分确定，其运行间隔时分按三个闭塞分区排列，列车应经常在绿灯下运行。

② 当采用四显示自动闭塞时，可按有关规定执行。

③ 在排列通过信号机时，根据具体情况允许将确定的运行间隔增减 1 min。当遇有长大上坡道或从编组站、区段站发车，按确定的运行间隔不能满足划分三个闭塞分区要求时，可按两个闭塞分区划分，但确定的运行间隔不得增减。其运行间隔应包括机车乘务员确认信号时间（15 s）。

④ 三显示自动闭塞分区最小长度，应满足列车制动距离，机车信号、自动停车和周期报警动作过程中（动作时间为 20 s）列车的走行距离，应不小于 1 200 m。但采用 8 min 运行间隔时，不小于 1 000 m。进站信号机前方第一个闭塞分区长度，一般不大于 1 500 m；在车站正线上信号机之间的距离均应满足自动闭塞分区规定要求。

（6）自动闭塞信号显示的应变时间不应大于 2 s。

（7）三显示自动闭塞信息量应不少于 4 个信息。

（8）自动闭塞系统应设监测、报警设备，其设备不应参与自动闭塞设备工作。当监测和报警设备发生故障时，应保证不影响自动闭塞设备正常动作。监测和报警设备应能自动监督自动闭塞设备的完整状态。

“认识轨道电路”
课程资源包

（9）自动闭塞防雷措施，应符合有关规定。

（10）当电源电压额定值波动 10%～15%时，自动闭塞设备应能正常工作。

任务实施

任务编号	1-1	任务名称	认识轨道电路	
序号	实施内容		完成情况	
			是	否
绘制电路图				
1	钢轨一端连接送电端，另一端连接受电端			
2	受电端连接继电器			
3	继电器接触器与上触点接触，连通绿灯电路			
4	继电器接触器与下触点接触，连通红灯电路			
制作轨道电路				
5	将继电器下触点与红灯电路连通，连接后红灯亮			
6	将继电器上触点与绿灯电路连通			
7	继电器通电后，触头向上动作，连通绿灯电路，绿灯亮			
8	用连接线将继电器、铁轨、电源连接成闭合回路，绿灯亮			
9	将轮对置于铁轨上，红灯亮			
10	明确轨道电路对列车运行的作用			
自动闭塞行车模拟				
11	明确闭塞的意义及分类			
12	结合沙盘说明自动闭塞的工作方式			
13	结合沙盘说明通过信号机显示的意义			
14	说明通过信号机显示不同灯光的限制速度			
15	列车在沙盘上按信号显示运行			

任务评价

任务编号	1-1	任务名称	认识轨道电路	
序号	评价内容	标准分值	自我评分 50%	组内评分 50%
资讯阶段		10		
1	是否积极参与任务书讨论，正确领会任务要求	5		
2	是否积极参与学习讨论，完全掌握学习内容	5		
计划→实施→检查阶段		20		
1	是否积极参与计划制订，提出建设性计划内容	5		
2	是否制订了可行的任务方案	5		
3	是否认真履行个人角色，积极参与任务演练	5		
4	是否积极参与自查自检，及时纠正任务中的错误	5		

续表

序号	评价内容		标准分值	自我评分 50%	组内评分 50%
（任务展示）评价阶段			70		
1	绘制电路图	合理绘制轨道电路的电路图。电路图错误，每处扣 5 分	20		
2	制作轨道电路	轨道电路连通后，绿灯常亮，否则扣 8 分；轮对放到铁轨上后，红灯亮，否则扣 8 分。 叙述轨道电路对列车运行的作用。每错误一处扣 1 分	20		
3	自动闭塞行车模拟	叙述自动闭塞工作方式。每错误一处扣 2 分。 说明通过信号机显示意义。每错误一处扣 2 分。 说明通过信号机显示灯光的限速。每错误一处扣 2 分	30		
总评分值					

能力测试

1. 什么是轨道电路？
2. 轨道电路的工作原理是怎样的？
3. 轨道电路是怎样分类的？
4. 在图 1.1.5 中填入轨道电路各组成部分的名称。

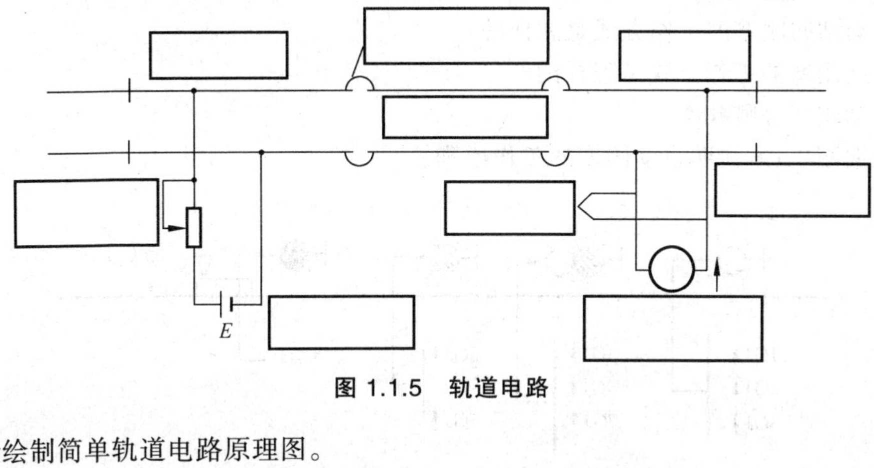

图 1.1.5　轨道电路

5. 请绘制简单轨道电路原理图。
6. 制作一个简单的轨道电路，需要准备哪些工具和物品？
7. 如果由你来完成轨道电路的制作，你将设计哪些步骤？请填入表 1.1.1 中。

表 1.1.1 轨道电路制作步骤

1	
2	
3	
4	
5	

8. 轨道电路有什么作用?
9. 什么是闭塞? 什么是闭塞设备? 闭塞分为哪几类?
10. 半自动闭塞的工作方式是怎样的?
11. 自动站间闭塞的工作方式是怎样的?
12. 自动闭塞的工作方式是怎样的?
13. 自动闭塞分哪几类?
14. 根据图 1.1.6 说明自动闭塞的工作原理。

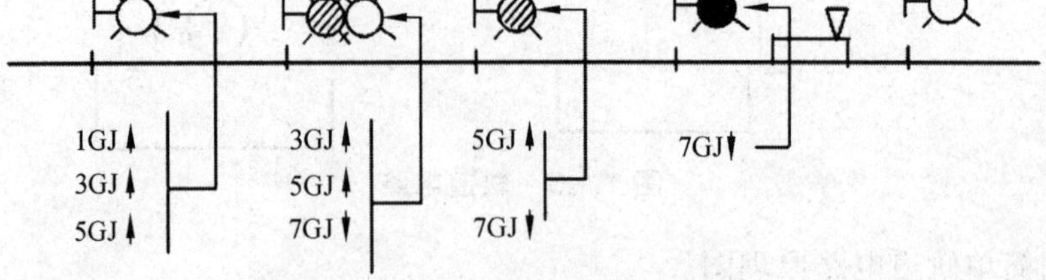

图 1.1.6 自动闭塞的工作原理

15. 根据图 1.1.6 叙述自动闭塞区段通过信号机显示的含义。

任务 1-2 认识机车信号

任务安排

任务编号	1-2	任务名称	认识机车信号	建议学时	2（学时）
任务描述					
机车信号能够接收轨道电路传输来的信号指令，与地面信号的显示含义相同，为机车乘务员指明运行条件。因此，机车乘务员应对机车信号非常了解。 今天，由你来代替机车乘务员，到机车上找到 JT-C 系列机车信号装置的全部组成部件，挂上名牌，并说明 JT-C 系列机车信号装置的功能和技术特点。					
任务实施要求做到： （1）说明 JT-C 系列机车信号装置的技术特点； （2）判断四显示自动闭塞区段机车信号机与地面信号机的对应关系； （3）说明机车信号的显示含义； （4）进行机车信号上下行转换。					
实施说明					
（1）以小组（5～6 人）为单位开展任务实施； （2）任务前完成知识准备； （3）评价验收：任务成绩由理论成绩和实践成绩两部分组成。对小组全部同学进行理论知识考核，记录个人成绩，作为第一部分成绩；任选小组中一名同学进行重点知识问答，作为全组共同的第二部分成绩。第二部分成绩，由教师和其他各组同学对展示小组按标准进行评分。					
任务注意事项					
（1）任务开始前，必须做好充分的知识储备工作； （2）任务过程中，注意机车信号机与机车上其他行车安全装置的联系； （3）任务过程中，要爱护实训设备，禁止暴力操作； （4）实训过程中遵守实训室管理规定，注意用电安全和人身财产安全。					

任务资讯

机车信号机的作用就是为机车乘务员在司机室内提供列车运行前方地面信号的显示或线路占用情况。传统的信号显示制度是“以地面信号显示为主，机车信号显示为辅”。随着机车信号可靠性的提高和列车运行速度的不断提高，机车信号逐渐向着“主体化机车信号”方向发展。

《技规》第 101 条规定：最高运行速度不超过 160 km/h 的机车，机车信号设备与列车运行监控装置（LKJ）结合使用。

机车信号分为连续式和接近连续式两种。自动闭塞区段应装设连续式机车信号，半自动闭塞和自动站间闭塞区段应装设接近连续式机车信号。所谓连续式机车信号，就是在列车运行的区段内，机车能够不间断接收地面的控制信息，使机车信号能够连续显示。接近连续式是指列车进入进站信号机的接近区段后开始接收地面的控制信息，机车信号能够连续跟踪车站信号的显示，列车在区间其他闭塞区段运行时，地面控制信息中断，列车为“无码”状态，应按地面信号显示运行。

机车信号机设在司机室内，既有灯光显示，也可提供数字显示。机车信号的显示，应与线路上列车接近的地面信号机的显示含义相符。机车停车位置，应以地面信号机或有关停车标志为依据。

采用超速防护的系统，机车上靠显示器提供列车运行的限制速度和实际运行的速度曲线。

一、机车信号机的发展

1. JT1-A/B 型通用式机车信号

随着地面发码制式的不断增加和电子技术的发展，相应地促成“通用式机车信号”设备的研制和应用。“通用式机车信号”可以完成对地面所有发码制式的信息接收、译码、输出工作，其主要技术特点是首次采用数字信号处理技术，对不同制式、不同频率的信号采用同一硬件处理通道。

2. JT1-CZ2000 型机车信号车载设备

机车信号车载设备以往一直被定位为附属信号设备，地面信号为主体信号，机车乘务员在列车运行中仍以地面信号作为行车凭证。随着列车运行交路的不断延长和运行速度的不断提高，客观上对机车信号系统的安全性、可靠性提出了更高的要求。

国铁集团 2000 年以“提高机车信号车载设备系统的可靠性、安全性，满足机车信号主体化要求”为目标，开展了新一代机车信号设备的研发。

JT1-CZ2000 型机车信号车载系统，吸取了 JT1-A/B 型通用式机车信号的运用经验，创新性地应用了“2×2×取 2”的容错安全结构、频域处理和时域处理相结合技术、机车信号数据记录技术等十多项先进的安全技术措施，极大提高了设备的安全性和可靠性，充分满足了铁路信号设备“故障—安全”原则。该系统于 2002 年 7 月通过国铁集团技术审查，于 2003 年 10 月 10 日在北京通过了国铁集团科研成果技术鉴定，其后开始在全路推广应用。

3. JT-C 系列机车信号车载设备

2006 年后按照国铁集团《JT-C 系列机车信号车载系统设备技术规范（暂行）》（科技运〔2006〕82 号）要求，研究人员对系统进行了优化设计，将“主机”和“带电源接线盒”进行合并设计，定型为一体化机车信号车载设备。

凡在产品设计、生产、功能等方面符合《JT-C 系列机车信号车载系统设备技术规范（暂行）》技术要求的机车信号车载设备，都定名为“JT-C 系列机车信号车载设备”。JT-C 系列机车信号车载设备，是机车信号车载设备的升级换代产品，应用最为广泛。

二、JT-C 系列机车信号系统

机车信号系统是由地面设备和车载设备构成的系统。机车信号是由地面设备向机车上传递线路空闲与进路状况的信息，地面设备保证提供正确的机车信号信息。

轨道电路和站内电码化组成了机车信号的地面设备。自动闭塞区间由轨道电路发送和传输连续式机车信号信息。半自动闭塞区间由轨道电路发送接近连续式机车信号信息。

站内正线接车进路、侧线股道应采用与区间同制式的轨道电路或实现闭环电路电码化。

我国目前的机车信号系统的地面设备主要采用区间自动闭塞（UM71、WG-21A、ZPW-2000、UM2000 等）、站内电码化及闭环电码化。

JT-C 系列机车信号车载设备主要由机车信号主机、机车信号机、双路接收线圈、机车信号记录器、机车信号远程监测终端（DTU，选配）构成。JT-C 机车信号组成如图 1.2.1 所示。

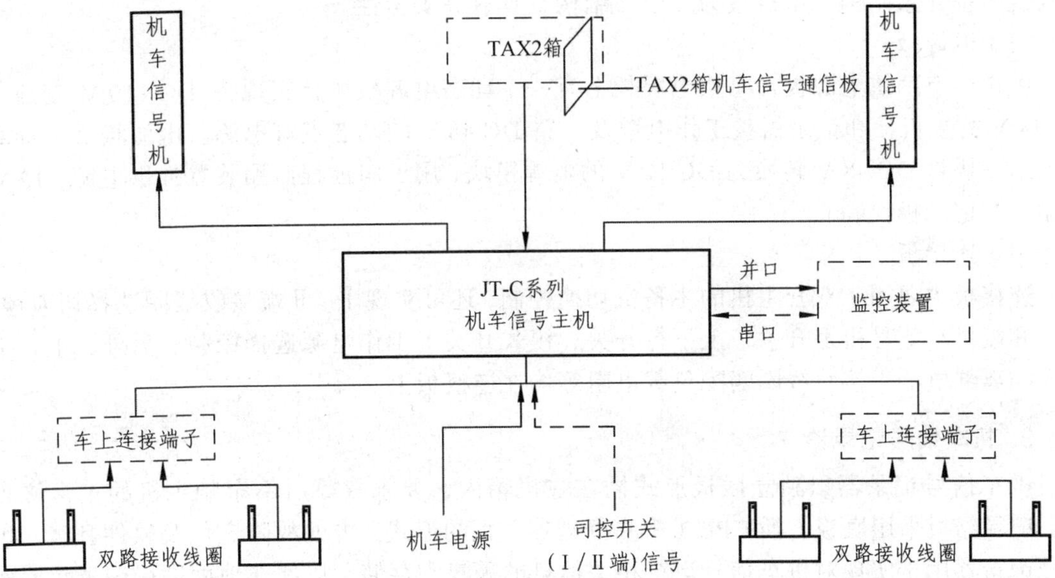

图 1.2.1　JT–C 机车信号组成

1. 机车信号主机

主机是设备的核心部分。主机将接收线圈接收到的地面轨道电路信息进行分析处理，输出译码结果，控制机车信号机显示，并将输出结果提供给列车运行监控装置（LKJ）作为控制基础信息。主机主要由两块主机板、一块连接板、两块电池板、一块记录器板组成，如图 1.2.2 所示。

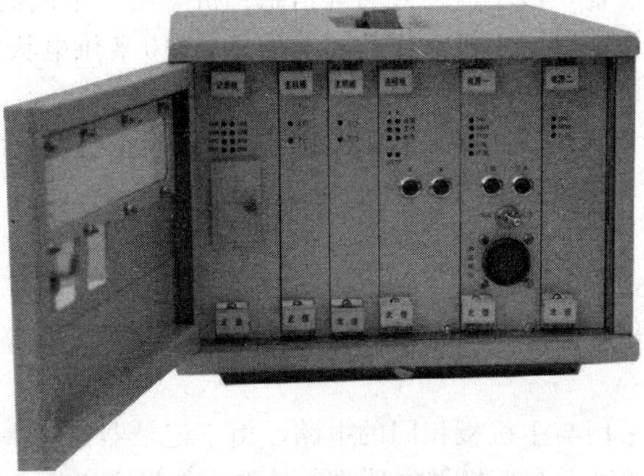

图 1.2.2　JT–C 机车信号主机

（1）主机功能

① 适用轨道电路制式；

② 译码输入输出信息表；

③ 载频切换功能；

④ 机车信号设备载频切换的逻辑。

（2）主机板

主机板是主机的核心部件，负责对通过接收线圈接收到的地面轨道电路信息进行处理，并完成向后级设备的并口、串口输出和主机的输入输出控制。一个主机中有两块主机板，构成双机热备冗余结构。主机板为二取二结构，具有高安全性。

（3）电源板

主机中有两块电源板，每块电源板上有一个动态电源模块，实现将 DC 110 V 变成一路 DC 48 V 的主机板和记录器板工作电源及一路 DC 48 V 的动态点灯电源。电源板 2 上面单独设置了一块将 DC 48 V 转换为 DC 12 V 的电源模块，用于向远程监测装置提供电源，12 V 电源输出受记录板控制。

（4）连接板

连接板主要用于双套主机的主备机切换控制，还可实现Ⅰ、Ⅱ端接收线圈选择切换控制，Ⅰ、Ⅱ端机车信号机上开关（上下行开关、模式开关）工作电源选择控制。另外，上、下行输入隔离继电器，接收线圈匹配负载电阻等均在连接板上。

2. 机车信号记录器

机车信号记录器以独立插板形式插在主机箱内，要求故障后不影响主机的正常接收功能。记录器板采用底板上插 CPU（中央处理器）板的形式，方便故障定位及软件升级。机车信号记录器用于实现对机车信号运行相关信息的采集和存储，以便在地面进行记录数据的回放与分析，为机车信号的使用与维护提供有效手段。机车信号记录器由以下几部分构成：

（1）电源部分

记录器板电源采用主机内变换后的 48 V 电源。

（2）开关量采集设备

记录器板采用与主机板相同方式的输入接口电路，通过光电隔离接口读入开关量状态信息：机车载频切换开关位置、机车运行方向等信息；机车信号主机输出的点灯信息、速度等级、制式、绝缘节、工作主机、主机工作状态等信息；110 V 供电状态信息（过压、欠压）。

（3）主机串口信息接收设备

通过 CAN（控制器局域网）总线或者 RS-485 总线接收主机发出的信号载频、信号低频、信号幅度、故障代码、条件设置线、载频切换状态等信息。

（4）TAX2 箱

记录器通过 RS-485 总线读取来自 TAX2 箱的线路公里标、机车类型和编号、速度、信号机类型和编号、车站号等信息，为记录数据增加辅助定位、说明等附加信息。

（5）接收线圈

信号隔离放大电路采用与主机板相同的电路。由于记录器只对一路信号进行记录，输入的两路接收线圈信号，通过一个切换继电器进行选择，如果主机板 A 为工作机，则继电器接通 A 路接收线圈，如果主机板 B 为工作机，则继电器接通 B 路接收线圈。

（6）存储介质

记录器采用大容量 CF 卡（闪存卡）作为存储介质，用于存储文件索引信息、状态变化信息、实时变化信息、波形信息等。转储数据时可以直接拔取 CF 卡，也可以通过 USB（通用串行总线）数据转存期从 USB 接口转储全部状态信息和实时变化信息及部分波形信息。

3. 机车信号机

设备使用双面八显示机车信号机，采用 LED（发光二极管）显示方式，主机输出的灯位信息直接反映到信号机上，给出相应的显示。图 1.2.3 为机车信号机的外观图。

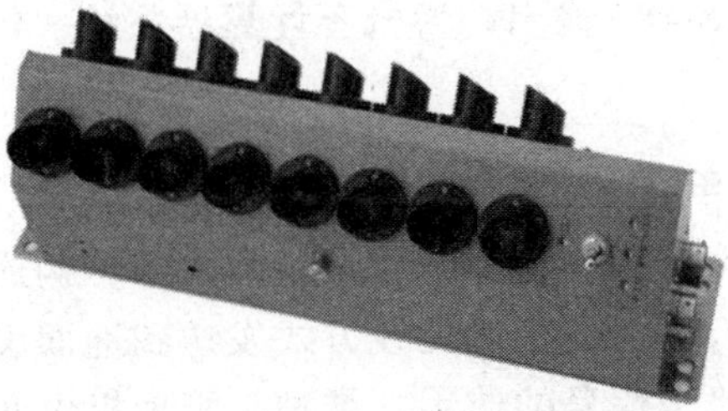

图 1.2.3 机车信号机的外观图

信号机共有 8 个灯位，其显示从上到下排列依次为：绿、半绿半黄、黄、黄 2（黄色印“2”字）、半黄半红、双半黄、红、白。

信号机下部设置有载频选择开关（上下行）和模式开关（可选）。

中间的 LED 灯表示“操作端”，左侧 LED 灯为“2/上行”，右侧 LED 灯为“1/下行”。只有中间“操作端”LED 灯亮的情况下，对应的开关才能有效地向主机输入上下行信息。正常情况下，两个司机室的信号机的“操作端”LED 只有一个亮，同时表明此时该端接收线圈有效。

机车乘务员通过开关可以手动控制主机允许接收的载频信息。当将有效的上下行开关手动打在上行位时，“SX”（上行）LED 将稳定亮，主机将只接收上行方向信息；打在下行位时，“XX”（下行）LED 将稳定亮，主机将只接收下行方向信息。

4. 双路接收线圈

机车信号接收线圈安装位置在机车排障器后与第一轮对之间，通过电磁感应原理接收地面轨道电路信号，如图 1.2.4 所示。双路接收线圈中的两组线路为双套冗余关系，同时系统闭环测试时可互为测试线圈。这种双路线圈具有简单可靠的特点。

图 1.2.4 机车信号接收线圈

JT-C 系列机车信号系统的技术特点：

（1）采用“2×2 取 2”的冗余容错安全结构，机车信号主机内双套热备、双套电源、双路接收线圈接收等冗余措施，以提高设备的安全性与可靠性。

（2）采用 32 位浮点高速 DSP（数字信号处理器）运算、频域处理和时域处理相结合技术，以提高接收设备可靠工作的信干比。

（3）各制式信号并行处理，以提高信息译解速度。

（4）采用带有动态控制点灯电源的“故障—安全”电源，进一步提高了系统的安全性。

（5）配套研制了双面点阵式 LED 显示器，或者使用配套的双面 8 色灯 LED 显示器，可靠性高，功耗低。

（6）预留 CAN 总线和 RS-485 输出，为机车计算器系统一体化、远程监测等设备提供了条件。

5. 无线远程监测装置（车载部分）

机车信号远程监测装置由车载终端和地面设备两大部分构成。

车载终端将机车信号运行相关数据以无线方式发送到地面设备，由地面设备处理有关显示，实时提供运用部分，为机车信号的使用、维护与管理提供便捷手段。车载终端有两种型号：一种是相对独立的 A 型，其有专用的机箱，通过通信电缆与机车信号主机形成一个主体，可以与任何 JT-C 型机车信号主机配套使用；另一种是 B 型，其主要功能集成在带有 USB 接口的新记录器板内，无线接收模块安装在Ⅰ端机车信号机内，中间连接复用机车信号机电缆。A 型只在小范围内使用，B 型因其结构简单、安装方便、功能更强大，而被广泛推广使用，但要使用带有 USB 接口的新记录器板。

三、机车信号机显示意义

按照《技规》要求，接近连续式机车信号机的显示方式与连续式机车信号机相同，其具体显示与含义如表 1.2.1 和表 1.2.2 所示。

表 1.2.1　三显示自动闭塞区段的连续式机车信号机

序号	机车信号显示	显示意义
1	一个绿色灯光	准许列车按规定速度运行，表示列车接近的地面信号机显示绿色灯光
2	一个半绿半黄色灯光	准许列车按规定速度注意运行，表示列车接近的地面信号机显示一个绿色灯光和一个黄色灯光
3	一个带“2”字的黄色闪光	要求列车注意运行，表示接近的地面信号机显示一个黄色灯光，预告次一架地面信号机开放经 18 号及以上道岔侧向位置进路，显示一个黄色闪光和一个黄色灯光
4	一个带“2”字的黄色灯光	要求列车注意运行，表示接近的地面信号机显示一个黄色灯光，预告次一架地面信号机开放经道岔侧向位置的信号显示
5	一个黄色灯光	要求列车注意运行，表示列车接近的地面信号机显示一个黄色灯光，并预告次一架地面信号机处于关闭状态

续表

序号	机车信号显示	显示意义
6	一个双半黄色闪光	要求列车限速运行，表示列车接近的地面信号机开放经 18 号及以上道岔侧向位置进路，且次一架信号机开放经道岔直向或 18 号及以上道岔侧向位置进路，或表示列车接近设有分歧道岔线路所的地面信号机开放经 18 号及以上道岔侧向位置进路，显示一个黄色闪光和一个黄色灯光，或其他相应显示
7	一个双半黄色灯光	要求列车限速运行，表示列车接近的地面信号机开放经道岔侧向位置的进路
8	一个半黄半红色闪光	表示列车接近的进站、接车进路或接发车进路信号机显示引导信号或通过信号机显示容许信号
9	一个半黄半红色灯光	要求及时采取停车措施，表示列车接近的地面信号机显示红色灯光
10	一个红色灯光	表示列车已越过地面上显示红色灯光的信号机
11	一个白色灯光	不复示地面上的信号显示，机车乘务人员应按地面信号机的显示运行

注：无显示时，表示机车信号机在停止工作状态。

表 1.2.2 四显示自动闭塞区段连续式机车信号机

序号	机车信号显示	显示意义
1	一个绿色灯光	准许列车按规定速度运行，表示列车接近的地面信号机显示绿色灯光
2	一个半绿半黄色灯光	准许列车按规定速度注意运行，表示列车接近的地面信号机显示一个绿色灯光和一个黄色灯光
3	一个带“2”字的黄色闪光	要求列车减速到规定的速度等级越过接近的显示一个黄色灯光的地面信号机，并预告次一架地面信号机开放经 18 号及以上道岔侧向位置的进路，且列车运行前方第三架信号机开通直向进路或开放经 18 号及以上道岔侧向位置的进路
4	一个带“2”字的黄色灯光	要求列车减速到规定的速度等级越过接近的显示一个黄色灯光的地面信号机，并预告次一架地面信号机开放经道岔侧向位置的进路
5	一个黄色灯光	要求列车减速到规定的速度等级越过接近的显示一个黄色灯光的地面信号机，并预告次一架地面信号机处于关闭状态
6	一个双半黄色闪光	要求列车限速运行，表示列车接近的地面信号机开放经 18 号及以上道岔侧向位置的进路，且次一架信号机开通直向进路或开放经 18 号及以上道岔侧向位置的进路；或表示列车接近设有分歧道岔线路所的地面信号机开放经 18 号及以上道岔侧向位置的进路，显示一个黄色闪光和一个黄色灯光
7	一个双半黄色灯光	要求列车限速运行，表示列车接近的地面信号机开放经道岔侧向位置的进路，显示两个黄色灯光或其他相应显示
8	一个半黄半红色闪光	表示列车接近的进站、接车进路或接发车进路信号机显示引导信号或通过信号机显示容许信号
9	一个半黄半红色灯光	要求及时采取停车措施，表示列车接近的地面信号机显示红色灯光
10	一个红色灯光	表示列车已越过地面上显示红色灯光的信号机
11	一个白色灯光	不复示地面上的信号显示，机车乘务人员应按地面信号机的显示运行

注：无显示时，表示机车信号机在停止工作状态。

机车信号的显示，应与线路上列车接近的地面信号机的显示含义相符。当机车信号设备发生故障或与地面信号显示不一致时，均应以地面信号的显示为准。

“认识机车信号”课程资源包

任务实施

任务编号	1-2	任务名称	认识机车信号
序号	实施内容	完成情况	
		是	否
	JT-C系列机车信号装置各部件名称及功能		
1	叙述JT-C系列机车信号装置的组成，核对名牌数量、内容是否正确		
2	查看JT-C系列机车信号装置的各个部件是否齐全		
3	将名牌对应挂到JT-C系列机车信号装置各个部件上，每挂一个，说明该部件的功能		
	JT-C系列机车信号装置的技术特点		
4	叙述JT-C系列机车信号装置的技术特点，6项		
	四显示区段机车信号与地面信号对应关系		
5	判断机车信号显示一个绿色灯光的地面信号对应		
6	判断机车信号显示一个半绿半黄色灯光的地面信号对应		
7	判断机车信号显示一个带“2”字的黄色闪光的地面信号对应		
8	判断机车信号显示一个带“2”字的黄色灯光的地面信号对应		
9	判断机车信号显示一个黄色灯光的地面信号对应		
10	判断机车信号显示一个双半黄色闪光的地面信号对应		
11	判断机车信号显示一个双半黄色灯光的地面信号对应		
12	判断机车信号显示一个半黄半红色闪光的地面信号对应		
13	判断机车信号显示一个半黄半红色灯光的地面信号对应		
14	判断机车信号显示一个红色灯光的地面信号对应		
15	判断机车信号显示一个白色灯光的地面信号对应		
	四显示区段机车信号的显示含义		
16	叙述机车信号显示一个绿色灯光的显示含义		
17	叙述机车信号显示一个半绿半黄色灯光的显示含义		
18	叙述机车信号显示一个带“2”字的黄色闪光的显示含义		
19	叙述机车信号显示一个带“2”字的黄色灯光的显示含义		
20	叙述机车信号显示一个黄色灯光的显示含义		

续表

任务编号	1-2	任务名称	认识机车信号	
序号	实施内容		完成情况	
			是	否
21	叙述机车信号显示一个双半黄色闪光的显示含义			
22	叙述机车信号显示一个双半黄色灯光的显示含义			
23	叙述机车信号显示一个半黄半红色闪光的显示含义			
24	叙述机车信号显示一个半黄半红色灯光的显示含义			
25	叙述机车信号显示一个红色灯光的显示含义			
26	叙述机车信号显示一个白色灯光的显示含义			
机车信号机上下行转换				
27	结合机车乘务员一次乘务作业，说说机车信号机上下行转换时机			
28	到机车操纵端，机车信号下方中间的 LED 灯亮			
29	手动转换机车信号机上下行开关，“SX”灯亮，表示上行，“XX”灯亮，表示下行			

任务评价

任务编号	1-2	任务名称	认识机车信号		
序号	评价内容		标准分值	自我评分 50%	组内评分 50%
资讯阶段			10		
1	是否积极参与任务书讨论，正确领会任务要求		5		
2	是否积极参与引导文学习讨论，完全掌握学习内容		5		
计划→实施→检查阶段			20		
1	是否积极参与计划制订，提出建设性计划内容		5		
2	是否制订了可行的任务方案		5		
3	是否认真履行个人角色，积极参与任务演练		5		
4	是否有效使用任务检查单保证任务顺利进行		5		
序号	评价内容		标准分值	组间评分 50%	教师评分 50%
（任务展示）评价阶段			70		
1	JT-C 系列机车信号装置各部件名称及功能	将 JT-C 系列机车信号装置各部件名牌挂到其对应的部件上，每错一处扣 2 分。叙述各部件的功能，表达错误或表达不完整扣 2 分	20		

续表

序号	评价内容		标准分值	组间评分 50%	教师评分 50%
2	JT-C 系列机车信号装置的技术特点	叙述 JT-C 系列机车信号装置的技术特点，每错一处扣 2 分	10		
3	四显示区段机车信号与地面信号对应关系	叙述四显示区段机车信号与地面信号对应关系，每错一处扣 1 分	10		
4	四显示区段机车信号的显示含义	叙述四显示区段机车信号的显示含义，每错一处扣 2 分	20		
5	机车信号机上下行转换	进行机车信号机上下行转换，未判断操纵端扣 5 分；判断机车信号上下行开关位置错误扣 5 分	10		
总评分值					

能力测试

1. 机车信号的作用是什么？
2. 机车信号分哪两类？
3. 机车信号系统由哪些设备组成？
4. 叙述 JT-C 系列机车信号装置主机的作用、组成及功能。
5. 叙述 JT-C 系列机车信号装置记录器的作用、组成。
6. JT-C 系列机车信号机共有 8 个灯位，其显示从上到下排列依次是什么？
7. JT-C 系列机车信号机下部设置有（　　　　　　）和（　　　　　　）。
8. JT-C 系列机车信号机下部的 LED 灯显示有什么意义？
9. JT-C 系列机车信号系统有哪些技术特点？
10. 在表 1.2.3 中填写三显示自动闭塞区段的连续式机车信号机的显示意义。

表 1.2.3　三显示自动闭塞区段的连续式机车信号机

序号	机车信号显示	显示意义
1	一个绿色灯光	
2	一个半绿半黄色灯光	
3	一个带“2”字的黄色闪光	

续表

序号	机车信号显示	显示意义
4	一个带“2”字的黄色灯光	
5	一个黄色灯光	
6	一个双半黄色闪光	
7	一个双半黄色灯光	
8	一个半黄半红色闪光	
9	一个半黄半红色灯光	
10	一个红色灯光	
11	一个白色灯光	
12	无显示	

11. 在表 1.2.4 中填写四显示自动闭塞区段连续式机车信号机的显示意义。

表 1.2.4 四显示自动闭塞区段连续式机车机

序号	机车信号显示	显示意义
1	一个绿色灯光	

续表

序号	机车信号显示	显示意义
2	一个半绿半黄色灯光	
3	一个带“2”字的黄色闪光	
4	一个带“2”字的黄色灯光	
5	一个黄色灯光	
6	一个双半黄色闪光	
7	一个双半黄色灯光	
8	一个半黄半红色闪光	
9	一个半黄半红色灯光	
10	一个红色灯光	
11	一个白色灯光	
12	无显示	

12. 机车信号的显示，应与线路上列车接近的（　　　）的显示含义相符。

13. 当机车信号设备发生故障与地面信号显示不一致时，机车乘务员应以（　　　）的显示为准。

项目 2　LKJ2000 型列车运行监控装置

LKJ2000 型列车运行监控装置（以下简称 LKJ2000 型监控装置），是中国技术人员研制的以保障列车运行安全为主要目的列车控制装置，对防止列车超速、冒进，减少列车运行事故的发生，改善旅客乘车环境，促进机务管理，减少机务行车责任事故等方面有显著的效果。该装置在实现安全速度控制的同时，采集记录与列车安全运行有关的各种机车运行状态信息，促进了机车运行管理的自动化。

LKJ2000 型监控装置设在机车乘务员操纵台中央位置。它能使超速的列车制动，使冒进信号的列车停车，使溜逸的列车就地制动，使失去机车乘务员控制的列车停车，同时还能为机车乘务员提供列车运行前方线路的横纵断面和最优速度曲线，帮助机车乘务员更好地做出预判，安全、平稳、准时、正点地驾驶列车。

"LKJ2000 型列车运行监控装置"项目引入

任务 2-1　LKJ2000 型监控装置的功能及组成

任务安排

<table>
<tr><td>任务编号</td><td>2-1</td><td>任务名称</td><td>LKJ2000 型监控装置的功能及组成</td><td>建议学时</td><td>2（学时）</td></tr>
<tr><td colspan="6">任务描述</td></tr>
<tr><td colspan="6">机车乘务员完成一次乘务作业的过程中，几乎每一个环节都离不开LKJ2000型监控装置的操作，因此，机车乘务员应对 LKJ2000 型监控记录装置非常了解。今天，由你来代替机车乘务员，到机车上找到 LKJ2000 型监控装置的全部组成部件，挂上名牌，并说明 LKJ2000 型监控装置的功能和特点。</td></tr>
<tr><td colspan="6">任务实施要求做到：
（1）说明 LKJ2000 型监控装置的功能和特点；
（2）具体叙述记录功能的记录内容和记录时机；
（3）叙述事故状态记录器的记录时机；
（4）将 LKJ2000 型监控装置各组成部件的名牌挂到对应的部件上，并说明各部件的作用；
（5）将 LKJ2000 型监控装置主机的各插件安装到主机箱内，并叙述主机各插件的作用。</td></tr>
</table>

续表

<table>
<tr><td>任务编号</td><td>2-1</td><td>任务名称</td><td>LKJ2000型监控装置的功能及组成</td><td>建议学时</td><td>2（学时）</td></tr>
<tr><td colspan="6">实施说明</td></tr>
<tr><td colspan="6">（1）以小组（5~6人）为单位开展任务实施；
（2）任务前完成知识准备；
（3）评价验收：小组全部同学通过理论考试，给予第一部分成绩；小组指派一名代表进行任务成果展示，给予第二部分成绩。第二部分成绩，由教师和其他各组同学对展示小组按标准进行评分。
第二部分成绩评价要点：一是将LKJ2000型监控装置主机的各插件安装到主机箱中，边操作边叙述主机各插件的作用；二是叙述LKJ2000型监控装置的功能和特点、记录功能的记录内容和记录时机、事故状态记录器的记录时机。</td></tr>
<tr><td colspan="6">任务注意事项</td></tr>
<tr><td colspan="6">（1）任务开始前，必须做好充分的知识储备工作；
（2）任务过程中，要爱护实训设备，禁止暴力操作；
（3）注意用电安全。</td></tr>
<tr><td colspan="6">职业与思政</td></tr>
<tr><td colspan="6">在时代的召唤中奋斗成长
——记中国铁路太原局集团有限公司湖东机务段重载司机景生启
653 km的大秦铁路，承担着中国铁路1/4的煤炭运量，如同大动脉，为整个东部地区输送“血液”。大秦铁路运营30年来，已累计运输煤炭近60亿吨。
设计能力为1亿吨的大秦铁路，经过数次扩能改造后年运输能力达到了4.5亿吨。在一条铁路线上完成如此大的运量，得益于具有自主知识产权的重载运输技术的成熟运用。其中，就包括在大秦线开行运载效率更高的2万吨重载列车。一列2万吨列车运送的煤炭，能装满4 000辆载重5吨的汽车。景生启就是一名驾驶2万吨重载列车的司机。
今年46岁的景生启担当机车乘务工作已经25年了。
25年来，景生启经历了大秦铁路主型机车6次转型升级，他驾驶重载列车在大秦线上往返1 400余趟，累计安全行车超过180万千米，运输煤炭2 100多万吨。
25年来，景生启由一名从农村走出来的技校生，成长为一名精准掌控2万吨重载列车操纵技术的“铁路工匠”，成为中国铁路第一个操纵3万吨列车的重载司机、全路第一个享受国务院政府特殊津贴的重载司机……他说：“身处这个伟大的时代，我为自己有幸成为中国铁路重载技术发展的亲历者、见证者、奋斗者，能够在大秦铁路服务国家发展的奋斗进程中贡献自己的一份力量感到无比光荣。”
近日，在中国铁路太原局集团有限公司的《员工行为规范》推广中，景生启作为标准作业的形象代言人再次成为职工们追捧的明星。他的“一次值乘作业标准流程”成为全局“学标、对标、达标”活动的样板。
景生启在实践中逐渐积累起有关机车构造原理、行车操纵标准、非正常处理办法等经验，在别人认为“只要能开车就行”时，他却视《技规》《行规》为一名司机的“宝典”。他能随口背出任何一条规章，对大秦线20个站场设备、31个分相坐标烂熟于心，被大家称为“活规章”。</td></tr>
</table>

续表

任务编号	2-1	任务名称	LKJ2000 型监控装置的功能及组成	建议学时	2（学时）
在景生启家中，有一个堆满资料的柜子，里面除了有勾画得密密麻麻的业务书籍外，还有他在一张张线路纵断面图、站场示意图中手记的操纵要点、坡道受力分析计算结果。大秦线先后更换过 6 种机型，开行过 6 000 吨、1 万吨、2 万吨列车，进行过 3 万吨列车试验，每一次的机型更换、载重试验，他都要进行 LKJ 操作、操纵预案等方面的分析，都要记录下操纵心得及优化方法，难怪有人说他是“驾驶员揣着工程师的心”。正是这种“国家有需要，大秦有担当”的使命感，这种匠人匠心的执着精神，为他在实践中不断钻研、不断进取、不断奋斗注入了不竭动力。 无论是熟悉景生启的人，还是与他接触不多的人，都会对他得出一个踏实、真诚的印象。他不善言谈，却总给人以靠谱、笃定的感觉。在他的人生字典中，责任就意味着言必行、行必果，无论是对家人、对同事，还是对自己，决不失信。 对单调的事儿保持耐性，对重复的活儿慎始如终，从景生启所记的一本本手账、所画的一张张图纸、所坚守的一个个职业习惯中，我们看到一位匠人强大的精神力量，也看到新时代铁路产业工人的坚定信仰和执着追求。不驰于空想，不骛于虚声，把追求重载列车安全高效的梦想转化为一趟趟标准值乘、汇入一次次操纵技术创新，全身心地在“交通强国、铁路先行”的奋斗中展示新作为，我们为之点赞！ 摘自：中国新闻网					

任务资讯

《技规》第 101 条规定：最高运行速度不超过 160 km/h 的机车，机车信号设备与列车运行监控装置（LKJ）结合使用。

《技规》第 109 条规定：装备 CTCS-2 级列控车载设备的动车组应装设 LKJ 设备。

由《技规》的规定可知，LKJ2000 型监控装置适合各种类型的电力机车、内燃机车和动车组，既适合运行于不同速度等级线路的各型旅客列车（包括动车组）及货物列车，也适合于调车机车。

一、LKJ2000 型监控装置的功能

《技规》第 103 条规定：列车运行监控装置（LKJ）具有监控、记录、显示及报警等功能。

LKJ 软件、基础数据和控制模式设定的管理，按国铁集团有关规定执行。各机车、动车组运用区段车载数据文件的编制和控制模式的设定和调整，应由铁路局专业机构实施，由铁路局实行集中统一管理。

装备在机车上的 LKJ 设备应按高于线路允许速度 2 km/h 报警、3 km/h 卸载、5 km/h 常用制动、8 km/h 紧急制动设置模式曲线。

LKJ 产生的列车运行记录数据是行车安全分析的重要依据，任何单位和人员不得更改。

电务维修机构应妥善保存LKJ列车运行记录数据。

（一）监控功能

（1）防止列车越过前方关闭的信号机。若前方信号机为停车信号，监控装置将监控列车在前方信号机前停车。

（2）防止列车在超过线路（道岔）允许速度及机车、车辆允许的构造速度的情况下运行。若超过限速，监控装置会解除牵引力，实施常用制动或实施紧急制动。

（3）防止机车以高于规定的速度进行调车作业。在进行调车时，显示限速，防止机车超速。

（4）防止列车溜逸。当列车停车后，如有溜逸倾向或已产生溜逸时，监控装置会发出报警，若机车乘务员未及时动作，监控装置将自动实施紧急制动。

（5）防止列车在临时限速区段超速运行。监控装置内事先存储运行揭示，当运行到揭示地点，监控装置自动显示揭示限速并进行控制，防止列车超速。

（二）记录功能

1. 记录内容

（1）记录开/关机相关参数：开关机记录（包括日期、时间、机型、机车号、装置编号、机车轮径）。

（2）机车乘务员操作记录：设定参数信息、支线/侧线输入、有效按键操作（如解锁、定标等）、临时限速、临时限速内容、临时限速的控制过程。

（3）IC卡（智能卡）参数输入记录：IC卡揭示，参数信息记录（包括车次、司机号、副司机号、区段代号、车站代号、客货车别、本务补机别、牵引总重、载重、计长、辆数、支线号、侧线股道号、出入段时间）。

（4）列车运行参数记录：运行中参数记录，包括时间、线路公里标、距前方信号机距离、前方信号机种类及编号、机车信号显示状态、运行实际速度、限制速度、列车管压力、机车制动缸压力、机车工况、柴油机转速、装置控制指令输出状况、装置报警信息、装置异常状态、屏幕调车灯显示状态、机车乘务员操作装置的记录。

（5）事故状态记录：装置各插件故障信息。

2. 记录时机

（1）打点记录

按照走行里程进行记录，每走行5 km记录一次。

（2）触发记录

若符合以下条件时触发产生一条变量记录：

① 机车信号/平面调车信号发生变化时；

② 机车工况发生变化时；

③ 监控接收的机车信号中的制式信息或过绝缘节信息发生变化时；

④ 转速变化达到40 r/min时；

⑤ 运行速度变化达到 2 km/h，或限速变化达到 2 km/h 时；

⑥ 行驶时，列车管、均衡风缸、制动缸压力变化达到 20 kPa 时；

⑦ 停车时，列车管、制动缸压力变化达到 40 kPa 时；

⑧ 电力机车的电流、电压、电功率变化达到记录界限时；

⑨ 当监控装置采集到自动过分相装置动作或者主断状态发生变化以及自动过分相预断、强断信号状态发生变化时；

⑩ 监控装置发出报警、卸载、常用、紧急、故障等指令时。

监控装置记录事件定义见表 2.1.1 ~ 表 2.1.10。

表 2.1.1　系统自检信息

序号	记录事件名称	记录事件含义及记录时机
1	轮径超上界	当计算轮径值大于控制参数中设置的最大轮径时
2	轮径超下界	当计算轮径值小于控制参数中设置的最小轮径时
3	A 监控板故障	当 A 机监控记录插件由自检正常状态变为自检故障状态时
4	B 监控板故障	当 B 机监控记录插件由自检正常状态变为自检故障状态时
5	A 模拟入故障	当 A 机模拟量输入/输出插件上模拟量输入通道由自检正常状态变为自检故障状态时
6	B 模拟入故障	当 B 机模拟量输入/输出插件上模拟量输入通道由自检正常状态变为自检故障状态时
7	A 数字入故障	当 A 机数字量输入插件由自检正常状态变为自检故障状态时
8	B 数字入故障	当 B 机数字量输入插件由自检正常状态变为自检故障状态时
9	A 工况入故障	当 A 机数字量输入/输出插件上数字量输入通道由自检正常状态变为自检故障状态时
10	B 工况入故障	当 B 机数字量输入/输出插件上数字量输入通道由自检正常状态变为自检故障状态时
11	A 数字出故障	当 A 机数字量输入/输出插件上数字量输出通道反馈状态与输出状态由一致变为不一致时
12	B 数字出故障	当 B 机数字量输入/输出插件上数字量输出通道反馈状态与输出状态由一致变为不一致时
13	A 模块故障	当 A 机除监控记录插件外带 CPU 插件由自检正常状态变为自检故障状态时
14	B 模块故障	当 B 机除监控记录插件外带 CPU 插件由自检正常状态变为自检故障状态时
15	A 监控板恢复	当 A 机监控记录插件由自检故障状态变为自检正常状态时
16	B 监控板恢复	当 B 机监控记录插件由自检故障状态变为自检正常状态时
17	A 模拟入恢复	当 A 机模拟量输入/输出插件上模拟量输入通道由自检故障状态变为自检正常状态时
18	B 模拟入恢复	当 B 机模拟量输入/输出插件上模拟量输入通道由自检故障状态变为自检正常状态时

续表

序号	记录事件名称	记录事件含义及记录时机
19	A 数字入恢复	当 A 机数字输入插件由自检故障状态变为自检正常状态时
20	B 数字入恢复	当 B 机数字输入插件由自检故障状态变为自检正常状态时
21	A 工况入恢复	当 A 机数字量输入/输出插件上数字量输入通道由自检故障状态变为自检正常状态时
22	B 工况入恢复	当 B 机数字量输入/输出插件上数字量输入通道由自检故障状态变为自检正常状态时
23	A 数字出恢复	当 A 机数字量输入/输出插件上数字量输出通道反馈状态与输出状态由不一致变为一致时
24	B 数字出恢复	当 B 机数字量输入/输出插件上数字量输出通道反馈状态与输出状态由不一致变为一致时
25	A 模块恢复	当 A 机除监控记录插件外带 CPU 插件由自检故障状态变为自检正常状态时
26	B 模块恢复	当 B 机除监控记录插件外带 CPU 插件由自检故障状态变为自检正常状态时
27	硬件复位	当监控装置发生瞬间失电时（失电时间<0.4 s）
28	关机	当监控装置断电后重新通电时记录断电时信息
29	开机	当监控装置断电后重新通电时记录通电时信息

表 2.1.2　检修人员/乘务员输入信息

序号	记录事件名称	记录事件含义及记录时机
1	日期修改	当人工修改日期成功时
2	时间修改	当人工修改时间成功时
3	轮径修改	当人工修改速度传感器所在轴的轮径值成功时
4	备用轮径修改	当人工修改备用速度传感器所在轴的轮径值成功时
5	机车号修改	当人工修改机车号成功时
6	装置号修改	当人工修改监控装置编号成功时
7	机车型号修改	当人工修改机车型号成功时
8	默认辆数修改	当人工修改监控装置默认辆数成功时
9	默认总重修改	当人工修改监控装置默认总重成功时
10	默认计长修改	当人工修改监控装置默认计长成功时
11	柴油机脉冲数修改	当人工修改柴油机脉冲数成功时
12	速度表量程修改	当人工修改双针速度表量程成功时
13	机车 AB 节修改	当人工输入双节机车 A/B 节信息成功时
14	司机号	当人工输入司机号变化时
15	副司机号	当人工输入副司机号变化时
16	司机号 2	当人工输入第二个司机号变化时

续表

序号	记录事件名称	记录事件含义及记录时机
17	司机号 3	当人工输入第三个司机号变化时
19	车次	当人工输入车次变化时
20	本补客货	当人工输入车次的本补客货信息发生变化时
21	交路号	当人工输入交路号有效且变化时
22	数据交路号	当输入的交路号对应线路数据文件中的交路号变化时
23	车站号	当人工输入车站号有效且变化时
24	总重	当人工输入编组信息中的总重量变化时
32	辆数	当人工输入编组信息中的辆数变化时
33	计长	当人工输入编组信息中的计长变化时
50	参数确认	当人工进行设定输入，选择确认按钮退出时

表 2.1.3　揭示信息

序号	记录事件名称	记录事件含义及记录时机
1	揭示输入	当 IC 卡内的揭示信息向监控装置传送成功时
2	临时限速开始	当监控装置运行数据接近临时限速起点达到控制参数设置距离时
3	临时限速结束	当监控装置运行数据的列车尾部越过临时限速终点时
4	临时限速起点	当监控装置运行数据运行到临时限速起始地点时
7	取消揭示	当人工取消揭示时

表 2.1.4　点式信息

序号	记录事件名称	记录事件含义及记录时机
1	点式信息接收	当监控装置收到点式查询器送入的点式信息时
2	点式校正	当监控装置正确的收到点式信息并按点式信息内容进行距离校正时
3	点式定位	当监控装置正确的收到点式信息并按点式信息内容进行数据定位时
4	点式查询器故障	当点式查询器向监控装置发送的自检报告由正常变为故障时
5	点式查询器正常	当点式查询器向监控装置发送的自检报告由故障恢复正常时
6	点式通信超时	当监控装置长时间未收到点式查询器信息时
7	点式信息无效	当监控装置收到的点式信息内容与地面数据中点式信息内容不一致时
8	点式侧线信息	当监控装置收到点式信息中的侧线股道信息时
9	点式丢失	当监控装置未从点式查询器收到地面数据中预存的点式信息数据时
10	点式版本不一致	当监控装置收到点式信息的版本号与实际的版本号不一致时
11	点式报文非法	当监控装置收到点式信息的报文与实际不一致时

表 2.1.5 速度事件

序号	记录事件名称	记录事件含义及记录时机
1	速度突降	当速度信号由高于控制参数设置值的速度突降为0时
2	速度通道切换	当监控装置自动使双速度传感器的信号切换时
3	人工速度通道切换	当人工使双速度传感器的信号切换时
4	轮对空转	当监控装置判断速度信号加速度超过控制参数设置值时
5	空转结束	当监控装置判断轮对空转结束时
6	空转报警开始	当监控装置轮对空转报警开始时
7	空转报警结束	当监控装置轮对空转报警结束时
8	轮对滑行	当监控装置判断速度信号减速度超过控制参数设置值时
9	滑行结束	当监控装置判断轮对滑行结束时

表 2.1.6 按键事件

序号	记录事件名称	记录事件含义及记录时机
1	解锁键	当按压【解锁】键时
2	确认键	当按压解锁操作的【确认】键或解锁按钮时
3	警惕键	当按压【警惕】键时
4	缓解键	当按压【缓解】键时
5	定标键	当按压【定标】键时
6	前端巡检1	当进行机械间巡视前，在操纵端按压【巡检】键时
7	后端巡检	当巡视到非操纵端，按压【巡检】键时
8	前端巡检2	当巡视回到操纵端，按压【巡检】键时
9	交权	当有权端显示器通过操作成功放弃操作权时
10	夺权	当无权端显示器通过操作成功获得操作权时
11	IC卡插入	当IC卡插入显示器IC卡座时
12	IC卡拔出	当IC卡从显示器IC卡座拔出时
13	键盘检测成功	当人工进行显示器按键检测成功时
14	键盘检测失败	当人工进行显示器按键检测失败时

表 2.1.7 运行状态

序号	记录事件名称	记录事件含义及记录时机
1	A机单机	当监控装置主备状态转为A机单机工作时
2	B机单机	当监控装置主备状态转为B机单机工作时
3	A主B备	当监控装置主备状态转为A机主机B机备机工作时
4	A备B主	当监控装置主备状态转为A机备机B机主机工作时
5	降级运行	当监控装置由其他工作状态变为降级工作状态时

续表

序号	记录事件名称	记录事件含义及记录时机
6	进入调车	当监控装置进入调车工作状态时
7	退出调车	当监控装置退出调车工作状态时
8	出段	当人工按压【出入库】键进入出段工作状态时
9	入段	当人工按压【出入库】键进入入段工作状态时
10	退出出段	当人工按压【出入库】键由出段工作状态退出时
11	退出入段	当人工按压【出入库】键由入段工作状态退出时
12	引导解锁	当手信号引导行车解锁成功时
13	靠标解锁	当靠标解锁成功时
14	特定引导解锁	当特定手信号引导行车解锁成功时
15	调车点式解锁	当接收到调车点式信息解锁成功时
16	路票解锁	当停用基本闭塞法改用电话闭塞法解锁成功时
17	绿证解锁	当绿色许可证解锁成功时
18	股道无码确认	当车站股道无电码化确认地面信号开放成功时
19	临时命令号输入	当允许输入临时调度命令，人工输入相应的调度命令号时
20	凭证号输入	当人工输入行车凭证号时
21	绿/绿黄确认	当出站信号机前机车信号为侧向信号，人工确认地面信号为绿灯/绿黄灯时
22	转入 20 km/h 限速	当监控装置由非 20 km/h 限速模式转入 20 km/h 限速模式时
23	转出 20 km/h 限速	当监控装置由 20 km/h 限速模式转出时
24	自动进入补机	当监控装置通过硬件切换由本务运行状态转为非本务运行状态时
25	自动退出补机	当监控装置通过硬件切换由非本务运行状态转为本务运行状态时
26	报警开始	当监控装置报警开始时
27	报警结束	当监控装置报警结束时
28	防溜报警开始	当监控装置防溜报警开始时
29	防溜报警结束	当监控装置防溜报警结束时
30	区间停车	当监控装置工作在通常工作状态且运行数据位于区间时采集的机车速度从非 0 变为 0 时
31	区间开车	当监控装置工作在通常工作状态且运行数据位于区间时采集的机车速度从 0 变为非 0 时
32	机外停车	当监控装置工作在通常工作状态且运行数据位于进站信号机外方时采集的机车速度从非 0 变为 0 时
33	机外开车	当监控装置工作在通常工作状态且运行数据位于进站信号机外方时采集的机车速度从 0 变为非 0 时

续表

序号	记录事件名称	记录事件含义及记录时机
34	站内停车	当监控装置工作在通常工作状态且运行数据位于站内时采集的机车速度从非0变为0时
35	站内开车	当监控装置工作在通常工作状态且运行数据位于站内时采集的机车速度从0变为非0时
36	降级停车	当监控装置工作在降级工作状态时采集的机车速度从非0变为0时
37	降级开车	当监控装置工作在降级工作状态时采集的机车速度从0变为非0时
38	调车停车	当监控装置工作在调车工作状态时采集的机车速度从非0变为0时
39	调车开车	当监控装置工作在调车工作状态时采集的机车速度从0变为非0时
40	紧急制动	当监控装置发出紧急制动指令时
41	常用制动	当监控装置发出常用制动指令时
42	卸载动作	当监控装置发出切除机车牵引力指令时
43	允许缓解	当常用制动或卸载动作后，速度下降达到允许人工缓解条件时
44	缓解成功	当常用制动或卸载动作后，按压【缓解】键缓解成功时
45	日期变化	当日期发生变化时
46	GPS（全球定位系统）校时	当监控装置通过GPS设备校正时间成功时

表2.1.8 制动试验

序号	记录事件名称	记录事件含义及记录时机
1	常用制动试验开始	当停车状态下通过显示器操作进行常用制动试验时
2	紧急制动试验开始	当停车状态下通过显示器操作进行紧急制动试验时
3	常用制动试验结束	当常用制动试验结束时
4	紧急制动试验结束	当紧急制动试验结束时
5	常用试验减压结束	当常用制动试验减压结束时

表2.1.9 数据调用

序号	记录事件名称	记录事件含义及记录时机
1	开车对标	当参数设定有效后，按压【开车】键进入通常工作状态时
2	车位向前	当按压【向前】键进行距离调整有效时
3	车位向后	当按压【向后】键进行距离调整有效时
4	车位对中	当按压【自动校正】键进行距离调整有效时
5	支线选择	当允许输入支线，输入有效支线号时
6	侧线选择	当允许输入侧线，输入有效侧线号时
7	公里标突变	当监控装置运行数据通过公里标突变点时

续表

序号	记录事件名称	记录事件含义及记录时机
8	坐标增	当监控装置运行数据公里标变化趋势由减变为增时
9	坐标减	当监控装置运行数据公里标变化趋势由增变为减时
10	过机不校	当监控装置收到过绝缘节信号，不进行距离修正时
11	过机校正	当监控装置收到过绝缘节信号，进行距离修正时
12	轮径修正	当过机校正自动修改轮径时
13	过站中心	当监控装置运行数据通过车站中心时
14	进站道岔	当监控装置运行数据通过进站道岔时
15	出站道岔	当监控装置运行数据通过出站道岔时
16	过信号机	当监控装置运行数据通过信号机时
17	正线终止	当监控装置运行数据结束走行时
18	过分相	当监控装置运行数据通过线路数据文件中所做分相点时
19	调用反向数据	当监控装置由正向数据进入反方向数据时
20	退出反向数据	当监控装置由反方向数据进入正向数据时

表 2.1.10 机车条件变化

序号	记录事件名称	记录事件含义及记录时机
1	机车信号变化	当监控装置接收的机车信号中的色灯信息或速度等级信息发生变化时
2	制式电平变化	当监控装置接收的机车信号中的制式信息或过绝缘节信息发生变化时
3	机车工况变化	当监控装置采集的机车工况发生变化时
4	信号突变	当机车信号从进行状态变为关闭状态并符合设定规则要求时
5	平调信号变化	当监控装置接收的平面调车灯显信号发生变化时
6	速度变化	当监控装置采集的机车速度变化达到记录界限（由控制参数设置）时
7	转速变化	当监控装置采集的内燃机车柴油机转速变化达到记录界限(由控制参数设置）时
8	电流变化	当监控装置采集的电力机车原边电流或电机电流变化达到记录界限(由控制参数设置）时（可选记录项目）
9	电压变化	当监控装置采集的电力机车原边电压变化达到记录界限(由控制参数设置）时（可选记录项目）
10	电功率变化	当监控装置采集的电力机车原边功率变化达到记录界限(由控制参数设置）时（可选记录项目）
11	限速变化	当监控装置计算的限制速度变化达到记录界限（由控制参数设置）时
12	管压变化	当监控装置采集的列车管压力变化达到记录界限（由控制参数设置）时

续表

序号	记录事件名称	记录事件含义及记录时机
13	制动缸压力变化	当监控装置采集的制动缸压力变化达到记录界限（由控制参数设置）时
14	均衡风缸压力变化	当监控装置采集的均衡风缸压力变化达到记录界限（由控制参数设置）时
15	定量记录	在一些特定情况下（比如建立新文件时）记录所有监控装置采集的机车条件状态
16	记录自动过分相	当监控装置采集到自动过分相装置动作时（可选记录项目）
17	记录鸣笛	当监控装置采集到按压鸣笛装置按钮时（可选记录项目）

（三）显示功能

LKJ2000型监控装置的屏幕显示器上的显示界面能显示如下信息：

（1）显示日期和时间；

（2）显示机车信号信息；

（3）显示列车运行速度与限速；

（4）显示前方目标信号机的类别、编号；

（5）显示距前方信号机距离；

（6）显示机车所在位置的里程坐标；

（7）显示监控状态和列车制动状态；

（8）显示列车最近走过的1 km以内的运行速度值轨迹曲线；

（9）显示机车当前位置至前方4 km以内的线路允许速度曲线；

（10）运行所在闭塞分区及运行前方闭塞分区模式限制速度曲线；

（11）以曲线、符号和文字形式，沿线路里程的延展显示机车运行前方4 km以内的线路曲线、坡道坡度、道口、桥梁、隧道及车站、信号机、电气化铁路接触网分相标等设置情况。

（四）报警功能

LKJ2000型监控装置可以通过语音提示，提醒机车乘务员注意列车运行状态。LKJ2000型监控装置的屏幕显示器可以进行下列各类信息的声音提示：

（1）监控装置报警；

（2）机车信号变化；

（3）前方限速变化；

（4）动力切除、常用制动或紧急制动；

（5）允许缓解；

（6）车机联控；

（7）侧线股道或支线的选择。

具体语音定义见表2.1.11 ~ 表2.1.14。

表 2.1.11　机车条件语音提示

序号	语音内容	语音含义及发声时机
1	绿灯通过	当监控装置接收的机车信号信息由其他信号变为绿灯时
2	绿黄灯，注意运行	当监控装置接收的机车信号信息由其他信号变为绿黄灯时
3	黄灯减速	当监控装置接收的机车信号信息由其他信号变为黄灯时
4	黄 2 灯，准备停车	当监控装置接收的机车信号信息由其他信号变为黄 2 灯时
5	红黄灯停车	当监控装置接收的机车信号信息由其他信号变为红黄灯时
6	红灯停车	当监控装置接收的机车信号信息由其他信号变为红灯时
7	双黄灯侧向进站	当监控装置接收的机车信号信息由其他信号变为双黄灯且前方信号机为进站信号机时
8	双黄灯侧向出站	当监控装置接收的机车信号信息由其他信号变为双黄灯且前方信号机为出站信号机时
9	白灯无码	当监控装置接收的机车信号信息由其他信号变为白灯时
10	信号异常	当监控装置接收的机车信号信息由其他信号变为多灯或灭灯时
11	信号突变	在半自动闭塞区段，当监控装置运行数据距前方信号机距离小于 100 m 时，机车信号信息由双黄灯变为白灯或红黄灯、黄灯变为白灯或红黄灯时

表 2.1.12　系统报警语音提示

序号	语音内容	语音含义及发声时机
1	呜——	当降级工作状态下监控装置接收的机车信号为停车信号且运行速度为 5 km/h 时
2	空转	当监控装置判断速度信号加速度超过控制参数设置值时（可选语音项目）
3	轮滑	当监控装置判断速度信号减速度超过控制参数设置值时（可选语音项目）
4	卸载动作	当监控装置发出切除机车牵引力指令时
5	常用制动	当监控装置发出常用制动指令时
6	紧急制动	当监控装置发出紧急制动指令时
7	减速	当监控装置防冒或防超控制时实速接近限速达到控制参数设定的值时
8	注意限速	当监控装置限速曲线开始下降或下降达到一定间隔时
9	注意防溜	当监控装置判断机车发生溜逸时
10	防溜动作	当监控装置启动防溜控制发出紧急制动指令时

表 2.1.13　操作语音提示

序号	语音内容	语音含义及发声时机
1	输入支线号	当监控装置运行数据的前方分区有或本分区存在支线数据且满足输入条件时
2	输入侧线号	当监控装置运行数据的前方分区有多条侧线数据且满足输入条件时
3	注意按开车键	当列车始发站发车后，乘务员未及时按压【开车】键时（可选语音项目）

续表

序号	语音内容	语音含义及发声时机
4	注意试闸	当监控装置运行数据到达规定试闸地点而乘务员未进行试闸操作时（可选语音项目）
5	注意鸣笛	当监控装置运行数据到达规定鸣笛地点时（可选语音项目）
6	注意巡检	当监控装置运行数据到达规定巡检地点时（可选语音项目）
7	巡检完成	当人工完成一次完整的巡检操作时（可选语音项目）
8	禁止双弓	当监控装置运行数据到达规定的降弓地点时
9	车机联控	当监控装置运行数据到达规定的车机联控地点时
10	允许缓解	当监控装置实施常用制动或切除机车牵引力后，速度下降达到允许人工缓解条件时
11	缓解成功	当监控装置实施常用制动或切除机车牵引力后，达到允许人工缓解条件，人工按压【缓解】键缓解成功时
12	解锁成功	当符合监控装置控制模式解锁条件，人工按键解锁成功时
13	注意前方限速	当监控装置运行数据接近规定的限速地点时
14	注意临时限速	当监控装置运行数据接近临时限速地点时
15	注意道岔限速	当监控装置运行数据接近道岔且将侧向通过道岔时

表 2.1.14 工作状态语音提示

序号	语音内容	语音含义及发声时机
1	出库	当人工按压【出入库】键进入出段工作状态时（可选语音项目）
2	入库	当人工按压【出入库】键进入入段工作状态时（可选语音项目）
3	监控运行	当监控装置由其他工作状态进入监控工作状态时（可选语音项目）
4	降级运行	当监控装置由其他工作状态进入降级工作状态时（可选语音项目）
5	退出调车	当监控装置由调车工作状态退出时（可选语音项目）
6	请注意调车信号	当调车工作状态下未确认前方调车信号动车时（可选语音项目）

（五）地面信息处理功能

LKJ2000型监控装置除了能辅助行车外，还能将车载设备所记录的列车运行数据，通过地面设备进行翻译、整理，以直观的全程记录、运行曲线、各种报表等形式再现列车运行全过程，为机务的现代化管理及事故分析提供强有力的工具。

二、LKJ2000型监控装置的特点

1. 运行全程线路的参数事先存储

LKJ2000型监控装置的基本工作方式是将运行全程线路的参数事先存储于主机中，作为

监控工作的依据，并能够与地面进行信息交换，采用车载或车载数据与地面信息相结合的控制模式。

LKJ2000 型监控装置继承了各型监控装置获取线路参数的成熟技术，设计了接收地面传输信息的接口，将列车运行全部线路设施资料预先存储于主机中，不用在地面增设附加设备，既节省设备投资，又节省维护管理费用。大量线路资料载于车上，不需要复杂的地面至车上的传输环节，稳定可靠。

2. 具备大容量 IC 卡读写功能

LKJ2000 型监控装置存储设备从最早的 512 Kb、2 Mb 容量，到现在的 2 Mb、4 Mb 容量，能够解决对乘务员的参数输入、临时限速的控制以及大交路大轮乘文件的转储困难等问题。

3. 系统主 CPU 采用先进的 32 位微处理器

LKJ2000 型监控装置采用先进的 32 位微处理器 MC68332 作为系统主 CPU，具有较高的执行速度、控制精度、较高的稳定性和很强的数据处理能力。

4. 具备列车事故状态记录器（黑匣子）

除 LKJ2000 型监控装置主机记录插件的记录功能外，监控装置还设有专用的列车事故状态记录器，俗称“黑匣子”，可以详细记录事故前 30 min 的内容，结构合理，不易损坏。

5. 设置机车制动缸压力传感器

LKJ2000 型监控装置系统内部比 LKJ93 型多安装了机车制动缸压力传感器，可以记录和检查机车单独的制动情况。

6. 系统采用双机热备冗余的工作方式

LKJ2000 型监控装置主机设有双套模块，一套工作，一套热备。在工作模块出现故障的情况下，自动切换到热备模块工作。当任意一个单元或通道出现故障的情况下，自动启用相应备用的单元或通道，大大提高了工作可靠性。

它具有双套插件、双套 CAN 总线、双套 VME 总线、模块级冗余、主备机故障自动切换、保障数据记录的同步性。

7. 采用 10.4 英寸（约 26.4 cm）TFT（薄膜场效应晶体管）高亮度液晶显示屏

LKJ2000 型监控装置显示屏采用 10.4 英寸 TFT 高亮度液晶显示屏。其显示界面以图形的方式预示前方的桥隧、坡道、曲线、车站、道岔、线路限速、优化操纵曲线的情况，使装置与机车乘务员之间更好地交换信息。

8. 采用控制器局域网（CAN）作为系统内部通信方式

LKJ2000 型监控装置采用控制器局域网（CAN）作为系统内部通信方式进行数据交换，CAN 总线器件本身带 CRC（循环冗余校核）功能，具有较高的检错与容错能力，使传输可靠性进一步提高。

9. 采用 6U 标准插件及机箱结构

具有灵活、维修方便等特点。

10. 系统电磁兼容性满足 IEC61000 标准三级要求

抗干扰能力强，工作可靠性强。

三、LKJ2000 型监控装置的组成

监控装置包括车载设备和地面设备，如图 2.1.1 所示。

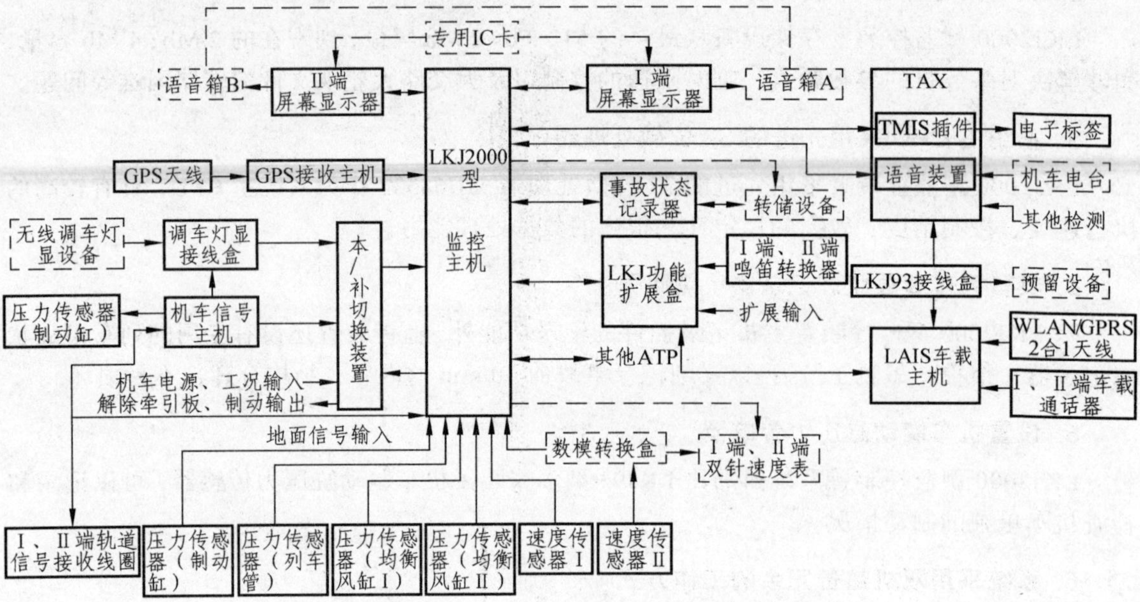

注：TAX 为机车安全信息综合检测装置；TMIS 为铁路运输管理信息系统；LAIS 为列车运行状态信息系统；WLAN/GPRS 为无线局域网/通用分组无线服务技术。

图 2.1.1 LKJ2000 型监控装置系统组成结构示意图

LKJ2000 监控记录装置基本组成单元包括一个主机和两个显示器。它的速度信息来自光电式速度传感器，机车信号信息来自通用式机车信号，压力检测除了检测列车管压力外，还检查机车制动缸的压力及均衡风缸压力。

LKJ2000 型监控装置各主要部件如表 2.1.15 所示。

表 2.1.15 LKJ2000 型监控装置主要部件

序号	名 称	数量	备注
1	主机箱（内含如下插件）	1 台/台机车	双套模块冗余，监控核心部件，实现机车运行监控和记录功能
1.1	电源插件	2 块/台主机	
1.2	监控记录插件	2 块/台主机	
1.3	通信插件	2 块/台主机	
1.4	地面信息处理插件	2 块/台主机	
1.5	模拟量输入/输出插件	2 块/台主机	

续表

序号	名 称	数量	备注
1.6	扩展通信插件	2 块/台主机	选择配置
1.7	数字量输入插件	2 块/台主机	
1.8	数字量输入输出插件	2 块/台主机	
2	屏幕显示器	2 个/台机车	实现直观的人机对话界面，用于乘务员的操作
3	速度传感器	2 个/台机车	选择配置，实现机车运行速度的实时检测
4	压力传感器	4 个/台内燃机车；3 个/台电力机车	实现机车列车管、制动缸和均衡风缸压力的实时检测
5	GPS 接收装置	1 套/台机车	选择配置
6	本/补切换装置	1 台/台机车	选择配置
7	机车布线	1 套/台机车	
8	双针速度表	2 个/台机车	可选配置，辅助型的速度显示装置
9	事故状态记录器（黑匣子）	1 个/台机车	可选配置，可靠实现运行事故后的文件保存
10	转储器	地面配置	实现机车运行记录文件的地面转储

注：双节型机车每节按一台机车配置监控装置。

（一）主机箱

主机箱为 LKJ2000 型监控装置系统控制的中心，其内部由 A、B 两组完全相同的控制单元组成，左边为 A 组、右边为 B 组，如图 2.1.2 所示。每组有 8 个插件位置，各插件位置（见图 2.1.3）以机箱中心线向左右为基准对称排列，排列顺序依次为监控记录插件、地面信息插件、通信插件、模拟量输入/输出插件、扩展通信插件、数字量输入插件、数字量输入/输出插件、电源插件。各插件之间采用标准总线母板连接，在背板内侧装有过压抑制板，主机箱采用背板对外输出方式。

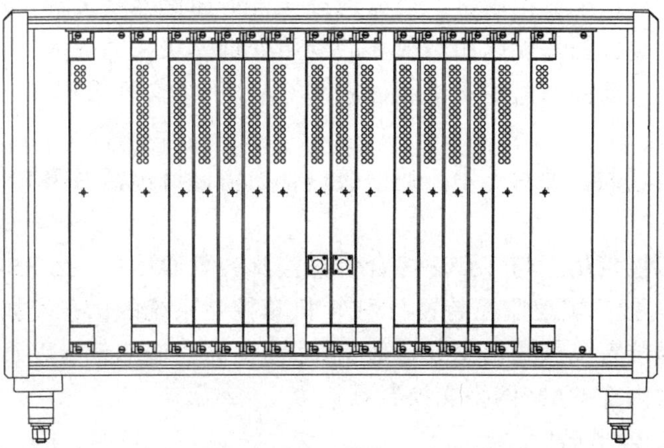

图 2.1.2 主机

电源A	数字入出A	数字输入A	扩展通信A	模拟入出A	通信A	地面信息A	监控记录A	监控记录B	地面信息B	通信B	模拟入出B	扩展通信B	数字输入B	数字入出B	电源B

图 2.1.3 主机各插件位置

1. 主机内各插件主要功能

（1）监控记录插件

监控记录插件作为 LKJ2000 型监控装置的主机模块，是系统的核心部件。

模块采用 32 位微处理器 MC68332 为 CPU（Central Processing Unit），其内部数据处理能力达 32 位（外部数据总线宽度为 16 位），具有 16M 字节的寻址空间，无须扩充地址总线即可满足寻址要求；主要完成地面线路数据的存储与调用、运行状态数据的记录与同步、控制模式曲线的计算、实时时钟的产生，并通过双路 CAN（Controller Area Network）串行总线或 VME（Versa Module Eurocard）并行总线实现对系统其他模块的控制与管理。MC68332 微处理器内部故障检测功能及故障处理功能也提高了装置工作的可靠性及安全性。

其他模块中带 CPU 的模块通过 CAN 网络与主机模块交换数据，而不带 CPU 的模块通过 VME 并行总线与主机模块连接。

工作主机与热备主机之间的数据交换是通过同步通信实现的。记录用数据存储器与实时时钟器件采用非易失性存储器件。因而在无须外部电池情况下可实现数据的长期可靠保存。记录数据的转储可通过 RS232 通信接口完成。

（2）地面信息处理插件

地面信息处理插件是从轨道信号感应器上取得地面轨道电路信号，完成轨道电路传输信息的输入，经过电气隔离后进行调整放大，然后经数字信号处理器（DSP）对各种制式的信号进行数字滤波及分析处理。插件产生的过绝缘节信号供监控主机校正距离测量误差，绝缘节信息通过电平方式输出至监控主机，也可通过 CAN 通信网络传输。地面点式信息或轨道电路叠加信息的处理是根据需要以相对独立的专用处理模块来完成的，结构上此模块叠加在地面信息处理插件上。插件与监控主机通过内部 CAN 网络交换数据。

（3）通信插件

通信插件提供装置的各种对外串行通信接口，通信接口包括两路 RS485 通信接口及 1 路 RS422/RS485 接口。

1 路 RS485 通信接口用于与 TAX2 综合信息监测装置通信；1 路 RS485 通信接口用于与列车总线/车辆总线连接，实现监控装置与列车/机车控制系统的信息交换；1 路 RS422/RS485 接口用于与机车信号装置或点式信息设备通信,从而提高传输信息量以及传输信息的可靠性。插件与监控主机通过内部 CAN 网络交换数据。

（4）模拟量输入/输出插件

模拟量输入/输出插件主要完成模拟输入信号和频率输入信号的调整、隔离、模/数转换及模拟输出信号的数/模转换、隔离和调整输出。

模拟输入信号包括压力信号、电流信号、电压信号以及加速度信号；频率输入信号包括速度信号及柴油机转速信号；模拟量输出信号主要是驱动双针速度表实际速度和限制速度的电流信号，以及驱动双针速度表里程计的电压脉冲信号。

所有输入/输出信号全部经过隔离放大器隔离或光电隔离。模拟量输入/输出插件经 VME 并行总线与监控主机连接。

（5）扩展通信插件

扩展通信插件可选配。该插件提供各种对外串行通信接口，实现 LKJ2000 型监控装置与其他设备的连接通信。通信接口包括 2 路 RS485 接口及 1 路 RS422/RS485 接口，与监控主机通过内部 CAN 网络交换数据。

通过 CAN 总线，按 LKJ2000 型通信协议与 LKJ2000 型监控装置通信。通过 RS485 总线，按 LKJ93A 通信协议与 TAX 监测装置通信。预留 RS485 总线接口，实现与列车总线通信。预留 HDLC（高级数据链路控制）总线接口，实现与机车信号或地面点式信息接口。

（6）数字量输入插件

数字量输入插件完成对机车信号点灯条件输入（50 V）的光电隔离与转换，经 VME 并行总线与监控主机连接，供监控主机读取。

（7）数字量输入/输出插件

数字量输入/输出插件一方面完成机车工况输入信号（110 V）的隔离与转换，另一方面完成常用与紧急制动控制指令的执行输出（继电器触点输出）。

输出信号可直接驱动内燃机车常用制动装置控制阀或与电力机车制动控制回路连接，但控制信号不能直接驱动电力机车主断路器。插件经 VME 并行总线与监控主机连接。

（8）电源插件

电源插件采用模块电源方式将 110 V 输入电源转换成系统所需的各种电源。

所有输出电源与输入电源隔离。输出电压包括供主机箱各插件工作的 5 V、+ 12 V、– 12 V 及 24 V；供数码显示器的 15 V（屏幕显示器采用 110 V 电源）；供速度传感器的 15 V 以及供压力传感器的 15 V。除 5 V、+ 12 V 及 – 12 V 共地外，其他各路输出电压互相隔离。

（9）母板

母板可完成各插件的 VME 总线连接及输入/输出信号的连接。

母板分左、右两个部分，左半部分为 A 机母板；右半部分为 B 机母板。A、B 机母板的上半部分为 VME 总线，采用标准 96 芯连接器；下半部分为信号的输入/输出，采用标准 48 芯连接器。母板的背面装有四个 48 芯插座（X17、X18、X19、X20）。插件的对外引线通过母板的印制线分别与这四个插座相连，然后通过内部连线送到后盖板的航空插座上。

（10）过压抑制板

过压抑制板由瞬变干扰信号吸收电路、电源滤波电路和延时继电器三部分组成，安装在后盖板内侧。外部 110 V 电源及 110 V 电路输入信号经过过压抑制板，输入至数字量输入/输出插件，数字量输入/输出插件的继电器输出信号经过过压抑制板输出至机车 110 V 回路。因而所有与机车 110 V 回路相连的信号均经过过压抑制板的滤波及瞬态过压抑制处理，消除机车 110 V 回路干扰对装置的影响。因此，在安装 2000 型监控装置时，无须在机车上另外安装过压吸收片。

2. 主机的特点

（1）主机采用双机热备冗余的工作方式，每个单元都自成系统。

由于两个单元互为热备，一个单元工作时，另一个单元处于热备状态，一旦工作单元任意一块插件发生故障，另一个单元中的相同插件将立即投入工作，故障的插件将自动退出工作。工作单元的主机插件有指示灯指示，表示处于工作状态。

（2）主机的输入/输出接口具有一定的扩展空间。

它可允许 4 个压力传感器信号（如列车管压力、机车制动缸压力以及均衡风缸压力等）输入，3 路速度信号输入，2 路模拟量（原边电流及原边电压）输入，1 路柴油机转速信号输入，16 个机车信号（50 V）开关量及 8 个 110 V 机车工况开关量输入，7 路制动控制指令输出（110 V 回路）。

（二）显示器

LKJ2000 型监控装置显示器采用 10.4 英寸 TFT 高亮度彩色液晶显示屏（见图 2.1.4），内部由底板、电源板、高压板、CPU 和 CPU 卡、语音芯片、语音板、程序芯片板、总线显卡、通信子板、显示屏、扬声器、蜂鸣器、薄膜按键以及内置读卡器等组成。

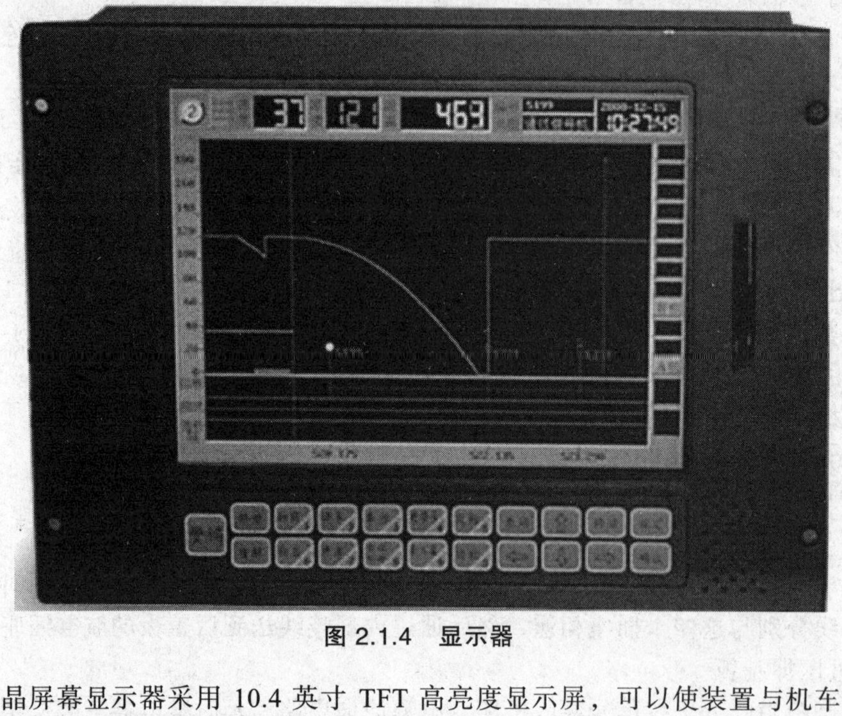

图 2.1.4 显示器

彩色液晶屏幕显示器采用 10.4 英寸 TFT 高亮度显示屏，可以使装置与机车乘务员之间更好地交换信息。它以屏幕滚动方式显示实际运行速度轨迹曲线及模式限制速度（或线路允许速度）曲线，以图形、符号、汉字来显示地面信号机的位置、种类以及运行线路的曲线、坡道、桥梁、隧道和道口等信息，同时可显示指导性优化操纵运行速度曲线和手柄级位曲线（见图 2.1.5），以便提示或指导乘务员操作，便于机车乘务员认真执行规章制度，改善机车乘务员的操纵水平，保证列车安全、正点运行。

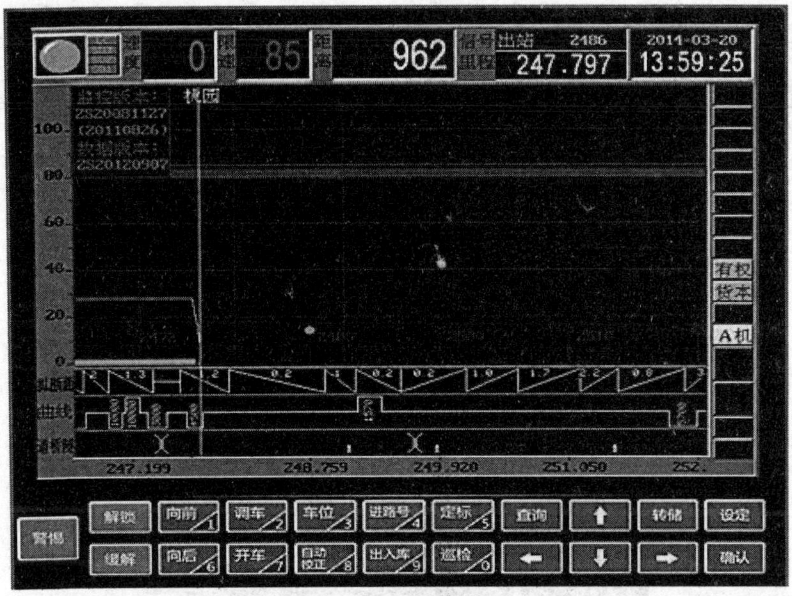

图 2.1.5　显示界面

屏幕最上方的窗口依次为色灯显示、速度等级、实际运行速度、限制速度、距前方信号机距离、当前信号机种类和编号、公里标、系统日期和时间。

屏幕右边的状态窗口指示系统状态，自上到下依次为系统故障、降级、紧急、常用、卸载、解锁、允许开车、调车、有权/无权、机车类型/巡检、IC 卡插卡指示、A/B 机、允许支线输入及支线号显示、允许侧线输入及侧线号显示、出/入库、诊断。有该状态时，状态按钮点亮。

屏幕中间的窗口为速度曲线和限速曲线窗口，同时在背景显示线路上的信号机、道岔、站中心及站名、电分相等数据。下方的三个小窗口依次为线路纵断面、线路曲线、道桥隧情况。整个曲线的 1/5 处有一条垂直分隔线，表示此处为机车当前位置，同时在速度窗口显示一个列车图标，其长度为按照计长换算的列车实际长度。屏幕最下方为里程标尺。

显示器下面有 21 个薄膜按键。

（三）事故状态记录器（黑匣子）

列车事故状态记录器将记录 30 min 以内最新的列车运行数据以及最新的机车联控的通话记录（事故发生后将自动停止记录），并且其记录密度大大高于监控主机数据记录密度，列车走行距离超过 5 m 时，将产生一次相关参数记录。事故状态记录器还具备抗冲击、防水及耐高温性能，因此在发生严重事故后可提供详细、准确的列车运行状态数据。其外观如图 2.1.6 所示。

图 2.1.6　事故状态记录器

（四）常用制动机构（JZ-7 型制动机加装电控阀）

1. 组　成

常用制动机构包括 3 号阀装置（见图 2.1.7）和 1 号、8 号阀组合装置（见图 2.1.8）。

图 2.1.7　CZDF-3 电空阀板块

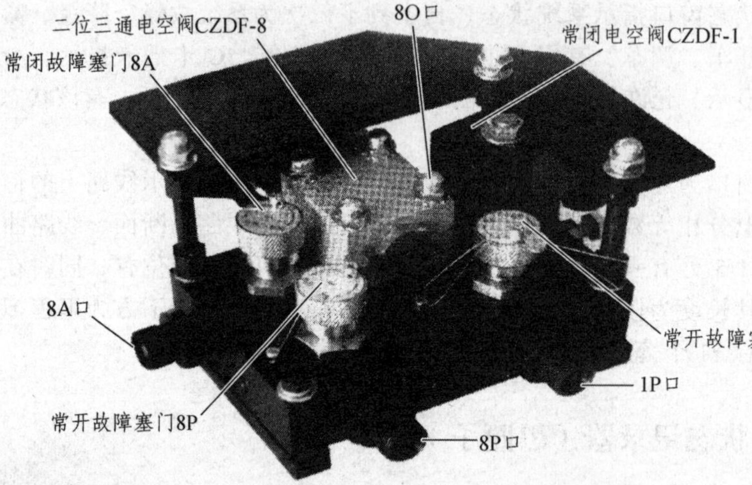

图 2.1.8　CZDF-8 与 CZDF-1 电空阀组合模块

2. 安装位置

常用制动机构根据车型不同安装位置稍有区别，一般将 3 号阀装置安装在自阀下方机车乘务员座位左侧小地板下方，1 号、8 号阀组合装置安装在机车乘务员座位右侧大地板下方。

3. 连接方式

3 号阀接在总风缸与自阀相通的总风缸管上，1 号阀接在均衡风缸管上，8 号阀接在总风缸管和总风遮断阀管上，如图 2.1.9 所示。8 号阀和紧急放风阀串联，当实施紧急制动时，8 号阀动作。

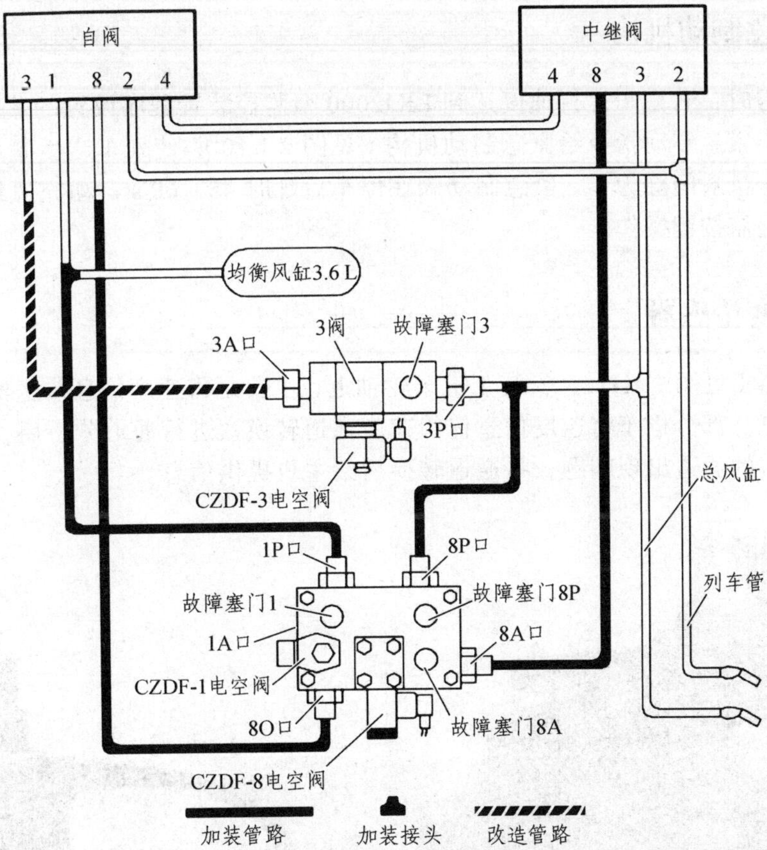

图 2.1.9　JZ–7 制动机 CZDF 型机车自动常用制动装置安装示意图

4. 减压量

在固定模式下运行，实施常用制动时，客车、货车列车管均减压 80 kPa；在减速模式或区间停车模式下运行，实施常用制动时，客车列车管减压 130 kPa、货车列车管减压 120 kPa。

5. 缓解按键及条件

在固定模式下运行，实施常用制动后，当运行速度低于固定模式限速值 5 km/h 时，允许按压【缓解】键，解除常用控制；在减速模式下运行，实施常用制动后，当运行速度低于前方目标限速时提供缓解条件；在停车模式下运行，实施常用制动，必须停车后才可以缓解常用制动。

6. 自动取消常用控制

在减速或停车模式下运行，人工减压不小于 50 kPa 自动取消常用制动控制；站内地面信号显示停车信号时，监控装置自动取消常用制动控制。

7. 曲线变化特点

在减速模式下运行，正常显示常用制动模式曲线，若列车管减压量达到 50 kPa，限速曲线会突然上升，改为显示紧急模式曲线，此时若缓解充风（减压量小于 50 kPa），限速曲线会突然下降，重新显示常用制动模式曲线，按常用制动模式曲线控制。

（五）紧急制动机构

当列车运行时，若列车运行速度达到 LKJ2000 型监控装置程序设置的紧急制动界限时，监控装置会输出紧急制动指令给紧急制动机构（见图 2.1.10），使列车产生紧急制动，紧急制动时列车管减压量瞬间降为零。紧急制动阀在停车后延时 45 ~ 60 s 自动充风缓解，无须按键操作，特殊情况需按键操作。

（六）速度传感器

速度传感器（见图 2.1.11），安装于机车轮轴上，主要是将速度信息传送给监控主机，提供列车速度信息。部分机车将速度信息传给速度通道转换盒进行通道分析后，再传给监控主机，如果所分析的通道出现问题，将通道转换后给主机提供信息。

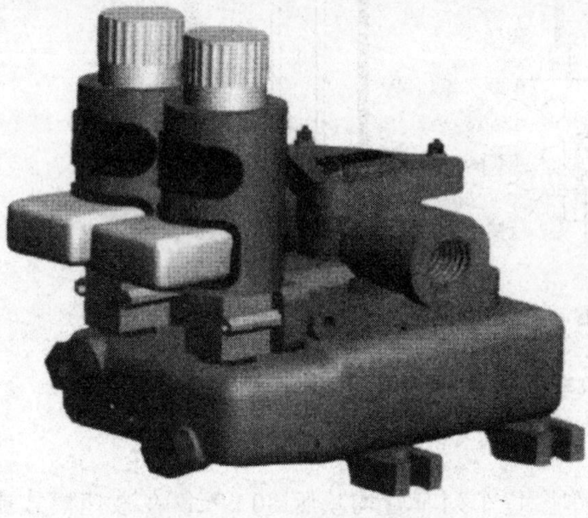

图 2.1.10　紧急制动机构

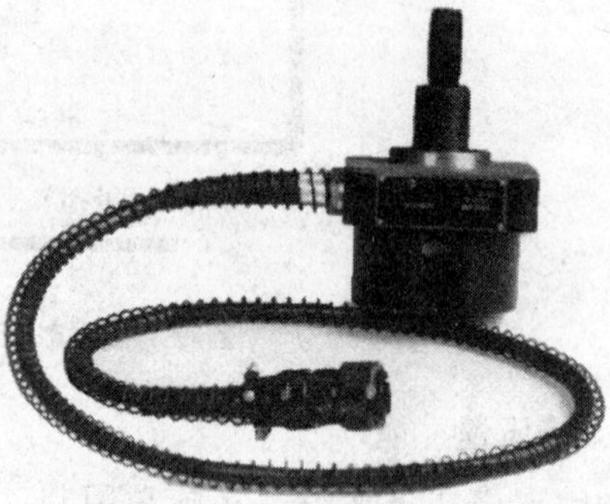

图 2.1.11　速度传感器

（七）压力传感器

压力传感器（见图 2.1.12）将检测到的压力信息传送给监控主机，一方面检测列车管压力和均衡风缸压力，另一方面还能检测制动缸压力信号；共有四个压力传感器（含列车管压力传感器 1 个，均衡风缸压力传感器 2 个，制动缸压力传感器 1 个），在机车单机运行时，可以记录和检查机车小闸的用情况。

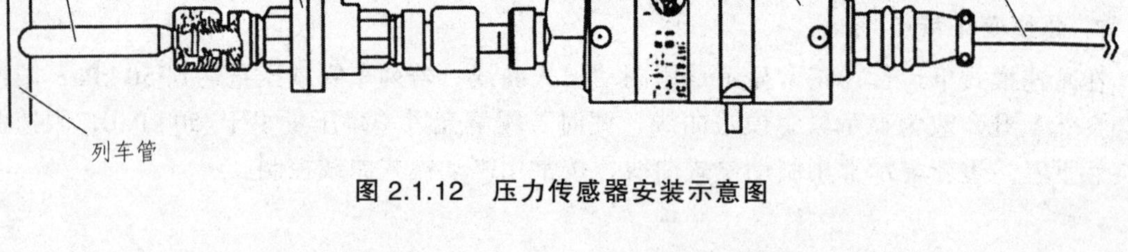

图 2.1.12　压力传感器安装示意图

（八）机车信号装置

机车信号装置（如图 1.2.2 和图 1.2.3）由数字信号主机和机车信号主机八显示机构组成，八显示机构比原六显示机构多增加了绿黄灯和黄 2 灯显示。机车信号主机受机车信号分线盒控制并且和分线盒共用一个电源开关。

机车信号主机是处理机车从地面上接收到的信号处理的主要部件。通过主机板处理由机车感应器从钢轨上接收到的移频信号，对应显示在机车信号机相应灯位上，向机车乘务员提供下一区段列车占用情况信息。

（九）双针速度表

双针速度表（见图 2.1.13）有实际运行速度指针和限制速度指针，在正常情况下两个指针依靠装置主机驱动，驱动信号为 0 ~ 20 mA 的电流信号，在装置关机情况下由数/模转换盒驱动。

图 2.1.13 双针速度表

“LKJ2000 型监控装置的功能及组成”课程资源包

任务实施

任务编号	2-1	任务名称	LKJ2000 型监控装置的功能及组成	
序号	实施内容		完成情况	
			是	否
LKJ2000 型监控装置功能及特点				
1	叙述 LKJ2000 监控装置的 5 个功能			
2	叙述 LKJ2000 监控装置的特点，10 项			
LKJ2000 型监控装置记录功能的记录内容和记录时机				
3	叙述开/关机的相关参数的记录内容			
4	叙述乘务员操作的记录内容			

续表

任务编号	2-1	任务名称	LKJ2000型监控装置的功能及组成	
序号	实施内容		完成情况	
			是	否
5	叙述IC卡参数输入的记录内容			
6	叙述列车运行参数记录的相关内容			
7	叙述事故状态记录器记录的相关内容			
8	叙述打点记录时机的设定			
9	叙述触发记录时机的设定			
事故状态记录器记录时机				
10	记录时长：30 min			
11	记录时机：每走5 m记录一次相关数据			
LKJ2000型监控装置各部件名称和作用				
12	叙述LKJ2000型监控装置的组成，核对名牌数量、内容是否正确			
13	查看LKJ2000型监控装置的各个部件是否齐全			
14	将名牌对应挂到LKJ2000监控装置各个部件上，每挂一个，说明该部件的作用			
LKJ2000型监控装置主机各插件名称和作用				
15	叙述LKJ2000型监控装置主机的组成和工作特点			
16	查看监控主机各组成插件是否齐全，一一识别，放置好			
17	将插件对应插入到机箱的相应插槽内，插好后插件封面与机箱内边框平			
18	将主机与显示器连接，上电，检查主机各插件是否安装正确、良好			

任务评价

任务编号	2-1	任务名称	LKJ2000型监控装置的功能及组成	
序号	评价内容	标准分值	自我评分 50%	组内评分 50%
资讯阶段		10		
1	是否积极参与任务书讨论，正确领会任务要求	5		
2	是否积极参与引导文学习讨论，完全掌握学习内容	5		
计划→实施→检查阶段		20		
1	是否积极参与计划制订，提出建设性计划内容	5		
2	是否制订了可行的任务方案	5		
3	是否认真履行个人角色，积极参与任务演练	5		
4	是否有效使用任务检查单保证任务顺利进行	5		

续表

序号	评价内容		标准分值	组间评分 50%	教师评分 50%
（任务展示）评价阶段			70		
1	监控装置的功能、特点	说明 LKJ2000 型监控装置的功能和特点（参看检查单），少一项扣 2 分	38		
2	记录功能的记录内容、记录时机	具体叙述记录功能的记录内容和记录时机（参看检查单），少一项扣 2 分	14		
3	事故状态记录器的记录时机	叙述事故状态记录器的记录时机（参看检查单），少一项扣 2 分	4		
4	LKJ2000 装置各部件的名称和作用	将 LKJ2000 装置各组成部件的名牌挂到对应的部件上，并说明各部件的作用（参看检查单），少一项扣 2 分	6		
5	LKJ2000 监控装置主机各插件的名称和作用	将 LKJ2000 监控装置主机的各插件安装到主机箱内，并叙述主机各插件的作用，少一项扣 2 分	8		
总评分值					

能力测试

1. 如图 2.1.14 所示，在司机室里，哪一部分是 LKJ2000 型监控装置？

图 2.1.14 司机室

2. LKJ2000 型监控装置有哪种功能？
3. LKJ2000 型监控装置的监控功能有哪几项？
4. LKJ2000 型监控装置是如何实现防超速的监控功能？
5. LKJ2000 型监控装置的记录内容有哪些？
6. LKJ2000 型监控装置的记录时机是怎样设定的？
7. LKJ2000 型监控装置可以显示哪种信息？
8. LKJ2000 型监控装置的语音提示有哪几类？

9. 请写出 LKJ2000 型监控装置的特点。

10. 请在表 2.1.16 中写出 LKJ2000 型监控装置的主要组成部分。

表 2.1.16　LKJ2000 型监控装置的主要组成部分

序号	名　称	数量
1		
1.1		
1.2		
1.3		
1.4		
1.5		
1.6		
1.7		
1.8		
2		
3		
4		
5		
6		
7		
8		
9		
10		

11. LKJ2000 型监控装置主机有何特点？

12. 在图 2.1.15 中填出 LKJ2000 型监控装置主机箱各插件名称。

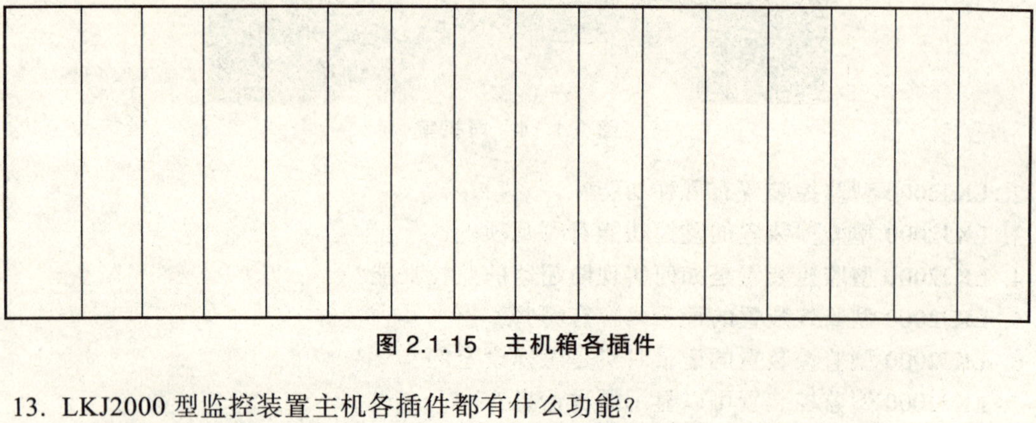

图 2.1.15　主机箱各插件

13. LKJ2000 型监控装置主机各插件都有什么功能？

14. 主机监控记录插件 CPU 采用（　　）位的微处理器。

15. 工作主机与热备主机之间的数据交换是通过（　　　　）通信实现的。
16. 模拟量输入/输出插件的模拟输入信号和模拟量输出信号包括哪些？
17. 电源插件输出哪几种电压？分别给谁供电？
18. 叙述 LKJ2000 型监控装显示器的组成。
19. 试述事故状态记录器的作用和记录时机。
20. 常用制动机构由哪些阀体组成？它们安装在什么位置？
21. 监控实施常用制动时，列车管减压量是多少？
22. 监控装置触发紧急制动，停车后延时（　　　）允许充风缓解。
23. 压力传感器都测试哪些位置的压力？

任务 2-2　LKJ2000 型监控装置液晶显示器

任务安排

<table>
<tr><td>任务编号</td><td>2-2</td><td>任务名称</td><td>LKJ2000 型监控装置液晶显示器</td><td>推荐学时</td><td>2（学时）</td></tr>
<tr><td colspan="6">任务描述</td></tr>
<tr><td colspan="6">机车乘务员完成一次乘务作业的过程中，几乎每一个环节都离不开 LKJ2000 型监控装置的操作，而显示器就是机车乘务员与 LKJ2000 型监控装置交流的窗口。今天，由你来代替机车乘务员，为同学们介绍 LKJ2000 型监控装置显示屏各项显示内容的意义，并自制功能键的名称贴，将其贴附在键盘相应键位置上，然后分别说出它们的用途。</td></tr>
<tr><td colspan="6">任务实施要求做到：
（1）说明 LKJ2000 型监控装置液晶显示器的显示屏各窗口意义；
（2）将自制的功能键名称贴附在键盘的相应键位置上；
（3）具体说明 LKJ2000 型监控装置液晶显示器的各功能键用途。</td></tr>
<tr><td colspan="6">实施说明</td></tr>
<tr><td colspan="6">（1）以小组（5～6 人）为单位开展任务实施；
（2）任务前完成知识准备；
（3）评价验收：小组全部同学通过理论测试，给予第一部分成绩；小组指派一名代表进行任务展示，给予第二部分成绩。第二部分成绩，由教师和其他各组同学对展示小组按标准进行评分。
第二部分任务展示包括两项内容：一是将自制的功能键名称粘贴在显示器按键面板相应的键位置上，然后分别说出它们的用途；二是介绍显示屏显示内容的意义。</td></tr>
<tr><td colspan="6">任务注意事项</td></tr>
<tr><td colspan="6">（1）任务开始前，必须做好充分的知识储备工作；
（2）任务过程中，要爱护实训设备，禁止暴力操作；
（3）注意用电安全。</td></tr>
</table>

任务资讯

一、显示界面说明

（一）屏幕最上方的横排数据窗口

显示屏最上方的横排数据窗口依次为机车信号灯状态、速度等级、当前速度、限速、距前方信号机距离、当前信号机编号、当前信号机类型、日期和时间（见图 2.2.1）。

图 2.2.1　显示器最上方的横排数据窗口

（1）机车信号灯状态显示窗口：显示机车当前接收的信号状态，如绿 3、绿 2、绿灯、绿黄灯、黄灯、红灯、红/黄灯、双黄灯、黄 2 灯、白灯、黄闪黄、红黄闪、黄 2 闪等。

（2）速度等级显示窗口：从上至下有 LC、SD3、SD2、SD1 四种速度等级，亮的部分表示当前所处的速度等级状态。其中，LC 亮表示绿灯信号状态下的最高速度等级；SD1、SD2、SD3 分别表示速度等级 1、速度等级 2、速度等级 3，SD1、SD2、SD3 组合成不同的速度等级显示。

（3）运行速度窗口：显示机车当前的实际运行速度（绿色数字）。

（4）限制速度窗口：显示机车当前的最大允许运行速度（红色数字）。

（5）距前方信号机距离窗口：显示距前方信号机的距离（黄色数字）。

（6）信号机窗口：显示前方信号机的种类和前方信号机的编号。

（7）公里标显示窗口：显示当前的公里标。

（8）日期和时间窗口：显示当前的系统日期及时间。

（二）屏幕右侧的竖排状态窗口

显示屏右侧的竖排状态窗口表示 LKJ2000 型监控装置系统状态，哪个窗口灯点亮，表明系统正处于什么状态。从上到下，状态窗口依次为故障、降级、紧急、常用、卸载、解锁、开车、调车、有权、货本、IC 卡、A/B 机、支线、侧线、出/入库、诊断（见图 2.2.2）。

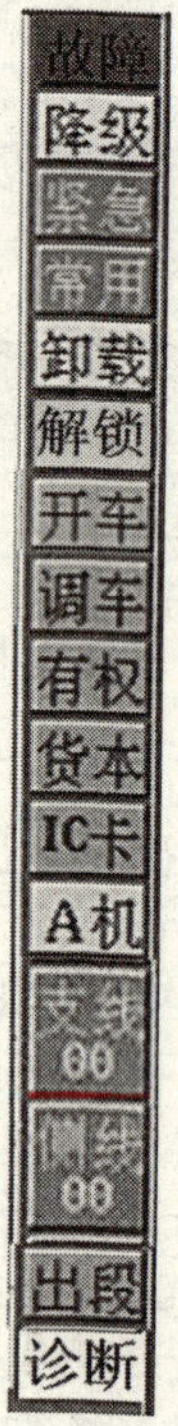

图 2.2.2　屏幕右侧的竖排状态窗口

（1）故障：当 CAN 总线故障时，点亮此灯。显示“CANA”表示 A 机 CAN 总线有故障，显示“CANB”表示 B 机 CAN 总线有故障。显示“故障”表示 CANA 和 CANB 都有故障，是指与所有单元都无法通信。

（2）降级：装置处于降级工作状态和 ZTL（自动停车）工作状态时，点亮此指示灯。

（3）紧急：装置发出紧急制动指令，实施紧急制动时，点亮此指示灯，停车后灯灭。

（4）常用：装置发出常用制动指令，实施常用制动时，点亮此指示灯，缓解操作成功后灯灭，动车显示 1、4、7 级。

（5）卸载：装置发出卸载动作指令，实施卸载动作时，点亮此指示灯，满足加载条件后灯灭。

（6）解锁：解除停车控制成功后，此灯点亮，4 s 后自动熄灭。

（7）开车：参数有效设定完毕灯亮，按压【开车】键，响应后灯灭。

（8）调车：处于“调车”状态时灯亮，退出“调车”状态时灯灭。

（9）控制权：指示本端显示屏是否有操作权，显示“有权”表示有操作权，“无权”表示无操作权。

（10）列车种类（巡检）：正常显示列车种类，设定完毕后显示当前的客货状态。显示“客本”时，装置处于客车本务状态；显示“货本”时，装置处于货车本务状态；显示“客补”时，装置处于客车非本务状态；显示“货补”时，装置处于货车非本务状态。按压“巡检”键有效后，点亮此指示灯，4 s 后自动熄灭。

（11）IC 卡：正确插入 IC 卡时，该灯点亮，无卡或插卡无效时灯灭。

（12）A 机/B 机：指示当前工作主机是 A 机还是 B 机，显示 A 机表示 A 机是工作机，显示 B 机表示 B 机是工作机。

（13）支线：在运行中，当允许支线输入操作，输入支线号时，该灯点亮，输入完毕后显示输入的支线号。

（14）侧线：在运行中，当允许侧线输入操作，输入侧线股道号时，该灯点亮，输入完毕后显示输入的股道号码。

（15）出/入库：有效按压【出入库】键，该灯点亮，再次按压【出入库】键，该灯熄灭。

（16）诊断：显示机车故障诊断装置送来的信息状态。

（三）屏幕中间的图形显示窗口

显示屏中间的窗口正常情况下横向显示 5 km 长的线路数据，以机车前端位置将窗口分为左右两部分，左侧显示 1 km 长的列车实际运行轨迹，右侧显示 4 km 长的列车运行前方线路数据。此窗口显示内容主要为列车实际运行速度线、限制速度线、优化操纵线、信号机位置、道岔位置、站中心位置、线路基本数据及站名等（见图 2.2.3）。

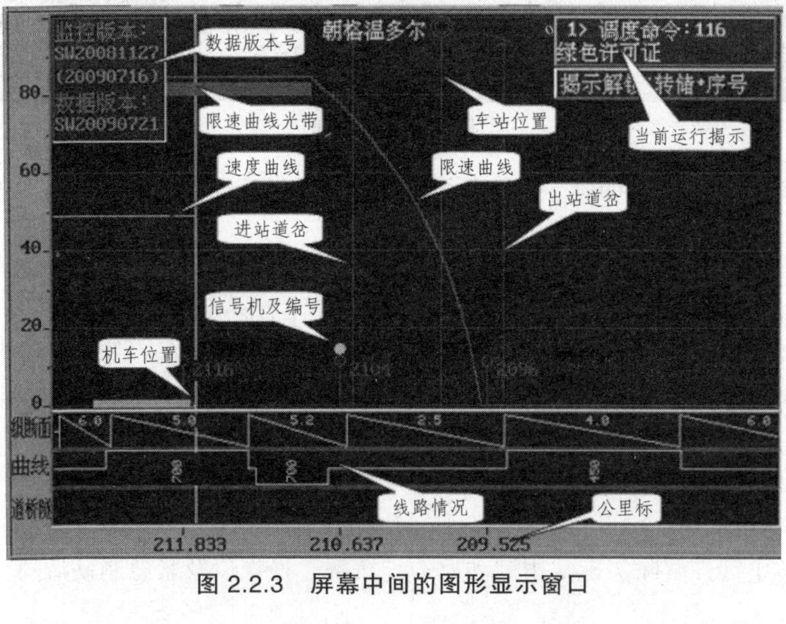

图 2.2.3　屏幕中间的图形显示窗口

屏幕中间的窗口主要是以图形和曲线的方式显示当前机车的运行速度、当前区段信息的窗口，以及前方的线路状况，具体说明如下：

（1）实际速度：以（绿色）曲线方式显示当前的机车运行速度和实际走行的速度轨迹。

（2）限制速度：以（红色）曲线方式显示当前区段的限制速度和前方 4 km 以内的线路限速曲线。

（3）信号机位置、编号、信号机的状态：以坐标的方式显示前方 4 km 以内的信号机位置、信号机的编号、前方一架信号机的显示状态。

（4）站中心及站名：以坐标（白色垂直线）的方式显示前方 4 km 以内所有站的站中心位置，并用汉字标注对应车站的名称。

（5）机车位置：在整个曲线显示的约 1/5 处有一条垂直分隔线（黄色线），表示此处为当前机车实际运行位置，同时在曲线窗口显示一个列车图标（客车图标显示为粉色、货车图标显示为蓝色），图标的横向长度与输入的列车计长成正比。

（6）道岔：以白色线条表示进站第 1 组和出站最后 1 组道岔坐标位置，线条上部用“<”表示进站道岔，用“>”表示出站道岔，并以坐标（垂直线加进、出标记）形式显示进、出站的道岔位置。

（7）线路纵断面、线路曲线、道桥隧：在整个屏幕的下方三个长条窗口显示前方线路纵断面、线路曲线、桥梁、隧道的情况，指导乘务员操纵（道口、桥梁、隧道合用一个长条窗口）。

（8）公里标：在屏幕的最下方显示公里标的变化及走行情况。

二、功能键说明

面板操作按键共 21 个（见图 2.2.4）。

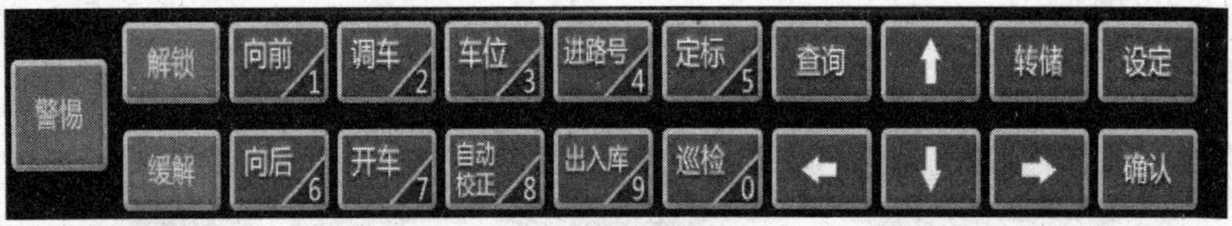

图 2.2.4 按键

复合键（键上带有数字的键）在显示状态下作功能键用，在修改参数状态下作数字键用，具体说明如下：

（1）【设定】键：进入或退出参数设定操作（对机车乘务员输入参数有保存作用）。

（2）【警惕】键：解除降级状态下 ZTL 报警；在半自动闭塞区段发生“信号突变”时的解锁操作；解除监控状态下防溜报警和防溜放风后缓解。

（3）【解锁】键：解除监控状态下模式曲线的控制功能。引导信号速度低于 20 km/h 时解锁，解锁后限速 21 km/h；特殊站靠标停车速度低于 20 km/h（货车 15 km/h）并距出站信号机小于 200 m 时解锁，客车限速 21 km/h、货车限速 16 km/h。接车进路信号机或四显示区段的分割信号机速度低于 20 km/h 解锁后限速 21 km/h。

（4）【缓解】键：解除实施常用制动后的“缓解”操作以及紧急制动后的“缓解”操作。

（5）【转储】键：利用 IC 卡转储文件时的操作，或有速度时进行揭示解锁操作。

（6）【查询】键：进入各种信息的查询操作状态。

（7）【确认】键：按压此键能够完成参数设定、修改有效、保存退出、解锁确认。

（8）【↑】【↓】【←】【→】键：在参数设定或查询状态下，按压这几个键，可以改变光标的位置，在输入数字时【←】键为退格键。

在非设定状态，【→】【←】键用于调整显示器音量，【↑】【↓】键用于调整显示器亮度。

（9）【↑】键：持续按压 2 s 弹出“非正常行车确认”窗口。

（10）【定标】键：线路坐标打点记录用。在机车运行中按压【定标】键，装置记录下此刻的公里标及时间，作为运行数据处理的查找标记。本操作只记录，不影响模式的控制。

（11）【巡检】键：按压此键可执行学习司机机械间巡视记录操作。

（12）【车位】键：按压此键可进入车位调整的准备状态。

（13）【向前】键：按压【车位】键 5 s 内再按此键，可以调整滞后误差。

（14）【向后】键：按压【车位】键 5 s 内再按此键，可以调整超前误差。

（15）【自动校正】键：按压此键可以自动调整滞后误差或超前误差。

（16）【调车】键：在速度为零时，按压此键进入调车状态限速 41 km/h，再按压此键退出调车状态。

（17）【进路号】键：运行中，当支线号或侧线号指示灯点亮时，按压此键进入“支线号”或“侧线号”输入状态。

（18）【开车】键：按压此键，执行对标开车操作。

（19）【出入库】键：在速度为零时，按压一次【出入库】键，进入库内走行状态显示“出/入段”，限速 16 km/h，再按压一次【出入库】键退出“出/入段”走行状态。

“LKJ2000 型列车运行监控装置液晶显示器”课程资源包

任务实施

任务编号	2-2	任务名称	LKJ2000 型监控装置液晶显示器	
序号	实施内容		完成情况	
			是	否
液晶显示器的显示界面各窗口意义				
1	叙述显示屏最上方的数据窗口意义（8 项）			
2	叙述显示屏最右边的状态窗口意义（16 项）			
3	叙述显示屏中间的图形显示窗口意义			
功能键具体布置				
4	21 个按键布置			

续表

任务编号	2-2	任务名称	LKJ2000型监控装置液晶显示器	
序号	实施内容		完成情况	
			是	否
功能键用途				
5	【设定】键用途			
6	【警惕】键用途			
7	【解锁】键用途			
8	【缓解】键用途			
9	【转储】键用途			
10	【查询】键用途			
11	【确认】键用途			
12	【↑】【↓】【←】【→】键用途（在参数设定或查询状态下）			
13	【↑】键用途（持续按压2 s）			
14	【定标】键用途			
15	【巡检】键用途			
16	【车位】键用途			
17	【向前】键用途			
18	【向后】键用途			
19	【自动校正】键用途			
20	【调车】键用途			
21	【进路号】键用途			
22	【开车】键用途			
23	【出入库】键用途			

任务评价

任务编号	2-2	任务名称	LKJ2000型监控装置液晶显示器	
序号	评价内容	标准分值	自我评分 50%	组内评分 50%
资讯阶段		10		
1	是否积极参与任务书讨论，正确领会任务要求	5		
2	是否积极参与引导文学习讨论，完全掌握学习内容	5		
计划→实施→检查阶段		20		

续表

任务编号	2-2	任务名称	LKJ2000 型监控装置液晶显示器		
序号	评价内容		标准分值	自我评分 50%	组内评分 50%
1	是否积极参与计划制订，提出建设性计划内容		5		
2	是否制订了可行的任务方案		5		
3	是否认真履行个人角色，积极参与任务演练		5		
4	是否有效使用任务检查单保证任务顺利进行		5		
序号	评价内容		标准分值	组间评分 50%	教师评分 50%
（任务展示）评价阶段			70		
1	液晶显示器的显示界面各窗口意义	说明 LKJ2000 型监控装置液晶显示器的显示界面各窗口意义，少一项或错误一项扣 2 分	11		
2	功能键具体布置	将自制的功能键名称贴附在显示器面板相应键位置上，少一项或错一项扣 1 分。	21		
3	功能键用途	具体叙述 LKJ2000 型监控装置液晶显示器的功能键用途，错误一项扣 2 分	38		
总评分值					

能力测试

1. 如图 2.2.5 所示，在司机室里，哪一部分是 LKJ2000 型监控装置的显示器？

图 2.2.5　司机室

2. 显示器由哪两部分组成？

3. 图 2.2.6 所示的显示屏最上方的数据窗口有哪几项？分别表示什么含义？

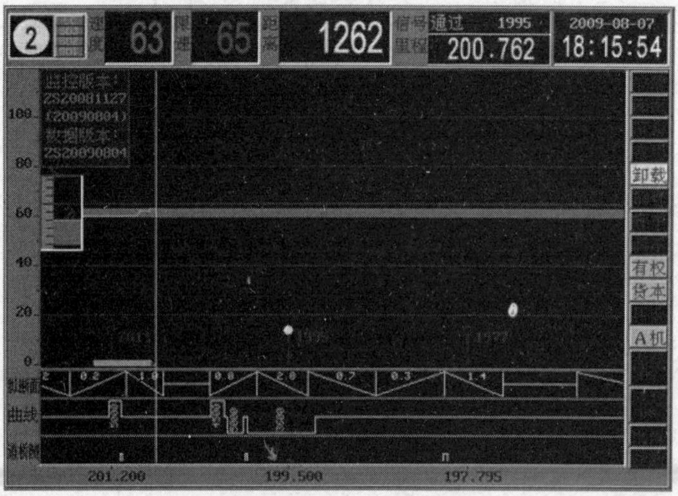

图 2.2.6 显示界面

4. 图 2.2.6 所示的显示屏右侧窗口为状态窗口，具体解释一下状态窗口各项目的名称及意义。

5. 屏幕右侧状态栏同时点亮“卸载”“常用”“紧急”3 个灯时，是什么意思？

6. 屏幕中间的图形显示窗口正常情况下横向显示（　　）千米的地面线路数据，以机车前端位置将窗口分为左右两部分，左侧显示（　　）千米长的列车实际运行轨迹，右侧显示（　　）千米长的列车运行前方线路数据。

7. 机车头部在监控显示屏中的左侧（　　）处。

8. 屏幕中间的图形显示窗口显示内容主要为（　　　　）、（　　　　）、（　　　　）、（　　　　）、（　　　　）、（　　　　）、（　　　　）及（　　　　）等。

9. 在图 2.2.7 中标出各个图形所代表的内容（将空框都填好）。

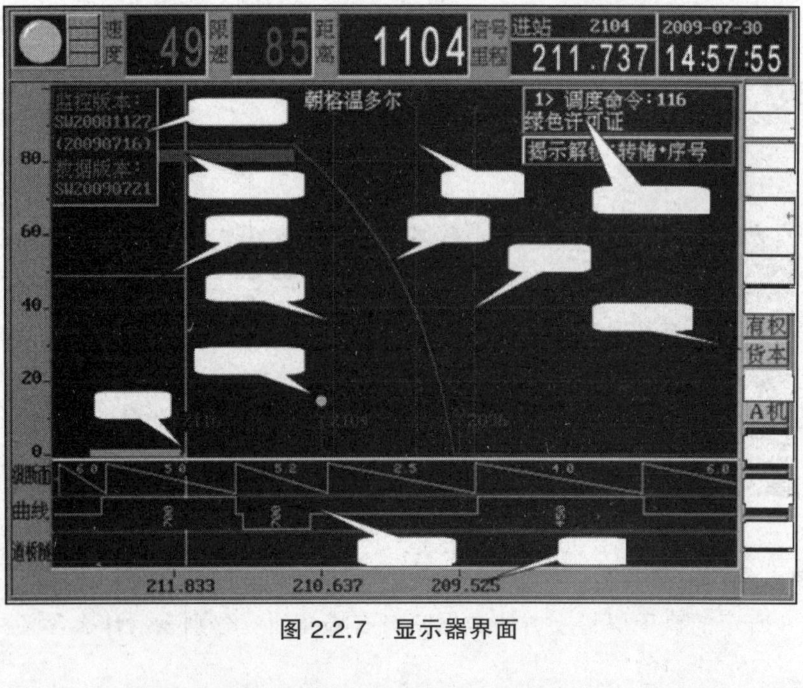

图 2.2.7 显示器界面

10. LKJ2000 型监控装置的显示器面板操作按键共（　　）个。

11. 在图 2.2.8 中各按键上填上其按键名。

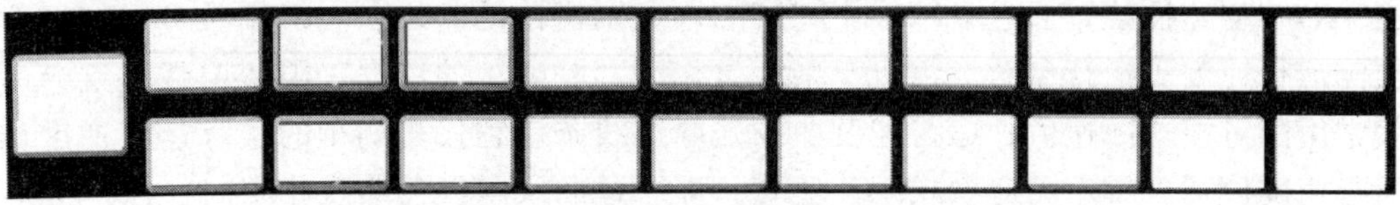

图 2.2.8　按键

12. 写出键盘上各功能键的用途。

任务 2-3　LKJ2000 型监控装置控制模式

任务安排

<table>
<tr><td>任务编号</td><td>2-3</td><td>任务名称</td><td>LKJ2000 型监控装置控制模式</td><td>推荐学时</td><td>4（学时）</td></tr>
<tr><td colspan="6">任务描述</td></tr>
<tr><td colspan="6">在列车运行过程中，一旦发生超速，LKJ2000 型监控装置就会根据其控制模式的设置，输出相应的控制指令，确保行车安全。今天，由你来代替机车乘务员，向大家介绍 LKJ2000 型监控装置控制模式及控制指令输出处理方法，并在屏幕上指出监控限速曲线的光带设置特点。</td></tr>
<tr><td colspan="6">任务实施要求做到：
（1）能解释 LKJ2000 型监控装置的专业术语的意义；
（2）使用 LKJ2000 型监控装置进行操作模拟，判断运行速度为多少时，监控输出何种控制指令；
（3）使用 LKJ2000 型监控装置进行操作模拟，将运行速度提高到监控装置输出各种控制指令，并对输出的控制指令进行处理；
（4）分别叙述恒速区和目标限速区光带的设置特点。</td></tr>
<tr><td colspan="6">实施说明</td></tr>
<tr><td colspan="6">（1）以小组（5～6 人）为单位开展任务实施；
（2）任务实施前，完成知识准备；
（3）评价验收：小组全部同学通过理论测试，给予第一部分成绩；小组指派一名代表进行任务展示，给予第二部分成绩。第二部分成绩，由教师和其他各组同学对展示小组按标准进行评分。
第二部分评价，由教师设置监控装置，并让学生将机车运行速度逐步增加，在过程中让学生依据屏幕显示能判断不同控制指令的输出时机并指出相应的处理方法。</td></tr>
<tr><td colspan="6">任务注意事项</td></tr>
<tr><td colspan="6">（1）任务开始前，必须做好充分的知识储备工作；
（2）任务过程中，要爱护实训设备，禁止暴力操作；
（3）注意用电安全。</td></tr>
</table>

任务资讯

LKJ2000 型监控装置通过显示屏中间的图形显示窗口的曲线，向机车乘务员表达限制速度和实际运行速度等运行参数，供机车乘务员作为驾驶列车的依据。限速曲线是红色线条，它代表常用固定模式限速值；运行速度曲线是绿色线条，它代表列车的实际运行速度值。当实际运行速度值达到常用固定模式限速值时，即绿色曲线与红色曲线相交时，LKJ2000 型监控装置就会被触发输出常用制动的控制指令，使列车常用制动。研究 LKJ2000 型监控装置的控制模式，实际上，就是研究限速曲线与速度曲线之间差值和控制指令输出之间的关系。

一、基本术语与概念

1. 线路允许速度值

线路允许速度取线路、道岔、曲线、桥梁、隧道、长期慢行地段等各项允许和限制速度的最低值。

2. 特定限速值

根据国铁集团、铁路局文电规定或监控装置逻辑需要，为保证列车运行安全特别规定的限制速度值。

3. 固定模式限速值

取线路允许速度、接触网限制速度、机车最高运行速度、车辆最高运行速度、动车组最高运行速度和特定限速等的最低值。

固定模式限速值是实际运行速度能达到的最高值，在恒速区无指令输出。

4. 常用固定模式限速值

常用固定模式限速值是列车在恒速区运行，监控装置达到输出常用制动指令的速度值。

5. 紧急固定模式限速值

紧急固定模式限速值是列车在恒速区运行，监控装置达到输出紧急制动指令的速度值。

6. 恒速区

恒速区是监控列车按固定模式限速值运行的区域。

7. 目标限速区

目标限速区是监控列车按 IC 卡揭示的限速、特定限速、道岔限速运行区域。

8. 减速区

减速区是列车在减速地点或减速信号（含停车信号）前，监控装置监控列车从恒速区开始下降直至目标点的运行区域。

9. 关闭点

关闭点是指限制速度（即监控装置上红色数值）为零的点。

10. 停车模式区

停车模式区是由恒速区开始下降至关闭点的区域范围。

11. 安全距离

安全距离是关闭点到前方关闭信号机间的距离。

$$S_a=0.5v_o+A$$

式中　S_a——防冒安全距离；

v_o——列车越过前一架信号机瞬间的速度；

A——安全距离基本值。

A 的取值规定：站内紧急制动时，为 20 m；站内常用制动时，为 50 m；区间紧急制动时为 70 m；区间常用制动时，为 100 m。但站内停车时，一般均取紧急制动时的 A 值。

为便于概念的理解，如图 2.3.1 所示。

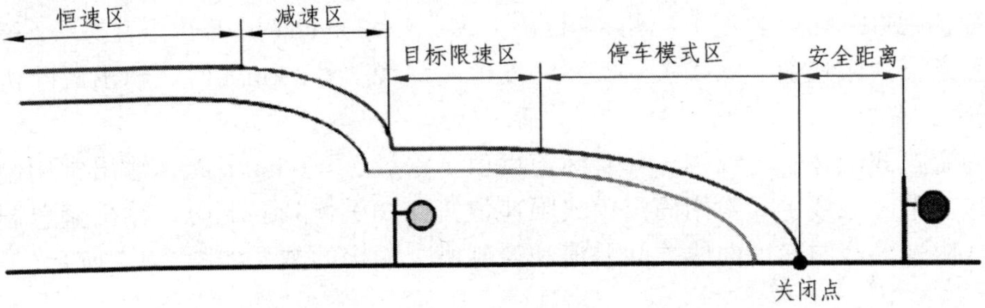

图 2.3.1　LKJ 模式控制中的基本概念

二、控制模式的设置

（一）控制指令分类

LKJ2000 型监控装置的控制指令输出包括语音提示（报警）、解除牵引力（卸载）、常用制动和紧急制动四种。不具备常用制动控制功能时输出紧急制动指令。

（二）列车在恒速区运行时的控制模式

恒速区，是监控列车按其最高速度运行的区域。该区域固定模式限速值是列车能运行的最高速度，在 LKJ2000 屏幕上看不到。这一区域体现为按列车最高运行速度（固定模式限速值）上浮 5 km/h 控制的长直的限速曲线（红线）。限速曲线（红线）代表常用固定模式限速值，它在屏幕上显而易见。所以，固定模式限速值虽然看不见，但我们很容易知道，它的数值就是限速曲线（红线）减去 5 km/h。例如，某 CRH5 型动车组列车恒速区的限速曲线（红线）的限速值为 255 km/h，那它的固定模式限速值即为 250 km/h。再例如，某特快旅客列车恒速区的限速曲线（红线）的限速值为 165 km/h，那么它固定模式限速值即为 160 km/h。

1. 恒速区“2、3、5、8”控制模式

LKJ2000 型监控装置在恒速区，以固定模式限速值上浮 2 km/h 设置输出语音提示（报警）控制指令，上浮 3 km/h 设置输出解除机车牵引力（卸载）控制指令，上浮 5 km/h 设置输出常用制动控制指令，上浮 8 km/h 设置输出紧急制动控制指令。以货物列车固定模式限速值 80 km/h 为例，固定模式限速值是列车运行的最高速度值，当列车运行速度比固定模式限速值高 2 km/h 时，即 82 km/h 时，LKJ2000 会输出语音提示（报警）指令；83 km/h 时解除机车牵引力，85 km/h 时输出常用制动指令，88 km/h 时输出紧急制动指令。这就是恒速区“2、3、5、8”控制模式。

综上所述，我们在恒速区运行，用限速曲线（红线）的限速值减去 5 km/h，就能得到固定模式限速值；用固定模式限速值加上 2 km/h，得到语音提示（报警）控制指令输出值；用固定模式限速值加上 3 km/h，得到解除牵引力（卸载）控制指令输出值；用固定模式限速值加上 5 km/h，就是红色限速曲线的数值，得到常用制动控制指令输出值；用固定模式限速值加上 8 km/h，得到紧急制动控制指令输出值。

2. 恒速区，限速曲线与速度曲线之间差值和控制指令输出的关系

常用固定模式限速值（红线）－实际速度值（绿线）≤3 km/h 时，输出语音提示（报警）指令；

常用固定模式限速值（红线）－实际速度值（绿线）≤2 km/h 时，输出解除机车牵引力（卸载）指令；

常用固定模式限速值（红线）－实际速度值（绿线）＝0 km/h 时，输出常用制动指令；

实际速度值（绿线）－常用固定模式限速值（红线）≥3 km/h 时，输出紧急制动指令。

恒速区限速曲线与速度曲线之间差值和控制指令输出的关系如图 2.3.2 所示。

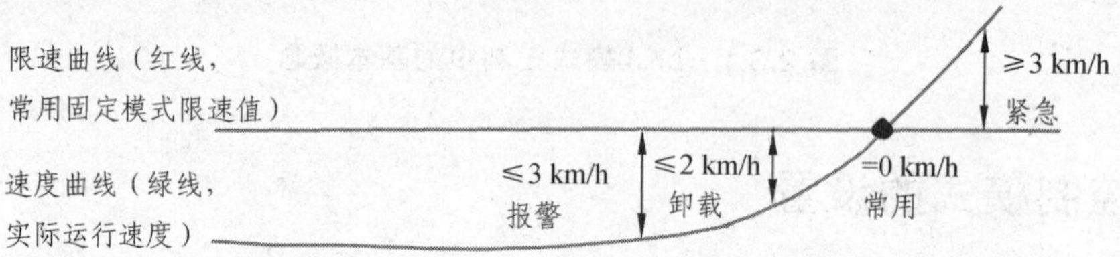

图 2.3.2 恒速区限速曲线与速度曲线之间差值和控制指令输出的关系

限速曲线与速度曲线的数值，可以通过 LKJ2000 显示屏最上方的横排窗口中的限速窗口和速度窗口显而易见地观察到，如图 2.3.3 所示。牢记它们之间差值与控制指令输出之间的关系，可以让我们在行车中快速做出判断，避免因超速造成控制指令输出，影响运输秩序。

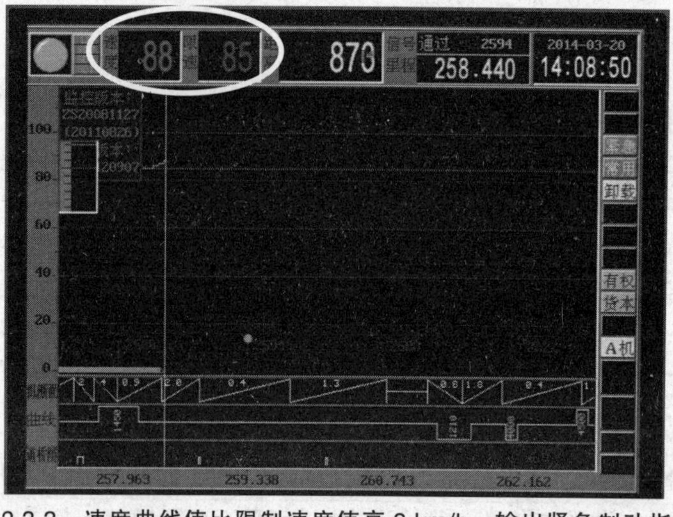

图 2.3.3 速度曲线值比限制速度值高 3 km/h，输出紧急制动指令

3. 控制指令的撤除

常用固定模式限速值（红线）– 实际速度（绿线）>2 km/h 时，撤除语音提示（报警）指令；

常用固定模式限速值（红线）– 实际速度值（绿线）>3 km/h 时，撤除解除牵引力（卸载）指令；

固定模式限速值 – 实际速度值（绿线）>5 km/h 时，提供撤除常用制动指令的条件，机车乘务员按压【缓解】键后，即可缓解常用制动指令。

注意：LKJ2000 型监控装置输出常用制动指令后，严禁未排完风按压【缓解】键缓解列车制动，万吨列车必须停车后按压【缓解】键，缓解列车制动。

列车紧急制动停车后，自动解除紧急停车指令。列车紧急停车过程中不允许撤销解除牵引力和常用制动，直至停车后自动解除。

（三）列车在目标限速区运行时的控制模式

目标限速区是监控列车按 IC 卡揭示的限速、道岔限速运行区域，该区域固定模式限速值为揭示限速、道岔限速。该区域在 LKJ2000 显示屏上表现为此恒速区的限速值大幅度降低的短直的限速曲线（红色），如图 2.3.4 所示。限速曲线（红线）代表常用固定模式限速值，它是按固定模式限速值上浮 3 km/h 设置的，它在屏幕上显而易见。所以，固定模式限速值虽然看不见，但我们很容易知道，它的数值就是限速曲线（红线）减去 3 km/h。

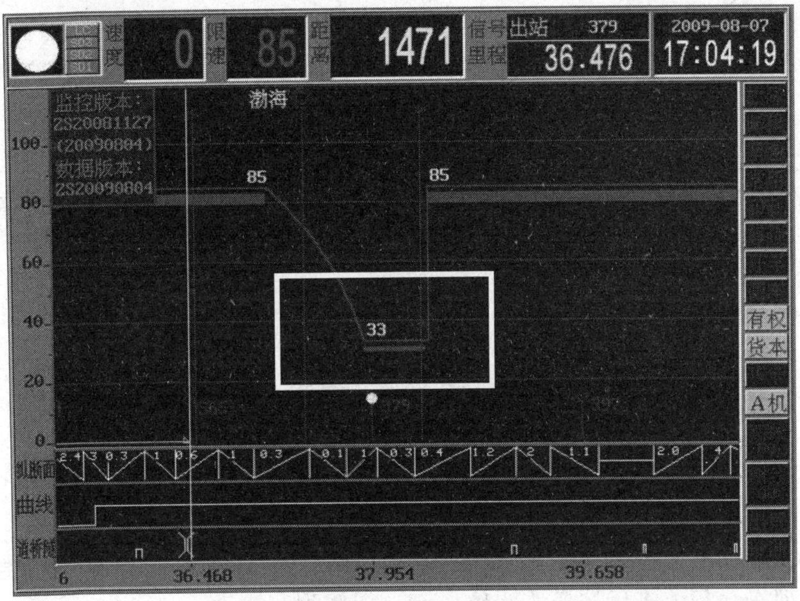

图 2.3.4　目标限速区

1. 目标限速区“0、1、3、5”控制模式

LKJ2000 型监控装置对于侧向道岔和临时慢行，设置目标限速区。以固定模式限速值上浮 0 km/h 设置输出语音提示（报警）控制指令，上浮 1 km/h 设置输出解除机车牵引力（卸载）控制指令，上浮 3 km/h 设置输出常用制动控制指令，上浮 5 km/h 设置输出紧急制动控制指令。例如，货运机车牵引列车在目标限速区的固定模式限速值为 45 km/h。当列车运行

速度比固定模式限速值高 0 km/h 时，即同为 45 km/h 时，LKJ2000 会输出语音提示（报警）指令；46 km/h 时解除机车牵引力，48 km/h 时输出常用制动指令，50 km/h 时输出紧急制动指令。这就是恒速区“0、1、3、5”控制模式。

综上所述，我们在目标限速区运行，用限速曲线（红线）的限速值减去 3 km/h，就能得到固定模式限速值；用固定模式限速值加上 0 km/h，得到语音提示（报警）控制指令输出值；用固定模式限速值加上 1 km/h，得到解除牵引力（卸载）控制指令输出值；用固定模式限速值加上 3 km/h，就是红色限速曲线的数值，得到常用制动控制指令输出值；用固定模式限速值加上 5 km/h，得到紧急制动控制指令输出值。

2. 目标限速区，限速曲线与速度曲线之间差值和控制指令输出的关系

常用固定模式限速值（红线）－实际速度值（绿线）≤3 km/h 时，输出语音提示指令；

常用固定模式限速值（红线）－实际速度值（绿线）≤2 km/h 时，输出解除机车牵引力指令；

常用固定模式限速值（红线）－实际速度值（绿线）＝0 km/h 时，输出常用制动指令；

实际速度值（绿线）－常用固定模式限速值（红线）≥2 km/h 时，输出紧急制动指令。

目标限速区，限速曲线与速度曲线之间差值和控制指令输出的关系如图 2.3.5 所示。

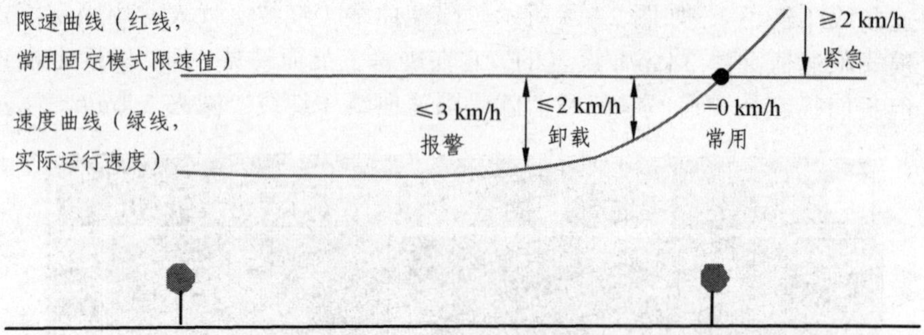

图 2.3.5 目标限速区限速曲线与速度曲线之间差值和控制指令输出的关系

3. 控制指令的撤除

常用固定模式限速值（红线）－实际速度（绿线）>2 km/h 时，撤除语音提示（报警）指令；

常用固定模式限速值（红线）－实际速度值（绿线）>3 km/h 时，撤除解除牵引力（卸载）指令；

固定模式限速值－实际速度值（绿线）>5 km/h 时，提供撤除常用制动指令的条件。机车乘务员按压【缓解】键后，即可缓解常用制动指令。

注意：LKJ2000 型监控装置输出常用制动指令后，严禁未排完风按压【缓解】键缓解列车制动，万吨列车必须停车后按压【缓解】键，缓解列车制动。

列车紧急制动停车后，自动解除紧急停车指令。列车紧急停车过程中不允许撤销解除牵引力和常用制动，直至停车后自动解除。

（四）列车在减速区、停车模式区运行的控制模式

减速区在 LKJ2000 显示屏上是连接恒速区与目标限速区之间的下弧线限速曲线。停车模

式区是连接恒速区或目标限速区与关闭点之间的下弧线限速曲线。在这两个区域内，我们要时刻注意限速曲线的减速变化，以及与速度曲线之间的差值，合理使用制动机，保持两者之间平行下降。

1. 限速曲线与速度曲线之间差值和控制指令输出的关系

LKJ2000 型监控装置在减速区、停车模式区的控制指令输出如下：

常用固定模式限速值（红线）– 实际速度值（绿线）≤5 km/h 时，输出语音提示（报警）指令；

常用固定模式限速值（红线）– 实际速度值（绿线）≤1 km/h 时，输出解除机车牵引力（卸载）指令；

常用固定模式限速值（红线）– 实际速度值（绿线）= 0 km/h 时，输出常用制动指令，此时为一次撞线，输出常用制动控制指令的同时，限速值提升，曲线后跳，变为紧急固定模式限速曲线；

紧急固定模式限速值（红线）– 实际速度值（绿线）= 0 km/h 时，输出紧急制动指令，此时为二次撞线。

注意：车站内的停车模式区，不设常用制动控制指令输出，即一次撞线就输出紧急制动控制指令。

停车模式区，限速曲线与速度曲线之间差值和控制指令输出的关系如图 2.3.6 所示。

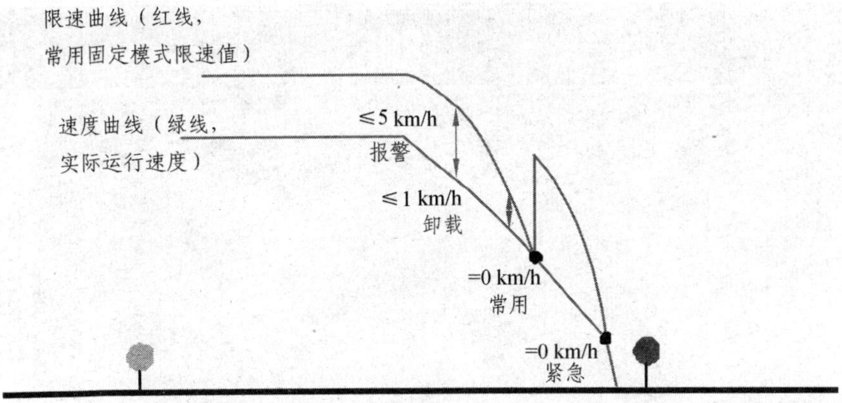

图 2.3.6 停车模式区限速曲线与速度曲线之间差值和控制指令输出的关系

2. 控制指令的撤除

常用固定模式限速值（红线）– 实际速度值（绿线）>5 km/h 时，撤除语音提示（报警）指令；

常用固定模式限速值（红线）– 实际速度值（绿线）>3 km/h 时，撤除解除牵引力（报警）指令；

减速区，运行速度小于前方目标限速区的固定模式限速值时，提供撤除常用制动指令条件。

停车模式区，列车停车后提供撤除常用制动指令条件。机车乘务员需按压【缓解】键，可以缓解常用制动控制指令。

列车紧急制动停车后，自动解除紧急停车指令。

列车紧急停车过程中不允许撤除解除牵引力和常用制动，直至停车后自动解除。

（五）制动输出

以下几种情况取消常用制动功能，直接施加紧急制动：

（1）在长大下坡道，且机车不具备电阻制动功能，取消常用制动功能；

（2）在减速区，列车管已经实施减压≥50 kPa，取消常用制动功能；

（3）在站内停车模式区，取消常用制动功能。

监控输出的常用制动装置减压量见表 2.3.1。

表 2.3.1　监控输出的常用制动装置减压量

监控输出的常用制动装置减压量/kPa		
恒速区		80（动车组取最大减压量）
减速区和停车模式区	货车	120
	客车	130

三、光带设置

只有在恒速区和目标限速区设置光带，如图 2.4.7 所示。

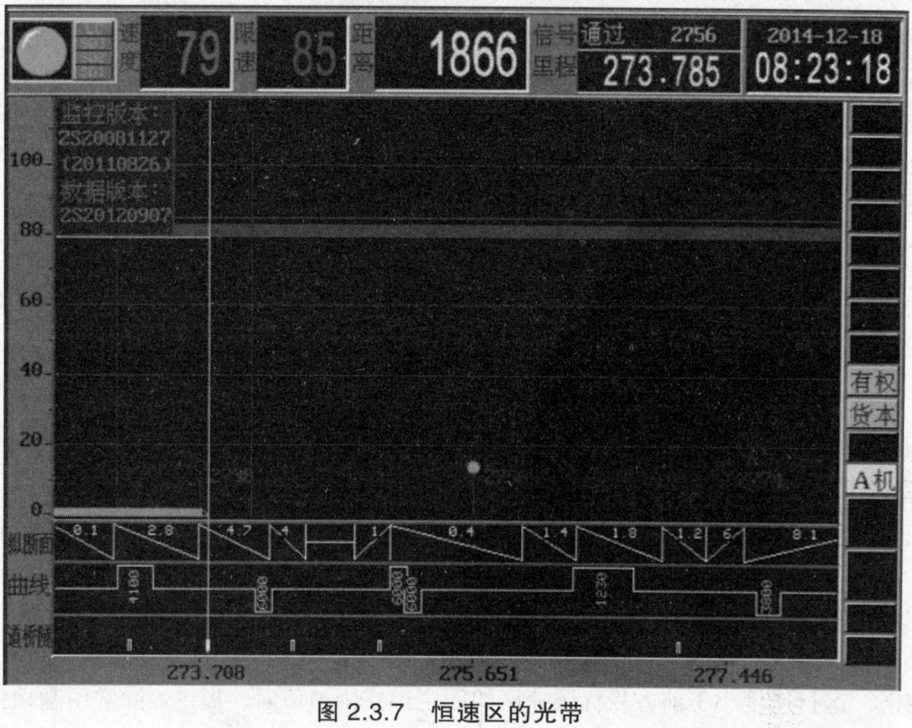

图 2.3.7　恒速区的光带

1. 恒速区

恒速区光带宽度为 3 km/h。下边缘为固定模式限速值，上边缘为解除牵引力（卸载）控制指令输出值。上边缘距离限速曲线（红线）2 km/h，如图 2.3.8 所示。

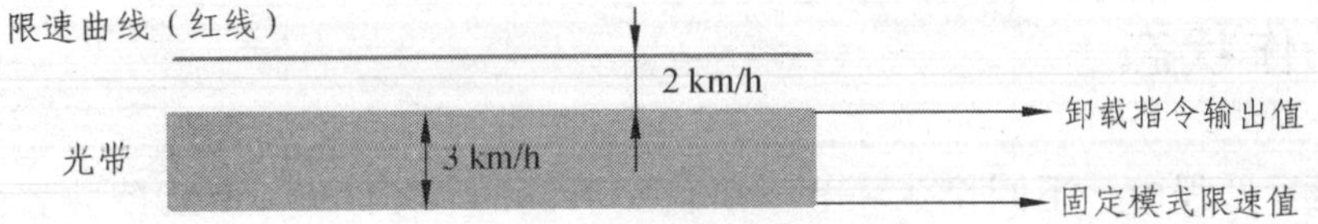

图 2.3.8 恒速区的光带设置

（1）实际运行速度<固定模式限速值，光带呈现灰色；

（2）实际运行速度 = 固定模式限速值，速度曲线与光带下边缘重合，光带由灰变黄，左侧出现放大标尺，如图 2.4.9 所示；

（3）实际运行速度≥卸载值，即速度曲线在光带上边缘，光带闪烁。

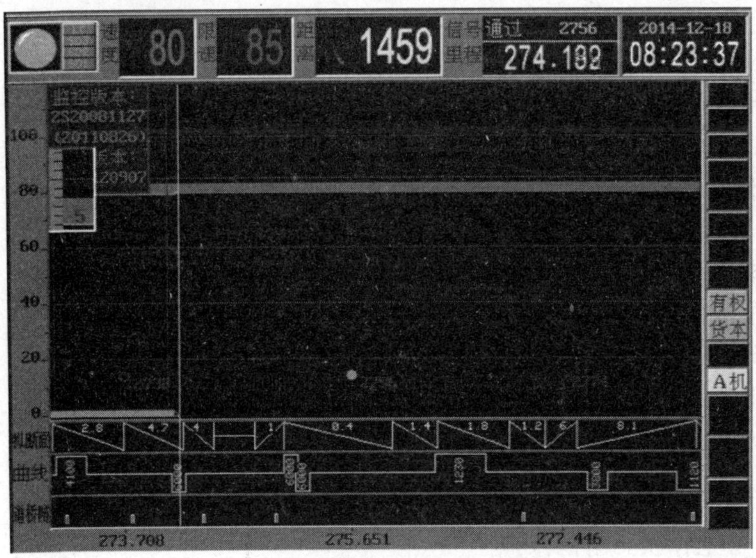

图 2.3.9 放大标尺

2. 目标限速区

目标限速区光带宽度为 1 km/h。下边缘为固定模式限速值，上边缘为解除牵引力（卸载）控制指令输出值。上边缘距离限速曲线（红线）2 km/h，如图 2.3.10 所示。

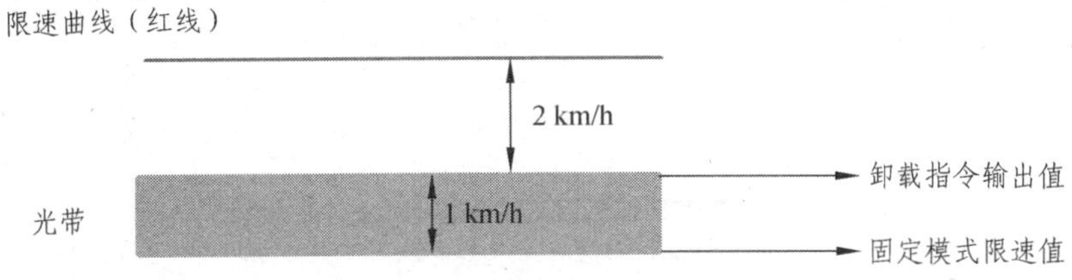

图 2.3.10 目标限速区的光带设置

（1）实际运行速度<固定模式限速值，光带呈现灰色；

（2）实际运行速度 = 固定模式限速值，即速度曲线与光带下边缘重合，光带由灰变黄，左侧出现放大标尺；

（3）实际运行速度≥卸载值，即速度曲线在光带上边缘，光带闪烁。

四、工作状态

在列车运行过程中，不同作业环节需要使用不同的 LKJ2000 型监控装置的工作状态。LKJ2000 型监控装置的工作状态有“降级工作状态”“出/入库工作状态”“调车工作状态”“通常工作状态”“20 km/h 限速工作状态”“非本务工作状态”。

（一）降级工作状态

1. 进入操作

（1）自动降级

符合以下条件之一时，LKJ2000 型监控装置自动进入“降级工作状态”：

① 初始开机或断电 30 s 以上再开机时。

② 连续经过 12 架有误差信号机未校正时。

③ 正线数据终止时。

④ 退出 20 km/h 限速工作状态时。

⑤ 退出“非本务工作状态”时。

⑥ 速度信号故障时。

（2）人工降级

“通常工作状态”下进行人工参数输入，对列车种类、区段号、车站号、车次、车种、客/货、本/补任意一个参数进行修改，即可进入“降级工作状态”。

2. 降级工作状态的控制模式

（1）进入降级工作状态时的限速

进入降级工作状态时，监控装置以进入前的固定模式限速值作为降级后的最高运行速度，防止列车速度超过当前设定交路的最高限速。

（2）当机车信号为停车信号时

装置以前方 800 m 处限速 20 km/h（常用制动动作值）为目标（固定模式限速值为 15 km/h，紧急制动动作值为 20 km/h），以减速模式防止列车超速。降级工作状态停车信号限速曲线如图 2.3.11 所示。

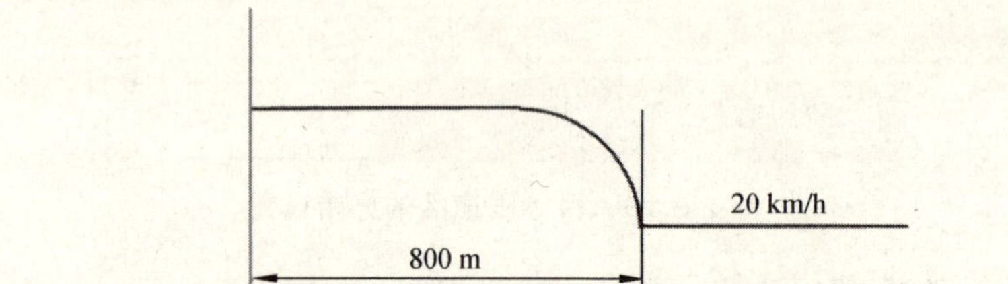

图 2.3.11　降级工作状态停车信号限速曲线

运行速度超过 5 km/h 时，装置启动 ZTL 降级报警（见图 2.3.12），7 s 报警，4 s 间隔，周期报警，提示机车乘务员注意确认地面信号。若 7 s 内未按压【警惕】键进行应答，自动实施紧急制动控制；报警过程中按【警惕】键后暂停报警，4 s 后再次报警。重载列车（牵引总重 5 500 t 及以上）速度高于 5 km/h，监控装置启动周期报警，无卸载和紧急制动控制。

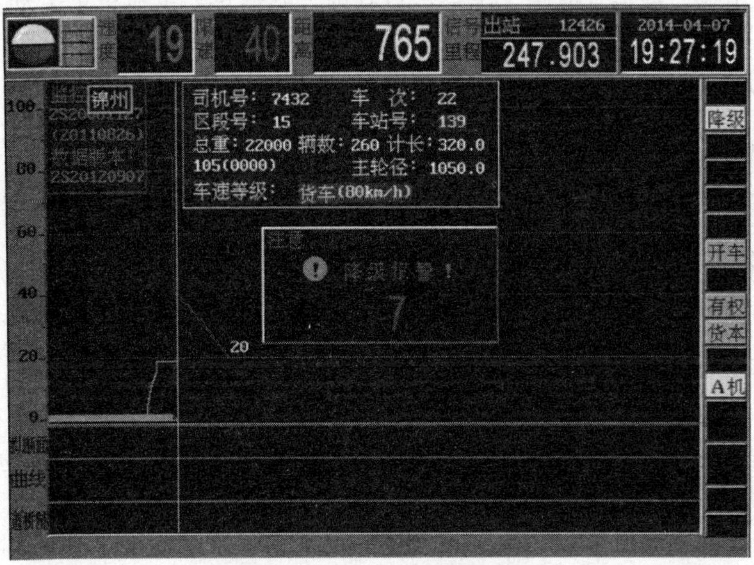

图 2.3.12 ZTL 降级报警

（3）当机车信号为进行信号时

监控装置以前方 2 000 m 处限速 60 km/h（常用制动动作值）为目标（固定模式限速值为 55 km/h；57 km/h 减速报警；58 km/h 卸载动作；常用制动动作值为 60 km/h；紧急制动动作值为 63 km/h，动车组紧急制动动作值为 65 km/h），以减速模式防止列车超速。降级工作状态非停车信号限速曲线如图 2.3.13 所示。

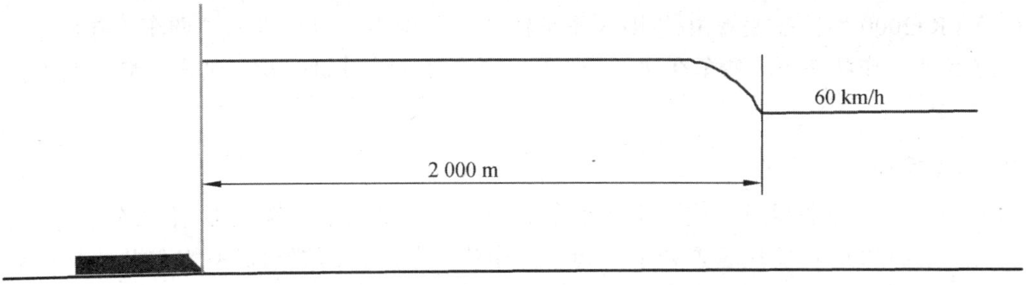

图 2.3.13 降级工作状态进行信号限速曲线

注意：（1）原始降级工作状态下，机车信号为白灯，或机车信号由 LU2、U、U3、UU、UUS 码变为白灯，LKJ2000 型监控装置均按停车信号处理。

（2）LKJ2000 型监控装置处于“降级工作状态”时，两端司机室均有操纵权。

（3）列车在运行中，LKJ2000 型监控装置自动进入“降级工作状态”时，机车乘务员确认监控装置显示的速度平稳且与列车运行的实际速度相符后，可输入前方车站的车站号，确认显示屏右侧状态栏“降级”灯、“开车”灯点亮，运行到前方站规定的对标点处，重新对标，以恢复 LKJ2000 型监控装置的“通常工作状态”，监控列车运行。遇速度信号故障导致的自动降级并停车时，机车乘务员确认速度信号故障处理完毕后，输入前方车站号后，“开车”灯不能被点亮。此时可起动列车，当LKJ2000型监控装置速度显示≥3 km/h时，“开车”灯便会点亮，运行到前方站对标点，重新对标。如“开车”灯仍不能点亮，需要向前方车站值班员或列车调度员报告监控装置故障，维持运行到前方站停车，更换机车（动车组请求救援）。

（二）出/入库工作状态

1. 进入操作

列车在停车状态下，按压一次【出入库】键，进入“出/入库工作状态”。

2. 退出操作

在“出/入库工作状态”，按压【出入库】键，即可退出“出/入库工作状态。”

3. “出/入库工作状态”的控制模式

LKJ2000型监控装置在“出/入库工作状态”下，模式限速值按以下要求确定：

（1）按车载数据中设置的出/入库限速值确定固定模式限速值。有的铁路局设置为15 km/h，有点铁路局设置为16 km/h。

（2）按固定模式限速值+1 km/h确定常用固定模式限速值，按固定模式限速值+4 km/h确定紧急固定模式限速值。

注意：LKJ2000型监控装置处于“出/入库工作状态”时，两端司机室均有操纵权。退出“出/入库工作状态”后，LKJ2000型监控装置自动进入“调车工作状态”。

（三）调车工作状态

1. 进入操作

（1）LKJ2000型监控装置由“出/入库工作状态”退出，自动进入“调车工作状态”。

（2）其他工作状态下，列车在速度为0时，按压【调车】键一次，进入“调车工作状态”，【调车】灯亮。

2. 退出操作

列车速度为零或非零时，按压【调车】键一次，退出调车工作状态，【调车】灯灭。

注意：LKJ2000型监控装置处于“调车工作状态”时，两端司机室均有操纵权。哪一端退出调车，哪一端就单独获得操纵权。这是LKJ2000型监控装置的夺权设置。

3. “调车工作状态”的控制模式

LKJ2000型监控装置在调车工作状态下，模式限速值按以下要求确定：

（1）一般车站按40 km/h确定固定模式限速值。

（2）国铁集团特别规定在车载数据中已设定该站的调车作业特殊限制速度值时，按该值确定固定模式限速值。

（3）机车按固定模式限速值+1 km/h确定常用固定模式限速值，按固定模式限速值+4 km/h确定紧急固定模式限速值。动车组按固定模式限速值+1 km/h确定常用固定模式限速值，按固定模式限速值 + 6 km/h 确定紧急固定模式限速值。

4. 平面调车灯显控制

安装平面调车灯显设备并与 LKJ2000 型监控装置连接的机车，在进行调车作业前，先使 LKJ2000 型监控装置进入调车工作状态，将平调接口盒上的转换开关拨至“调车”位，此时接口盒上“调车”灯亮。

（1）起动信号

接收到起动信号时，限速 43 km/h，速度≥40 km/h 时输出语音提示指令，速度≥41 km/h 时输出解除牵引力指令，装有常用制动的机车速度≥43 km/h 时输出常用制动指令，速度≥45 km/h 时输出紧急制动指令，未装常用制动的机车等于显示值时实施紧急制动。显示器左上方窗口显示“起动”，显示器语音提示两次“起动”。

（2）推进信号

接收到推进信号时，限速 33 km/h，速度≥30 km/h 时输出语音提示指令，速度≥31 km/h 时输出解除牵引力指令，装有常用制动的机车速度≥33 km/h 时输出常用制动指令，速度≥35 km/h 时输出紧急制动指令，未装常用制动的机车等于显示值时实施紧急制动。显示器左上方窗口显示“推进”，显示器语音提示两次“推进”。

（3）溜放信号

接收到溜放信号时，限速 33 km/h，速度≥30 km/h 时输出语音提示指令，速度≥31 km/h 时输出解除牵引力指令，装有常用制动的机车速度≥33 km/h 时输出常用制动指令，速度≥35 km/h 时输出紧急制动指令，未装常用制动的机车等于显示值时实施紧急制动。显示器左上方窗口显示“溜放”，显示器语音提示两次“溜放”。

（4）连接信号

接收到连接信号时，限速 33 km/h，速度≥30 km/h 时输出语音提示指令，速度≥31 km/h 时输出解除牵引力指令，装有常用制动的机车速度≥33 km/h 时输出常用制动指令，速度≥35 km/h 时输出紧急制动指令，未装常用制动的机车等于显示值时实施紧急制动。显示器左上方窗口显示“连接”，显示器语音提示两次“连接”。

（5）减速信号

接收到减速信号时，限速不变，显示器左上方窗口显示“减速”，显示器语音提示两次“减速”。

（6）十车信号

接收到十车信号时，显示器语音提示两次“十车”，显示屏左上方窗口显示“十车”“出口限速 15 km/h”“剩余 50 m（十车信号距离延迟 50 m）”，机车运行 50 m 后，限速 15 km/h。速度≥13 km/h 时输出语音提示指令；速度≥14 km/h 时输出解除牵引力指令；装有常用制动的机车速度≥15 km/h 时输出常用制动指令；速度≥18 km/h 时输出紧急制动指令，未装常用制动的机车等于显示值时实施紧急制动。

（7）五车信号

接收到五车信号时，显示器语音提示两次“五车”，显示器左上方窗口显示“五车”“出口限速 10 km/h”“剩余 20 m（五车信号距离延迟 20 m）”，机车运行 20 m 后，限速 10 km/h。速度≥8 km/h 时输出语音提示指令；速度≥9 km/h 时输出解除牵引力指令；装有常用制动的机车速度≥10 km/h 时输出常用制动指令；速度≥13 km/h 时输出紧急制动指令，未装常用制动的机车等于显示值时实施紧急制动。

（8）三车信号

接收到三车信号时，显示器语音提示两次“三车”，显示器左上方窗口显示“三车”“出口限速 6 km/h”“剩余 20 m（三车信号距离延迟 20 m）”，机车运行 20 m 后，限速 6 km/h。速度≥4 km/h 时输出语音提示指令；速度≥5 km/h 时输出解除牵引力指令；装有常用制动的机车速度≥6 km/h 时输出常用制动指令；速度≥9 km/h 时输出紧急制动指令，未装常用制动的机车等于显示值时实施紧急制动。

（四）通常工作状态

通常工作状态是列车途中运行时使用的完全监控状态，能调出地面的线路信息，根据机车信号显示、运行揭示监控列车运行。

1. 进入操作

设定区段号、车站号、车次、客/货、本务等参数后，在降级工作状态下，“开车”灯点亮。此时按压【开车】键，LKJ2000 型监控装置进入“通常工作状态”，自开车点开始按顺序调用 LKJ2000 型监控装置基础数据。

2. 减速信号控制

对于绿黄灯、黄灯、黄 2 灯、黄 2 闪灯等减速信号，LKJ2000 型监控装置可采用速度连续控制和速度分级控制两种控制方式。运行速度大于 140 km/h 的列车在自动闭塞和提速半自动闭塞区段须采用速度连续控制方式。四显示自动闭塞区段采用速度连续控制方式如图 2.3.14 所示，四显示自动闭塞区段采用速度分级控制方式如图 2.3.15 所示。

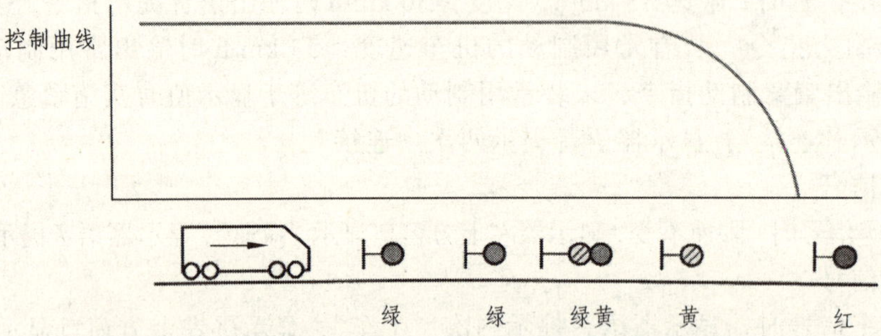

图 2.3.14　四显示自动闭塞区段采用速度连续控制方式

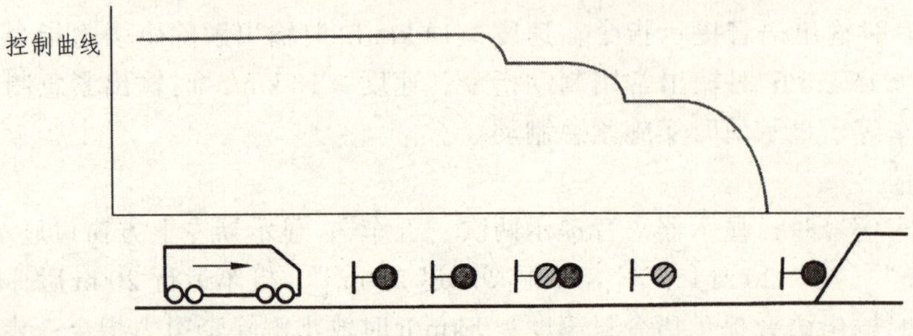

图 2.3.15　四显示自动闭塞区段采用速度分级控制方式

（1）速度连续控制

采用速度连续控制方式时，机车信号为绿黄灯、黄灯，LKJ 不设固定出口限速值，以停车模式监控列车在显示停车信号的信号机前停车。机车信号为黄 2 灯或黄 2 闪灯时，以减速模式防止列车侧向过岔超速。

（2）速度分级控制

采用速度分级控制方式时，以减速模式监控列车越过信号机时的速度不超过设置的目标限速值。LKJ2000 型监控装置采用速度分级控制方式的特殊规定如下：

① 进、出站信号机，机车信号显示单黄灯，出口限速客货列车均按 60 km/h 执行。

② 三显示区段，机车信号显示黄灯，出口控制速度货车按 70 km/h，客车按 95 km/h 执行。

③ 四显示区段，机车信号显示黄灯，出口控制速度货车按 65 km/h，客车按 90 km/h 执行；机车信号显示绿黄灯，出口控制速度货车按 90 km/h，客车按 120 km/h 执行。

④ 分区长度短于 800 m 的特殊区段，机车信号显示黄、黄 2 灯，出口控制速度货车按 55 km/h，客车按 80 km/h 执行；机车信号显示绿黄灯，出口控制速度货车按 75 km/h，客车按 105 km/h 执行。

⑤ 一个监控交路数据同时有三、四显示区段时，应选取两区段较低的色灯出口限速值作为该交路色灯限速值。

3. 走停走控制

在自动闭塞区段通过信号机前，机车信号显示停车信号时，停车 2 min 后，LKJ 自动解除停车控制，监控列车以不超过 20 km/h 的速度越过该信号机，并允许以不超过 20 km/h 的速度运行至次一架信号机；货车运行前方为装有容许信号的通过信号机，信号为停车信号时，LKJ 自动解除防止列车冒进信号的停车控制功能，监控列车以不超过 20 km/h 的速度越过该信号机。

4. 临时限速控制

列车运行到相关信息已通过 IC 卡载入 LKJ2000 型监控装置的临时限速地段，LKJ 监控列车以不超过临时限速值的速度通过限速地段。

5. 防动轮迟缓提示

列车运行中，出现列车管减压量小于 40 kPa（或未减压），且机车制动缸压力超过 50 kPa 的现象，且持续时间超过 2 min，LKJ2000 型监控装置输出语音提示“注意迟缓”。按【警惕】键或将制动缸压力下降到 10 kPa 以下，撤除语音提示。如果经检查制动缸压力正常，按【警惕】键可停止报警。

6. 列车管欠压提示

通常工作状态下，当列车速度大于 5 km/h 时，若列车管压力低于定压 100 kPa 以上且持续时间超过 4 min，装置语音提示“欠压运行”，提醒机车乘务员采取措施。机车乘务员应立即检查总风压力、列车管压力和均衡风缸压力，当列车管压力恢复定压时，装置停止报警。如果经检查各风压正常，按【警惕】键可停止报警。

（五）20 km/h 限速工作状态

1. 进入操作

列车在自动闭塞区间且处于停车状态，持续按压【↑】键 2 s 以上，弹出“非正常行车确认”窗口，选择“转入 20 km/h 限速模式”（或直接按压【4 键】），显示“转入 20 km/h 限速模式?”的提示，选择“确定”，LKJ2000 型监控装置转入“20 km/h 限速工作状态”。进入“20 km/h 限速工作状态”后，LKJ 限速值立即为 0，2 min 后限速变为 21 km/h。

2. 退出条件

列车处于站内停车状态，持续按压【↑】键 2 s 以上，弹出“非正常行车确认”窗口，选择“转出 20 km/h 限速模式”（或直接按压【4 键】），显示“转出 20 km/h 限速模式?”的提示，选择“确定”，LKJ2000 型监控装置退出“20 km/h 限速工作状态”，进入“降级工作状态”。

注意：（1）进站、进路、出站信号机前，均无法进入 20 km/h 限速工作状态。

（2）进入“20 km/h 限速工作状态”后，不以机车信号作为控制依据，限速始终为 21 km/h 不变。遇发车进路、出站信号机，按停车模式控制。

（六）非本务工作状态

非本务工作状态也称为“补机模式”。

1. 进入、退出操作

（1）通过参数设定进入、退出

停车时（未在调车工作状态），按压【设定】键进入参数设定窗口，打开“本/补”下拉菜单，选择“补机”，确定后进入非本务工作状态。

停车时，按压【设定】键进入参数设定窗口，打开“本/补”下拉菜单，选择“本务”确定后退出非本务工作状态。

（2）通过转换开关进入、退出

加装了专用转换盒的机车，通过操作本补转换开关进入、退出。

2.“非本务工作状态”的控制模式

（1）LKJ2000 型监控装置按机车最高运行速度、车辆最高运行速度的最低值确定固定模式限速值。

（2）按固定模式限速值 + 5 km/h 确定常用固定模式限速值，按固定模式限速值 + 8 km/h 确定紧急固定模式限速值。

（3）本工作状态下 LKJ 只提供模式限速值的显示，不输出相应的控制指令。

“LKJ2000 型列车运行监控装置控制模式”课程资源包

注意：非本务工作状态只提供模式限速值的显示和记录功能，不输出相应的控制指令。

任务实施

任务编号	2-3	任务名称	LKJ2000 型监控装置控制模式	
序号	实施内容		完成情况	
			是	否
LKJ2000 型监控装置的专业术语与概念				
1	恒速区			
2	目标限速区			
3	减速区			
4	特定限速值			
5	固定模式限速值			
6	常用固定模式限速值			
7	紧急固定模式限速值			
控制指令输出时机及处理				
8	控制指令输出种类			
9	恒速区控制指令输出时机			
10	恒速区控制指令输出解除方法			
11	目标限速区控制指令输出时机			
12	目标限速区控制指令输出解除方法			
13	减速区、停车模式区控制指令输出时机			
14	减速区、停车模式区控制指令输出的解除方法			
15	取消常用制动功能，直接输出紧急制动的情况			
监控曲线的光带设置				
16	恒速区光带特点（共 3 项）			
17	目标限速区光带特点（共 3 项）			

任务评价

任务编号	2-3	任务名称	LKJ2000 型监控装置控制模式	
序号	评价内容	标准分值	自我评分 50%	组内评分 50%
资讯阶段		10		
1	是否积极参与任务书讨论，正确领会任务要求	5		
2	是否积极参与引导文学习讨论，完全掌握学习内容	5		

续表

任务编号	2-3	任务名称	LKJ2000 型监控装置控制模式		
序号	评价内容		标准分值	自我评分 50%	组内评分 50%
计划→实施→检查阶段			20		
1	是否积极参与计划制订，提出建设性计划内容		5		
2	是否制订了可行的任务方案		5		
3	是否认真履行个人角色，积极参与任务演练		5		
4	是否有效使用任务检查单保证任务顺利进行		5		
序号	评价内容		标准分值	组间评分 50%	教师评分 50%
（任务展示）评价阶段			70		
1	LKJ2000 型监控装置的专业术语与概念	说明 LKJ2000 型监控装置控制指令输出有关的专业术语与概念，少一项或错一项扣 2 分	14		
2	控制指令输出时机及处理	（1）依据屏幕显示能判断不同控制指令的输出时机并指出相应的处理方法，少一项或错一项扣 2 分	44		
3	监控曲线的光带设置	分恒速区和目标限速区分别叙述光带的设置特点，少一项或错一项扣 2 分	12		
总评分值					

能力测试

1. 如图 2.3.16 所示为监控装置运行时的显示屏界面显示，图中画圈部分是限速曲线的什么区域？

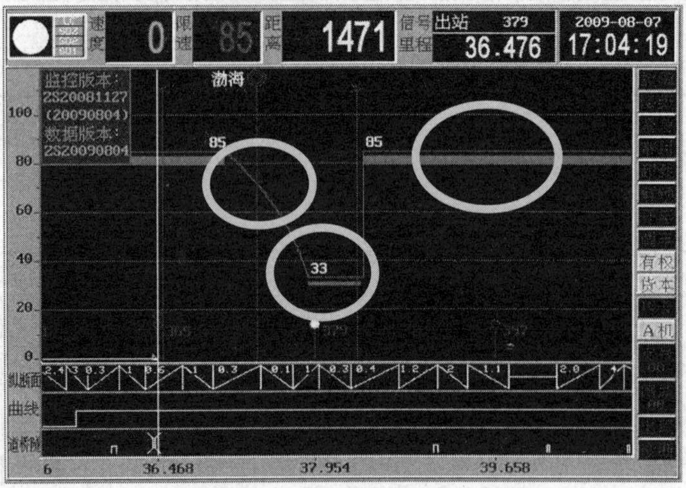

图 2.3.16　显示屏界面

2. 如图 2.3.17 所示，圆圈中的红色数字有何含义？

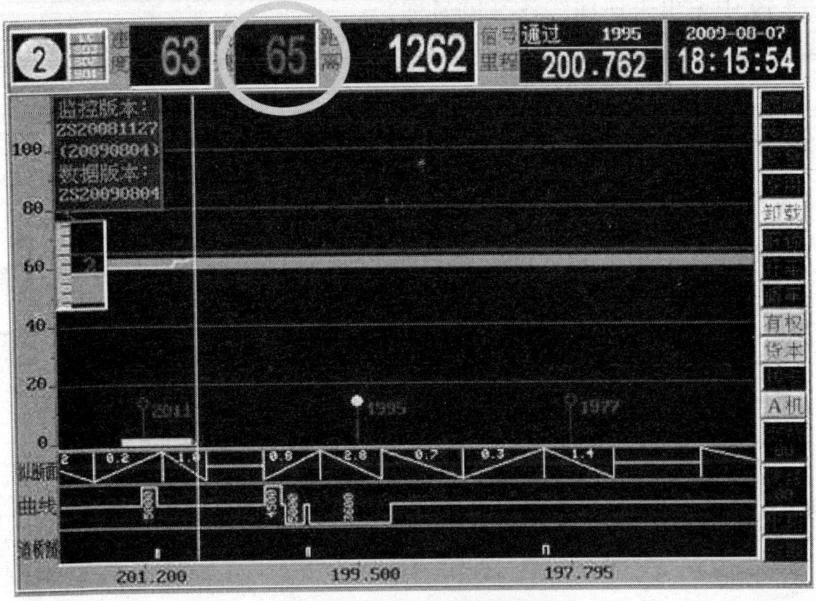

图 2.3.17　显示屏界面

3. 解释下列名词含义。

（1）线路允许速度值：

（2）特定限速值：

（3）固定模式限速值：

（4）常用固定模式限速值：

（5）紧急固定模式限速值：

4. 如图 2.3.18 所示，圆圈中的部分是什么模式区？为什么？

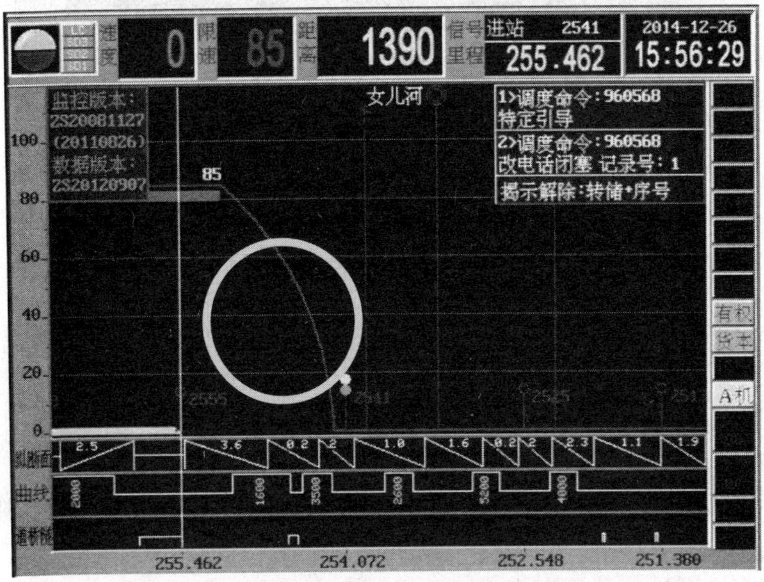

图 2.3.18　显示屏界面

5. 固定模式限速值、常用固定模式限速值和紧急固定模式限速值的关系如何？

6. 在图 2.3.19 中填出限速曲线各区域名称。

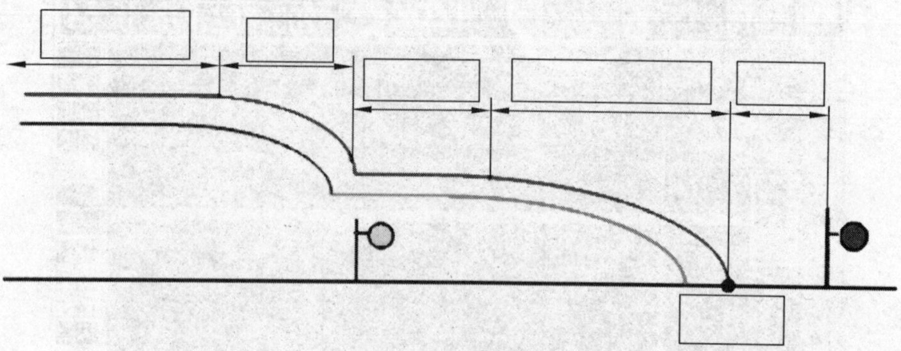

图 2.3.19 限速曲线

7. 控制指令有哪几种分类？

8. 说出图 2.3.20 中，列车在恒速区运行时，输出各种控制指令的时机（多少速度输出何种控制指令）。

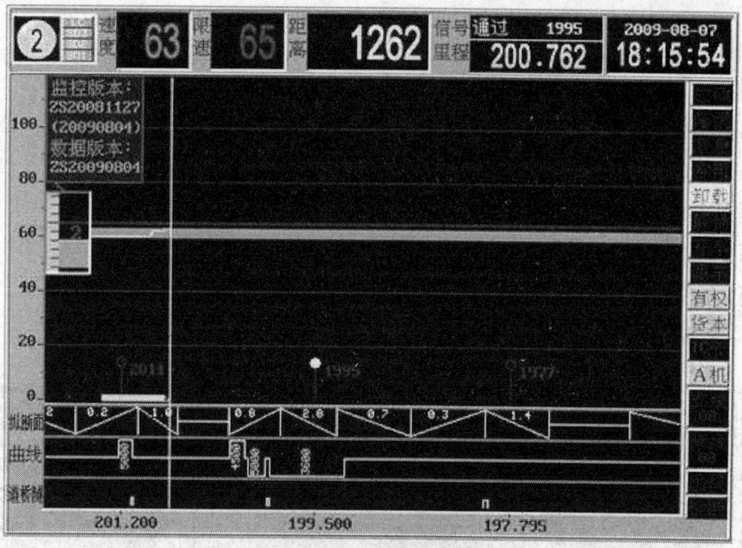

图 2.3.20 显示屏显示

9. 图 2.3.20 中，列车在恒速区运行，若出现各种控制指令输出，如何撤除（如速度为 × × 时，撤除 × ×）？

10. 在恒速区，若固定模式限速值为 80 km/h，那么在什么速度下，监控输出报警、卸载、常用、紧急？

11. 说出列车在目标限速区运行时的控制指令输出时机。

12. 列车在目标限速区运行在不同的输出指令情况下，如何撤除？

13. 在目标限速区运行时，固定模式限速值为 45 km/h，请具体说明目标限速区的 0、1、3、5 控制模式。

14. 说出列车在减速区、停车模式区运行时的输出指令时机。

15. 列车在减速区、停车模式区运行在不同的输出指令情况下，如何撤除？
16. 请说出取消常用制动功能，直接施加紧急制动的几种情况。
17. 表 2.3.2 中监控输出的常用制动装置减压量是多少？请填入表中。

表 2.3.2　监控输出的常用制动装置减压量

监控输出的常用制动装置减压量/kPa		
恒速区		
减速区和停车模式区	货车	
	客车	

18. 监控的限速曲线只有在（　　）和（　　）设置光带。
19. 请叙述限速曲线的光带设置规则。
20. 恒速区光带宽（　　），目标限速区光带宽（　　）。

任务 2-4　LKJ 出勤、出库、挂车操作

任务安排

任务编号	2-4	任务名称	LKJ 出勤、出库、挂车操作	推荐学时	8（学时）
任务描述					
今天由你作为机车乘务员担当由锦州开往山海关的 17002 次货物列车的牵引任务，请完成由锦州机务段出勤到锦州站发车运行前的 LKJ2000 型监控装置操作。 区段号 15，锦州车站号 139，总重 5 490 t，辆数 65，计长 80.2（沈阳局线路数据）。					
任务实施要求做到： （1）操作过程中边操作边复述操作时机、注意项点和操作方法； （2）到出勤调度室完成出勤，严格执行礼仪标准和工作过程，核对 IC 卡； （3）库内接车，办理 LKJ2000 型监控装置交接，进行 IC 卡参数输入操作、查询操作； （4）出库走行，进行出入库操作； （5）挂车走行，进行调车操作和换端操作； （6）挂车后重新根据实际编组人工参数输入。					
实施说明					
（1）以小组（5～6 人）为单位开展任务实施； （2）任务前完成知识准备； （3）验收：小组全部同学通过 LKJ2000 模拟机“实作考试”模块进行实作考核，给予第一部分成绩；小组指派一名代表进行操作展示，边展示边叙述操作步骤、注意项点等，给予第二部分成绩。第二部分成绩，由教师和其他各组同学对展示小组按标准进行评分。					

续表

任务编号	2-4	任务名称	LKJ出勤、出库、挂车操作	推荐学时	8（学时）
任务注意事项					
（1）任务开始前，必须做好充分的知识储备工作； （2）各项操作要注意运用的环节和操作时机； （3）注意各项操作的注意事项； （4）注意LKJ2000型监控装置在各环节应处于的工作模式； （5）注意显示界面状态栏在各工作模式的灯显； （6）任务过程中，要爱护实训设备，禁止暴力操作； （7）注意用电安全。					
职业与思政					
“老黄牛”李超的劳动节 中国铁路武汉局集团有限公司武昌南机务段火车司机李超，5月1日被中华全国铁路总工会授予火车头奖章。消息一经发布，同事们纷纷为这名“老黄牛”竖起大拇指点赞，大伙儿都说他当之无愧、名副其实。面对荣誉，李超显得非常平静，他表示要更加踏实努力地工作，不辜负组织的培养和信任。 按计划，李超负责值乘5月2日的T254列车武昌至郑州区段。5月2日清晨5时13分，自动叫班系统叫醒了间休的李超和徒弟薛聪。两人赶紧起床洗漱，做着出勤前的准备。5时33分，两人准时到达派班室，开始测酒、领取行车安全装备、核对揭示等。看到揭示文本上赫然写着“8个限速区段”，李超不由自主地小声默念道“今天的列车只怕是要晚点了。”办理完出勤手续，李超和徒弟两人拖着乘务箱包，径直朝武昌火车站走去。途中，两人在街边的早餐点买了几个包子和豆浆，边吃边往火车站赶。6时20分，两人到达站台，等待列车进站。 6时40分，列车进站了。停妥以后，李超连忙登上司机室，向交班司机道了一声“劳动节快乐”后，就迅速进入工作状态，一边向交班司机询问途中机车的运行状态，一边将自己值乘区段的运行数据信息进行导入，同时做着列车制动等系统的简略试验。徒弟薛聪则在车外，对机车顶部、走行部等部件进行外观目视检查。李超说同一机班两个人是“命运共同体”，虽然职责有分工，但是“共同确保列车安全正点”这个信念一定要保持一致。 7时3分，图定的发车时间到了，但是信号仍未开放，李超连忙与车站值班员进行联控，得知列车确实要晚开的消息后，李超这才放心。李超正襟危坐地坐在司机座椅上，目光时而看看前方的信号设备，时而瞧一瞧司机室内显示器、仪表盘等的参数。7时30分，距离图定开车点已经过去27 min，出站信号终于开放了，与车站联控完毕，李超推动着手柄，驾驶着列车开出武昌站。 一路上，李超按图行车，严格落实作业标准。每一道作业指令，他的呼唤都是铿锵有力；每一处手比动作，他都是眼到心到。因为列车晚开较多，在确保行车安全的前提下，他积极地“赶点”。中午12时39分，李超驾驶着列车稳稳地停靠在郑州站。赶了12 min的点，李超说主要是途中的限速区段太多了，前期因为线路集中修的缘故，设定的限速区段比较多。“五一”期间为了尽可能地增大运力投入，集中修暂时取消，但是限速区段并未取消。					

续表

任务编号	2-4	任务名称	LKJ 出勤、出库、挂车操作	推荐学时	8（学时）
职业与思政					
到达郑州后，李超回到郑州机务段公寓短暂休息。晚上，按计划，他负责值乘 Z201 次列车的郑州至武昌区段。晚上 10 时 35 分，李超和徒弟薛聪又打起精神，准备开始值乘 Z201 次列车。Z201 次列车的郑州至武昌区段，有 6 个限速区段，加上晚点 12 分从郑州发车，徒弟薛聪打趣说“李师傅，又要考验您的手艺了。”最终，李超驾驶着 Z201 次列车于 5 月 3 日的清晨 4 时 36 分到达武昌站，仅比图定正点晚了一分钟。徒弟薛聪钦佩地面向李超敬了一个礼。 李超开了 30 多年火车。在工作中，他始终保持勤于思考、积极进取、吃苦耐劳的精神品质。在刚刚过去的 2020 年，李超因为发现重大安全隐患，妥善处置有力，被所在单位、铁路局集团公司、国铁集团层层嘉奖。面对荣誉，他总是很腼腆，他说作为一名机车司机，最重要的就是要把火车开好，安全把旅客送达目的地，关键时刻要有担当、能奉献，自己只是尽到了本职，并没有多么了不起。 摘自：中国新闻网					

任务资讯

机车乘务员一次乘务作业的过程包括出勤、接车、出库、挂车、途中运行、入库和退勤六个环节，LKJ2000 型监控装置的操作贯穿始终，如图 2.4.1 所示。机车乘务员需根据《机车乘务员一次乘务作业标准》的要求，严格执行各环节的标准化作业要求，并根据具体情况，准确操作 LKJ2000 型监控装置，保证列车运行安全、平稳、正点。

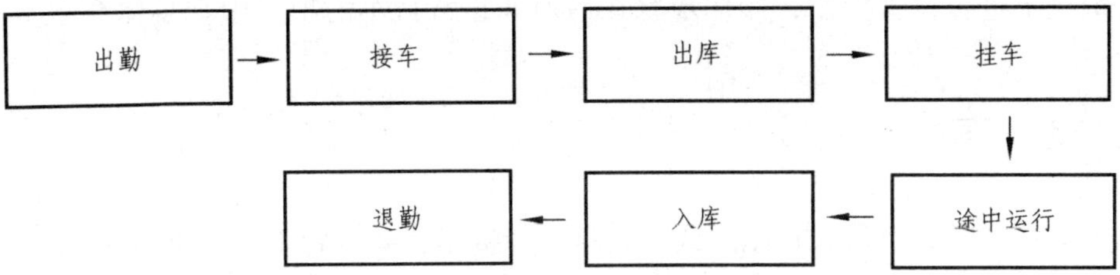

图 2.4.1 机车乘务员一次乘务作业的作业环节

一、出 勤

机车乘务员到派班室出勤时，需要从出勤值班员处领取运行揭示，同时需将 IC 卡交给出勤值班员，将运行揭示存入 IC 卡中。然后使用模拟运行测试设备进行验卡，核对存入的运行揭示是否正确。如遇所担当的交路有信号、联锁、闭塞停用或列车运行径路改变的运行揭示时，机车乘务员还须在模拟机上进行模拟操作。

具体步骤如下：

（1）机车乘务员出勤时，应将“IC 卡”（见图 2.4.2）交给出勤调度员，出勤调度员需将执乘交路的“IC 卡数据文件”录入其携带的“IC 卡”后，将“IC 卡”交给机车乘务员。

图 2.4.2 IC 卡

（2）由机车乘务员在模拟运行测试设备上核对，确认“IC 卡”内数据文件正确后，双方在“机务派班室 IC 卡数据录入登记簿”上签字。核对时如果发现错误，要求出勤调度员重新录入，并重新核对；如果确认“IC 卡”故障，由调度员换卡后重复上述过程。

使用模拟运行测试设备验卡步骤，与 IC 卡参数输入相同，具体操作如下：

① 将 IC 卡正确插入模拟机屏幕显示器卡槽，显示屏右侧状态栏内“IC 卡”指示灯点亮。

② 按压【设定】键进行读卡，出现参数设定窗口，检查列车参数是否正确。如有不正确项可手动输入参数进行修改。

③ 设定完毕，按压【设定】键保存退出，弹出“注意”信息窗口（内容为本条交路揭示条数），按压【确认】键弹出“全部揭示查询”界面。乘务员确认揭示内容与出勤时担当的车次揭示完全相符后，按压【0】键（或将光标移至“返回”项，按压【确认】键）退出揭示查询界面。

④ 再次查询时，按压【查询】键弹出“查询选择”窗口，再按压【3】键，进入“全部揭示查询”界面。

（3）遇到所担当交路有信联闭停用、列车运行径路改变的运行揭示时，机车乘务员出勤时须在模拟机上进行模拟操作，操作步骤在后面非正常行车的项目中会具体介绍。

二、接　车

机车乘务员出勤结束后，到库内或站台接车。接车后要进行 LKJ2000 监控装置参数输入和库内试验，完成机车整备作业后，方可出库或发车。以库内接车为例，各作业环节具体操作步骤如下：

（一）上电自检

打开主机电源开关后，装置执行自检功能（显示器没有电源开关，它受主机控制。主机电源开关多数在主机箱后侧，少数主机电源开关在主机箱上侧）。当打开主机电源的开关以后，彩色液晶显示器首先自检，检查主机箱各插件的状态，并伴有面板指示灯对应显示，同时显示器为 DOS 系统的自检程序。当自检结束后，彩色液晶显示器出现显示界面，非 DOS 系统的显示器自检时不出现自检程序界面，自检时显示白屏，自检结束后直接显示界面。

LKJ2000 型监控装置上电自检后，自动进入“降级工作状态”，显示屏右侧状态栏“降级”指示灯点亮。

在“降级”状态下，两端操作均有效。双套主机设备各带一个显示屏，有独立操作权。显示屏右侧状态栏“有权”指示灯点亮，表示该端有操作权，显示屏右侧状态栏“无权”指示灯点亮，表示该端无操作权。在有权端可进行正常按键操作，而在无权端只能进行部分查询功能的操作。

（二）屏幕亮度及音量调整

在屏幕显示器界面显示情况下，可随时使用【↑】和【↓】光标键调整显示亮度，共有五级亮度可调。每次开机时，屏幕显示器的亮度为最亮。使用【←】和【→】键可以调整音量，音量为无级调音。

（三）参数输入操作

参数输入操作可分为 IC 卡参数输入操作和人工参数输入操作。IC 卡参数输入操作，目的是将 IC 卡内的运行揭示传输到机车上的 LKJ2000 型监控装置中，使 LKJ2000 型监控装置能够按照运行揭示的要求监控列车运行。人工参数输入操作，目的是修改 LKJ2000 型监控装置内的列车参数，如总重、计长等，使 LKJ2000 型监控装置可以根据列车的实际情况，准确生成列车的限速曲线。在接车作业中，我们应使用的是 IC 卡参数输入。人工参数输入，往往用于挂车后调整参数使用。

参数输入完成后，监控装置进入“降级工作状态”，屏幕右侧状态栏“降级”“开车”灯亮，表明 LKJ2000 设置成功，具备开车条件。LKJ2000 型监控装置处于“降级工作状态”时，两端司机室均有操纵权。

1. IC 卡参数输入

（1）机车速度为 0 km/h 时，将“IC 卡”插入显示屏“IC 卡插槽”内，“IC 卡灯”点亮。

（2）按压【设定】键后进入参数设定界面（见图 2.4.3），输入司机号、副司机号、区段号、车站号、总重、辆数、计长及规定的出段试验车次和车速等级。

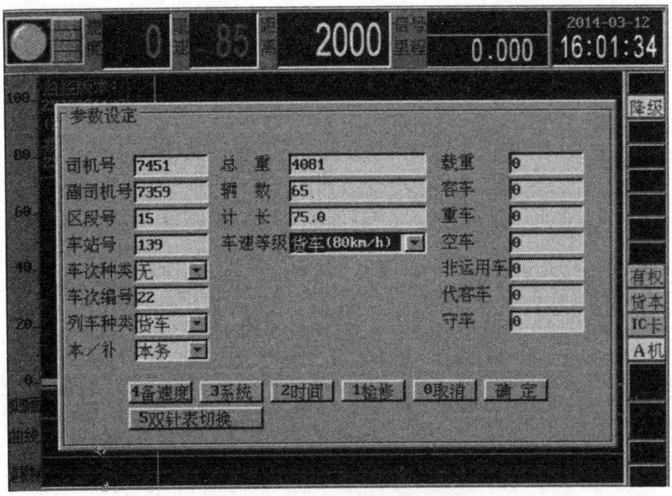

图 2.4.3　参数设定界面

接车环节，只有单机，因此总重、辆数、计长在这里均输入 0。车种输入代码表见表 2.4.1。

表 2.4.1 车种输入代码

列车种类	动车组	动车组检测车	直达特快旅客列车	特快旅客列车	快速旅客列车	临时旅客列车
车种代码	D	DJ	Z	T	K	L
列车种类	临时旅游列车	城际列车	高速列车	行包列车	局管内快速	因故折返旅客列车
车种代码	Y	C	G	X	N	F

（3）按压【设定】键（或者将光标移到【确定】处按压【确认】键），保存退出。此时可将“IC 卡”内信息输入监控装置。

（4）输入完毕，显示屏显示输入的揭示条数窗口（见图 2.4.4），按压【确认】键，显示屏显示“请查询揭示”窗口（见图 2.4.5），按压【确认】键进入全部揭示查询界面，显示“全部揭示信息查询”（见图 2.4.6）；

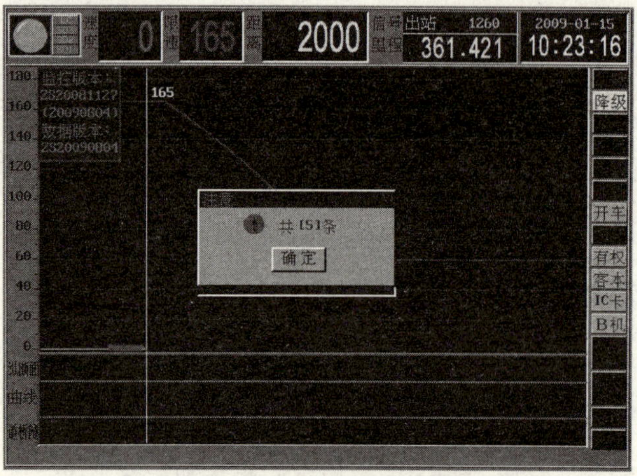

图 2.4.4 输入的揭示条数

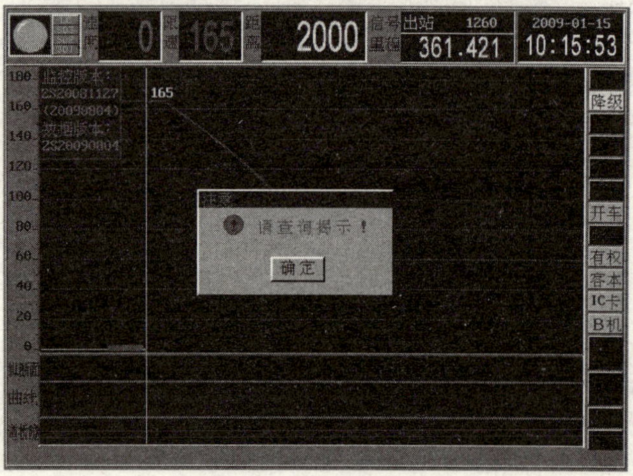

图 2.4.5 请查询揭示

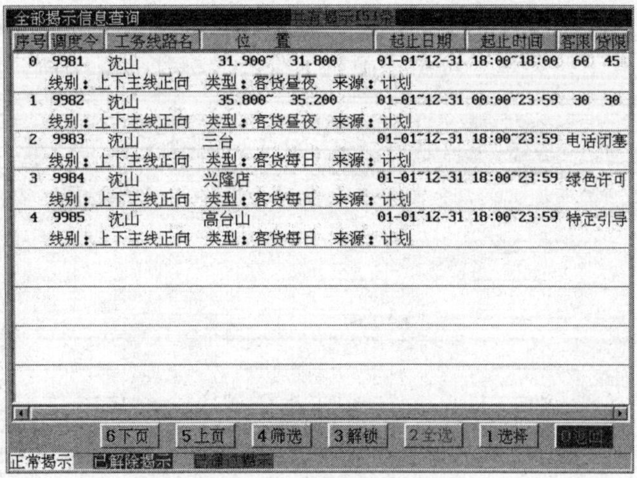

图 2.4.6　全部揭示信息查询

（5）机车乘务员必须按要求与运行揭示核对，确认无误后，将光标移到“0 返回”位置处，按压【确认】键返回。

如果没有揭示信息，屏幕将显示“没有揭示”窗口，按压任意键，退出窗口，拔出“IC 卡”。若揭示发送失败，重新插卡发送。如果揭示仍不能正常发送，机车乘务员必须及时通知所在地车载设备检测人员处理，否则，严禁机车出段；站接机车必须及时通知列车调度员，按列车调度员指示办理。

（6）查看显示屏右侧状态栏“降级”灯、“开车”灯点亮，IC 卡参数输入完成。

2. 人工参数输入

挂车后，由于机车连挂了车列，从单机变成了列车，相关参数发生了改变，需要对参数进行修改。人工参数输入与“IC 卡”参数输入方法基本一致，只是不需要插“IC 卡”，也不会发送揭示。

（1）按压【设定】键，此时弹出参数设定窗口（见图 2.4.7），然后依次对各个参数进行输入。如果输入错误，【←】键可作退格键，删除后重新输入。

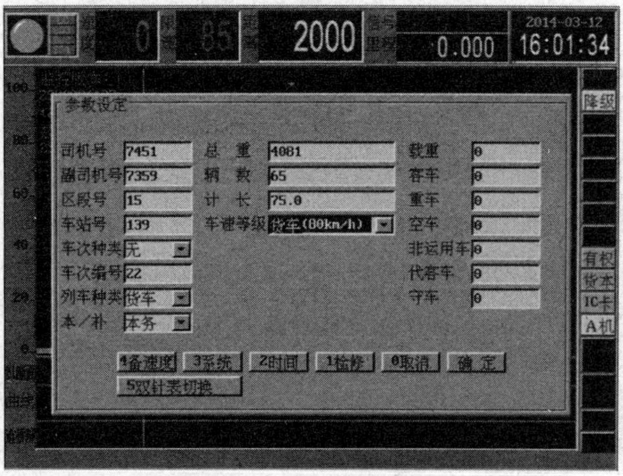

图 2.4.7　参数设定窗口

（2）输入完后，按【↓】键或【确认】键，光标自动移到下一项。遇有下拉菜单的输入框，按【↓】键可打开下拉菜单，按压【确认】键，光标移到下一项，如图 2.4.8 所示。

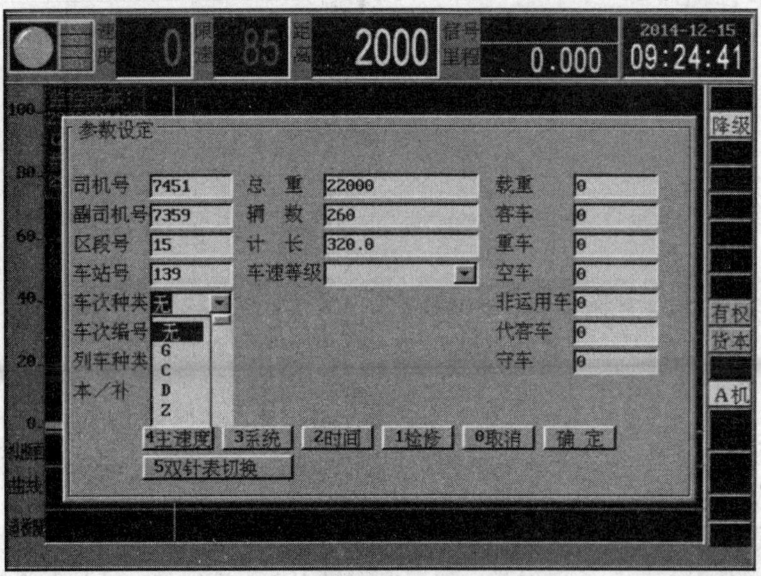

图 2.4.8 参数输入打开下拉菜单

（3）列车编组数据一定要输入准确，否则影响减速和停车曲线的生成。计长的输入，监控装置默认留一位小数，如输入 198，得到的计长为 19.8。

（4）必须选择“车速等级”，不选择“车速等级”不能保存退出。

（5）所有参数输入完毕后，将光标移到“确定”项，然后按压【确认】键，或输入参数后直接按压【设定】键保存退出。此时屏幕上方会弹出参数校对窗口。参数输入正确后状态栏“降级”灯、“开车”灯点亮，监控装置进入降级工作状态，如图 2.4.9 所示。

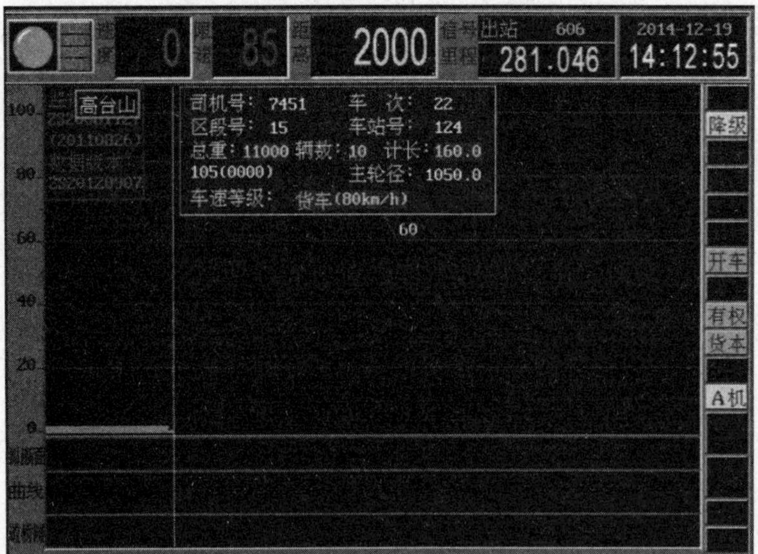

图 2.4.9 参数输入成功后界面显示

3. 关于车速等级的注意事项

“车速等级”限速值即为固定模式限速值，是列车能够运行的最高速度。

（1）若为动车组，“列车种类”中固定显示“动车组”，“车速等级”中固定显示动车组，且不允许进行修改，如图 2.4.10 所示。

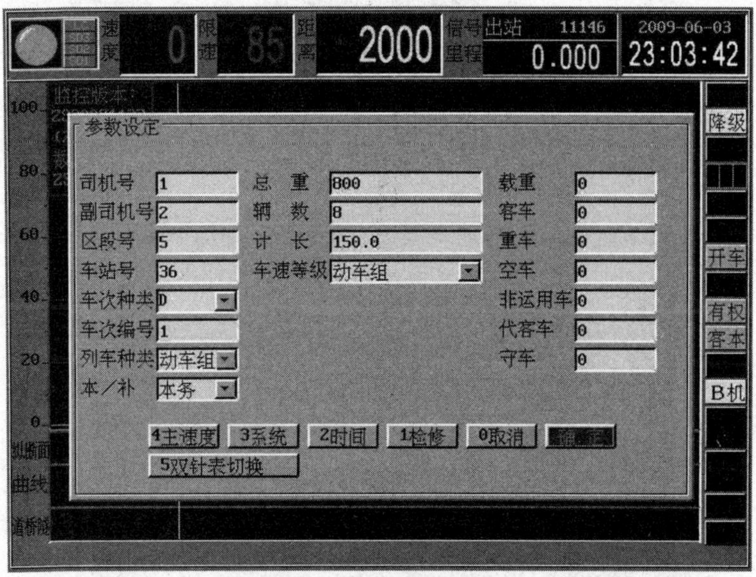

图 2.4.10　动车组的设定窗口

（2）若选择货车，当光标移到“车速等级”窗口中时，按【↓】键弹出车速等级选择窗口，如图 2.4.11 所示，当选择其他时，弹出“请输入货车车速等级限速”窗口，如图 2.4.12 所示，在该窗口中输入货车车速等级限速值，按“确认”键后如图 2.4.13 所示。

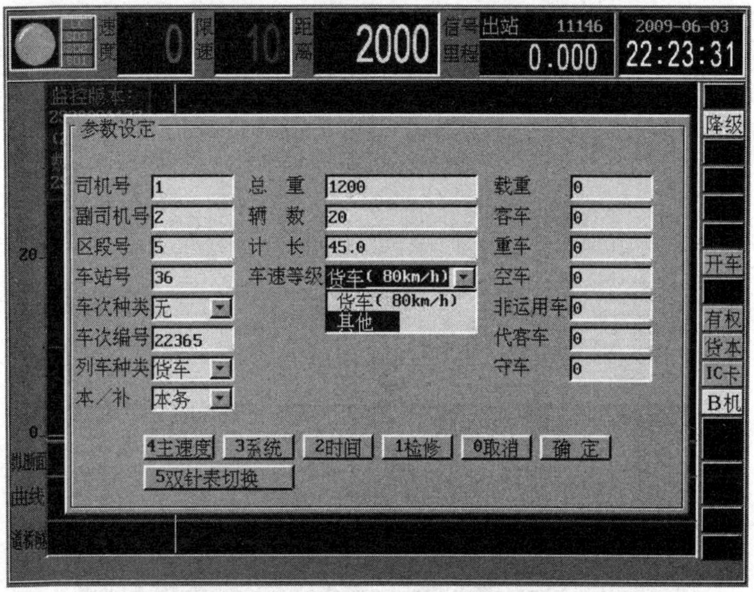

图 2.4.11　货车车速等级选择

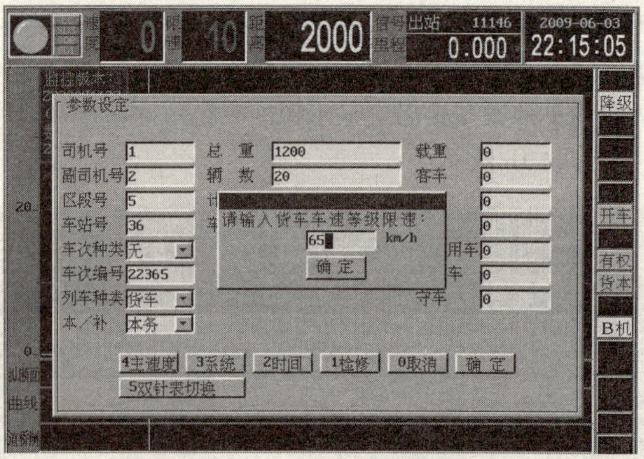

图 2.4.12 货车其他车速等级值输入

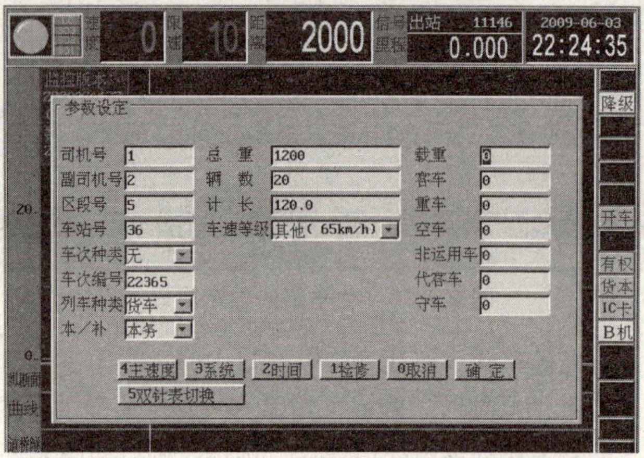

图 2.4.13 货车车速等级限速值输入后界面显示

货车车速等级限速窗口中输入的车速等级范围为 1 ~ 120 km/h，如果机车乘务员输入的值不在此范围内，显示屏显示如图 2.4.14 所示，机车乘务员按“确认”键，重新弹出“请输入货车车速等级限速”窗口，输入合法值。

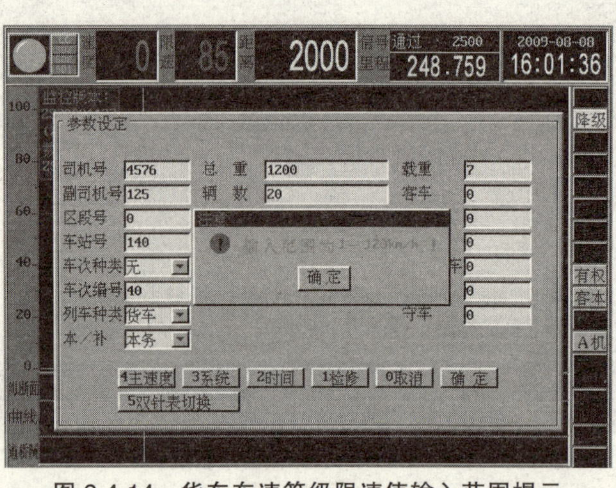

图 2.4.14 货车车速等级限速值输入范围提示

（3）若输入列车种类为客车，当光标移到“车速等级”窗口中时，显示界面如图 2.4.15 所示。

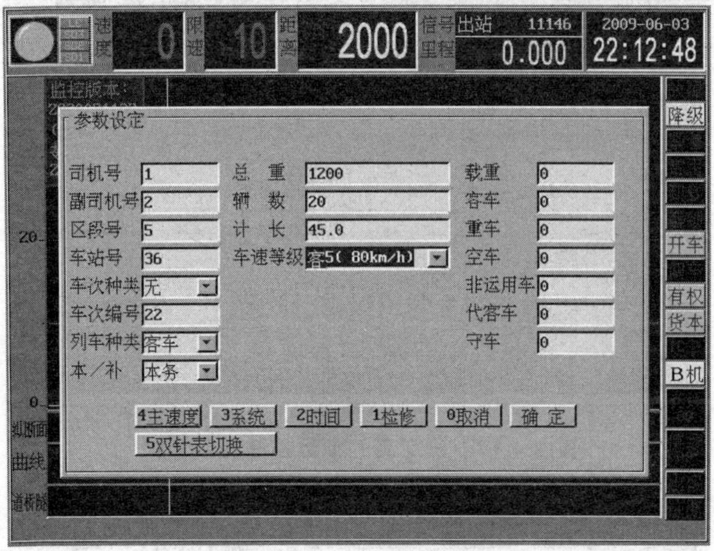

图 2.4.15　客车车速等级

按【↓】键弹出车速等级选择窗口（见图 2.4.16），利用【↑】【↓】选择相应的车速等级，车速等级选定后按【确认】键。

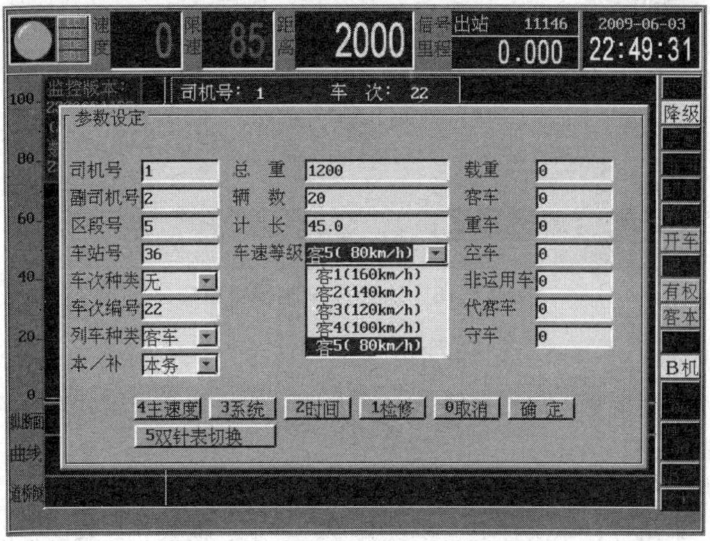

图 2.4.16　客车车速等级选择窗口

（4）在参数设定界面下，所有信息输入完成后将光标移到“确定”处按【确认】键，或直接按压【设定】键退出参数设定界面，显示输入设定信息，如图 2.4.17 所示。

（5）若未选择“车速等级”（车速等级窗口中显示空白），按压【确认】或【设定】键时弹出图 2.4.18 所示的“请选择车速等级”提示窗口，必须选择车速等级，否则不允许退出设定界面。

图 2.4.17 设定后的参数校核提示窗口

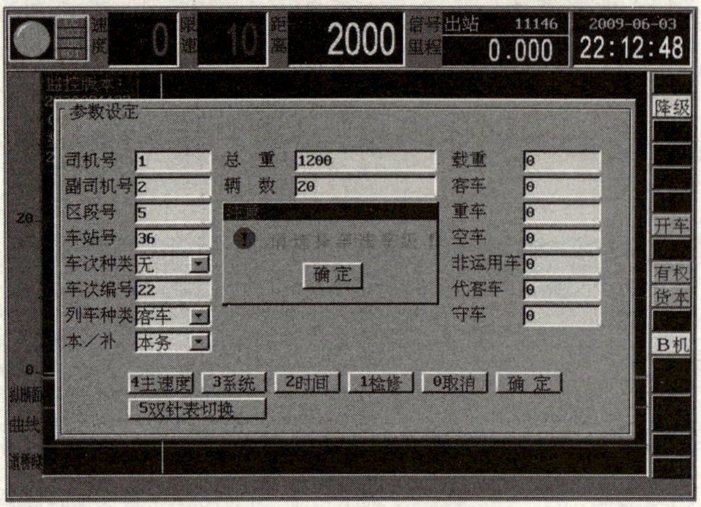

图 2.4.18 请选择车速等级窗口

4. 参数输入时机

当监控装置无控制指令（常用、紧急）输出且不处于防溜报警状态，满足下列条件之一时允许进行参数输入。

（1）列车种类、本/补类型之间转换、车速等级选择必须处于停车状态。

（2）区段号、车站号、车次种类、车次编号、总重、辆数、计长的输入依照下述时机：

① 机车信号为停车信号或按停车信号控制时，在停车状态下进行修改；

② 机车信号为红黄灯（或按停车信号处理的灭灯、多灯、单红灯、白灯），手信号引导、绿证、路票、特定引导等解锁开口后，必须停车进行参数的修改；

③ 机车信号为红黄闪，自动引导或容许信号机自动开口后，必须停车进行参数的修改；

④ 半自动闭塞区间，机车信号为红黄灯（或按照停车信号处理的灭灯、多灯、单红灯、白灯），必须停车进行参数的修改；

⑤ 机车信号为双黄灯时，在速度低于 45 km/h 进行参数的修改；

⑥ 机车信号为双黄灯以外的其他进行信号时，在速度低于 60 km/h 进行参数的修改。

5. 参数输入注意事项

（1）必须在电源平稳时，进行 IC 卡输入，否则易造成数据丢失。

（2）IC 卡拔出后，“IC 卡”灯不灭，需要处理。可以反复插拔，直至“IC 卡”灯熄灭。

（3）计长输入有一位默认小数，如输入 2400，则保存参数后会变为 240。不要错误输入，否则影响列车尾部限速。

（4）总重、计长、辆数要输入准确。否则影响模式限速曲线的形状，影响行车。

（5）不要跨越进站信号机、进路信号机、线路所的预告信号机、线路所的通过信号机修改总重、辆数、计长等参数，否则容易引起降级或排风。

（6）客、货车车种转换时必须二次输入总重、辆数、计长等参数。

（四）查询操作

参数输入完成后，机车乘务员需再次确认输入的参数是否正确；监控装置库内交接签字前，机车乘务员需对 LKJ2000 型监控装置进行库内试验，确认其功能正常；列车始发前 5 min，机车乘务员需再次核对 LKJ2000 型监控装置内的全部揭示；列车运行中，机车乘务员需查看机车工况、设备状态、运行揭示……这些操作都需要通过“查询操作”来进行。

1. 查询界面

机车乘务员可以通过查询操作了解机车设备及线路的有关数据。按压【查询】键，即可弹出“查询选择”窗口，如图 2.4.19 所示。在这个界面内，按【1】查询“当前揭示”，按【2】查询“工况显示”，按【3】查询“全部揭示”，按【4】查询“设备状态”，按【5】查询“检修参数”，按【6】查询“设定参数”，按【7】进行“库内试验”，按【8】进行“信息查询”，按【9】进行“呼叫地面”，按【0】退出查询界面返回主界面。

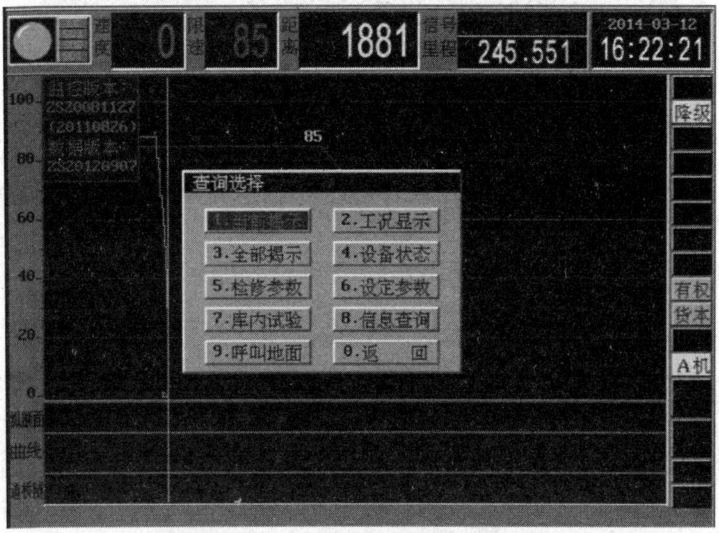

图 2.4.19　“查询选择”窗口

2. 当前揭示查询操作

在有速度的情况下，按压【查询】+【1】，或将光标移到“1. 当前揭示”选项后按压【确认】键，屏幕中间会弹出“当前揭示查询”窗口，可以进行列车运行前方 4 km 内揭示的查询或解锁操作。如果没有揭示信息，屏幕将显示“禁止查询”。将光标移至“0 返回”处，按压【确认】键，或直接按压【0】键，即可退出。

注意：屏幕上的揭示显示，底色为白色的是正常的揭示，绿色的是已经通过的揭示，红色的是已经解除的揭示。

3. 工况显示查询操作

按压【查询】+【2】键，或将光标移到“2. 工况显示”选项，然后按压【确认】键，便在屏幕右上角弹出工况查询窗口（见图 2.4.20），内容包括原边电流、列车制动管压力、制动缸压力、均衡风缸 1 和 2 压力、机车工况、过机校正和当前公里标。这个显示窗口将一直存在，直到再次按压【确认】键消失。

注意：查询时检查柴油机转速允许误差为 ± 30 r/min，列车管压力允许误差为 ± 20 kPa。

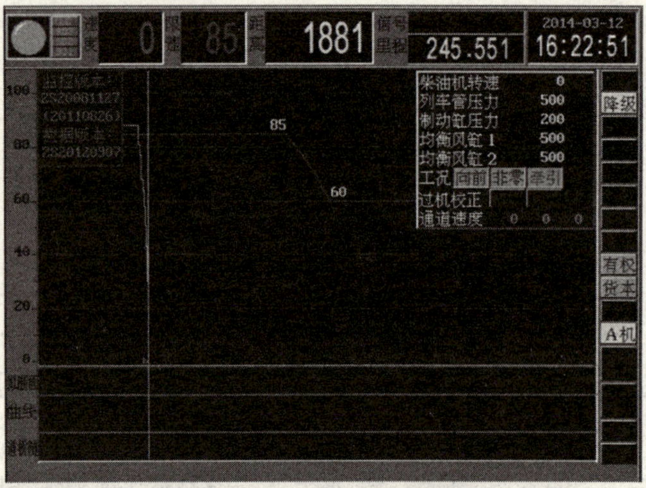

图 2.4.20　工况查询窗口

4. 全部揭示查询操作

按压【查询】+【3】键，或将光标移到“3. 全部揭示”选项，然后按压【确认】键，在屏幕中间弹出“全部揭示查询”窗口（见图 2.4.21），就可以进行运行交路全部揭示的查询或解锁操作。如果没有揭示信息，屏幕将显示“禁止查询”。将光标移至“0 返回”处，按压【确认】键，或直接按压【0】键，即可退出。

5. 设备状态查询操作

按压【查询】+【4】键，或将光标移到“4. 设备状态”项，按压【确认】键，在屏幕中间弹出“系统信息查询”窗口（见图 2.4.22），显示系统当前各模块工作状态和故障状态指示。在此界面移动光标至“无线”选项，按压【确认】键，进入“机车运行检测数据无线传输装置”和“TAX2 型综合信息安全检测装置”各模块的检测界面。检测各装置的状态是否良好，移动光标“返回”选项，再次按压【确认】键返回退出。

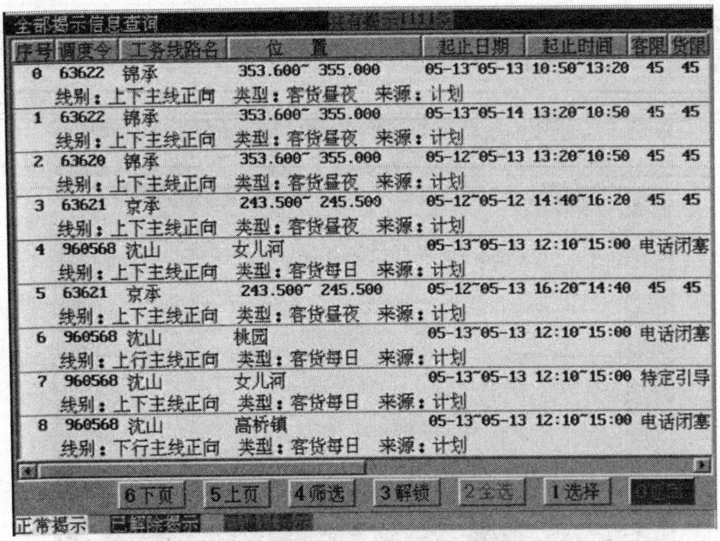

图 2.4.21　全部揭示信息查询窗口

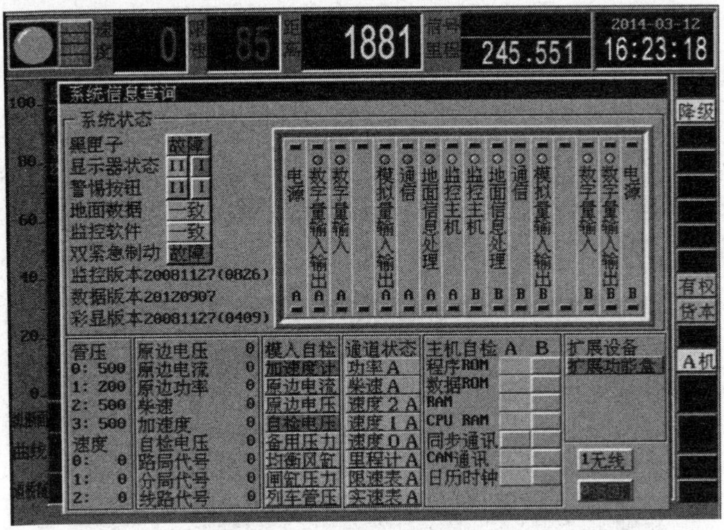

图 2.4.22　“系统信息查询”窗口

设备状态显示窗口的上半部分是系统模块状态和软件、数据版本号，左侧从上到下分别为事故状态记录器（黑匣子）、I端和Ⅱ端显示器状态、地面数据和监控软件（两个主机内部的）是否一致、双紧急制动通道是否正常，下面是主机和显示器的软件版本号。

右边显示的是主机箱中各插件的工作状态，与主机箱内插件的实际排列一致，可以很直观地看到各插件的工作状态。如果插件板上的指示灯是绿色，说明该插件工作正常，红色说明该插件工作异常。如果是单机工作，则另一主机的各插件上的指示灯都是灰色。

窗口的下半部分是系统各模块及通道的自检状态和采集数据显示。

6. 检修参数查询操作

按压【查询】+【5】键，或将光标移至“5. 检修参数”选项，然后按压【确认】键，便在屏幕中间弹出“检修参数查询”窗口（见图 2.4.23），显示系统当前检修参数，包括装置号、机车型号、机车号、轮径、制动机、最大总重、最大辆数、最大计长、柴油机脉冲、双针表量程等，再次按压【确认】键返回。

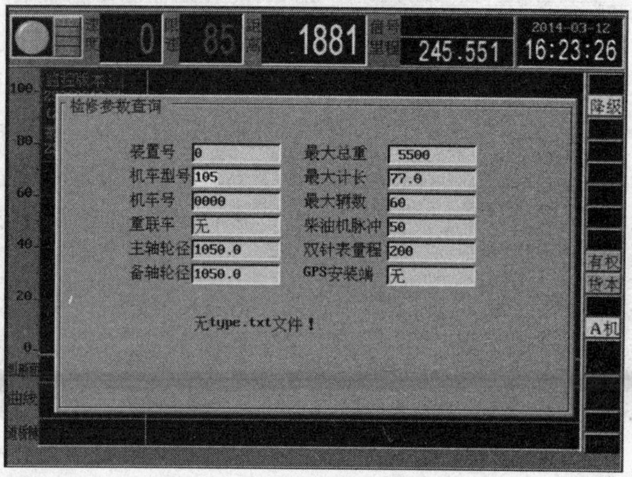

图 2.4.23　“检修参数查询”窗口

7. 参数设定查询操作

按压【查询】+【6】键，或将光标移至“6. 设定参数”选项，按压【确认】键，在屏幕中间弹出“设定参数查询”窗口（见图 2.4.24），显示系统当前的设定参数，包括司机号、区段号、车站号、车次、总重、计长、辆数以及编组信息等，再次按压【确认】键返回。“设定参数查询”窗口，只能查看，不能修改。

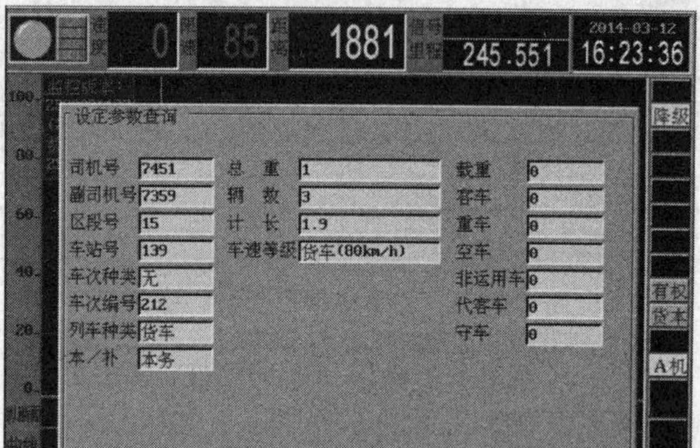

图 2.4.24　“设定参数查询”窗口

8. 库内试验操作

在速度为 0 km/h 的情况下，按压【查询】+【7】键，或将光标键移至“7. 库内试验”选项，按压【确认】键，进入库内试验状态，屏幕中央弹出“库内试验”窗口，右上角弹出工况查询窗口（见图 2.4.25）。此时移动光标至相应的选项，再按压【确认】键即可做相应的试验。试验时要求Ⅰ端试验 A 机，Ⅱ端试验 B 机（此要求主要是为了节省时间，两端都可以做 A 机、B 机的制动系统试验）。

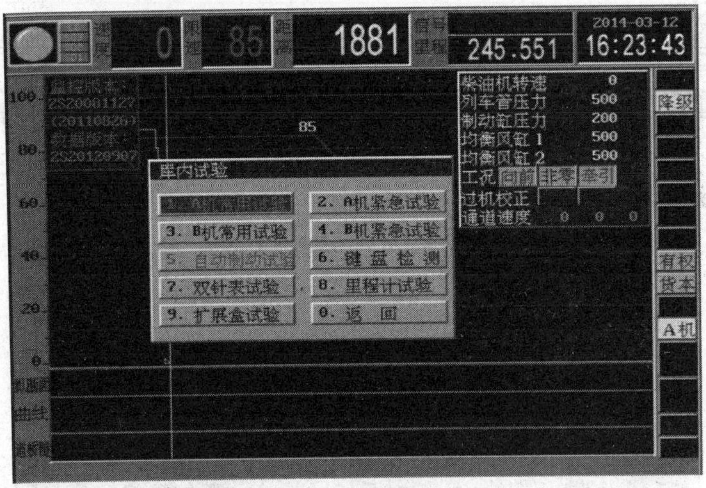

图 2.4.25　“库内试验”窗口

（1）常用制动试验

自阀手柄在运转位，将光标移至“A/B 机常用制动试验”选项，按压【确认】键，提示“A/B 机常用试验!”（见图 2.4.26），“常用”和“卸载”指示灯同时亮，同时还发出常用制动语音提示，列车管和均衡风缸管风压在 4 s 后减压（110 ± 10）kPa，保压 30 s 后自动提示“缓解成功”，常用和卸载指示灯同时灭，列车管风压应上升至初始风压。

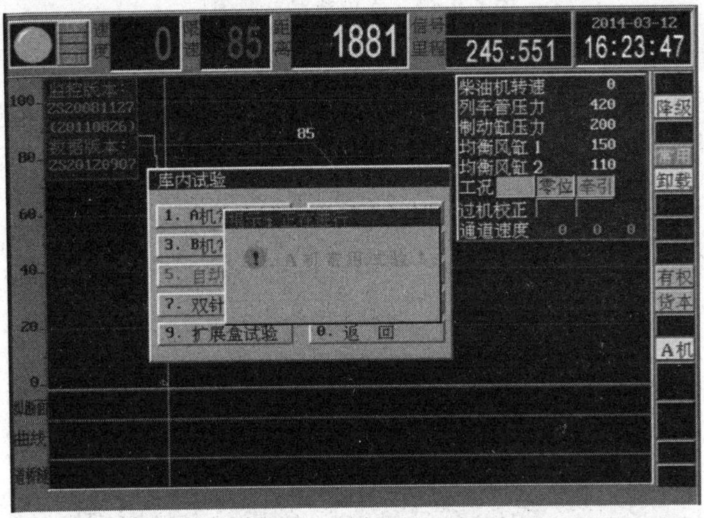

图 2.4.26　A 机常用试验窗口

若在保压期间风压继续下降，表示 1 号阀或制动机均衡风缸管、中均管等有泄漏；在保压期间风压上升，表示 3 号阀有泄漏，应通知自停检测人员。

在进行常用制动试验同时，应做卸载试验：将单阀调至制动位，制动缸风压不得低于 200 kPa，扳动换向手柄，提主手柄至“1 位”，使机车带载，机车卸载灯灭；再试验常用制动，在实施常用制动时，机车卸载灯亮；常用制动结束时，机车卸载灯灭，表示机车卸载动作正常；试验结束后，应立即将主手柄扳至“0 位”。注意提主手柄时间不能过长，防止溜车和烧坏电机。

（2）紧急试验

自阀手柄在运转位，将光标移至“A/B 机紧急制动试验”选项，按压【确认】键，提示“A/B 机紧急试验!”（见图 2.4.27），“紧急”“常用”和“卸载”指示灯同时亮，同时还发出紧急制动语音提示，保压 10 s 后自动提示“缓解成功”，“紧急”“常用”和“卸载”指示灯同时灭，列车管风压应上升至初始风压。

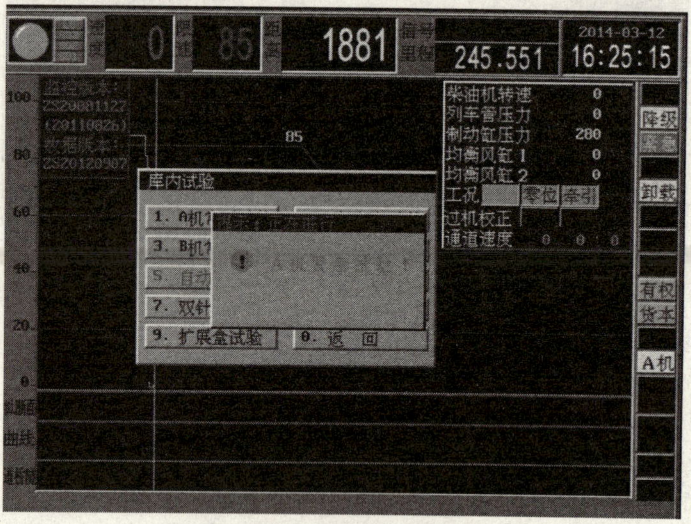

图 2.4.27　A 机紧急试验窗口

（3）键盘检测

为确保行车运输安全，防止在按键操作时，按键失灵而造成非正常状态，所以在使用操作之前要检查按键的功能。

将光标移至“键盘检测”选项，然后按压【确认】键，此时在屏幕下方弹出键盘检测界面（见图 2.4.28）。分别按压相应按键，屏幕显示相应按键的颜色由浅变深，说明此按钮状态良好，否则按钮接触不良，需请求修理。当键盘全部检测以后，按压【确认】键退出。

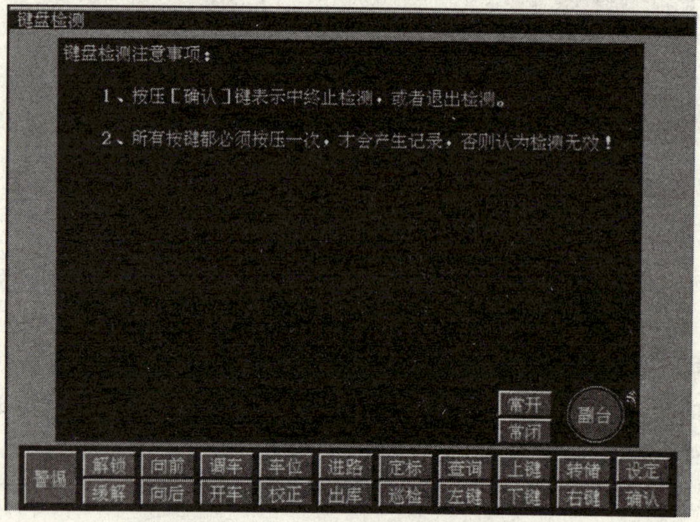

图 2.4.28　键盘检测初始窗口

（4）双针速度表输出试验

为了保证 LKJ2000 向“双针速度表”模数转换盒输出直流驱动信号与双针速度表指示刻度相符，需进行双针表输出试验。

将光标移至“双针表试验”选项，按压【确认】键，屏幕中央弹出注意双针表输出试验提示窗口（见图 2.4.29），再根据要求选择【启停】或【退出】进行试验。在显示器顶部的速度和限速窗口，显示每变化 5 km 停顿输出值，观察双针表指针变化，误差应不大于 3 km/h。

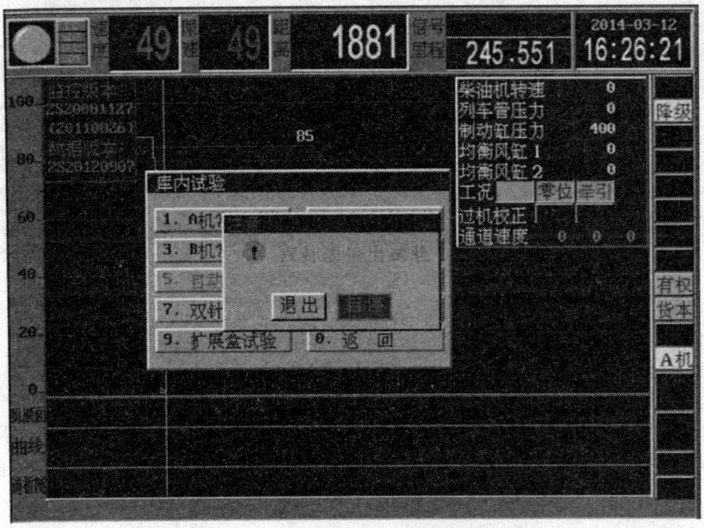

图 2.4.29 双针速度表输出试验窗口

三、出库、挂车

机车在库内完成整备作业后，需与信号楼联系，要道出库。在出库动车前，LKJ2000 型监控装置需转入“出/入库工作状态”，以该状态运行到机务段闸楼处一度停车。在闸楼签认出段时刻，了解挂车径路后，LKJ 以“调车工作状态”前往指定线路挂车，完成挂车、换端作业。机车连挂车列后，参数发生了改变，需要使用人工参数输入操作，对 LKJ 参数进行修改。

（一）出入库操作

单机从机务段车库动车前，LKJ2000 型监控装置需转入“出/入库工作状态”，运行到机务段闸楼时退出。列车完成一次乘务作业入库时，在闸楼处一度停车，转入“出/入库工作状态”，运行到整备线停妥后，与地勤人员交接或关机。

1. 操作方法

（1）进入方法：机车在库内动车前，在速度为 0 的情况下，按压一次【出入库】键，监控装置进入“出/入库工作状态”（见图 2.4.30）。右侧状态栏“出段”或“入段”和“调车”灯亮，要求列车以不超过规定的出/入段限速运行至出段闸楼处。这里“出段”和“入段”灯在同一灯位，交替点亮。

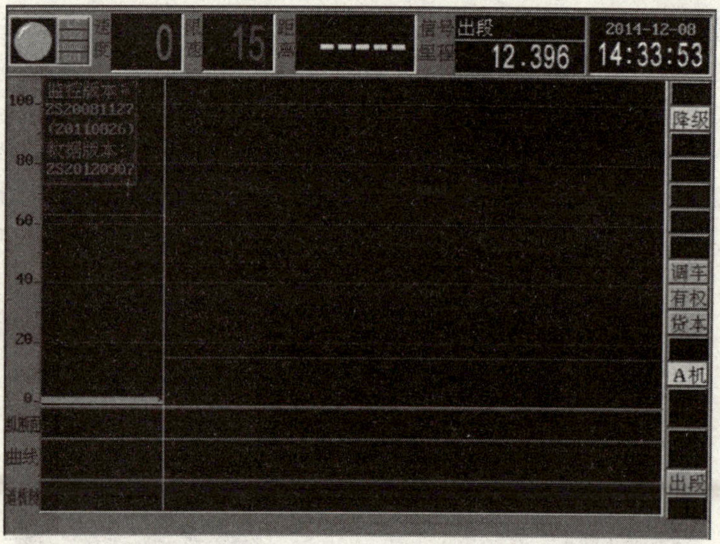

图 2.4.30 出入库工作状态窗口显示

也有一些铁路局规定，在按压【出入库】键前，需先按压【调车】键，先进入“调车工作状态”，再进入“出/入库工作状态”。

（2）退出方法：连续按压【出入库】键，退出“出/入库工作状态”。退出后直接进入“调车工作状态”。进行退出“出/入库工作状态”操作时，无速度为 0 的要求。

2. 控制模式

“出入库工作状态”固定模式限速值由铁路局规定，监控装置按固定模式限速值 + 1 km/h 确定常用固定模式限速值，按固定模式限速值 + 4 km/h 确定紧急固定模式限速值。

出入库工作状态下，两端司机室均有操纵权。

（二）调车操作

机车在闸楼处一度停车后，LKJ2000 型监控装置退出“出/入库工作状态”自动进入“调车工作状态”。机车乘务员驾驶单机以“调车工作状态”运行到指定线路挂车，连挂成功后，必须先换端，再在列车的操纵端司机室，使 LKJ2000 型监控装置退出“调车工作状态”，获得操纵权。

列车完成全线运行，在终点站需返回机务段时，要先摘解机车，再回段走行。摘解机车前，LKJ2000 型监控装置转入“调车工作状态”，以此状态完成摘解机车，回段走行，直至机务段闸楼处一度停车，退出“调车工作状态”。

其他调车作业动车前，LKJ2000 型监控装置需转入“调车工作状态”。

1. 进入操作

（1）LKJ2000 型监控装置由“出/入库工作状态”退出，自动进入“调车工作状态”。显示屏右侧状态栏“出入段”灯熄灭，“调车”灯亮。

（2）其他工作状态下，列车在速度为 0 时，按压【调车】键一次，进入“调车工作状态”。显示屏右侧状态栏“调车”灯亮。

2. 退出操作

列车速度为零或非零时，按压【调车】键一次，退出调车工作状态，【调车】灯灭。

3. “调车工作状态”的控制模式

LKJ2000 型监控装置在调车工作状态下，模式限速值按以下要求确定：

（1）一般车站按 40 km/h 确定固定模式限速值。

（2）国铁集团特别规定在车载数据中已设定该站的调车作业特殊限制速度值时，按该值确定固定模式限速值。

（3）机车按固定模式限速值 + 1 km/h 确定常用固定模式限速值，按固定模式限速值 + 4 km/h 确定紧急固定模式限速值。动车组按固定模式限速值 + 1 km/h 确定常用固定模式限速值，按固定模式限速值 + 6 km/h 确定紧急固定模式限速值。

（4）“调车工作状态”下，限速不受机车信号变化控制。

（5）退出“调车工作状态”后，LKJ2000 型监控装置返回进入调车工作状态之前的状态（通常工作或降级工作状态）。

（6）调车工作状态下，两端司机室的监控显示器均有操纵权。哪一端司机室先退出调车，哪一端就单独获得操纵权，其 LKJ2000 型监控装置显示屏右侧状态栏“有权”灯亮。另一边司机室的 LKJ2000 型监控装置被夺权，只能进行一些“查询”功能的操作。

（7）补机车次的 LKJ2000 型监控装置严禁进入“调车工作状态”。

（三）参数调整

挂车后，由于从单机变成了列车，相关参数发生了改变，需要对参数进行修改。人工参数输入与“IC 卡”参数输入方法基本一致，只是不需要插“IC 卡”，也不会发送揭示。

参数调整好后，在始发站始发前 5 min，需通过【查询】+【6】对设定参数、【查询】+【3】对全部运行揭示再次查询核对，确保准确无误。

1. 操作方法

（1）按压【设定】键，此时弹出参数设定窗口，根据列车编组表依次对各参数进行修改。如果输入错误，【←】键可作退格键，删除后重新输入。

（2）输入完成后，按【↓】键或【确认】键，光标自动移到下一项。遇有下拉菜单的输入框，按【↓】键可打开下拉菜单，按压【确认】键，光标移到下一项。

（3）列车编组数据一定要输入准确，否则影响减速和停车曲线的生成。计长的输入，监控装置默认留一位小数，如输入 198，得到的计长为 19.8。

（4）必须选择“车速等级”，不选择“车速等级”不能保存退出。

（5）所有参数输入完毕后，将光标移到“确定”项，然后按压【确认】键，或输入参数后直接按压【设定】键保存退出。此时屏幕上方会弹出参数校对窗口。参数输入正确后状态栏“降级”灯、“开车”灯点亮，监控装置进入降级工作状态。

2. 人工参数输入时机

当监控装置无控制指令（常用、紧急）输出且不处于防溜报警状态，满足下列条件之一时允许进行参数输入：

（1）列车种类、本/补类型之间转换、车速等级选择必须处于停车状态。

（2）区段号、车站号、车次种类、车次编号、总重、辆数、计长的输入时机：

① 机车信号为停车信号或按停车信号控制时，在停车状态下进行修改；

② 机车信号为红黄灯（或按停车信号处理的灭灯、多灯、单红灯、白灯），手信号引导、绿证、路票、特定引导等解锁开口后，必须停车进行参数的修改；

③ 机车信号为红黄闪，自动引导或容许信号机自动开口后，必须停车进行参数的修改；

④ 半自动闭塞区间，机车信号为红黄灯（或按照停车信号处理的灭灯、多灯、单红灯、白灯），必须停车进行参数的修改；

⑤ 机车信号为双黄灯时，在速度低于 45 km/h 进行参数的修改；

⑥ 机车信号为双黄灯以外的其他进行信号时，在速度低于 60 km/h 进行参数的修改。

3. 人工参数输入注意事项

（1）计长输入有一位默认小数，如输入 2400，则保存参数后会变为 240，不要错误输入，否则影响列车尾部限速。

（2）总重、计长、辆数要输入准确，否则影响模式限速曲线的形状，影响行车。

（3）不要跨越进站信号机、进路信号机、线路所的预告信号机、线路所的通过信号机修改总重、辆数、计长等参数，否则容易引起降级或排风。

（4）客、货车车种转换时必须二次输入总重、辆数、计长等参数。

（四）非本务运行

机车担当非本务牵引或在列车尾部担当补机任务时，应将监控装置设定为“非本务工作状态”。监控装置进入“非本务工作状态”，实现只记录不控制功能。

监控装置在降级状态、监控状态、调车状态都可进入“非本务工作状态”；进入“非本务工作状态”后，不能进入调车。担当本务牵引任务的机车，严禁进入“非本务工作状态”。

1. 进入操作

（1）未安装本/补切换装置的机车，在停车状态下，按压【设定】键，修改“本/补”项为补机并按压【确认】键进行确认，可转入“非本务工作状态”，此时为降级状态，列车起动后必须在对标点按压【开车】键对标。

（2）已安装本/补切换装置的机车，机车乘务员直接将本/补转换开关破封置于“补机”位（见图 2.4.31），监控装置进入“非本务工作状态”。

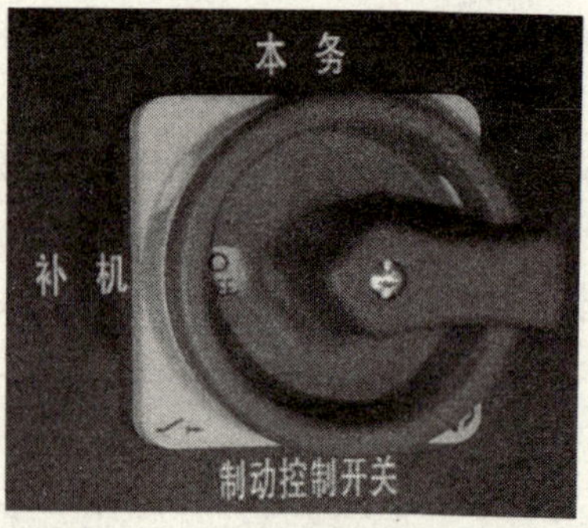

图 2.4.31 本/补切换装置在补机位

进入“非本务工作状态”后，监控装置显示屏右侧状态栏“货补”或“客补”灯亮，屏幕左上角出现“补机运行”提示栏，提示机车乘务员监控装置已经进入“补机运行”工作状态（见图 2.4.32）。

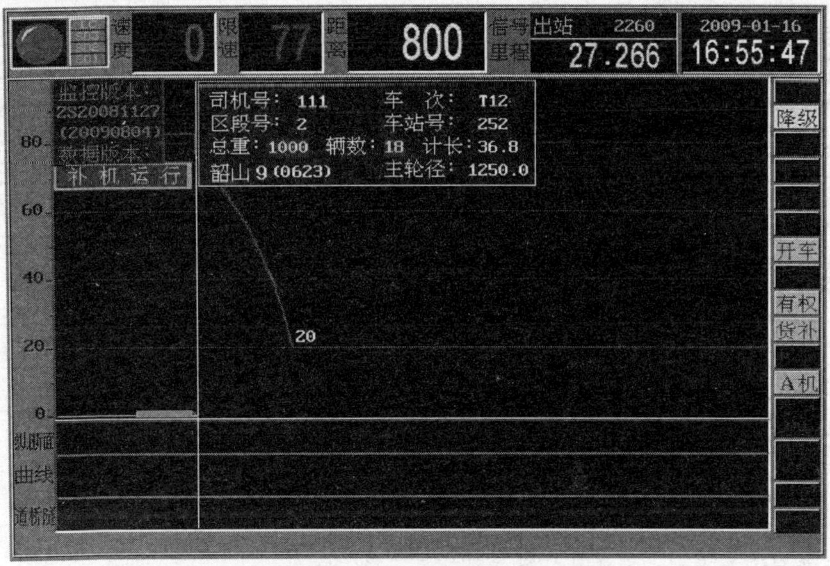

图 2.4.32 “补机运行”工作状态

2. 退出操作

（1）未安装本/补切换装置的机车，在停车状态下，按压【设定】键，修改“本/补”项为本务并按压【确认】键进行确认，可退出非本务运行。

（2）已安装本/补切换装置的机车，机车乘务员直接将本/补转换开关置于“本务”位，监控装置退出“非本务工作状态”，进入监控状态。

3. 控制模式

（1）LKJ2000 型监控装置按机车最高运行速度、车辆最高运行速度的最低值确定固定模式限速值；

（2）按固定模式限速值 + 5 km/h 确定常用固定模式限速值，按固定模式限速值 + 8 km/h 确定紧急固定模式限速值。

4. 注意事项

（1）列车起动后，非本务机车，运行至规定对标点处，按压【开车】键对标，进入“补机运行”监控状态，同时注意支线号的输入。

（2）监控装置在“补机运行”状态时，无卸载、常用制动、紧急制动功能，连续 12 架区间信号机过机不校，不自动降级。

（3）监控装置在“补机运行”状态时，机车信号显示白灯、单红灯时不报警；如机车信号显示绿灯、绿黄灯、黄灯、黄 2 灯、双黄灯、红黄灯，当速度≥1 km/h 时，监控装置循环报警，但不排风，提示机车乘务员确认是否目前已开始担当本务机车牵引任务，如果确认是担当本务机车牵引任务，需要立即将 LKJ2000 型监控装置设置调整成本务机车，或将本/补转换装置打到“本务”位。

“LKJ 出勤、出库、挂车操作”课程资源包

任务实施

任务编号	2-4	任务名称	LKJ出勤、出库、挂车操作	
序号	实施内容		完成情况	
			是	否
	出勤			
1	* 携带工作证、驾驶证、岗位培训合格证、IC卡准时出勤			
2	* 签到			
3	* 输入指纹，测酒			
4	* 领取揭示、报单、列车时刻表			
5	* 将揭示与原簿进行核对，不错不漏			
6	* 与调度员核对揭示			
7	* 听取调度员指示，重点计入机车乘务员手账			
8	* 到出勤调度员处转录限速IC卡数据			
9	利用监控模拟机验卡，检查条数和内容是否正确			
10	* 根据天、地、人、车、时，制订小组工作计划，并记录于机车乘务员手账			
11	* 到出勤指导室听取出勤指导			
	接车			
12	开机，监控处于降级工作状态，状态栏“降级”灯亮			
13	将IC卡内的限速数据（揭示）输入监控中。状态栏“降级”灯、“开车”灯亮			
14	会同检测人员检查确认行车安全设备（库内试验）			
15	领取合格证			
16	查询监控版本号，写入机车乘务员手账			
17	查询全部揭示			
	出库			
18	LKJ2000进入“出入库工作状态”。“开车”灯灭，“降级”灯、“出段”灯、“调车”灯亮			
19	动车，库内走行到闸楼一度停车，办理出段手续			
	挂车			
20	清楚走行及挂车股道后，LKJ2000进入调车工作状态。“出段”灯灭，“降级”灯、“调车”灯亮			
21	换端操作。操纵端监控状态栏“有权”灯亮，非操纵端“无权”灯亮。“调车”灯灭			
22	了解列车编组情况及运行要求，输入监控有关数据。状态栏“开车”灯亮。屏幕中上部显示数据更改情况			
23	查询设定参数、全部揭示			

注：带 * 条目为不具体模拟实施条目，只口述即可。

任务评价

任务编号	2-4	任务名称	LKJ 出勤、出库、挂车操作		
序号	评价内容		标准分值	自我评分 50%	组内评分 50%
资讯阶段			10		
1	是否积极参与任务书讨论，正确领会任务要求		5		
2	是否积极参与引导文学习讨论，完全掌握学习内容		5		
计划→实施→检查阶段			20		
1	是否积极参与计划制订，提出建设性计划内容		5		
2	是否制订了可行的任务方案		5		
3	是否认真履行个人角色，积极参与任务演练		5		
4	是否有效使用任务检查单保证任务顺利进行		5		
序号	评价内容		标准分值	组间评分 50%	教师评分 50%
（任务展示）评价阶段			70		
1	出勤	按程序进行出勤（参看检查单，带*条目只口述，不实施）。程序错误，操作错误每次扣 2 分	15		
2	接车	按程序进行接车（参看检查单），边操作，边口述操作时机、注意事项等。 IC 卡参数输入：时机、注意事项口述错误，操作错误，每次扣 2 分；库内试验：操作错误，每次扣 2 分；查询操作：操作错误，每次扣 2 分	30		
3	出库	进入、退出出入库操作，操作错误扣 2 分；到闸楼一度停车，否则扣 2 分	10		
4	挂车	进入、退出调车操作，操作错误扣 2 分；换端操作，操作错误扣 2 分；人工参数输入：时机、注意事项口述错误，操作错误，每次扣 2 分	15		
总评分值					

能力测试

1. 机车乘务员一次乘务作业有几大环节？请填入表 2.4.2 中。

表 2.4.2　机车乘务员一次乘务作业

环节一	
环节二	
环节三	
环节四	
环节五	
环节六	
环节七	

2. 从出勤开始（包括出勤）到途中运行前的环节有哪些？

3. 从出勤开始（包括出勤）到发车运行前的环节机车乘务员都需要具体做哪些工作（按顺序写）？

4. 这些工作里哪些与 LKJ2000 型监控装置有关系？

5. 请写出使用模拟机验卡的步骤。

6. LKJ2000 开机后，如何进行音量调节和亮度调节？音量和亮度各有几个可选等级？

7. 机车乘务员应控制机车在什么速度下进行参数输入操作？

8. 请在表 2.4.3 中写出参数输入的操作过程（可以根据需要的条目数填写，两种输入方法的相同步骤对应填写，用不完的格可以空着）。

表 2.4.3　参数输入的操作过程

IC 卡参数输入	人工参数输入

9. 在表 2.4.4 中标出下列列车种类的车种代码。

表 2.4.4 车种代码

列车种类	动车组	动车组检测车	直达特快旅客列车	特快旅客列车	快速旅客列车	临时旅客列车
车种代码						
列车种类	临时旅游列车	城际列车	高速列车	行包列车	局管内快速	因故折返旅客列车
车种代码						

10. IC 卡参数输入与人工参数输入在操作步骤上有什么不同？
11. IC 卡参数输入后，如果再次查询全部揭示，机车乘务员应如何操作？
12. 参数输入后，如果机车乘务员想查看自己输入的信息，应如何操作？
13. 参数输入操作，机车乘务员应注意什么？
14. 按压【查询】键后，出现“查询选择”界面，请写出该界面上的各个选项。
15. 判断表 2.4.5 中的信息在“查询选择”界面的哪个选项进行查询？

表 2.4.5 信息查询

信息	选 项
司机号	
双针表试验	
主机插板状态	
B 机常用制动试验	
揭示信息	
速度通道	
监控版本号	
载重	
速度等级	
A 机紧急制动试验	
主轴轮径	
计长	
键盘检测	

16. 进行“当前揭示”或“全部揭示”查询时，屏幕显示“禁止查询”，为什么？
17. 一次作业过程中，什么时候进入“出入库”走行？什么时候退出“出入库”走行？
18. 写出进入、退出“出入库工作状态”操作的操作过程。
19. 一次作业过程中，什么时候进入调车？什么时候退出调车？
20. 写出进入、退出“调车工作状态”操作的操作过程。

21. 进入“出入库工作状态”“调车工作状态”后，监控的窗口限速值是多少？

22. 出库挂车后，单机变为列车，那么有哪些参数发生了改变？针对参数的改变，机车乘务员应做什么操作？

23. 做什么工作的机车才能进入“非本务工作状态”？进入“非本务工作状态”后，监控装置保留哪些功能，取消哪些功能？补机机车乘务员在发车运行时仍需进行哪些操作？

任务 2-5　LKJ 途中运行操作

任务安排

<table>
<tr><td>任务编号</td><td>2-5</td><td>任务名称</td><td>LKJ 途中运行操作</td><td>建议学时</td><td>10（学时）</td></tr>
<tr><td colspan="6">任务描述</td></tr>
<tr><td colspan="6">机车乘务员完成一次乘务作业的过程中，几乎每一个环节都离不开 LKJ2000 型监控装置的操作。今天，由你来代替机车乘务员，驾驶列车从始发站发车，开到终点站入库。</td></tr>
<tr><td colspan="6">任务实施要求做到：
（1）能熟练、准确进行正常行车操作（开车对标、巡检、车位调整、人工降级、支线号和侧线号输入、IC 卡输入、处理司机警惕功能动作）；
（2）能判断车位误差、降级原因、防溜报警类型并能处理防溜报警。</td></tr>
<tr><td colspan="6">实施说明</td></tr>
<tr><td colspan="6">（1）以小组（5～6人）为单位开展任务实施；
（2）任务前完成知识准备；
（3）验收：各小组所有同学在计算机上完成理论答题，给予第一部分成绩；指派一名同学通过 LKJ2000 模拟机进行操作，另一名同学对操作进行叙述，给予第二部分成绩。第二部分成绩，由教师和其他各组同学对展示小组按标准进行评分。</td></tr>
<tr><td colspan="6">任务注意事项</td></tr>
<tr><td colspan="6">（1）任务开始前，必须做好充分的知识储备工作；
（2）注意各个操作的作用、意义和使用环节；
（3）任务过程中，要爱护实训设备，禁止暴力操作；
（4）注意用电安全。</td></tr>
<tr><td colspan="6">职业与思政</td></tr>
<tr><td colspan="6">烽火列车
1950 年 12 月 28 日傍晚，杨学伟所在的包乘组接到上级命令：驾驶解放 6 型 1014 号机车牵引一列军火车经过鸭绿江大桥进入朝鲜。这是“抗美援朝支前第一车”。</td></tr>
</table>

续表

任务编号	2-5	任务名称	LKJ 途中运行操作	建议学时	10（学时）
职业与思政					

从那一夜始发，司机司炉们肩并着肩
从那一夜始发，奔驰的列车整夜未眠
星斗呢喃，快与祖国和亲人悄然道个别吧
铿锵如歌，开足马力驶向战斗的最前沿
辎重的车轮潜入苍茫夜色
穿梭在金达莱迎风摇曳的山川
夜色是一场历史大剧的幕布吗
为何难掩残酷战争的烽火烈焰
尽管来吧，向我开炮，向死而生
列车瞬间变成威武的战车
冲进战火硝烟，又冲出战火硝烟

一时间，从鸭绿江、清川江到大同江畔
爆炸的激流高耸起冲天的巨浪
原本是和平鸽优美盘旋的明媚蓝天
竟成了列强肆虐的空中展演
俯冲的敌机肆无忌惮
机枪猖狂扫射，冰雹般倾泻炸弹
火车司机瞬间成为英勇的战士
挥动铁锹，高提手把
大喊一声：快加煤！放大烟
列车的烟筒犹如喷发的火山口
晴天惊雷滚动起大地风烟
机智的列车竟然金蝉脱壳
烟雾中驶出了敌机的封锁线

大战过后，随手抹一把额头的汗水
快喝一口水吧，润一下喷火的喉咙
却发现身边水壶已被弹片刺穿
车上运载的军需物资完好无损
尤其一门门“卡秋莎”火箭炮令人惊艳
英雄司机不由得笑了，一声汽笛
足以与战地凯歌一起高亢入云端
志愿军打到哪儿
火车就开到哪儿
人在车在，烽火列车勇往直前
在物理的钢铁中注入意志的钢铁更硬
在烧煤的炉膛里加入青春的热血沸腾
一路驭火追风
永远是呼啸冲锋的火车头
一旦扑倒成路
永远是打不烂、炸不断的钢铁运输线

摘自：中国国家铁路集团有限公司网站

任务资讯

一、开车对标操作

列车在始发站，LKJ2000 型监控装置处于“降级工作状态”，显示屏右侧状态栏“降级”“开车”灯亮，此时 LKJ2000 型监控装置没有调出地面数据信息，不能按照信号的变化监控列车运行。在列车始发时，需要进行开车对标操作，使 LKJ2000 型监控装置转入“通常工作状态”，调出 LKJ2000 型监控装置里的线路数据，并与实际线路情况准确对应，才能起到完全监控列车运行，为机车乘务员提供运行数据参考的作业。

1. 操作条件

参数输入正确后，装置进入降级工作状态下，【开车】灯亮，监控装置具备开车条件，按车站指示发车。

2. 操作方法

当机车头部与规定的对标点平齐的瞬间，按【开车】键对标。监控装置进入通常工作状态（即监控状态），此时显示屏上方数据窗口显示实际速度、限制速度、距离、前方信号机种类、里程等相应的数据，中央显示速度、限速曲线和信号机位置，下方显示线路纵断面数据，如图 2.5.1 所示。

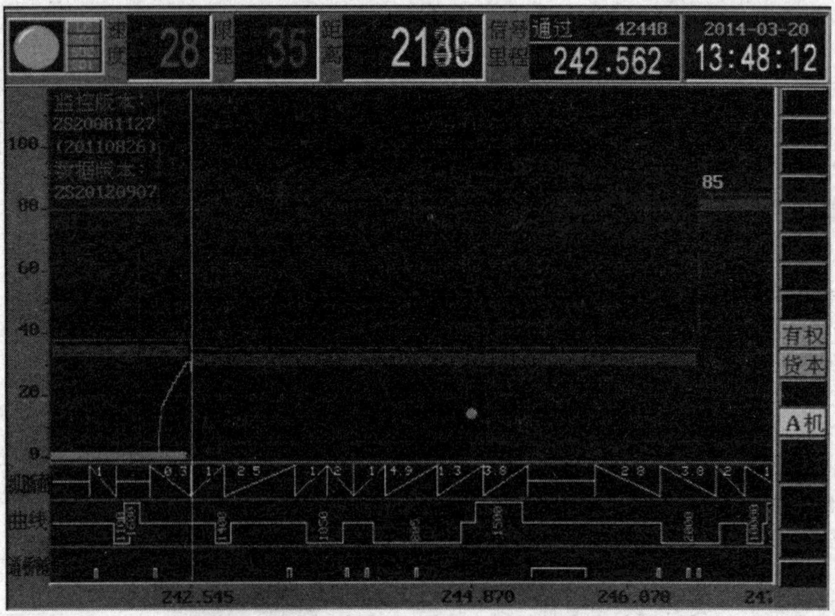

图 2.5.1 通常工作状态的界面显示

3. 注意事项

（1）“开车”灯不亮，按【开车】键无效；

（2）“调车”灯点亮，按【开车】键无效（此时需要按压一次【调车】键退出调车状态，方能开车对标）；

（3）在车站规定的对标点处对标，若没有规定的对标点，则为正线出站信号机；

（4）对标后，监控由“降级工作状态”进入“通常工作状态（俗称监控状态）”，调出线路数据；

（5）监控装置默认对标时列车管的压力为列车管标准压力，因此，对标前必须确认列车管风压达到标准值；

（6）对标时，制动机手柄不允许置于制动位或过充位；

（7）对标速度不超过车站最小号道岔的侧向限速。

二、司机警惕功能

司机警惕功能包括周期警惕和进站确认两个子功能。

1. 周期警惕功能

（1）LKJ2000 在通常工作状态下，列车运行途中，当速度大于 5 km/h 时，监控装置启动周期警惕功能；列车速度小于 3 km/h 时，终止周期警惕功能。

（2）LKJ2000 型监控装置启动周期警惕功能后，开始计时 120 s。计时过程中，检测到下列信息之一时重新开始计时：

① 列车管减压 50 kPa 及以上；

② 制动缸压力大于等于 50 kPa；

③ 机车工况（零位/非零位）状态变化。

（3）若计时达到 120 s，则启动“警惕功能控制过程”，如图 2.5.2 所示。

图 2.5.2　警惕控制过程启动

2. 警惕功能控制过程

（1）LKJ2000 型监控装置启动警惕控制过程后，显示屏弹出“警惕”提示窗口（见图

2.5.2），并从 20 s 开始倒计时，倒计时到 10 s 时伴以“呜呜”的报警声，若倒计时到 0 时则实施制动控制。

（2）显示屏弹出“警惕”提示窗口后，检测到下列信息之一时，终止本次控制过程（停止倒计时、提示窗口取消、停止报警）。

① 按压警惕按钮开关 1 次；

② 列车管压减压 50 kPa 及以上；

③ 制动缸压力大于等于 50 kPa；

④ 机车工况（零位/非零位）状态变化。

（3）实施警惕制动控制方式：

① 具备常用制动功能时，发出解除牵引力和常用制动指令（减压量 80 kPa）；不具备常用制动功能时，发出解除牵引力和紧急制动指令。

② LKJ2000 型监控装置制动控制指令发出后，须停车后按压【缓解】键缓解。

（4）若警惕按钮故障，LKJ2000 型监控装置屏幕显示器【定标】键可替代警惕按钮。

3. 进站确认功能

LKJ2000 型监控装置在通常工作状态，列车运行途中，当 LKJ2000 型监控装置显示器显示的前方信号机为进站、进路信号机，且次一架信号机为出站或进路信号机时，显示器语音提示“请确认信号”两遍。列车在该信号机前，机车乘务员须按压 1 次警惕按钮（按下并松开），否则，列车越过信号机后，LKJ2000 型监控装置启动“警惕控制过程”（见图 2.5.3）。

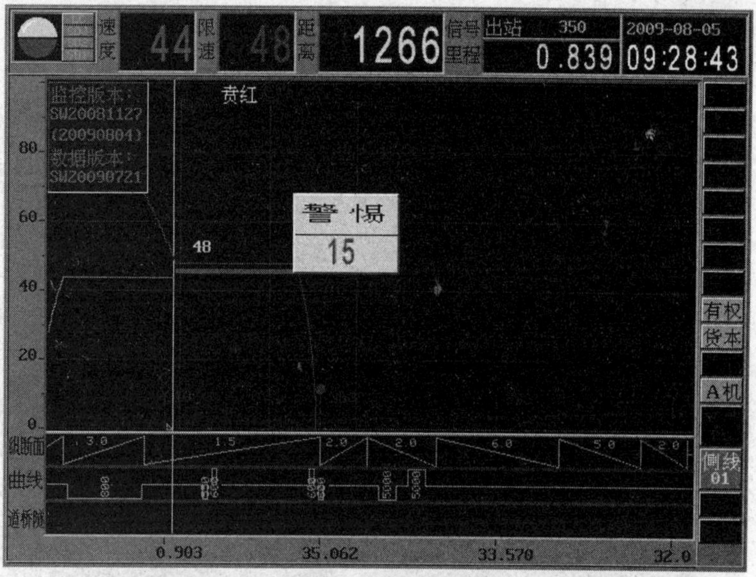

图 2.5.3　进站确认启动警惕控制过程界面

三、定标操作

机车运行中，按压【定标】键操作只记录，不影响模式的控制。LKJ2000 型监控装置记录下此刻的公里标及时间，作为运行数据处理时的查找标记。

在列车运行过程中，如遇特殊情况，机车乘务员可使用定标操作，使 LKJ2000 型监控装置记录下列车运行数据。

四、巡检操作

列车从始发站发车后，有双机车乘务员值乘的列车，要求机车乘务员在始发后的适当区间进行机车巡检。即从操纵端司机室出发，经内燃机车的电气间、机械间、冷却间或电力机车的设备间到非操纵端司机室，再返回操纵端司机室。在巡检过程中，检查机车各设备、仪表的工作状态和显示，检查是否有异音、异味等。机车乘务员在巡检过程中，要同时进行 LKJ2000 型监控装置的巡检操纵，以记录机车乘务员巡检的过程。

1. 操作方法

（1）在操纵端司机室 LKJ2000 型监控装置上，按压【查询】+【2】，调出工况显示窗口。

（2）按压操纵端屏幕显示器上的【巡检】键。

（3）巡检到非操纵端时，按压屏幕显示器上的【巡检】键。

（4）返回到操纵端时再按压屏幕显示器上的【巡检】键，此时语音提示“巡检完成”，即完成一次巡检操作。

2. 注意事项

（1）当按压【巡检】键有效时，LKJ2000 型监控装置显示屏右侧状态栏“巡检”灯亮，4 s 后自动熄灭，如图 2.5.4 所示。

（2）巡检操作应在区间，且有速度的情况下进行。

（3）巡检时间不少于 2 min。

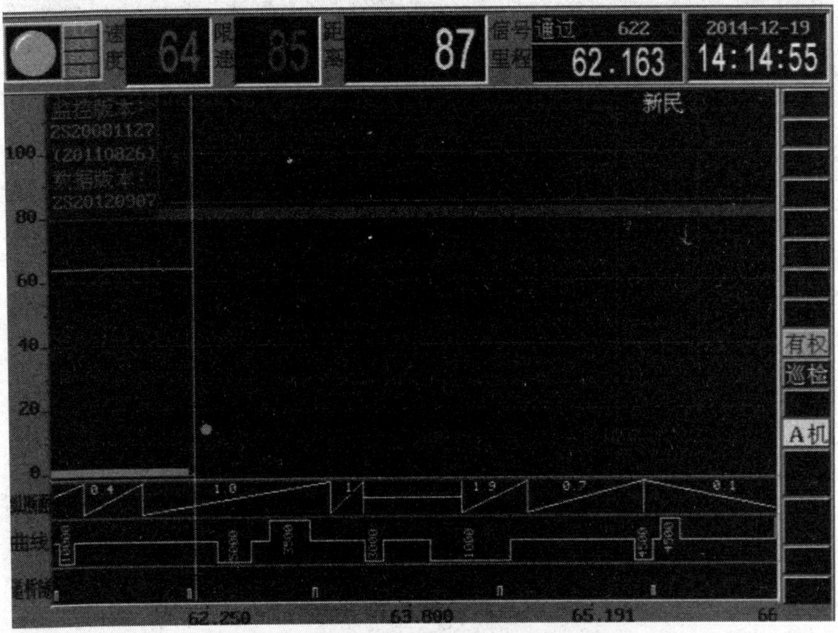

图 2.5.4　巡检操作时监控显示界面

五、车位调整

机车运行中，由于空转、轮滑、轮径等原因，会造成车位不准，就形成了车位误差。

在列车运行中，监控装置距离显示以不断递减的数据显示距下一架信号机距离，机车越过信号机瞬间的显示与机车实际位置的误差，称为过机误差。

1. 过机误差分类

过机误差分为两类：超前误差和滞后误差。

（1）滞后误差：机车越过信号机时距离显示仍有余量，经过一段距离后才到 0。这种 0 显示出现在信号机位置之后的过机误差称为滞后误差。

（2）超前误差：机车距信号机还有一段距离，但距离显示值提前到 0。这种 0 显示出现在信号机位置之前的过机误差称为超前误差。

2. 过机误差的校正方法

一般过机误差应小于 20 m。在过机误差小于 100 m 时，LKJ2000 型监控装置可以自动调整（自动校正标志：过机 4.7 s 后，信号机种类窗口变为绿色点亮并持续 3 s，否则该架信号机没有进行自动校正），大于 100 m 时必须人工调整。

人工调整过机误差的操作方法：

（1）滞后误差：

调整方法 1：按压【车位】键 +【向前】键。即先按压【车位】键（见图 2.5.5），5 s 内，在机车头部过信号机的瞬间，按压【向前】键。

调整方法 2：按压【自动校正】键校正。在机车头部与信号机平齐瞬间，按压【自动校正】键，显示距离余值清零，调出下一架信号机的位置。

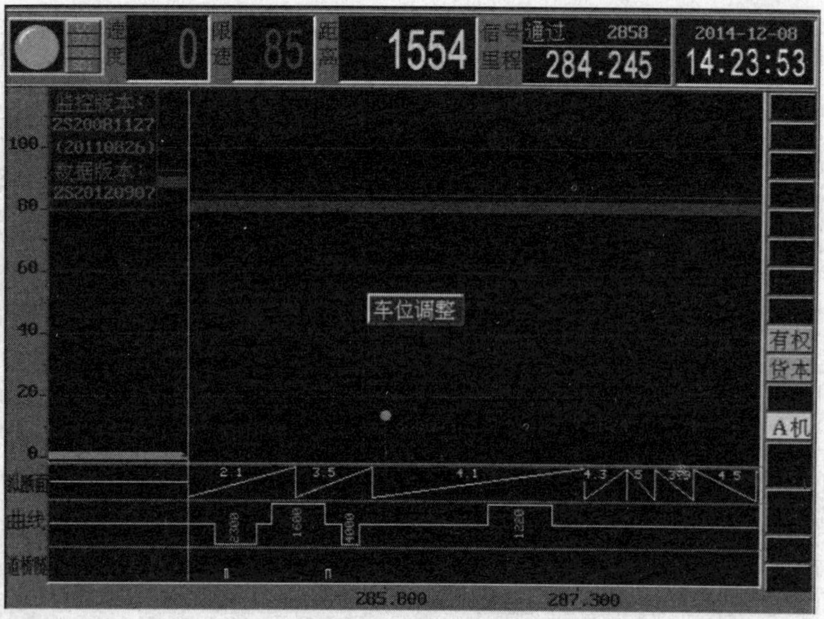

图 2.5.5 车位调整

（2）超前误差：

调整方法 1：按压【车位】键 +【向后】键。即先按压【车位】键（见图 2.5.5），5 s 内，在机车头部过信号机的瞬间，按压【向后】键。

调整方法 2：按压【自动校正】键。在机车头部与信号机平齐瞬间，按压【自动校正】键，显示距离余值清零，调出下一架信号机的位置。

3. 校正距离

（1）超前误差：只能调整 300 m 以内的。

（2）滞后误差：无距离限制。

（3）【自动校正】键：对于超前误差、滞后误差，均在 300 m 内。

（4）监控自动调整功能：对于超前误差、滞后误差，均在 100 m 内。

4. 注意事项

（1）半自动闭塞区段预告信号机处不允许进行人工调整车位。

（2）在机车信号显示关闭信号、模式报警、进侧线、临时揭示区段不能调整车位。

（3）超前误差大于 300 m 时，需人工降级，到下一站对标点处重新对标。

（4）进站、出站信号机处，误差大于 20 m，需人工调整。

六、侧线号输入操作

在大的编组站及一些特殊站场，侧线的长度相差很大，为保证机车在侧线停车位置准确，乘务员必须在该站的进站信号机前输入侧线号。如果不输入，LKJ2000 型监控装置按该站最短侧线进行控制。

操作方法如下：

（1）在进站信号机、进路信号机前，机车信号收到 UU 或 UUS 码，进站或进路信号机显示双黄灯或黄闪黄，此时列车需要在车站侧线停车或侧线通过。在该条件下，LKJ2000 型监控装置允许输入侧线股道号，此时屏幕右侧状态栏“侧线”灯亮，显示默认的侧线号 127。

（2）提前一个闭塞分区，语音提示“输入侧线股道号”，同时屏幕上自动弹出侧线号输入窗口（见图 2.5.6）。侧线号输入窗口显示 15 s，不输入则消失。距进站信号机 500 m 时，再次自动弹出侧线号输入窗口，显示 15 s。

（3）机车乘务员必须在该站的出站（发车进路）信号机前正确输入侧线股道号后按压【确认】键退出，状态栏的侧线号指示灯显示已输入的侧线号。

（4）若自动弹出的侧线号输入窗口消失、侧线号输入窗口未自动弹出或输错侧线股道号，机车乘务员可以在进站前或进站后，手动按压【进路号】键，重新输入正确侧线股道号并确认。

（5）连续两个及以上车场，进入下一车场需要走侧线时，必须输入相应股道号。在前一车场，距前方信号机的距离小于 200 m 时，输入下一车场的侧线股道号；距前方信号机的距离大于 200 m 时，只能修改本车场侧线股道号，如图 2.5.7 所示。

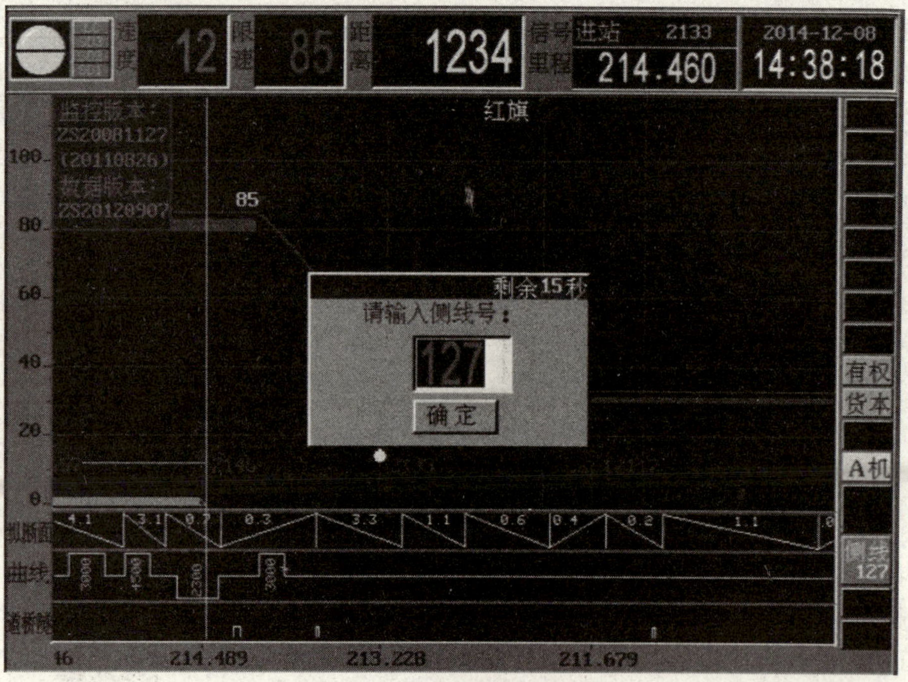

图 2.5.6　侧线号输入窗口

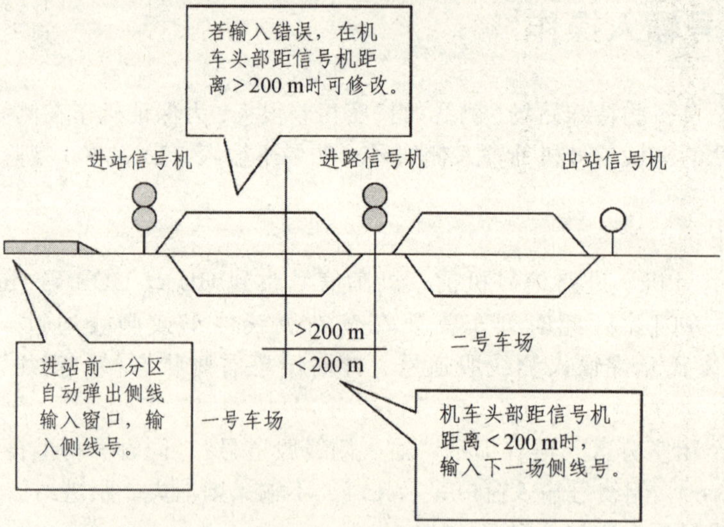

图 2.5.7　连续两个站场侧线输入操作示意图

七、支线号输入操作

支线号输入功能只对货物列车（指设定参数时列车种类为“货车”）有效。

在 LKJ2000 型监控装置的基础数据中设有支线数据的，当列车需经支线运行时，在列车到达分支地点之前，应在指定地点输入规定支线号。在施工期间，LKJ2000 型监控装置的基础数据设置了施工过渡支线数据时，按过渡期间操作说明要求输入过渡支线号。

1. **操作方法**

（1）允许输入支线号时，状态栏的“支线号”灯点亮，显示目前默认的支线号 00，显示屏下方显示支线号和支线方向，语音提示“请输入支线号”。

（2）需输入支线号时，机车乘务员手动按压【进路号】键，显示屏将弹出“支线号”输入窗口，手动输入相应的支线号（见图 2.5.8），按压【确认】键，状态栏的支线号指示灯显示已输入的支线号。监控数据文件编制规范中规定货物列车过渡支线号为 30～42，货物列车输入支线号为 30～42 时，屏幕左侧以红底黄字提示“过渡支线”（见图 2.5.9）。

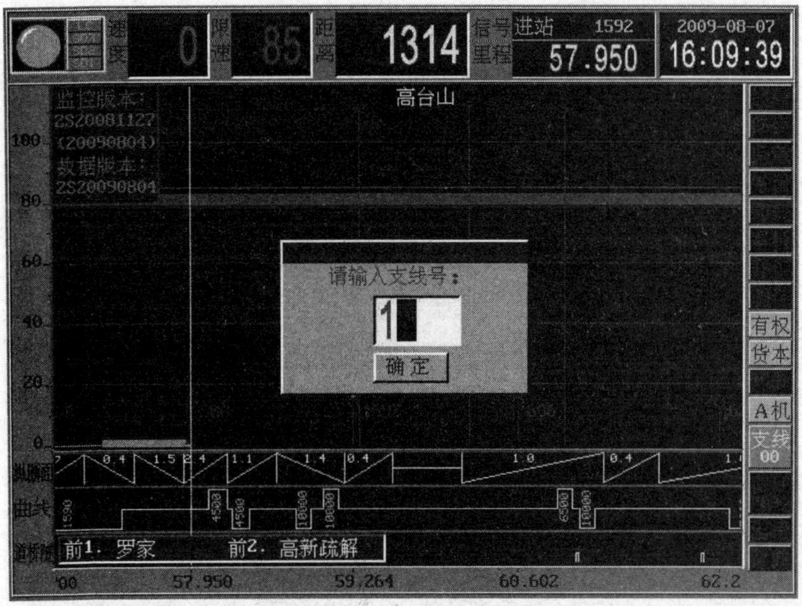

图 2.5.8　支线号输入窗口

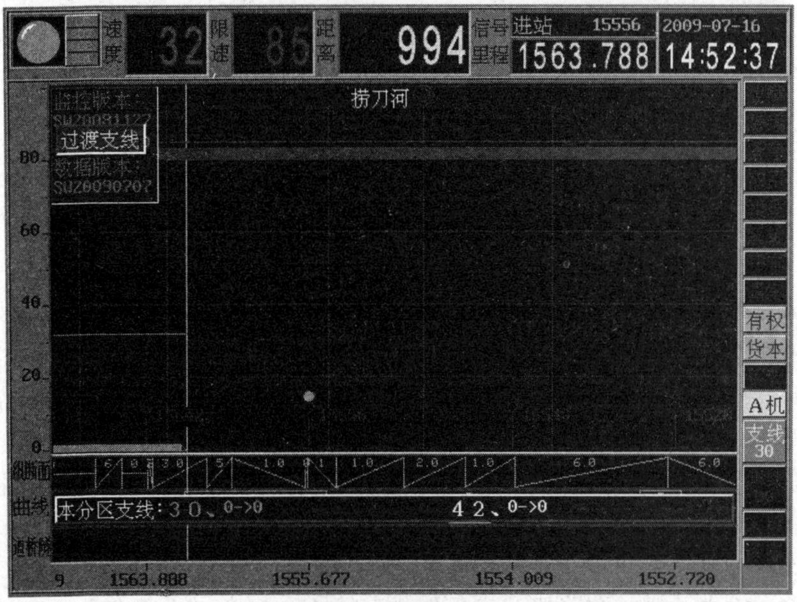

图 2.5.9　过渡支线

2. 注意事项

（1）“支线号输入”窗口不会自动弹出，需要手动按压【进路号】键调出输入窗口。

（2）在同一个分区，同时存在侧线和支线数据时，显示屏右侧状态栏“支线 00”“侧线 127”灯同时点亮。按压【进路号】键后，装置弹出“支线号输入”/“侧线号输入”窗口。二者可一次性输入，也可分别输入。如只需输入其中一项时，用【↑】或【↓】键选择该项，按上述方法输入即可（见图 2.5.10）。

（3）若支线号输入错误，在越过支线数据所在信号机之前通过输入支线号 0 返回，然后重新输入正确的支线号。

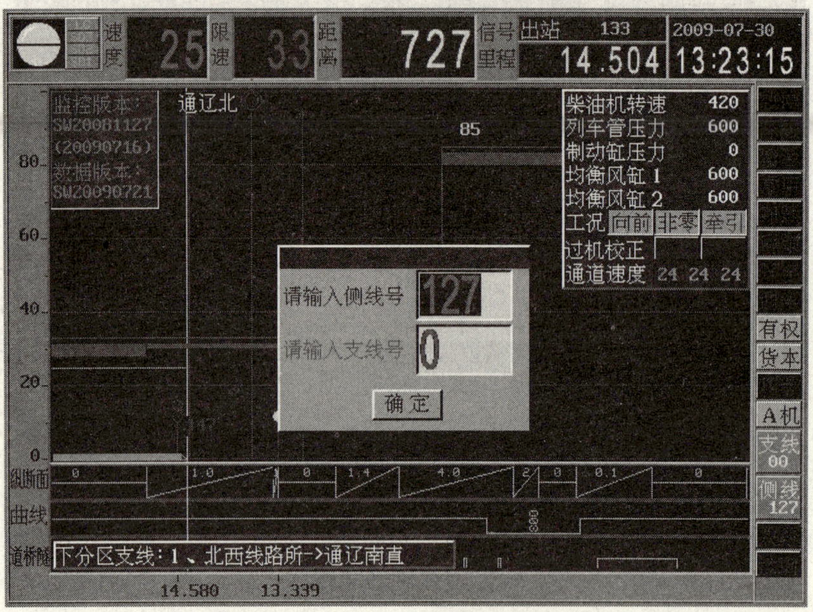

图 2.5.10　支线、侧线输入窗口

八、防溜操作

为防止列车停车后产生溜逸，LKJ2000 型监控装置设置管压防溜、相位防溜、手柄防溜三种防溜功能，在降级、通常工作状态、调车状态下均启动上述功能。

1. 管压防溜

（1）列车停车后，如列车管减压量不足 80 kPa（单机车次或调车状态下，制动缸压力不足 80 kPa 或列车管减压量不足 80 kPa）时，5 s 后语音连续提示“注意管压防溜”。机车乘务员按【警惕】键应答或追加减压达 80 kPa（单机车次、调车状态下制动缸压力达 80 kPa）以上时，解除语音提示和管压防溜功能。否则，语音提示 10 s 后，LKJ2000 型监控装置实施紧急制动控制，并语音提示“管压防溜动作”（见图 2.5.11）。

（2）标准管压取值：

① 关机 30 s 后再开机，在降级状态下取动车第 10 s 时刻的管压作为标准管压。

② 动车未超过 10 s 停车，取关机前的标准管压。

③ 开车对标后，取按压【开车】键对标时刻的管压为标准管压。

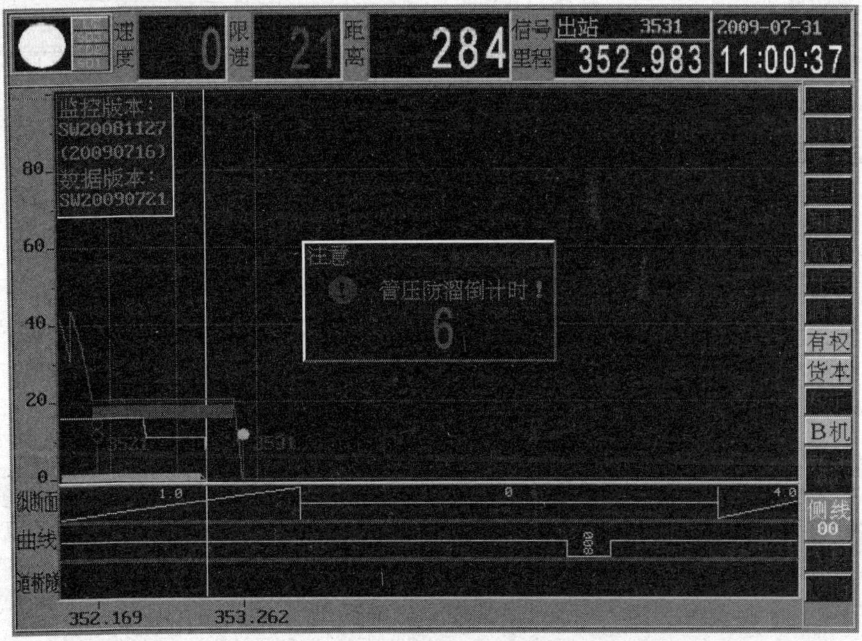

图 2.5.11 管压防溜报警窗口

2. 手柄防溜

（1）零位防溜：动车前手柄处于零位，当机车未加载由停车状态移动，速度≥3 km/h 或者移动距离≥10 m 时，连续语音提示“注意手柄防溜”。当机车乘务员按压【警惕】键应答或加载时，解除语音提示。否则，语音提示 10 s 后，LKJ2000 型监控装置实施紧急制动控制并提示“手柄防溜动作”（见图 2.5.12）。

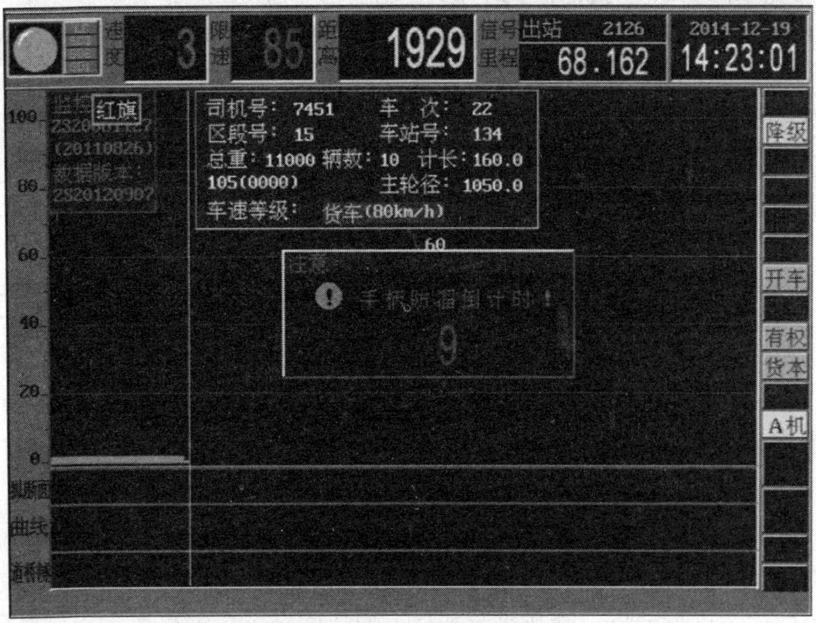

图 2.5.12 手柄防溜

（2）非零防溜：手柄在非零位停车后，停车期间手柄一直未发生变化，再次动车手柄仍处于非零位，当速度≥3 km/h 或者移动距离≥10 m 时，将启动手柄防溜。在防溜语音提示的过程中，机车乘务员按压【警惕】键应答或加载时，解除语音提示。否则，语音提示 10 s 后，LKJ2000 型监控装置实施制动控制。

3. 相位防溜

机车由停车状态移动，若机车速度传感器两通道相位与机车运行方向相反，机车运行速度≥3 km/h 或者移动距离≥10 m 时，连续语音提示“注意相位防溜”。机车乘务员按压【警惕】键应答，暂停语音报警提示，机车速度<10 km/h，4 s 后间隔语音报警，按压【警惕】键应答，暂停语音报警提示；机车走行速度≥10 km/h 时，继续语音提示“注意相位防溜”，机车乘务员按【警惕】键应答，解除语音提示，不再间隔报警。否则，语音提示 10 s 后，LKJ2000 型监控装置实施紧急制动控制，并提示“相位防溜动作”（见图 2.5.13）。

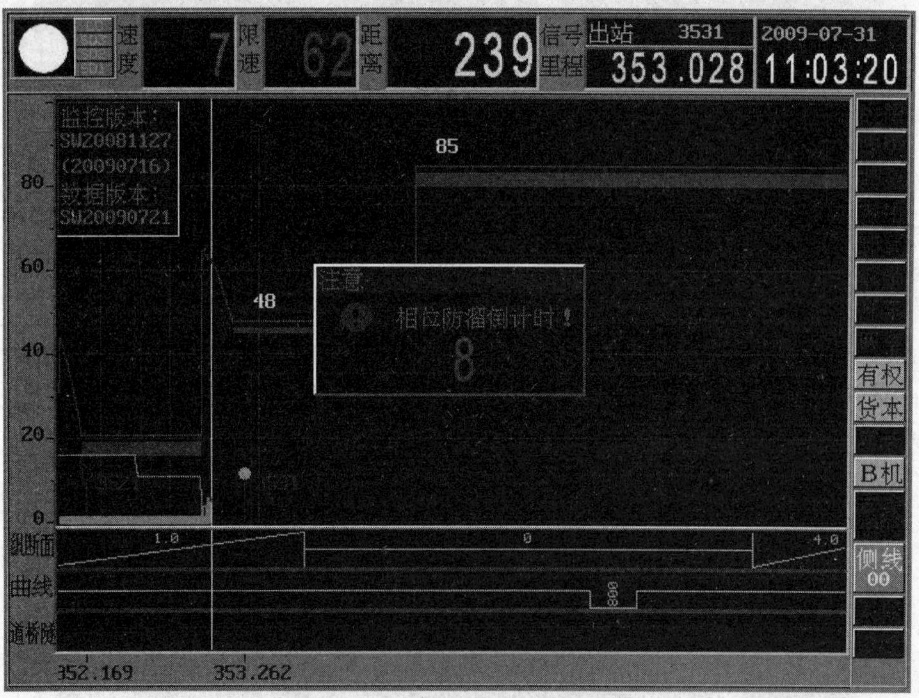

图 2.5.13 相位防溜报警窗口

注意：LKJ2000 型监控装置防溜动作实施紧急制动停车后，必须按【警惕】键应答，才能解除语音提示，缓解机车。不按【警惕】键不能缓解。

九、转储操作

机车乘务员退勤前，必须在停车保压状态下，将担当本次乘务任务的所有监控运行记录文件转储到机车乘务员 IC 卡内。在退勤时，将 IC 卡交给退勤值班员。机务段安全部门对 IC 卡内的监控运行记录进行分析，查找机车乘务员操作问题，帮助机车乘务员提高驾驶技能，避免事故发生。

操作步骤如下：

（1）将 IC 卡正确插入显示屏卡槽，显示屏右侧状态栏“IC 卡”灯点亮。

（2）按压【转储】键，弹出文件转储窗口（见图 2.5.14）。

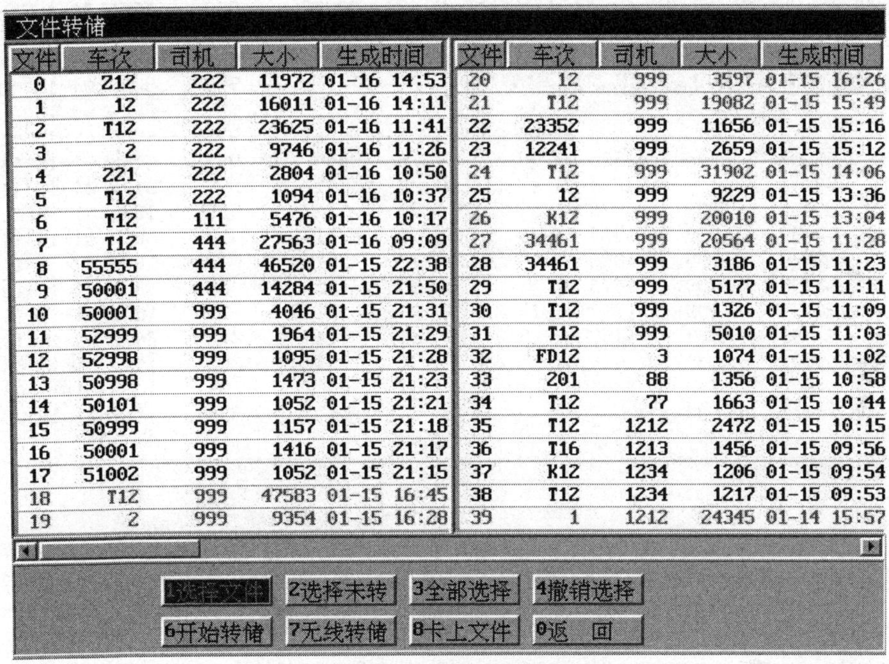

文件	车次	司机	大小	生成时间	文件	车次	司机	大小	生成时间
0	Z12	222	11972	01-16 14:53	20	12	999	3597	01-15 16:26
1	12	222	16011	01-16 14:11	21	T12	999	19082	01-15 15:49
2	T12	222	23625	01-16 11:41	22	23352	999	11656	01-15 15:16
3	2	222	9746	01-16 11:26	23	12241	999	2659	01-15 15:12
4	221	222	2804	01-16 10:50	24	T12	999	31902	01-15 14:06
5	T12	222	1094	01-16 10:37	25	12	999	9229	01-15 13:36
6	T12	111	5476	01-16 10:17	26	K12	999	20010	01-15 13:04
7	T12	444	27563	01-16 09:09	27	34461	999	20564	01-15 11:28
8	55555	444	46520	01-15 22:38	28	34461	999	3186	01-15 11:23
9	50001	444	14284	01-15 21:50	29	T12	999	5177	01-15 11:11
10	50001	999	4046	01-15 21:31	30	T12	999	1326	01-15 11:09
11	52999	999	1964	01-15 21:29	31	T12	999	5010	01-15 11:03
12	52998	999	1095	01-15 21:28	32	FD12	3	1074	01-15 11:02
13	50998	999	1473	01-15 21:23	33	201	88	1356	01-15 10:58
14	50101	999	1052	01-15 21:21	34	T12	77	1663	01-15 10:44
15	50999	999	1157	01-15 21:18	35	T12	1212	2472	01-15 10:15
16	50001	999	1416	01-15 21:17	36	T16	1213	1456	01-15 09:56
17	51002	999	1052	01-15 21:15	37	K12	1234	1206	01-15 09:54
18	T12	999	47583	01-15 16:45	38	T12	1234	1217	01-15 09:53
19	2	999	9354	01-15 16:28	39	1	1212	24345	01-14 15:57

图 2.5.14　文件转储窗口

数据转储窗口上部为文件目录栏，每一屏可以显示两栏共 40 个文件。下部各选项意义如下：

①“1 选择文件”：进行文件选择，此时文件目录栏内出现一个光带，可以用方向键移动光带选择要转储的文件。

②“2 选择未转”：选中全部尚未转储过的文件。

③“3 全部选择”：选中全部文件。

④“4 撤销选择”：撤销全部选择的文件。

⑤“6 开始转储”：开始转储选中的文件。

⑥“7 无线转储”：暂未使用（保留）。

⑦“8 卡上文件”：显示当前已经转储到“IC 卡”中的文件列表。

⑧“0 返回”：退出转储窗口，回到监控显示状态。

（3）按压【1】键后按压【↑】、【↓】键移动光标至需要转储的文件处，按压【确认】键选择（选中后变为蓝色，再按压【确认】键取消选择），如图 2.5.15 所示。

（4）按压【6】键开始转储，屏幕有进度指示窗口显示，如图 2.5.16 所示。

（5）转储操作结束后，LKJ2000 型监控装置提示“转储成功”（见图 2.5.17），按压【确认】键。按压【8】键，查看卡上文件，确认文件转储条数正确后，按压【0】或按压【←】、【→】键移动光标至“返回”项，按压【确认】键，转储文件完毕，取出 IC 卡。

（6）若一次转储不成功，按照上述步骤重新操作。

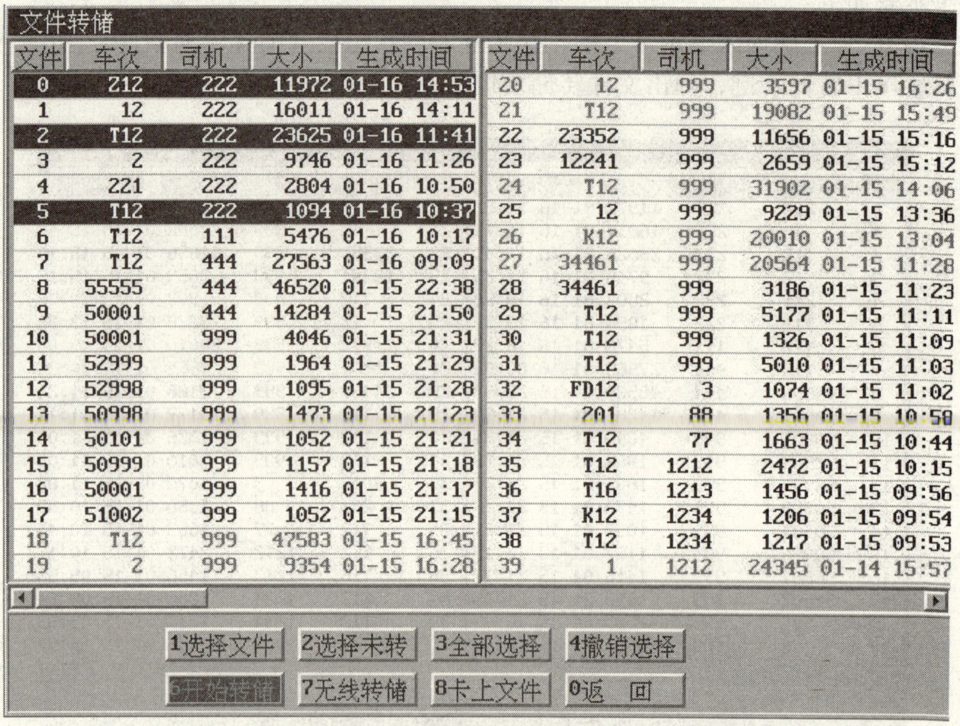

文件转储

文件	车次	司机	大小	生成时间
0	212	222	11972	01-16 14:53
1	12	222	16011	01-16 14:11
2	T12	222	23625	01-16 11:41
3	2	222	9746	01-16 11:26
4	221	222	2804	01-16 10:50
5	T12	222	1094	01-16 10:37
6	T12	111	5476	01-16 10:17
7	T12	444	27563	01-16 09:09
8	55555	444	46520	01-15 22:38
9	50001	444	14284	01-15 21:50
10	50001	999	4046	01-15 21:31
11	52999	999	1964	01-15 21:29
12	52998	999	1095	01-15 21:28
13	50998	999	1473	01-15 21:23
14	50101	999	1052	01-15 21:21
15	50999	999	1157	01-15 21:18
16	50001	999	1416	01-15 21:17
17	51002	999	1052	01-15 21:15
18	T12	999	47583	01-15 16:45
19	2	999	9354	01-15 16:28
20	12	999	3597	01-15 16:26
21	T12	999	19082	01-15 15:49
22	23352	999	11656	01-15 15:16
23	12241	999	2659	01-15 15:12
24	T12	999	31902	01-15 14:06
25	12	999	9229	01-15 13:36
26	K12	999	20010	01-15 13:04
27	34461	999	20564	01-15 11:28
28	34461	999	3186	01-15 11:23
29	T12	999	5177	01-15 11:11
30	T12	999	1326	01-15 11:09
31	T12	999	5010	01-15 11:03
32	FD12	3	1074	01-15 11:02
33	201	88	1356	01-15 10:58
34	T12	77	1663	01-15 10:44
35	T12	1212	2472	01-15 10:15
36	T16	1213	1456	01-15 09:56
37	K12	1234	1206	01-15 09:54
38	T12	1234	1217	01-15 09:53
39	1	1212	24345	01-14 15:57

1选择文件　2选择未转　3全部选择　4撤销选择

6开始转储　7无线转储　8卡上文件　0返　回

图 2.5.15　选中要转储的文件

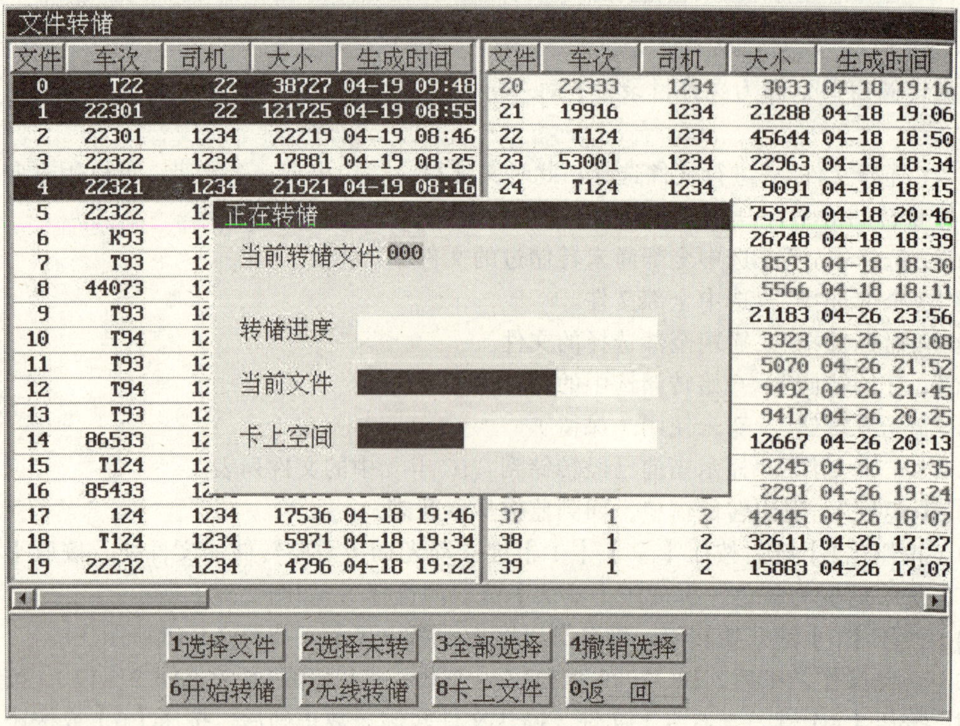

文件转储

文件	车次	司机	大小	生成时间
0	T22	22	38727	04-19 09:48
1	22301	22	121725	04-19 08:55
2	22301	1234	22219	04-19 08:46
3	22322	1234	17881	04-19 08:25
4	22321	1234	21921	04-19 08:16
5	22322	12		
6	K93	12		
7	T93	12		
8	44073	12		
9	T93	12		
10	T94	12		
11	T93	12		
12	T94	12		
13	T93	12		
14	86533	12		
15	T124	12		
16	85433	12		
17	124	1234	17536	04-18 19:46
18	T124	1234	5971	04-18 19:34
19	22232	1234	4796	04-18 19:22
20	22333	1234	3033	04-18 19:16
21	19916	1234	21288	04-18 19:06
22	T124	1234	45644	04-18 18:50
23	53001	1234	22963	04-18 18:34
24	T124	1234	9091	04-18 18:15
			75977	04-18 20:46
			26748	04-18 18:39
			8593	04-18 18:30
			5566	04-18 18:11
			21183	04-26 23:56
			3323	04-26 23:08
			5070	04-26 21:52
			9492	04-26 21:45
			9417	04-26 20:25
			12667	04-26 20:13
			2245	04-26 19:35
			2291	04-26 19:24
37	1	2	42445	04-26 18:07
38	1	2	32611	04-26 17:27
39	1	2	15883	04-26 17:07

正在转储

当前转储文件 000

转储进度

当前文件

卡上空间

1选择文件　2选择未转　3全部选择　4撤销选择

6开始转储　7无线转储　8卡上文件　0返　回

图 2.5.16　文件转储中

图 2.5.17　转储成功

"LKJ 途中运行操作"课程资源包

任务实施

任务编号	2-5	任务名称	LKJ 途中运行操作	
序号	实施内容		完成情况	
			是	否
	开车对标操作			
1	开车对标条件			
2	开车对标方法			
3	开车对标注意事项			
	司机警惕功能			
4	周期警惕功能的启动、停止和控制过程			
5	进站确认功能的控制过程			
6	警惕控制过程的控制过程			

续表

任务编号	2-5	任务名称	LKJ途中运行操作	
序号	实施内容		完成情况汇	
			是	否
	定标操作			
7	定标操作作用			
	巡检操作			
8	巡检操作步骤			
9	巡检操作的时间			
	车位调整操作			
10	车位误差种类及定义			
11	超前误差调整方法			
12	滞后误差调整方法			
13	车位误差的调整距离			
	降级操作			
14	监控自动进入降级的原因（5项）			
15	人工降级操作方法			
16	人工降级的时机			
	支线号输入操作			
17	支线号输入时机、方法、注意事项			
	侧线号输入操作			
18	侧线号输入时机、方法			
	防溜操作			
19	防溜报警类型			
20	管压防溜的控制			
21	手柄防溜的控制			
22	相位防溜的控制			
23	防溜报警解除方法			
24	防溜报警倒计时到0，产生紧急制动的缓解			
	IC卡转储操作			
25	IC卡转储操作方法			

任务评价

<table>
<tr><td>任务编号</td><td>2-5</td><td>任务名称</td><td colspan="3">LKJ 途中运行操作</td></tr>
<tr><td>序号</td><td colspan="2">评价内容</td><td>标准分值</td><td>自我评分
50%</td><td>组内评分
50%</td></tr>
<tr><td colspan="3">资讯阶段</td><td>10</td><td colspan="2"></td></tr>
<tr><td>1</td><td colspan="2">是否积极参与任务书讨论，正确领会任务要求</td><td>5</td><td></td><td></td></tr>
<tr><td>2</td><td colspan="2">是否积极参与引导文学习讨论，完全掌握学习内容</td><td>5</td><td></td><td></td></tr>
<tr><td colspan="3">计划→实施→检查阶段</td><td>20</td><td colspan="2"></td></tr>
<tr><td>1</td><td colspan="2">是否积极参与计划制订，提出建设性计划内容</td><td>5</td><td></td><td></td></tr>
<tr><td>2</td><td colspan="2">是否制订了可行的任务方案</td><td>5</td><td></td><td></td></tr>
<tr><td>3</td><td colspan="2">是否认真履行个人角色，积极参与任务演练</td><td>5</td><td></td><td></td></tr>
<tr><td>4</td><td colspan="2">是否有效使用任务检查单保证任务顺利进行</td><td>5</td><td></td><td></td></tr>
<tr><td>序号</td><td colspan="2">评价内容</td><td>标准分值</td><td>组间评分
50%</td><td>教师评分
50%</td></tr>
<tr><td colspan="3">（任务展示）评价阶段</td><td>70</td><td colspan="2"></td></tr>
<tr><td>1</td><td>开车对标操作</td><td>一人说明 LKJ2000 型监控装置开车对标条件、方法和注意事项，另一人进行操作。叙述错误或操作错误，每处扣 1 分</td><td>5</td><td></td><td></td></tr>
<tr><td>2</td><td>司机警惕功能</td><td>遇到周期警惕报警、进站确认提示时，一人说明 LKJ2000 型监控装置周期警惕和进站确认功能的特点，另一人进行相应操作。错误一处扣 2 分</td><td>8</td><td></td><td></td></tr>
<tr><td>3</td><td>巡检操作</td><td>说明 LKJ2000 型监控装置巡检操作步骤和注意事项。错误一处扣 2 分</td><td>4</td><td></td><td></td></tr>
<tr><td>4</td><td>车位调整操作</td><td>一人说明 LKJ2000 型监控装置车位误差种类、超前误差和滞后误差调整方法，另一人根据车位误差类型，进行车位校正。错误一处扣 2 分</td><td>8</td><td></td><td></td></tr>
<tr><td>5</td><td>降级操作</td><td>一人说明 LKJ2000 型监控装置监控自动进入降级的原因和人工降级操作方法，另一人进行人工降级操作。错误一处扣 2 分</td><td>16</td><td></td><td></td></tr>
<tr><td>6</td><td>支线号输入操作</td><td>说明 LKJ2000 型监控装置支线号的输入时机、方法。错误一处扣 1 分</td><td>3</td><td></td><td></td></tr>
<tr><td>7</td><td>侧线号输入操作</td><td>一人说明 LKJ2000 型监控装置侧线号输入方法，另一人进行侧线输入操作。错误一处扣 2 分</td><td>8</td><td></td><td></td></tr>
<tr><td>8</td><td>防溜操作</td><td>遇到防溜报警时，一人说明 LKJ2000 型监控装置防溜报警类型和处理方法，另一人处理防溜报警。错误一处扣 2 分</td><td>10</td><td></td><td></td></tr>
<tr><td>9</td><td>IC 卡转储操作</td><td>一人说明 LKJ2000 型监控装置 IC 卡转储操作方法。另一人进行转储操作。错误一处扣 1 分</td><td>8</td><td></td><td></td></tr>
<tr><td colspan="3">总评分值</td><td colspan="3"></td></tr>
</table>

能力测试

1. 始发站发车时，监控处于什么工作状态？状态栏什么灯必须被点亮？

2. 始发站发车后，要进行开车对标操作，开车对标操作在什么位置进行？

3. 开车对标的操作方法是什么？

4. 开车对标操作后，监控进入什么工作状态？

5. 请写出开车对标的几个注意事项。

6. 司机警惕功能包括（　　　　）和（　　　　）两个子功能。

7. LKJ2000 型监控装置在通常工作状态下，列车运行途中，当速度大于（　　）km/h 时，监控装置启动周期警惕功能；列车速度小于（　　）km/h，终止周期警惕功能。

8. LKJ2000 型监控装置启动周期警惕功能后，每计时（　　）s，产生一次警惕控制过程。

9. 警惕控制过程倒计时（　　）s。

10. 如何解除警惕控制过程？

11. 若警惕按钮故障，LKJ2000 型监控装置屏幕显示器（　　）键可替代警惕按钮。

12. 请描述进站确认功能的控制过程。

13. 判断：列车运行前方信号机为出站信号，机车乘务员需按压警惕按钮进行进站确认。（　　）

14. 判断：机车运行中，按压【定标】键操作只记录，不影响模式的控制。（　　）

15. 当按压【巡检】键有效时，“巡检”指示灯点亮，（　　）s 后自动熄灭。巡检时间不少（　　）min。

16. 过机误差分为（　　　　）和（　　　　）。

17. 什么是超前误差，什么是滞后误差？

18. 超前误差是如何产生的？车的实际位置和监控位置，谁在前边？

19. 滞后误差是如何产生的？车的实际位置和监控位置，谁在前边？

20. 请叙述超前误差和滞后误差的校正方法。

21. 请写出不同情况（监控自动调整功能、【自动校正】键、超前误差和滞后误差）的误差的校正距离。

22. 超过 300 m 的超前误差如何调整？

23. 监控装置自动进入降级的原因有哪些？

24. 叙述人工降级的方法。

25. 叙述人工降级的时机。

26. 叙述降级状态下的控制过程。

27. 简述 ZTL 降级报警的控制过程。

28. 机车乘务员什么时候需要输入支线号、侧线号？

29. 如何进行侧线号输入操作？

30. 如何进行支线号输入操作？

31. 支线输入的注意事项有哪些？

32. LKJ2000 型监控装置设置了哪几种防溜？

33. 叙述监控装置的管压防溜控制？
34. 叙述监控装置的手柄防溜控制？
35. 叙述监控装置的相位防溜控制？
36. 防溜报警后紧急制动，如何缓解？
37. 机车乘务员什么时候要进行转储操作？
38. 简述 IC 卡转储操作步骤。

任务 2-6 机车信号无码、突变、故障的操作

任务安排

<table>
<tr><td>任务编号</td><td>2-6</td><td>任务名称</td><td>机车信号无码、突变、故障的操作</td><td>推荐学时</td><td>6（学时）</td></tr>
<tr><td colspan="6">任务描述</td></tr>
<tr><td colspan="6">机车乘务员驾驶列车，进行一次乘务作业的过程中，会遇到不发码信号机、机车信号突变、机车信号故障等不正常的情况。机车乘务员需要掌握正确的处理办法，驾驶列车继续运行，保证铁路运输秩序。今天，由你来代替机车乘务员，在机车信号不正常显示情况下，正确进行 LKJ2000 型监控装置的操作。</td></tr>
<tr><td colspan="6">任务实施要求做到：
（1）能正确判断出站绿灯/绿黄灯确认操作时机，正确进行操作；
（2）能正确进行股道无码车站的发车和通过操作；
（3）能正确进行特殊发码信号机通过的操作；
（4）能熟知信号突变的控制方式，并能按限速要求安全驾驶列车；
（5）能说明监控装置走停走控制过程；
（6）能正确判断机车信号故障，并按要求处理；
（7）能正确转入、转出“20 km/h 限速模式”，并按要求行车。</td></tr>
<tr><td colspan="6">实施说明</td></tr>
<tr><td colspan="6">（1）以小组（5～6 人）为单位开展任务实施；
（2）使用任务引导文完成知识准备；
（3）验收：小组全部同学通过计算机完成理论考核，给予第一部分成绩；小组指派一名代表进行操作演示，另一名同学对操作步骤和注意事项进行描述，给予第二部分成绩。第二部分成绩，由教师和其他各组同学对展示小组按标准进行评分。</td></tr>
<tr><td colspan="6">任务注意事项</td></tr>
<tr><td colspan="6">（1）任务开始前，必须做好充分的知识储备工作；
（2）任务过程中，要爱护实训设备，禁止暴力操作；
（3）注意用电安全。</td></tr>
</table>

续表

任务编号	2-6	任务名称	机车信号无码、突变、故障的操作	推荐学时	6（学时）
职业与思政					
爱国情奋斗者——黑龙江高铁司机“总教头” 他叫邢云堂，是中国铁路哈尔滨局集团有限公司三棵树机务段动车组司机，“全国劳动模范”“全路首席技师”“铁路工匠”、享受政府特殊津贴，是黑龙江省第一代高铁司机。 46岁的邢云堂，火车驾龄足足24年。从速度80 km/h的货车，到速度300 km/h的高铁动车组，他驾驶过的车型不下10种。对标停车一把闸，误差不超过20 cm，他成为“业内”传奇。24年来，他安全走行400余万千米，相当于绕地球赤道100多圈。 1991年，18岁的邢云堂怀揣开火车的梦想，考入原沈阳铁路机械学校内燃机车乘务专业。4年后，被分配到哈尔滨机务段，成为一名火车司机。2007年，邢云堂通过动车组司机选拔，参加素有“魔鬼训练营”之称的封闭式学习，一年后，他如愿成为黑龙江第一代高铁司机。 黑龙江省冬季最低气温达零下35 °C，动车运行时，车头卷起的积雪如同一条雪龙涌来，附着在钢轨上，极易造成车轮空转、牵引力丢失等问题。没有经验，邢云堂自主创新采取“回手柄”减少50%牵引力和“比例制动”方式控车，解决了高寒禁区驾驶高铁这一世界难题。 2012年1月，我国首条高寒高铁哈大高铁开始联调联试。面对没有高寒高铁驾驶标准，缺少应急处理经验等诸多难题，邢云堂在2月份低温试验中，每天从20时到次日凌晨时段，驾驶动车组在哈尔滨西至德惠间无数次“转圈”跑，收集极寒天气下动车组运行各种珍贵数据。 邢云堂主持编写了《CRH380B动车组司机作业指导书》《哈大高铁应急处置指导书》《CRH380型动车组故障处理指导书》等教材，填补了高寒地区高铁司机作业标准空白，这些教材成为高寒地区高铁司机必修书目。 哈牡高铁开通后，39处隧道镶嵌在林海雪原上，积雪反射的强光异常刺眼，容易造成动车组司机进入隧道后瞬间“失明”。邢云堂科学制作风险提示，消除了这些安全隐患。 摘自：科技日报					

任务资讯

一、出站绿灯/绿黄灯确认

1. 通常工作状态下绿灯/绿黄灯确认

（1）列车运行至站内，地面信号显示绿灯或绿黄灯，机车信号显示双黄灯。

（2）当列车运行至距出站（发车进路）信号机400 m内，监控装置语音提示“请确认信号”。

（3）确认地面信号为绿灯或绿黄灯，且下一架信号机不为进站类别时，机车乘务员持续按压【↑】键2 s，显示屏显示“非正常行车确认”窗口。

（4）将光标移动到“1.地面信号确认”选项处，按压【确认】键后，调出“当前地面信号确认”窗口（见图2.6.1）。

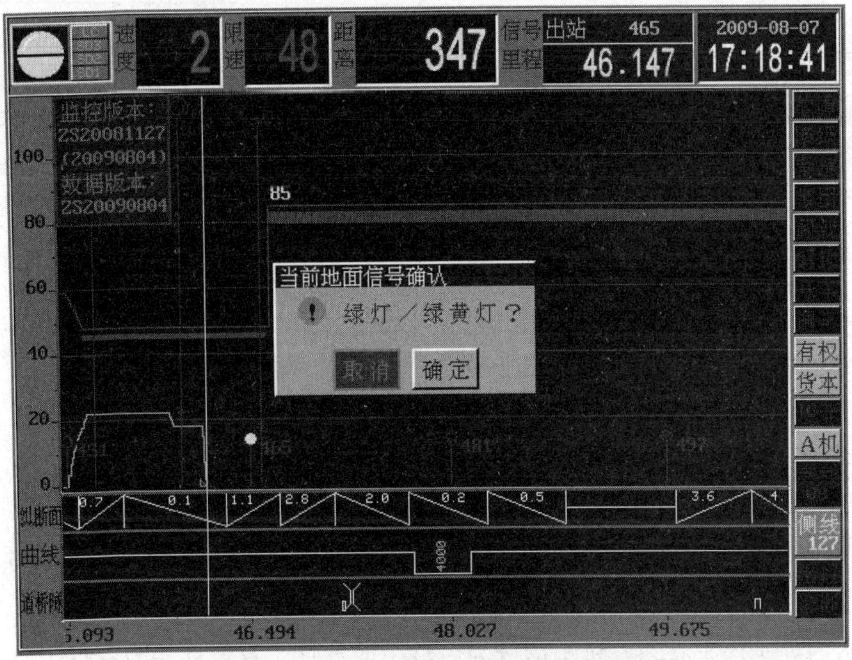

图 2.6.1　监控状态下绿灯/绿黄灯确认

（5）将光标移动到“确定”处按压【确认】键确认，显示屏左上方显示“已确认地面为绿/绿黄灯”提示栏（见图 2.6.2），监控装置解除在列车接近的信号机和次一架信号机前转白灯的停车控制功能。机车信号接收到次一架信号机的显示时，按其显示要求监控列车运行。

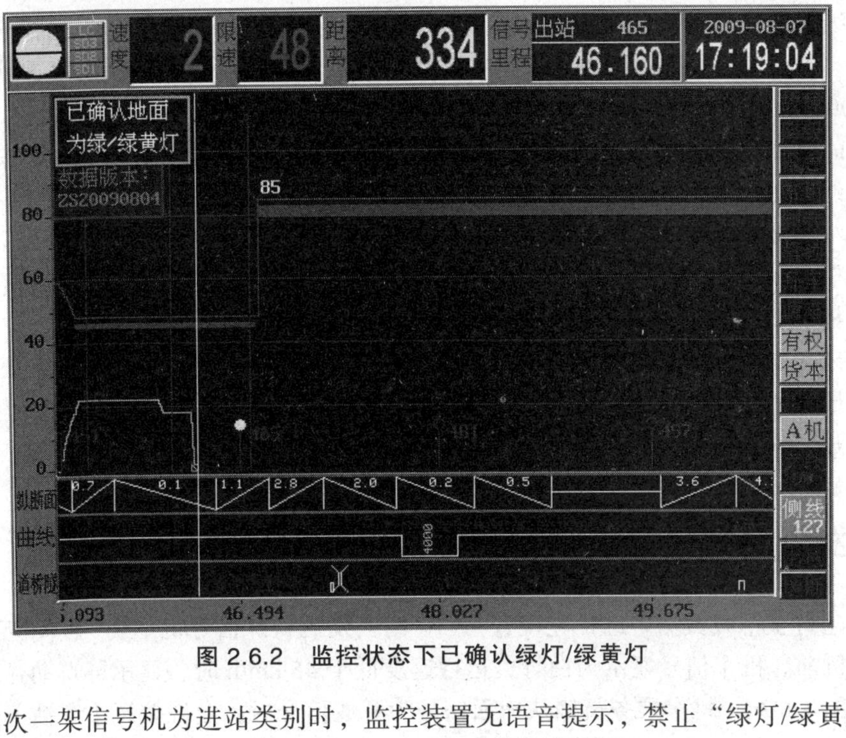

图 2.6.2　监控状态下已确认绿灯/绿黄灯

（6）如次一架信号机为进站类别时，监控装置无语音提示，禁止“绿灯/绿黄灯确认”操作，机车乘务员按上述操作后，显示屏提示“禁止操作”提示窗口。

2. 降级状态下绿灯/绿黄灯确认

开车前（“开车灯”点亮），地面信号显示绿灯或绿黄灯，机车信号显示双黄灯，监控装置语音提示“请确认信号”，如确认地面信号为绿灯或绿黄灯，且次一架信号机不为进站类别时，机车乘务员按监控状态下“地面信号确认”的操作方法操作后，监控装置解除开车对标后列车在次一架信号机前转白灯的停车控制功能；机车信号接收到次一架信号机的显示时，按其显示要求监控列车运行。

注意：地面信号显示单黄灯或双黄灯，机车信号显示双黄灯时不允许确认。

使用“地面信号确认”功能确认后，修改“参数设定”项目或机车信号变灯，造成“已确认地面为绿/绿黄灯”窗口消失，需重新进行“地面信号确认”操作。

二、股道无码车站

车站股道不发码的车站，LKJ2000型监控装置预先设置为“股道无码车站”。

1. 股道无码车站发车

列车在站内处于停车状态，机车信号为白灯（或黄灯、双黄灯转为白灯）时，确认地面信号机显示进行的信号后，按压【解锁】键，5 s内按压【确认】键，LKJ解除该信号机前信号白灯的停车控制，开车后监控列车以不超过该站最低侧向道岔限速值越过出站信号机，按次一架信号机显示要求运行。

2. 股道无码车站通过

（1）侧线通过：列车进站前，机车信号为双黄灯，进站后转白灯，对于车载基础数据文件中已设置为“股道固定无码”的侧线股道，监控装置按停车控制。列车在该股道距出站信号机距离小于400 m，确认地面信号机显示进行的信号后，按【解锁】+【确认】键，监控装置解除该信号机前信号白灯的停车控制，监控列车以不超过侧向道岔限制速度越过该信号机。

（2）正线通过：列车进站前，机车信号为黄灯，进站后转白灯，对于车载基础数据文件中已设置为“股道固定无码”的正线股道，监控装置按停车控制。列车必须在正线停车，确认地面信号机显示进度信号后，按压【解锁】+【确认】键，监控装置解除该信号机前信号白灯的停车控制，监控列车以不超过侧向道岔限制速度越过该信号机。

（3）在未设置“股道固定无码”的侧线股道，列车必须停车，确认地面信号机显示进度信号后，按压【解锁】+【确认】键，监控装置解除该信号机前信号白灯的停车控制，监控列车以不超过侧向道岔限制速度越过该信号机。

三、发码特殊信号机操作

当列车运行至车载数据中已预先设置为“一离去发码特殊信号机”或“场间无码特殊信号机”的信号机前，机车信号显示为白灯，运行速度低于45 km/h时，显示屏自动弹出解锁方式提示栏（见图2.6.3），机车乘务员确认地面信号为开放信号后，允许按压【解锁】+【确认】键进行解锁操作，解除监控装置停车控制，监控列车以不超过固定模式限速值越过该信号机。

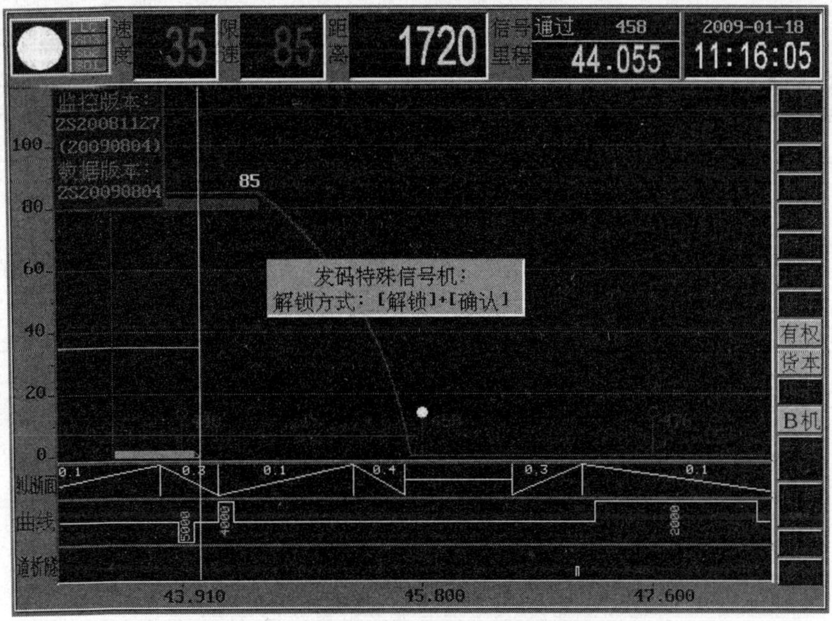

图 2.6.3 发码特殊信号机解锁提示窗口

轨道电路是利用一段铁路线路的两根钢轨作为导体，用引接线连接电源和接收设备所构成的电气回路，用于监督铁路线路是否空闲，也用于传输列车控制信息。

四、信号突变操作

1. 机车信号由一个黄色灯光或一个双半黄色灯光突变为一个半黄半红色灯光或一个白色灯光

监控装置的控制方式如下：

（1）自动闭塞区段

在自动闭塞区段，列车运行时，当监控装置计算距前方信号机距离≤50 m 时，机车信号由黄灯突变为红黄灯或白灯、由双黄灯突变为红黄灯或白灯，监控装置自动解除对当前信号机的停车控制，并将计算的剩余里程消除，按距次一架信号机的距离监控列车运行，同时语音提示“注意距离”。

（2）半自动闭塞区段

在半自动闭塞区段，列车运行时，当监控装置计算距前方信号机距离≤100 m 时，机车信号由黄灯突变为红黄灯或白灯、由双黄灯突变为红黄灯或白灯，监控装置持续发出“信号突变”语音报警，同时屏幕中央弹出信号突变报警窗口（见图 2.6.4）。机车乘务员确认地面信号机显示进行的信号或者是由于距离误差引起信号突变后，在 7 s 内按【警惕】键解除信号突变报警和对当前信号机的停车控制功能，否则 7 s 后监控实施紧急制动。

注意：① 半自动闭塞区段机车头部已越过地面信号机，因 LKJ 距离误差（仍有剩余距离且误差距离≤100 m），引发 LKJ 进、出站信号机信号突变时，允许机车乘务员在 7 s 内按压【警惕】键解除报警控制。

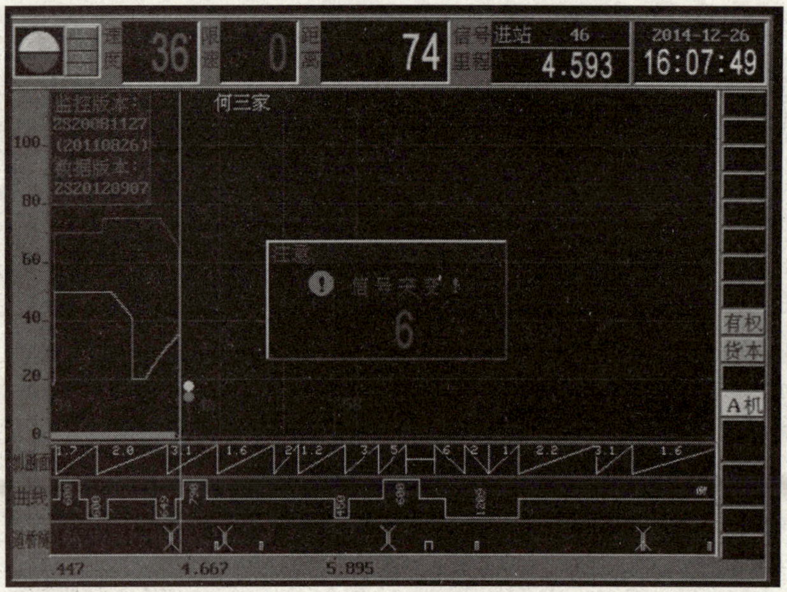

图 2.6.4 信号突变报警窗口

② 距离误差造成信号突变停车后的操作。因 LKJ 距离误差造成进、出站信号机信号突变，机车头部已越过信号机但 LKJ 有剩余距离（自动闭塞区段超过 50 m，半自闭区段超过 100 m）停车后，机车乘务员将 LKJ 转入调车模式下运行，走行距离超过 LKJ 误差距离，立即将 LKJ 退出调车状态恢复监控。在条件允许时及时进行距离误差校正。

③ 机车信号变为灭灯、多灯，监控装置均不按信号突变控制，直接按停车模式控制。

2. 机车信号由绿灯、绿黄灯、一个带“2”字的黄色闪光灯光或一个带“2”字的黄色灯光突变为一个黄色灯光

监控装置的控制方式：当机车距前方信号机距离小于 600 m 时，机车信号由绿灯、绿黄灯、一个带“2”字的黄色闪光灯光或一个带“2”字的黄色灯光突变为一个黄色灯光时，监控装置以机车前方 1 km 处为黄灯限速控制目标点。

例如：黄灯限速 82 km/h，在距信号机 450 m 处，绿灯变为黄灯，那么在该架信号机后 550 m，作为 82 km/h 的限速起点，模式曲线下降至该信号机处，维持限速，按次一架信号机显示要求控制列车运行。

五、机车信号显示停车信号

（一）走停走操作

自动闭塞区间通过信号机显示停车信号（包括显示不明或灯光熄灭）时，机车信号显示停车信号（包括红黄灯、红灯、白灯、灭灯、多灯）必须严格执行《技规》第 316 条规定。

1.《技规》第 316 条规定

自动闭塞区间通过信号机显示停车信号（包括显示不明或灯光熄灭）时，列车必须在该信

号机前停车，机车乘务员应使用列车无线调度通信设备通知车辆乘务员（随车机械师）。停车等候 2 min，该信号机仍未显示允许运行的信号时，即以遇到阻碍能随时停车的速度继续运行，最高不超过 20 km/h，运行到次一通过信号机（进站信号机），按其显示的要求运行。在停车等候同时，必须与车站值班员、列车调度员联系，如确认前方闭塞分区内有列车时，不得进入。

装有容许信号的通过信号机，显示停车信号时，准许铁路局规定停车后起动困难的货物列车，在该信号机前不停车，按上述速度通过。当容许信号灯光熄灭或容许信号和通过信号机灯光都熄灭时，机车乘务员在确认信号机装有容许信号时，仍按上述速度通过该信号机。

装有连续式机车信号的列车，遇通过信号机灯光熄灭，而机车信号显示允许运行的信号时，应按机车信号的显示运行。

机车乘务员发现通过信号机故障时，应将故障信号机的号码通知前方站（列车调度员）。车站值班员（列车调度员）发现或得到区间通过信号机故障的报告后，在故障修复前，对尚未进入区间的后续列车，改按站间组织行车。

2. 走停走操作的控制过程

LKJ2000 型监控装置控制列车在该信号机前停车 2 min 后（若机车信号再次变为停车信号后需重新计算 2 min）自动解除停车控制功能，监控装置限速窗口值为 21 km/h（常用固定模式限速值），固定模式限速值 16 km/h，列车运行到次一架信号机，按其显示的要求运行，如图 2.6.5 所示。

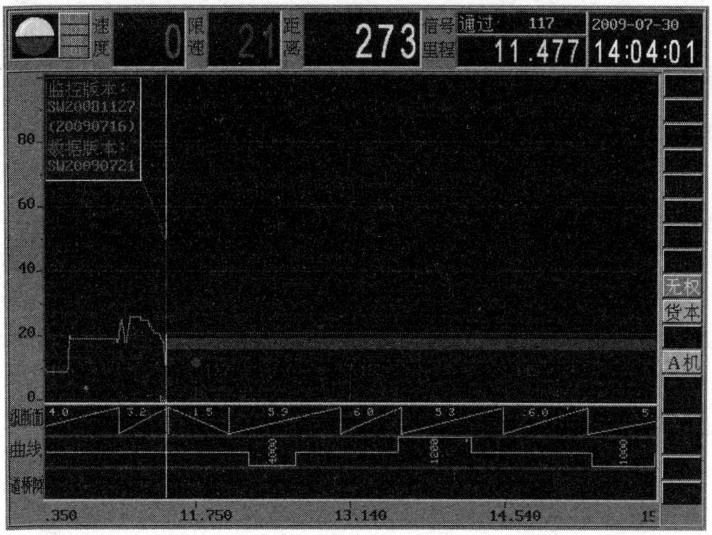

图 2.6.5　自动闭塞区间通过信号机走停走控制模式

装有容许信号机的通过信号机显示停车信号时，对于货运列车自动解除停车控制模式，监控装置限速窗口值为 21 km/h，控制列车以不超过规定的速度，运行至次一架信号机，然后按其显示的机车信号控制列车运行。

（二）机车信号掉码

（1）列车在进站、接车进路或发车进路信号机前，地面信号机显示允许运行的信号，而机车信号为白灯、单红灯（固定无码情况除外）使监控装置按停车控制，应操纵列车停车。

停车后，如机车信号仍未恢复，应将情况报告车站值班员，并在确认地面信号显示进行的信号后，对进站（或接车进路）信号机按“手信号引导”操作。

（2）对于发车进路信号机显示允许运行的信号，机车信号为白灯、单红灯（固定无码情况除外），按“临时使用绿色许可证”方式处理（“绿色许可证号”栏输入“98”）。解除监控装置对当前信号机前机车信号为停车信号的控制后，必须严格按地面信号的显示要求操纵列车，并以不超过 20 km/h 的速度运行。

列车在出站信号机前，地面信号机显示进行信号，而机车信号为白灯、单红灯（固定无码情况除外）使监控装置按停车控制，应操纵列车停车。停车后，如机车信号仍未恢复，应将情况报告车站值班员转报列车调度员。

（3）列车在自动闭塞区间通过信号机前，地面信号机显示进行信号，而机车信号为停车信号使监控装置控制列车停车，按《技规》第 316 条执行走停走操作。

六、机车信号故障（20 km/h 限速模式）

列车在区间运行中，遇机车信号故障时，确认机车信号发生故障后，应立即停车，报告车站值班员转报列车调度员，接到继续运行至前方站内停车的调度命令后，操作监控装置进入“20 km/h 限速模式”。

（一）机车信号故障的判断

运行途中出现下列情况之一可视为机车信号故障：

（1）机车信号灭灯、多个灯位显示或数个灯位乱跳显示。

（2）自动闭塞区段，连续两架区间通过信号机为进行信号，但机车信号显示白灯（单红灯）或红黄灯。

（3）进站、进路、出站信号机为进行信号，机车信号为红黄灯、单红灯或连续两架不接码（固定不发码股道除外）。

（4）机车信号升级显示。

（5）机车信号其他异常现象，影响监控装置正常工作。

（二）机车信号故障的处理

当出现以上现象时，应在停车后进行以下检查处理：

（1）确认“上下行”开关位置是否正确，并来回切换一次开关位置。

（2）检查处理后故障现象仍未消除时，可进行一次机车信号关机、开机操作（关机后间隔 5 ~ 10 s 再开机）。

（三）机车信号故障的行车办法

（1）确认机车信号发生故障，应立即停车，报告车站值班员转报列车调度员。接到继续运行至前方站内停车的调度命令后：

① 当列车停于自动闭塞区段通过（含预告）信号机前时，操作监控装置进入“20 km/h 限速模式”。

② 当列车停于进站（接车进路）信号机前时，在向车站值班员报告并问清进路后，按照“手信号引导”操作。

进行上述操作后，必须严格按地面信号机的显示要求操纵列车，并以不超过 20 km/h 的速度运行，到前方站内停车。

（2）在出站（发车进路）信号机前突发机车信号故障，停车报告车站值班员转报列车调度员。

（四）“20 km/h 限速模式”操作

“20 km/h 限速模式”即“20 km/h 限速工作状态”。列车运行在区间如发生机车信号故障时，机车乘务员应使列车立即停车，并立即通知后续追踪列车机车乘务员和前、后方车站值班员或列车调度员。车站值班员听到机车乘务员的报告后，应立即转报调度员。列车调度员接到机车信号故障的报告后，应向该列车和运行前方站发布调度命令。机车乘务员将调度命令号记录在手账上。之后机车乘务员将监控装置转为“20 km/h 限速模式”，并以不超过 20 km/h 的速度按地面信号显示要求维持运行至前方车站站内停车，再次报告车站值班员或调度员。

1. 转入“20 km/h 限速模式”的条件

（1）机车信号故障。

（2）前方信号机为通过信号机或预告信号机。

（3）列车在信号机前处于停车状态。

2. 转入“20 km/h 限速模式”

（1）按压【↑】键 2 s 以上，弹出“非正常行车确认”窗口（见图 2.6.6）。

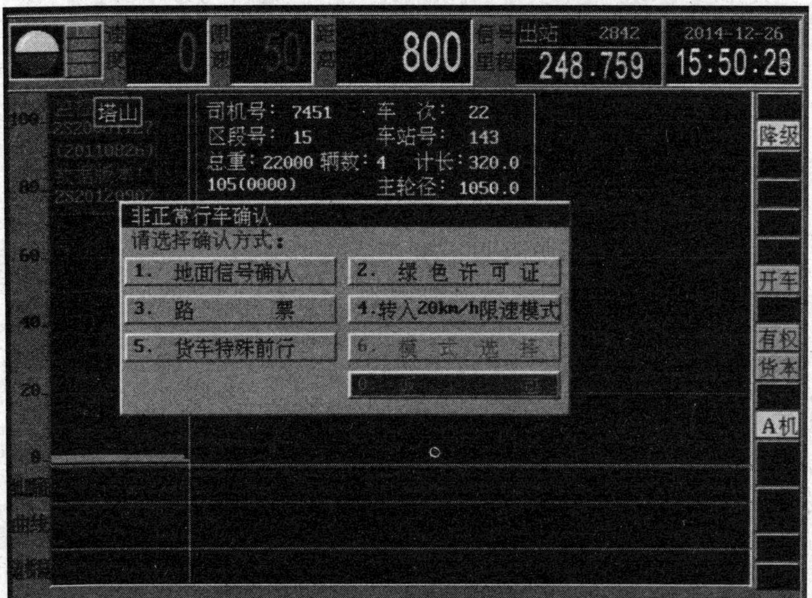

图 2.6.6　非正常行车确认窗口

（2）按压【4】键，弹出“转入 20 km/h 限速模式确定/取消”窗口（见图 2.6.7）。

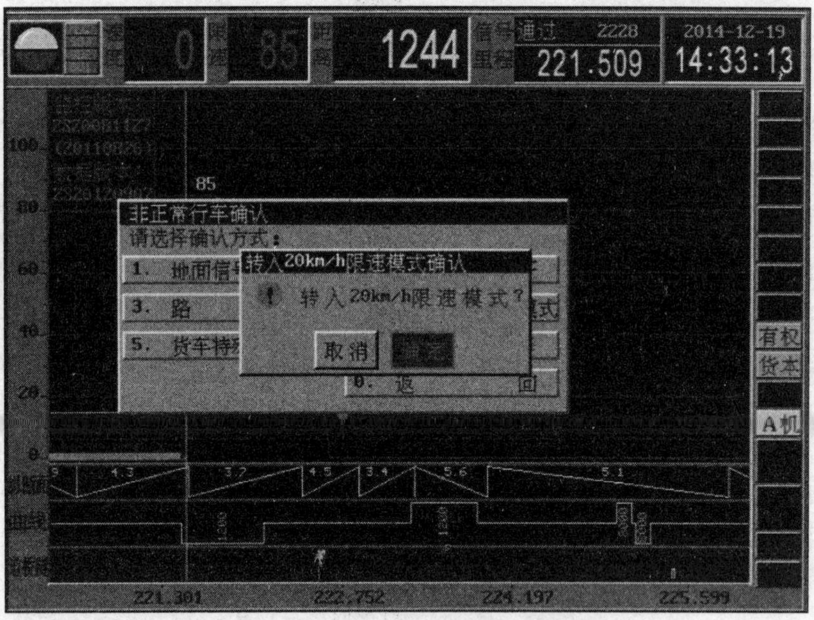

图 2.6.7 转入 20 km/h 限速模式提示窗口

（3）按压【确认】键，监控进入 20 km/h 限速模式，屏幕显示蓝底黄字醒目标志“20 km/h 限速模式”。停车 2 min 后，限速由 0 km/h 升至 21 km/h（见图 2.6.8 和图 2.6.9）。监控列车以不超过规定的速度运行至前方车站（不含线路所）的出站信号机前停车（运行中由乘务员人工校正，确保进站前监控装置线路数据准确），更换机车（动车组请求救援）。

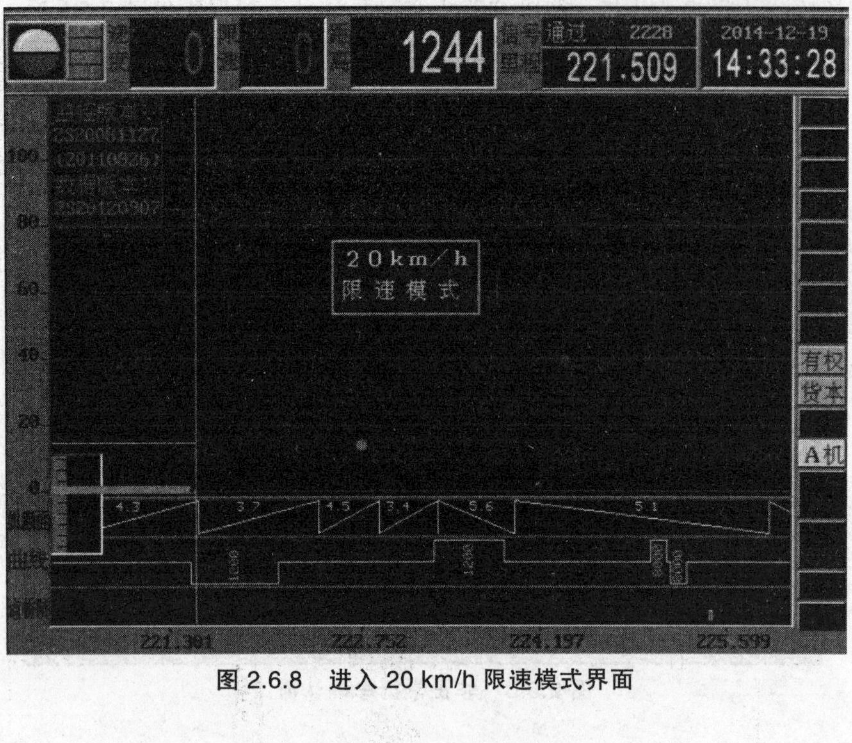

图 2.6.8 进入 20 km/h 限速模式界面

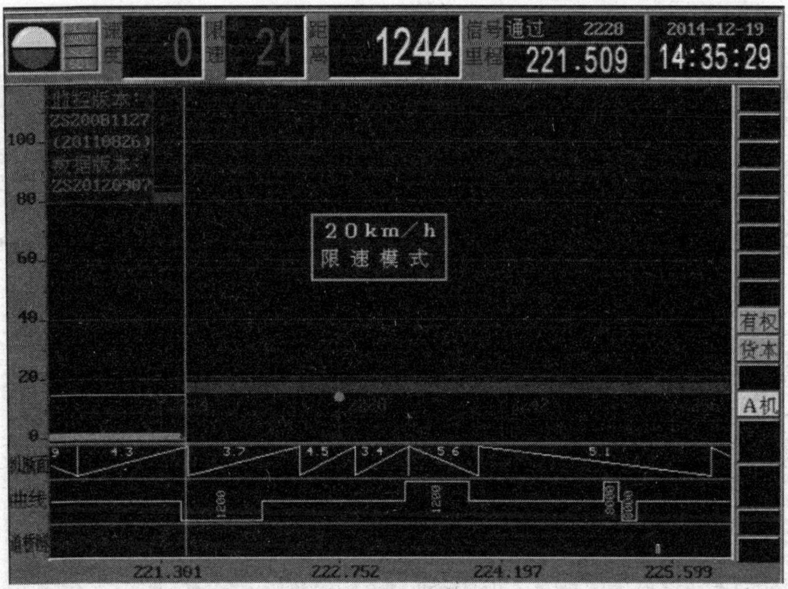

图 2.6.9　20 km/h 限速模式工作界面

2.“20 km/h 限速模式”的控制方式

（1）速度不为 0 km/h、调车状态下和非线路所的出站信号机前不能转入 20 km/h 限速模式。

（2）转入“20 km/h 限速模式”后，在前方站进站信号机前至站内均可以进行侧线股道选择操作。

（3）转入“20 km/h 限速模式”后，按照 20 km/h 确定固定模式限速值；机车常用固定模式限速值为固定模式限速值 + 1 km/h，紧急固定模式限速值为固定模式限速值 + 4 km/h；动车组常用固定模式限速值则为固定模式限速值 + 1 km/h，紧急固定模式限速值则为固定模式限速值 + 6 km/h。

（4）转入“20 km/h 限速模式”后，不能进入调车和降级状态；取消监控装置的人工股道选择功能；取消引导解锁、靠标解锁、白灯解锁功能；取消监控装置的路票、绿色许可证、特定引导、绿灯/绿黄灯确认功能；取消色灯变化的语音提示功能；取消揭示限速、区段限速的控制和显示功能；取消监控装置自动校正功能，要求机车乘务员注意人工校正距离。发车进路和出站信号机前（不含线路所）只能向后车位调整；可在区间、进站或接车进路信号机前人工操作【自动校正】键，进行车位对中校正距离。

（5）在发车进路或出站信号机前，无论机车有无速度时，操作监控装置都不能转入“20 km/h 限速模式”，同时屏幕提示“禁止操作”。

3. 转出“20 km/h 限速模式”

（1）列车进入前方站内，处于停车状态，按压【↑】键持续 2 s，显示器显示“非正常行车确认”窗口。

（2）将光标移到“转出 20 km/h 限速模式”选项上（见图 2.6.10），再按压【确认】键，弹出“转出 20 km/h 限速模式确认”窗口（见图 2.6.11）。

（3）移动光标到“确定”选项按压【确认】键，转换成监控装置上电启机的初始工作状态（降级控制功能）（见图 2.6.12）。

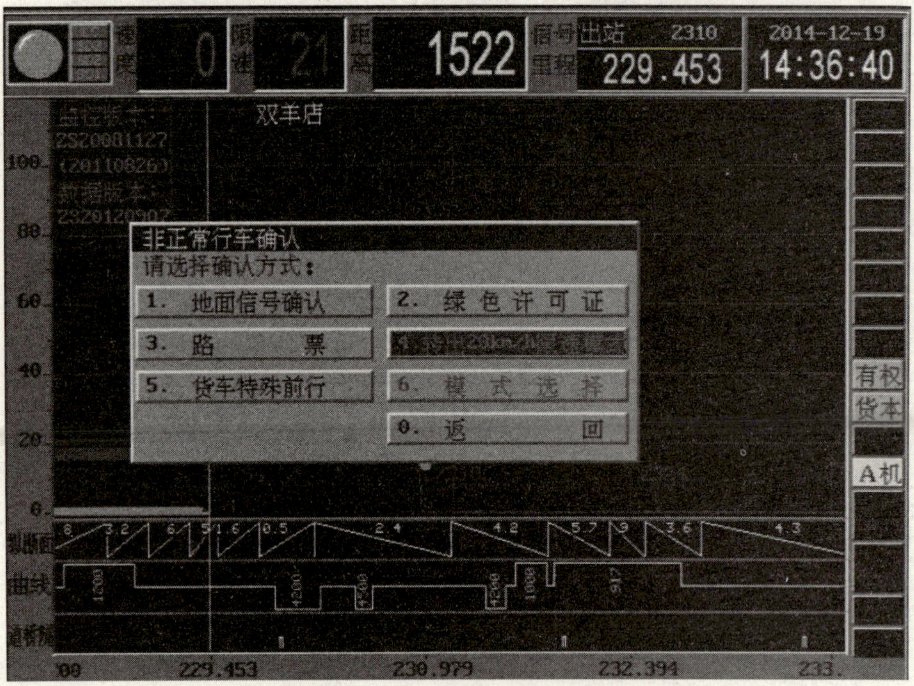

图 2.6.10　非正常行车确认窗口

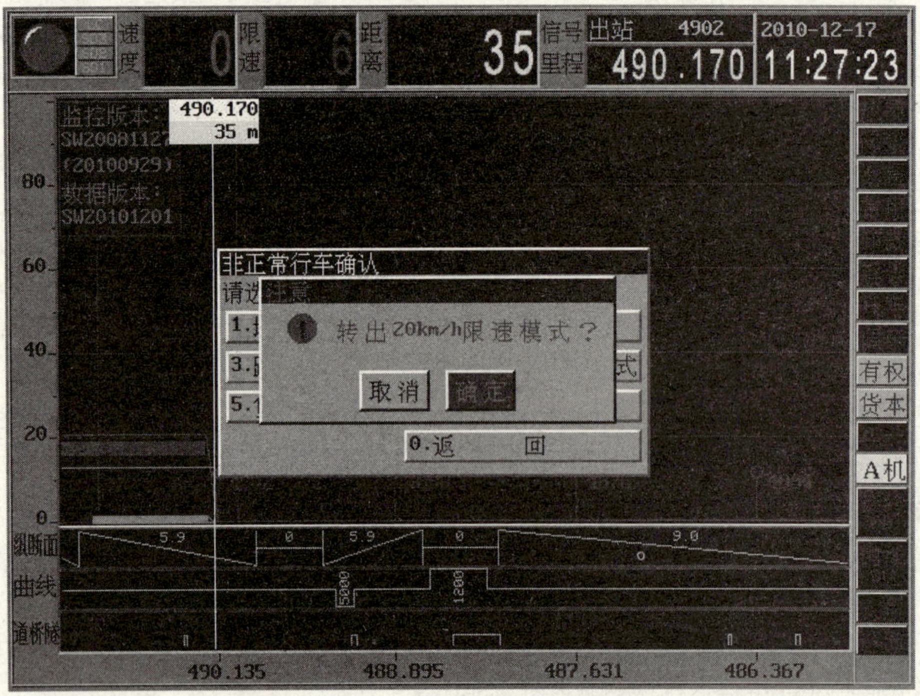

图 2.6.11　转出 20 km/h 限速模式提示窗口

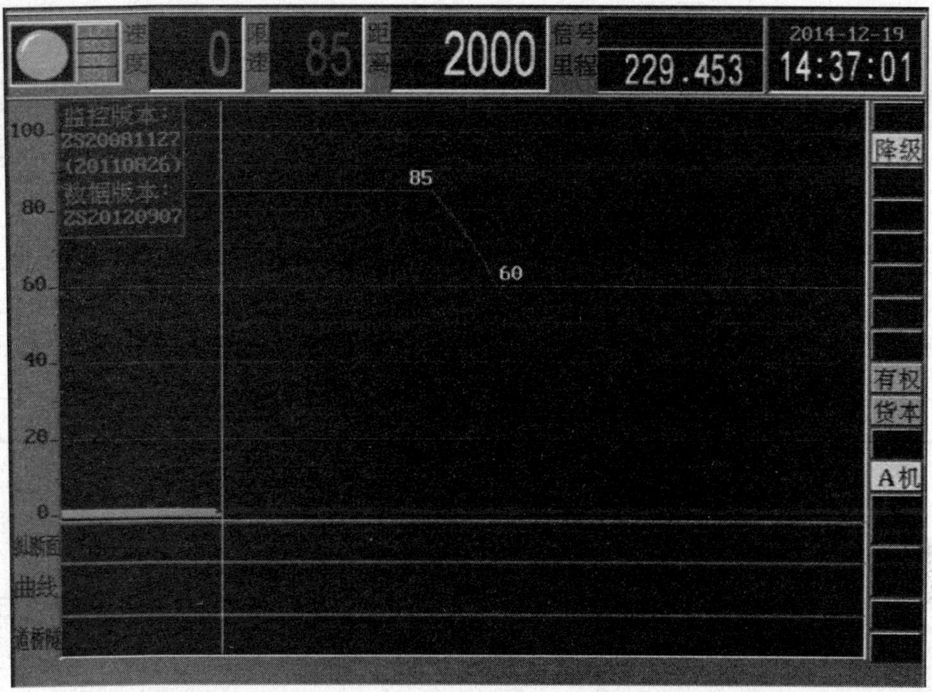

图 2.6.12　转出 20 km/h 限速模式直接进入降级工作状态

"机车信号无码、突变、故障的操作"课程资源包

任务实施

任务编号	2-6	任务名称	机车信号无码、突变、故障的操作	
序号	实施内容		完成情况	
			是	否
绿灯/绿黄灯确认操作				
1	绿灯/绿黄灯确认操作步骤			
股道无码车站操作				
2	股道无码车站发车的监控解锁操作步骤			
3	股道无码车站通过的监控解锁操作步骤			
发码特殊信号机操作				
4	发码特殊信号机的监控解锁操作步骤			
信号突变				
5	描述信号突变的控制方式			

续表

任务编号	2-6	任务名称	机车信号无码、突变、故障的操作	
序号	实施内容		完成情况	
			是	否
走停走操作				
6	走停走控制过程			
20 km/h 限速模式操作				
7	判断机车信号故障			
8	转入 20 km/h 限速模式			
9	转出 20 km/h 限速模式			

任务评价

任务编号	2-6	任务名称	机车信号无码、突变、故障的操作		
序号	评价内容		标准分值	自我评分 50%	组内评分 50%
资讯阶段			10		
1	是否积极参与任务书讨论，正确领会任务要求		5		
2	是否积极参与引导文学习讨论，完全掌握学习内容		5		
计划→实施→检查阶段			20		
1	是否积极参与计划制订，提出建设性计划内容		5		
2	是否制订了可行的任务方案		5		
3	是否认真履行个人角色，积极参与任务演练		5		
4	是否有效使用任务检查单保证任务顺利进行		5		
序号	评价内容		标准分值	组间评分 50%	教师评分 50%
（任务展示）评价阶段			70		
1	绿灯/绿黄灯确认操作	说明绿灯/绿黄灯确认操作步骤，少一项扣 2 分	20		
2	股道无码车站操作	说明股道无码车站发车和通过的监控解锁操作步骤，少一项扣 2 分	8		
3	发码特殊信号机操作	说明发码特殊信号机的监控解锁操作步骤，少一项扣 2 分	8		
4	信号突变操作	描述 LKJ2000 型监控装置遇信号突变的控制方式，少一项扣 2 分	8		
5	走停走操作	说明 LKJ-2000 型监控装置走停走操作步骤，少一项扣 2 分	8		
6	20 km/h 限速模式操作	判断机车信号故障，说明转入和转出 20 km/h 限速模式的操作步骤（参看检查单），少一项扣 3 分	18		
总评分值					

能力测试

1. 什么情况下允许绿灯/绿黄灯确认操作？
2. 如何进行绿灯/绿黄灯确认操作的解锁？
3. 如何在股道无码车站发车？
4. 如何在股道无码车站侧线通过？
5. 如何通过发码特殊信号机？
6. 半自动闭塞区段，遇机车信号由一个黄色灯光突变为一个半黄半红色灯光，LKJ2000 型监控装置的控制方式如何？机车乘务员如何操作？
7. 机车信号由绿灯突变为一个黄色灯光，LKJ2000 型监控装置的控制方式如何？
8. 走停走是针对什么信号机出现故障的操作？该如何操作？
9. 如何判断机车信号出现故障？
10. 如何转入 20 km/h 限速模式？
11. 如何转出 20 km/h 限速模式？
12. 转入 20 km/h 限速模式后监控装置取消了哪些功能？

任务 2-7　LKJ2000 型监控装置非正常行车操作

任务安排

任务编号	2-7	任务名称	LKJ2000 型监控装置非正常行车操作	推荐学时	12（学时）
任务描述					
列车在运行中，会遇到信号、联锁、闭塞故障、停用等情况。此时，就需要机车乘务员对 LKJ2000 型监控装置使用非正常行车操作，以保证列车在安全的前提下，通过故障或停用的信号机。今天，由你来代替机车乘务员，面对运行中不同的非正常行车情况，进行判断处理。					
任务实施要求做到： （1）能判断引导操作、绿色许可证操作、路票的类型、机车信号故障； （2）能熟练准确地进行引导操作、绿色许可证操作、路票操作、反方向行车操作、靠标停车、货车特殊前行操作； （3）能解除运行揭示。					
实施说明					
（1）以小组（5~6 人）为单位开展任务实施； （2）任务前完成知识准备； （3）验收：小组全部同学通过计算机理论考试，给予第一部分成绩；小组指派一名代表进行操作演示，另一名同学对操作过程、注意事项进行描述，给予第二部分成绩。第二部分成绩，由教师和其他各组同学对展示小组按标准进行评分。					

续表

<table>
<tr><td>任务编号</td><td>2-7</td><td>任务名称</td><td>LKJ2000型监控装置非正常行车操作</td><td>推荐学时</td><td>12（学时）</td></tr>
<tr><td colspan="6">任务注意事项</td></tr>
<tr><td colspan="6">（1）任务开始前，必须做好充分的知识储备工作；
（2）任务过程中，要爱护实训设备，禁止暴力操作；
（3）注意用电安全。</td></tr>
<tr><td colspan="6">职业与思政</td></tr>
<tr><td colspan="6">“毛泽东号”司机长荣获二〇二一年“最美职工”称号
为大力弘扬劳模精神、劳动精神、工匠精神，团结动员亿万职工为实现“十四五”规划目标任务贡献智慧和力量，以优异成绩迎接建党100周年，在“五一”国际劳动节之际，中央宣传部、中华全国总工会向全社会公开发布2021年“最美职工”先进事迹。中国铁路北京局集团有限公司丰台机务段“毛泽东号”机车组第十三任司机长王振强获2021年“最美职工”称号。
2005年参加工作至今，王振强先后担任内燃机车副司机、内燃机车司机、电力机车司机，安全驾驶机车1 300余趟。2008年9月，他通过组织严格选拔、考核，加入“毛泽东号”机车组。他第一次登上“毛泽东号”机车时，司机长就叮嘱他“要开‘毛泽东号’车，先做‘毛泽东号’人，要成为一名合格的‘毛泽东号’人，就要时刻做思想政治的合格人、安全行车的规矩人、运输生产的带头人”。他始终将这些要求铭刻于心，努力拼搏奋斗。
2018年12月，他从第十二任司机长刘钰峰的手中接过闸把，成为“毛泽东号”机车组这个光荣集体的新一任司机长。1946年，“毛泽东号”机车诞生于解放战争的炮火硝烟中，伴随着新中国的发展不断成长，走过75年的光辉历程。截至2021年4月，“毛泽东号”以连续安全走行1 156万千米的骄人业绩，被誉为“火车头中的火车头”。
10多年间，王振强经受了严格训练，小到工作制服穿戴，大到以毫米的精准度掌控手柄。“毛泽东号”机车组时常在整备线上练习火车头连挂作业，他们把小木棒立在驾驶室操纵台上，看谁操纵时木棒不倒；挂车时在车钩上放置倒满水的杯子，看谁能做到一滴不洒。
工作中，王振强严格落实作业标准不走样。每趟驾驶机车过程中，他呼唤应答近万字，手比确认约5 000次，始终做到“背不靠座椅、眼不离前方、手不离闸把、说话不对脸、沏茶不谦让、吃饭不同时”，确保列车安全正点。
为练就过硬本领，他放弃休息时间，认真学规背规用规，经过无数个日夜的反复练习，把《技规》《行规》等业务知识记在心里、刻在脑子里，成为“规章一口清、技术一手精”的技术能手。
他牵头成立科技创新小组，用创新发明成果解决安全生产中的实际问题，带领机车组成员制作机车非正常行车、故障处理教学片，演示处置方法。
王振强在平凡岗位上做出了不凡的业绩，在实现中国梦伟大进程中拼搏奋斗、争创一流、勇攀高峰，谱写了“中国梦·劳动美”的铁路人篇章。
发布仪式在中央广播电视总台举行，现场播放了“最美职工”先进事迹的视频短片，从不同侧面讲述了他们的工作生活感悟。中央宣传部、中华全国总工会负责同志为他们颁发了“最美职工”证书。
摘自：中国国家铁路集团有限公司网站</td></tr>
</table>

任务资讯

一、引导操作

当进站信号机、接车进路信号机不能显示进行的信号，且机车信号也不能显示进行的信号接车时，使用引导操作。

（一）手信号引导

列车运行至接车站的进站（接车进路）信号机前，机车信号显示停车信号，确认引导手信号显示或分散自律调度集中区段允许越过关闭的信号机的调度命令正确（见图 2.7.1），列车速度低于 20 km/h 后，按【解锁】键，监控列车以不超过 20 km/h 的速度越过该信号机（18 km/h 报警、19 km/h 卸载、常用制动动作值为 21 km/h）（见图 2.7.2）。

图 2.7.1　引导手信号显示

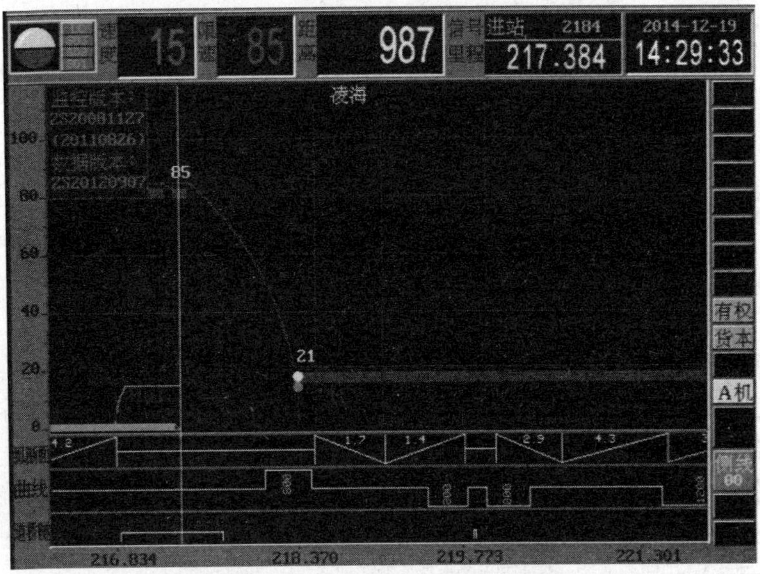

图 2.7.2　手信号引导最终界面

（二）自动引导

进站、接车进路使用固定信号机引导接车时，地面信号机显示一个红色灯光和一个月白色灯光。

（1）若机车信号显示停车信号（见图 2.7.3），操作办法同上。

（2）若机车信号机显示半红半黄色闪光灯（见图 2.7.4），LKJ 自动解锁开口 21 km/h，监控列车以不超过 20 km/h 的速度越过该进站信号机（18 km/h 报警、19 km/h 卸载、常用制动动作值为 21 km/h）。

图 2.7.3 地面信号和机车信号显示

图 2.7.4 地面信号和机车信号显示

（三）特定手信号引导

必须通过 IC 卡将特定引导的调度命令内容（车站号、调度命令号、有效时段等）正确输入到监控装置，才能实现特定引导控制功能。

出勤调度员将运行揭示内容正确写入 IC 卡，由机车乘务员将 IC 卡载入 LKJ 并确认。列车运行至有特定引导车站的二接近信号机前，右上角提示“特定引导”运行揭示（见图 2.7.5）。

在进站、接车进路信号机前，列车速度必须低于 60 km/h，确认地面特定引导手信号显示正确后（见图 2.7.6），按压【开车】键后 5 s 内按压【解锁】键，监控装置解除停车控制，屏幕左上角出现红底黄字“特定引导”字样，LKJ 监控列车以不超过 60 km/h 的速度越过该信号机（见图 2.7.7）。

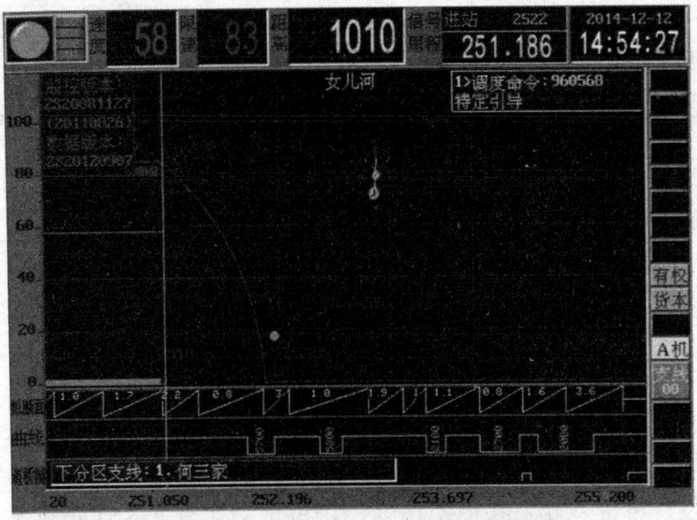

图 2.7.5　特定手信号引导调度命令显示

图 2.7.6　特定引导手信号显示

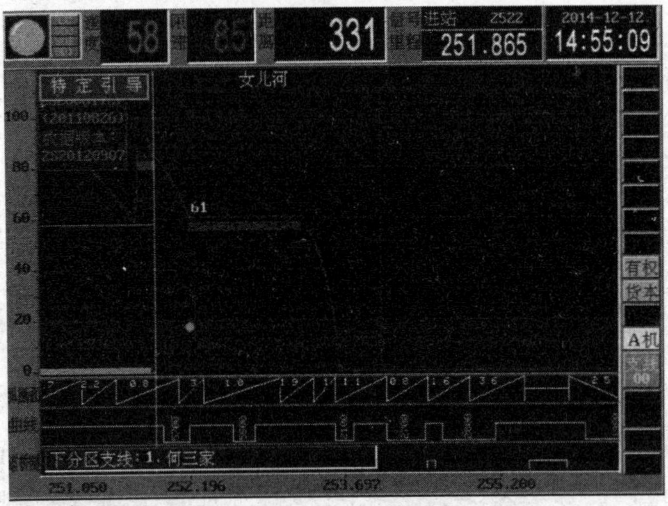

图 2.7.7　特定引导模式

注意：已载入特定引导揭示数据的车站、发车进路信号机，其进站、接车进路信号机前，不论机车信号是不是停车信号，监控装置均按停车信号控制。

（1）对于进站、接车进路信号机均为特定引导的，逐架信号机确认特定引导手信号正确后进行特定引导解锁操作。

（2）对于其中仅某架进站（进路）信号机特定引导，其他按信号显示运行的进站或接车进路信号机，在确认其信号开放后进行特定引导解锁操作。

（3）对于其中有一架为手信号引导的，均按手信号引导执行（不写入特定引导的揭示数据）。

（4）已载入特定引导揭示数据的车站，手信号引导解锁操作无效。若确须改按手信号引导进站，则应先按规定解除该特定引导揭示数据。

二、绿色许可证操作

当出站信号机、发车进路信号机不能显示进行的信号，且机车信号也不能显示进行的信号发车时，使用绿色许可证发车。其他使用绿色许可证情况详见《铁路技术管理规程》第 315 条。按绿色许可证行车操作后，LKJ 解除本站出站或发车进路信号机的停车控制功能，监控列车以低于本站最低道岔限速控制。

（一）有计划使用绿色许可证操作

使用绿色许可证的调度命令内容（车站号、调度命令号、有效时段等）已通过 IC 卡正确输入到监控装置，称为有计划使用绿色许可证。

1. 始发站有计划绿色许可证行车（降级状态下有计划绿证）

出勤时，出勤调度员将调度命令内容以揭示形式正确写入 IC 卡，机车乘务员载入 LKJ 并确认。设定运行参数后，“开车”指示灯点亮，显示屏右上角有“绿色许可证”揭示提示窗口，同时自动弹出“绿色许可证输入”窗口（见图 2.7.8）。机车乘务员须按如下步骤操作：

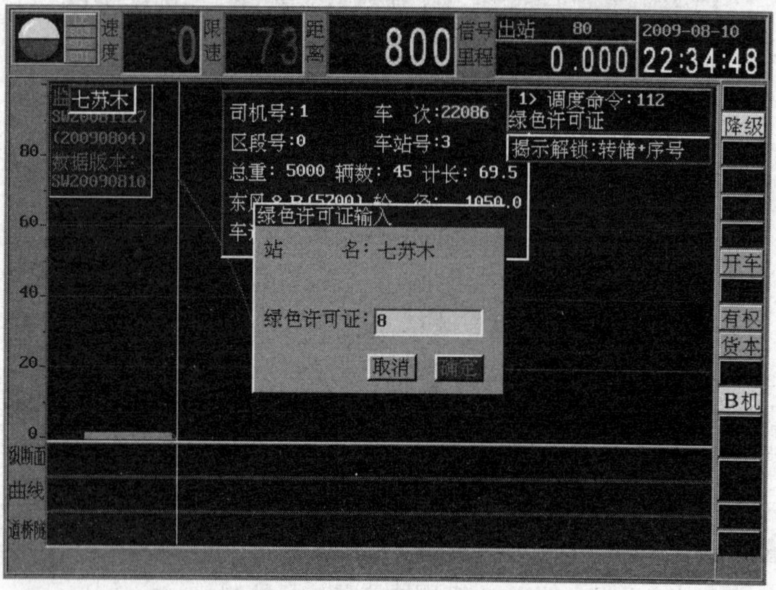

图 2.7.8　始发站有计划绿色许可证输入窗口

（1）将绿色许可证编号输入到“绿色许可证输入”窗口，按压【确认】键，屏幕中央出现操作提示（见图 2.7.9）。

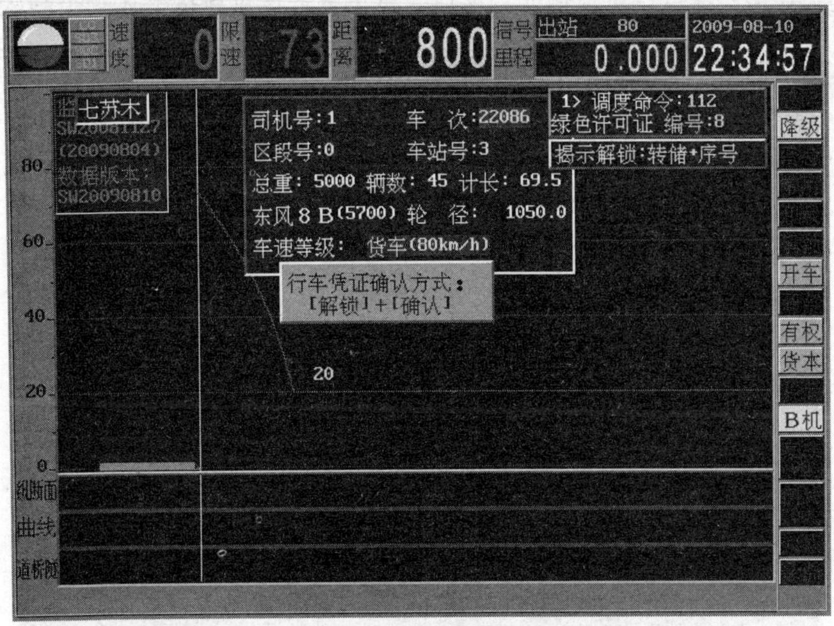

图 2.7.9　始发站有计划绿色许可证输入后操作提示

（2）按压【解锁】键后，5 s 内按压【确认】键，屏幕左上方显示红底黄字“绿色凭证行车”字样（见图 2.7.10）。

（3）运行至对标地点按压【开车】键。

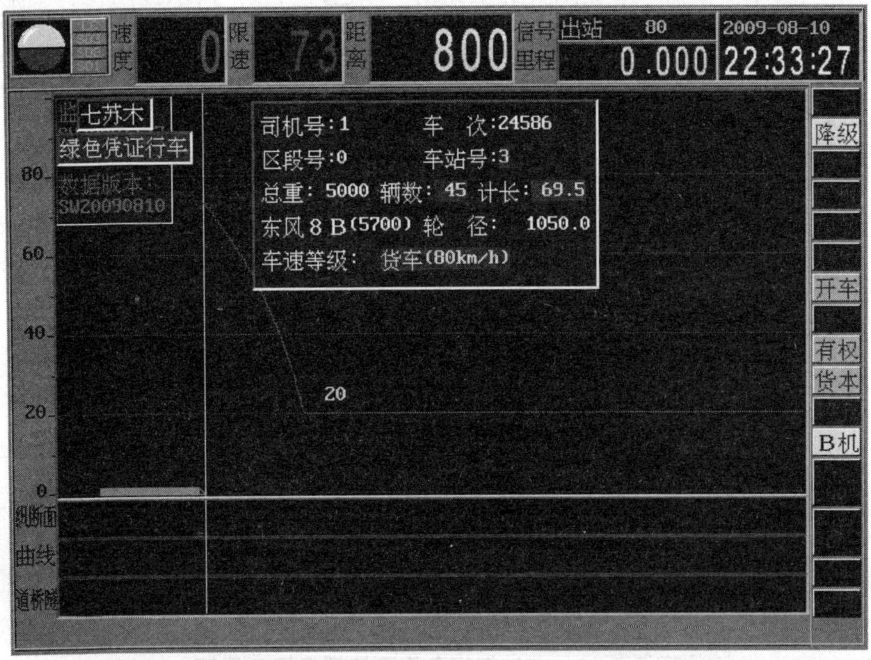

图 2.7.10　降级状态绿色许可证行车界面

（4）自动弹出的“绿色许可证输入”窗口显示 15 s，15 s 内未进行任何操作，弹出窗口自动消失，可持续按压【↑】键 2 s 以上，LKJ 显示“非正常行车确认”窗口（见图 2.7.11），按压【2】键，弹出“绿色许可证输入”窗口。机车乘务员重新按上述三个步骤操作。

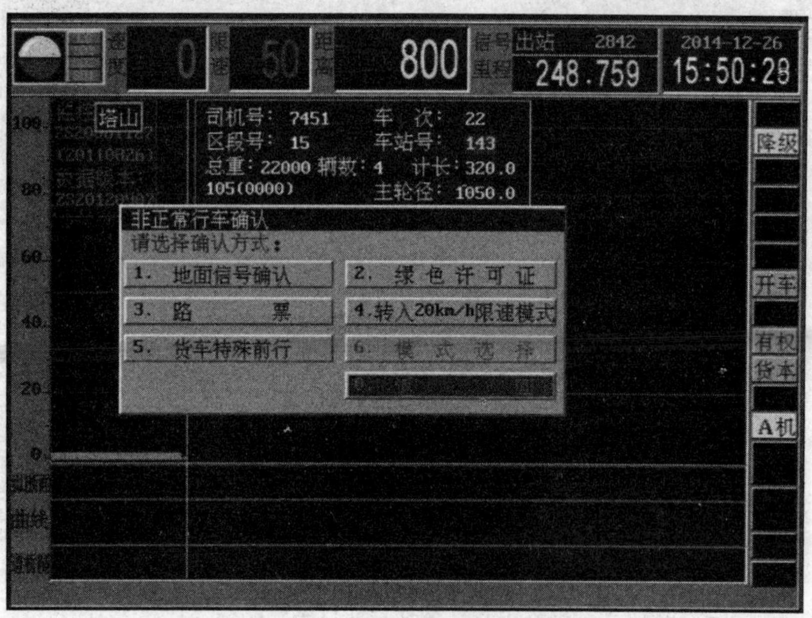

图 2.7.11 非正常行车确认窗口

2. 通常工作状态下有计划绿色许可证行车

出勤时，出勤调度员将调度命令内容正确写入 IC 卡，机车乘务员载入 LKJ 并确认。列车运行至该站一接近信号机后，显示屏右上角有“绿色许可证”揭示提示窗口（见图 2.7.12）。

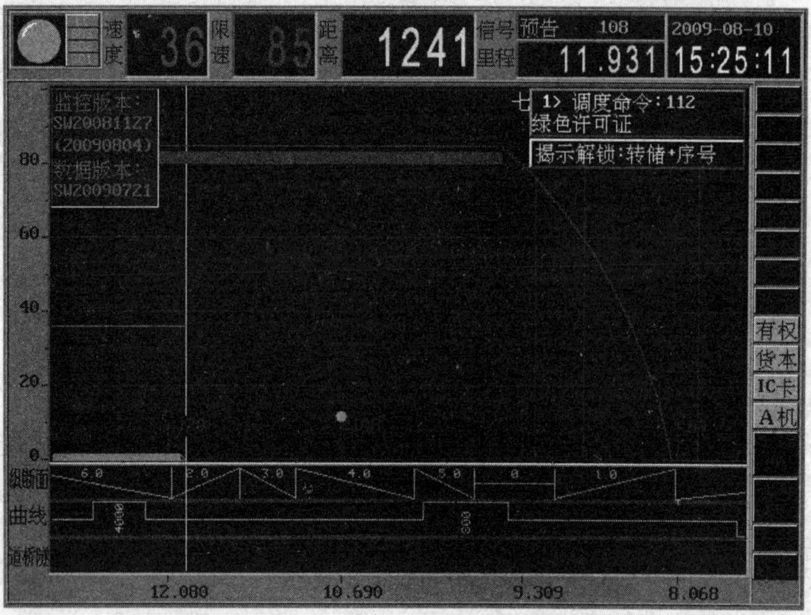

图 2.7.12 有计划绿色许可证揭示显示界面

（1）列车运行至二接近信号机（四显示区段为三接近信号机）后至出站信号机前，必须将速度降到 45 km/h 以下，才能自动弹出“绿色许可证输入”窗口（见图 2.7.13）。

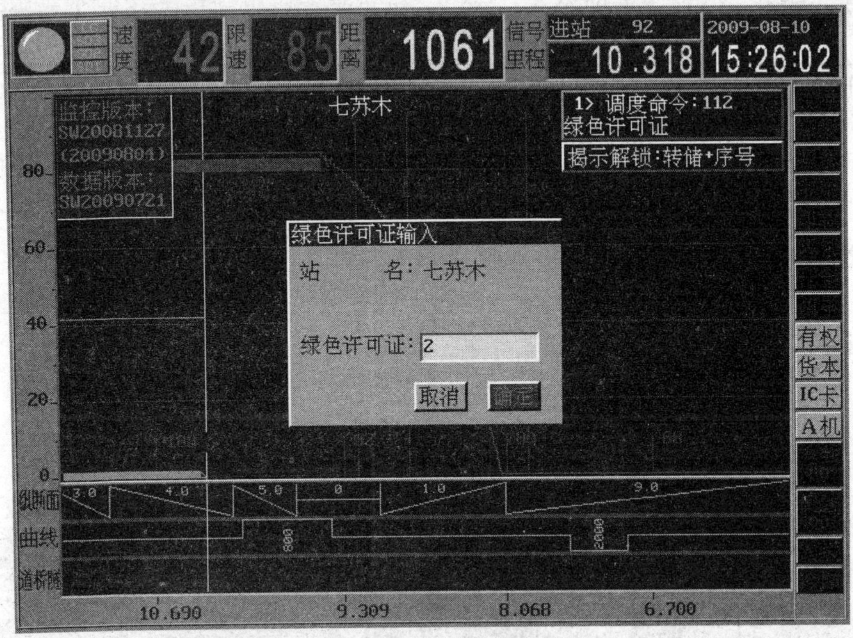

图 2.7.13　有计划绿色许可证输入显示窗口

（2）将绿色许可证号输入到“绿色许可证输入”窗口，按压【确认】键。

（3）确认后，在使用绿色许可证行车的信号机前，按压【解锁】键后，5 s 内按压【确认】键（见图 2.7.14）。

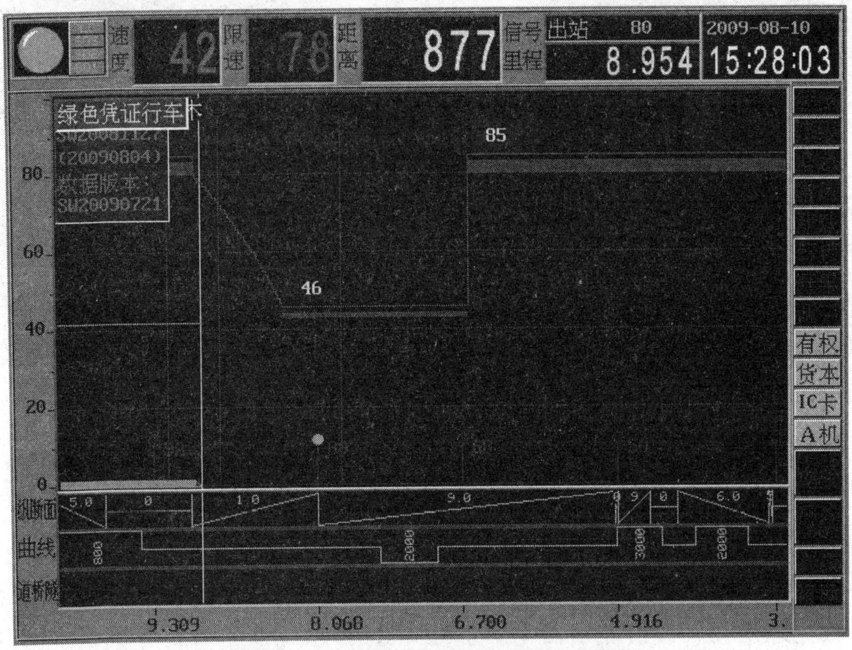

图 2.7.14　绿色许可证行车显示界面

（4）自动弹出的“绿色许可证输入”窗口显示 15 s，15 s 内未进行任何操作，弹出窗口自动消失，可持续按压【↑】键 2 s 以上，LKJ 显示“非正常行车确认”窗口（见图 2.7.11），按压【2】键，弹出“绿色许可证输入”窗口。机车乘务员重新按上述三个步骤操作。

（二）临时使用绿色许可证行车

使用绿色许可证的调度命令内容未通过 IC 卡正确输入到监控装置，称临时使用绿色许可证。

1. 始发站临时使用绿色许可证（降级状态下临时绿色许可证）

（1）进行参数设定后，监控装置进入降级工作状态，【开车】灯亮。

（2）若设定的车站使用绿色许可证行车，确认凭证正确，停车状态下按【↑】键 2 s，弹出“非正常行车确认”窗口。

（3）按压【2】键，弹出“绿色许可证输入”窗口，输入默认调度命令号“99”和绿色许可证编号后，在屏幕中央出现操作提示（见图 2.7.15 和图 2.7.9）。

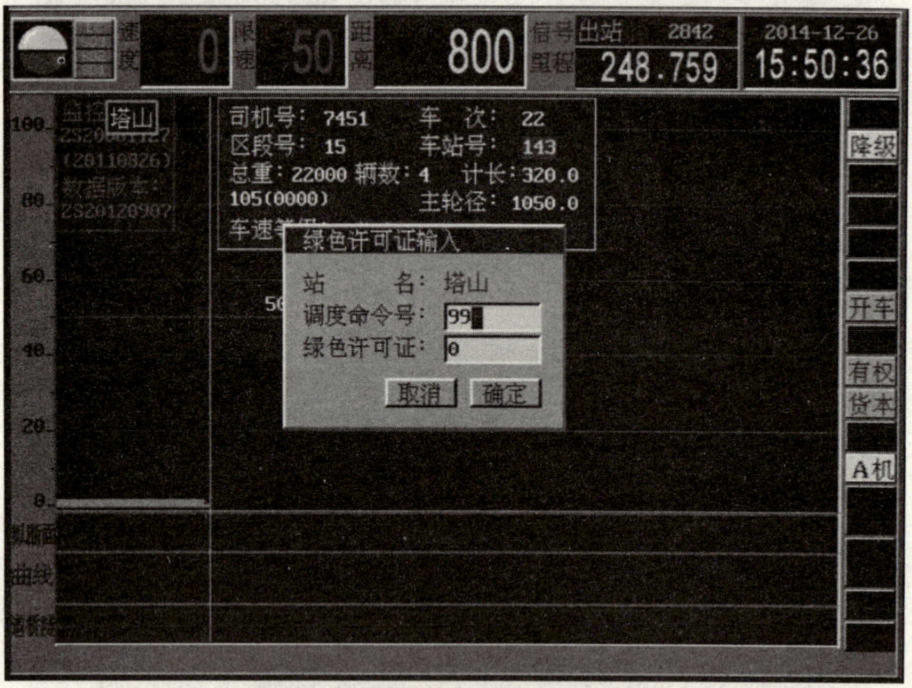

图 2.7.15 临时绿色许可证输入窗口

（4）确认开车条件具备后，按【解锁】+【确认】键。

（5）列车运行到对标点，按【开车】键进入通常工作状态。

2. 通常工作状态下临时使用绿色许可证

（1）列车运行途中收到绿色许可证，在使用绿色许可证行车的信号机前停车。

（2）确认凭证正确后，按显示器【↑】键 2 s，弹出“非正常行车确认”窗口，按【2】键，弹出绿色许可证输入窗口，输入默认调度命令号“99”和绿色许可证编号。

（3）确认开车条件具备后，按【解锁】+【确认】键，监控装置自动解除该信号机的停车控制功能。

（三）注意事项

（1）同一进路临时停用多架信号机时，需逐架停车，输入绿色许可证号，进行解锁操作。

（2）自临时绿色许可证（路票）输入起 30 min 内，揭示控制有效，超过 30 min 后揭示自动取消。如仍需使用绿色许可证（路票）揭示时，需重新输入。

（3）遇线路所通过信号机临时故障时，自动闭塞区段行车凭证为绿色许可证；半自动闭塞区段行车凭证为路票。列车必须在该信号机前停车，索要书面行车凭证，正确进行 LKJ 操作后，按照车站助理值班员显示的通过手信号发车。

三、停用基本闭塞法改用电话闭塞法行车（路票操作）

停用基本闭塞法改用电话闭塞法行车（以下简称“停基改电”）时，行车凭证为路票。

列车在改用电话闭塞法行车区间的起始站出站信号机（或发车进路信号机）前，执行改用电话闭塞法行车的相关操作。

进入电话闭塞法行车后，旅客列车，LKJ 按该区间最高允许速度的 80%确定固定模式限速值（该区间某区段限速值低于上述取值的按低值控制）；货物列车，按本区间原规定速度监控列车运行。LKJ 解除对列车所在线路的出站信号机（或发车进路信号机）和下一站间所有分区通过信号机的停车控制功能。列车运行至下一接车站进站信号机前，按该地面信号机显示要求运行。

（一）有计划停基改电

停基改电的调度命令内容（车站号、调令号、有效时段等），已通过 IC 卡正确输入到监控装置，称为有计划停基改电。

1. 始发站有计划停基改电（降级状态有计划路票）

出勤时，出勤调度员将调度命令内容正确写入 IC 卡，由机车乘务员载入 LKJ 并确认。设定运行参数后，“开车”指示灯点亮，显示屏右上角有“改电话闭塞”揭示显示，同时自动弹出“路票输入”窗口（见图 2.7.16）。机车乘务员须按如下步骤操作：

（1）将路票的电话记录号输入到“路票输入”窗口中，按压【确认】键，出现操作提示（见图 2.7.17）。

（2）按压【解锁】键后，5 s 内按压【确认】键，左上角出现红底黄字“路票行车”字样（见图 2.7.18）。

（3）列车运行至对标地点按压【开车】键，进入通常工作状态（见图 2.7.19）。

（4）自动弹出的路票输入窗口显示 15 s，15 s 内未进行任何操作，弹出窗口自动消失，可持续按压【↑】键 2 s，LKJ 显示“非正常行车确认”窗口（见图 2.7.11），按压【3】键，弹出“路票输入”窗口。机车乘务员重新按上述三个步骤操作。

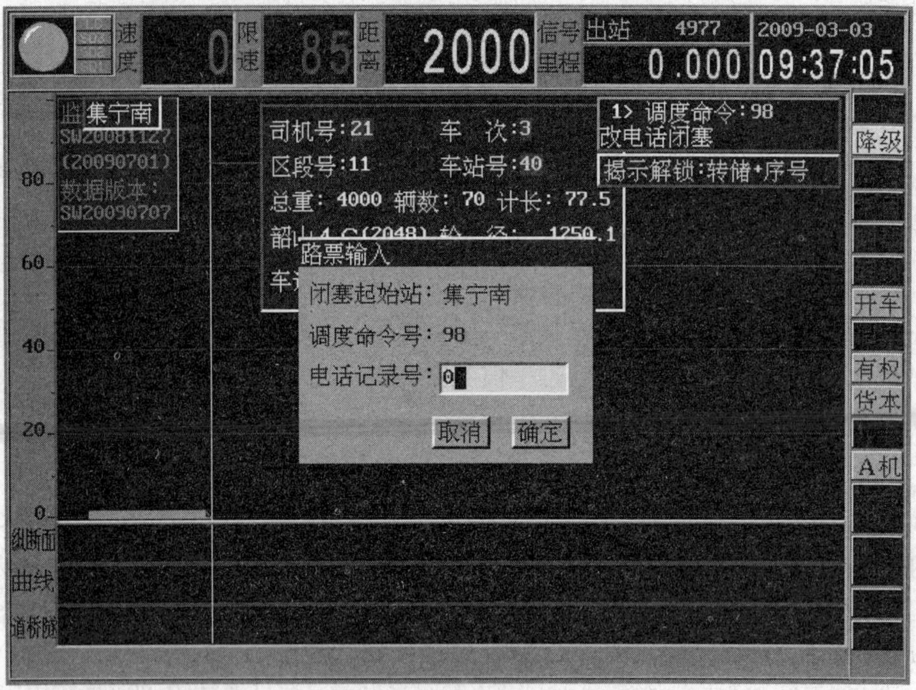

图 2.7.16 始发站降级状态下有计划路票输入窗口

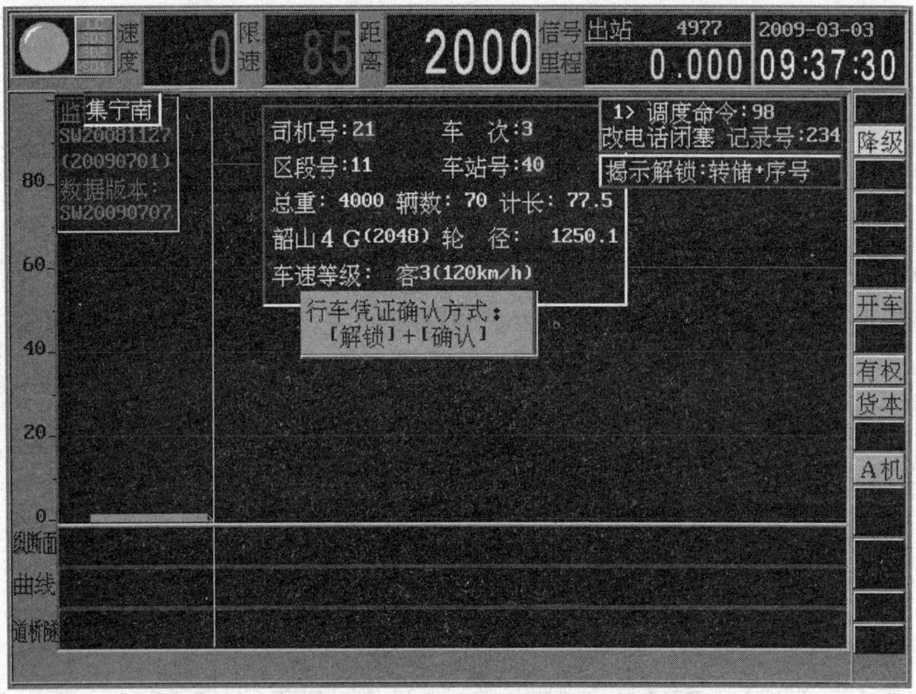

图 2.7.17 始发站降级有计划路票输入后的操作提示

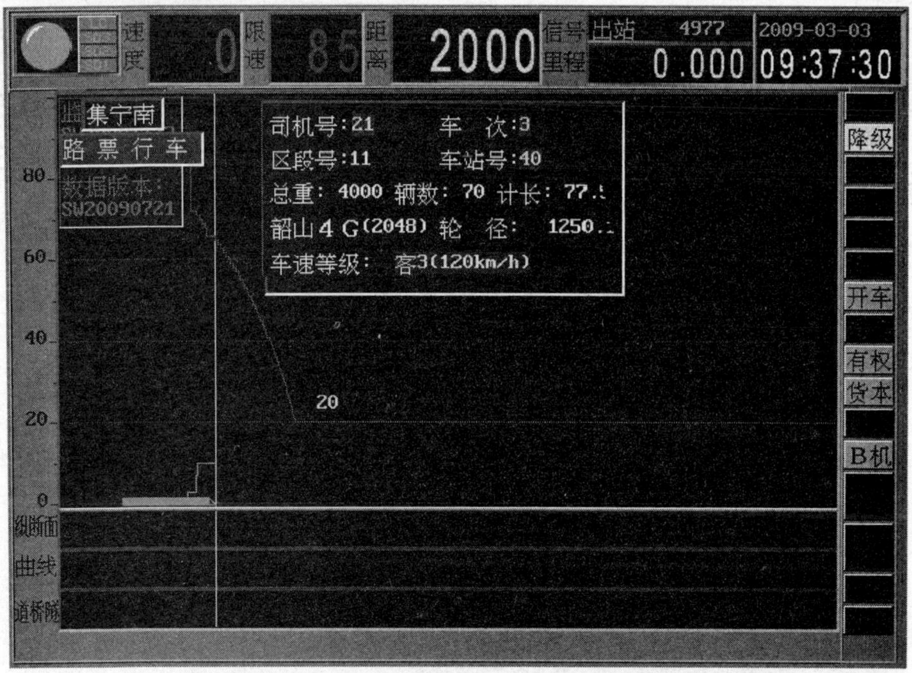

图 2.7.18 始发站降级有计划路票解锁后

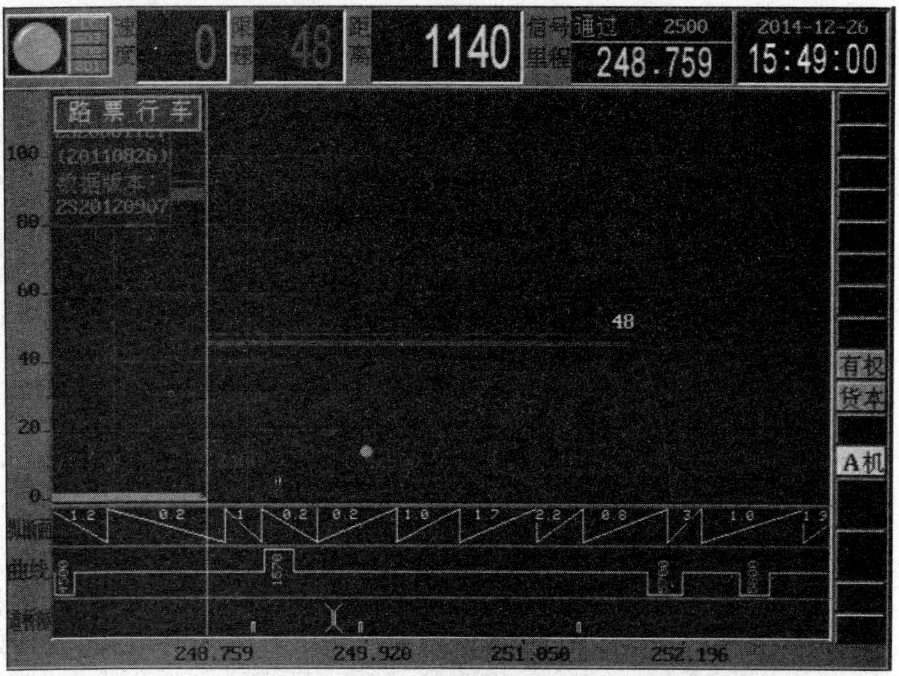

图 2.7.19 路票行车状态

2. 通常工作状态下有计划停基改电

出勤时，出勤调度员将调度命令内容正确写入 IC 卡，由机车乘务员将 IC 卡载入 LKJ 并确认。列车运行至改用电话闭塞法行车的车站一接近信号机后，显示屏右上角显示“改电话闭塞”揭示提示窗口（见图 2.7.20）。

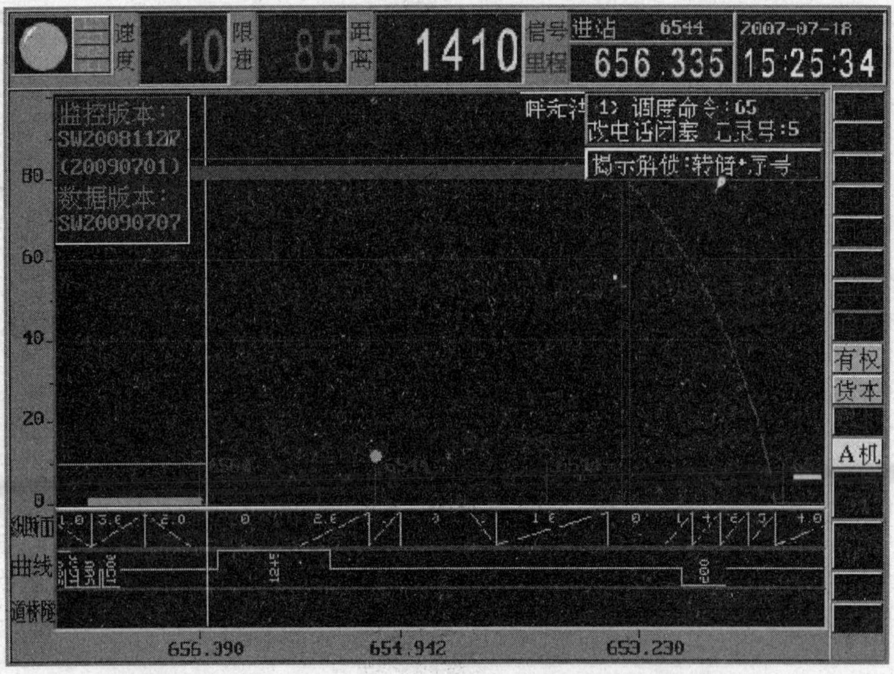

图 2.7.20　通常工作状态下有计划路票揭示提示窗口

（1）列车运行至二接近信号机（四显示区间为三接近信号机）后至出站信号机前，将速度降到 60 km/h 以下，屏幕自动弹出“路票输入”窗口（见图 2.7.21）

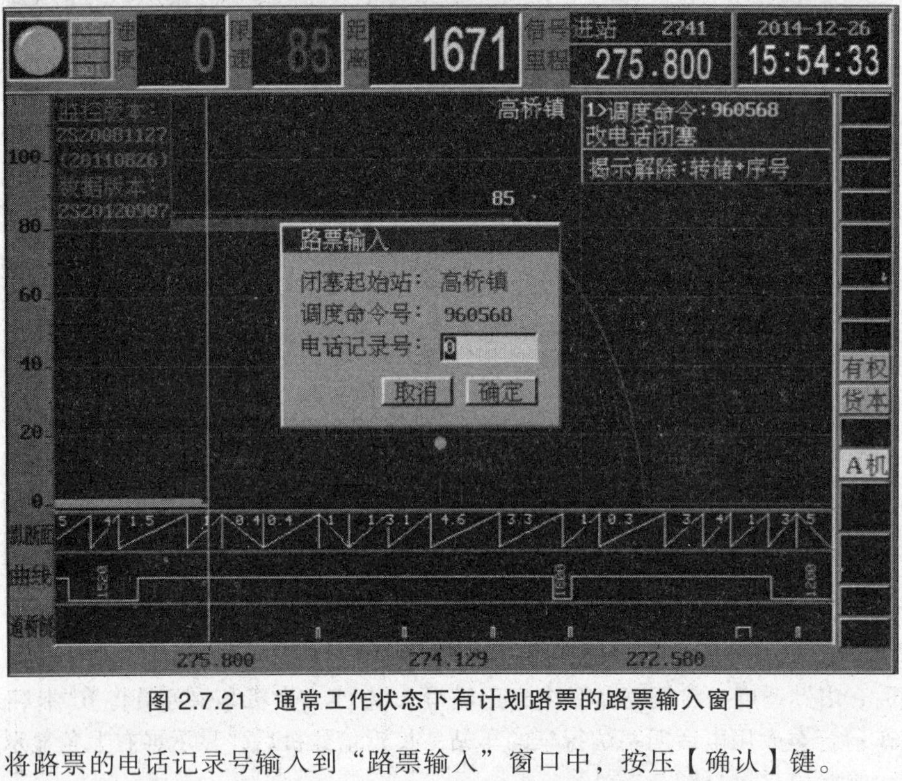

图 2.7.21　通常工作状态下有计划路票的路票输入窗口

（2）将路票的电话记录号输入到“路票输入”窗口中，按压【确认】键。

（3）在站内且只能在站内，按压【解锁】键后，5 s 内按压【确认】键，屏幕左上方显示红底黄字“路票行车”字样，LKJ 按路票方式控制运行（见图 2.7.22）。

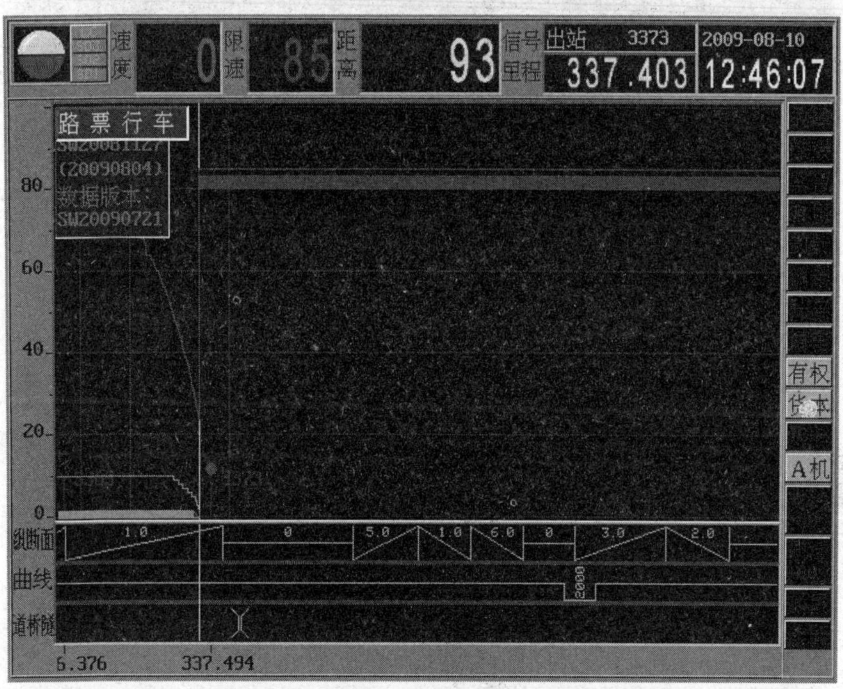

图 2.7.22 路票行车状态

（4）自动弹出的路票输入窗口显示 15 s，若 15 s 内未进行任何操作，弹出窗口自动消失，可持续按压【↑】键 2 s 以上，LKJ 显示“非正常行车确认”窗口（见图 2.7.11），按压【3】键，弹出“路票输入”窗口。机车乘务员重新按上述三个步骤操作。

（二）临时停基改电

停基改电的调度命令内容未通过 IC 卡正确输入到监控装置，称为临时停基改电。

1. 始发站临时停基改电（降级状态下临时路票）

机车乘务员设定运行参数后，“开车”灯亮。在停车状态下，按如下步骤操作：

（1）按压【↑】键 2 s 以上，弹出“非正常行车确认”窗口（见图 2.7.11）。

（2）按压【3】键，弹出“路票输入”窗口（见图 2.7.23）。

（3）正确输入调度命令号和电话记录号，按压【确认】键，出现操作提示（见图 2.7.17）。

（4）按压【解锁】键后，5 s 内按压【确认】键，屏幕左上方显示红底黄字“路票行车”字样（见图 2.7.18）。

（5）列车运行至对标地点按压【开车】键，监控进入通常工作状态（见图 2.7.19）。

2. 通常工作状态下临时停基改电

（1）列车运行中接到临时改用电话闭塞法行车的调度命令时，必须在改用电话闭塞法行车区间的起始站停车。

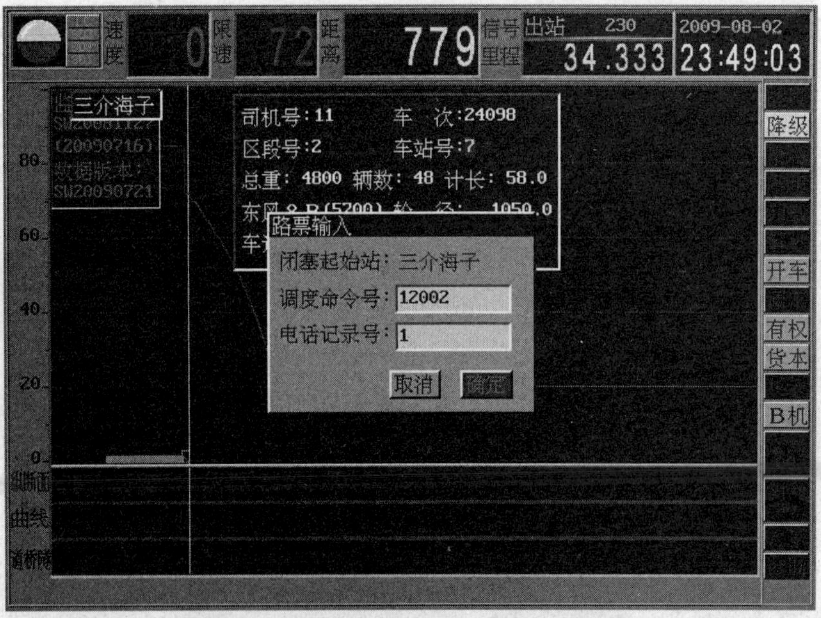

图 2.7.23　降级状态下临时路票输入窗口

（2）按压【↑】键 2 s 以上，弹出“非正常行车确认”窗口（见图 2.7.11）。

（3）按压【3】键，弹出“路票输入”窗口（见图 2.7.24）。

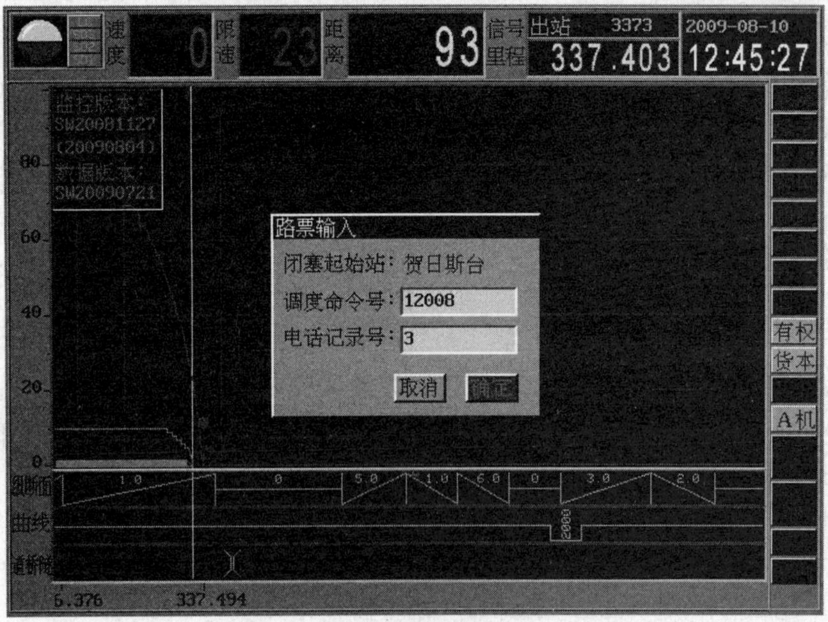

图 2.7.24　路票输入窗口

（4）正确输入调度命令号和电话记录号，按压【确认】键，右上角出现路票信息提示窗口（见图 2.7.25）。

（5）在站内，按压【解锁】键后，5 s 内按压【确认】键，屏幕左上方显示红底黄字“路票行车”字样（见图 2.7.22）。

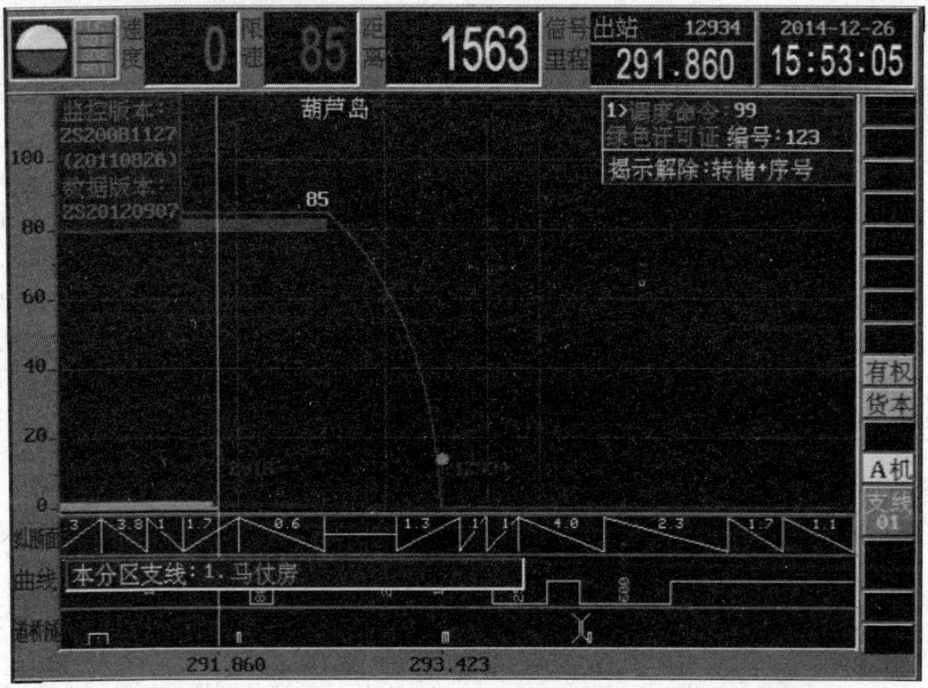

图 2.7.25 通常工作状态下临时路票输入后路票信息提示窗口

四、反方向行车

反方向运行时，机车乘务员应将机车信号载频（上下行转换）开关置于所运行线路规定的位置，恢复正方向运行时，及时将机车信号载频（上下行转换）开关置于所运行线路规定的位置。

输入监控装置车载数据中设有“反向”标志的车站号后，显示屏左上方显示“反向运行”。旅客列车无反方向数据的车站按相关行车办法执行。货运列车遇没有反方向监控数据时，列车停车后依据调度命令在监控装置降级状态下转入 20 km/h 限速工作状态运行。

列车反方向运行区段，对客运列车若不使用电话闭塞反方向行车时，LKJ 监控装置按最高允许速度不超过 120 km/h 确定固定模式限速值监控列车运行，该区间限速值低于上述取值的按低值控制；若使用电话闭塞反方向行车时，按照该次列车最高限速和车载数据中对应反方向区间信号机设置的限速值的低值 80%作为固定模式限速值监控列车运行，该区间限速值低于上述取值的按低值控制；对货运列车（含行包、回送客体列车，下同）进入反方向运行时，按最高速度不超过 80 km/h 监控列车运行。

（一）双线双方向的反方向行车（LKJ 无反方向数据）

1. 有计划使用路票反方向运行

列车运行至有计划使用路票反方向行车起始车站的出站信号机或发车进路信号机前，在停车状态下输入监控装置反方向运行区段号、车站号、原车速等级，进入降级状态，显示屏自动弹出“路票输入”窗口，提示机车乘务员确认调度命令编号，机车乘务员全员确认行车凭证无误后，在路票输入窗口处输入路票的电话记录号并确认，按压【解锁】+【确认】键解锁，起动列车运行，运行至规定对标点处按压【开车】键进入监控状态。

2. 临时使用路票反方向运行

列车运行至临时使用路票反方向行车起始车站的出站信号机或发车进路信号机前停车后，车站应向机车乘务员递交行车凭证（路票），机车乘务员接到行车凭证（路票）并全员确认无误后，输入监控装置反方向运行区段号、车站号、原车速等级，进入降级状态，机车乘务员持续按压【↑】键2 s，显示屏显示“非正常行车确认”窗口，将光标移动到“路票”选项处，按压【确认】键后输入调度命令号，在路票输入窗口处输入路票的电话记录号并确认，机车乘务员确认发车信号正确或得到电台发车通知后，机车乘务员按压【解锁】+【确认】键解锁，起动列车运行，运行至规定对标点处按压【开车】键进入监控状态。

3. 客运列车反方向运行

旅客列车如需改变原径路反方向运行时，在取得相应行车凭证前提下，必须在停车状态下方对监控装置进行操作，输入反方向区段号、车站号，并需选择原车速等级后开车灯点亮。当恢复正方向运行时，停车状态下方可对监控装置进行操作，输入对应正方向区段号、车站号，选择原车速等级，重新对标开车。

（二）双线双方向的反方向行车（LKJ有反向数据）

操作方法如下：

（1）列车运行至反方向运行起始站出站信号机或发车进路信号机前，机车乘务员确认地面信号为进行信号。

（2）当机车信号为进行信号速度低于60 km/h（机车信号为双黄灯，速度低于45 km/h）时，机车乘务员输入反方向运行区段号、车站号、原车速等级降级。在有速度情况下如未选择原车速等级语音提示“输入无效”，开车灯不点亮。

当机车信号为停车信号（含白灯、单红灯）时，停车后输入反方向运行区段号、车站号、原车速等级降级。

如地面信号为停车信号，必须在出站信号机或发车进路信号机前停车，待出站信号机或发车进路信号机显示进行信号后，输入反方向运行区段号、车站号、原车速等级降级。

（3）列车起动后在规定对标点处按压【开车】键对标进入监控状态。

（三）反方向恢复正方向运行

运行在反方向区间的列车，恢复正方向运行时，在出站信号机前，地面信号为进行信号。当机车信号为进行信号速度低于60 km/h（机车信号为双黄灯，速度低于45 km/h）时，机车乘务员输入监控装置正方向区段号、车站号、原车速等级，进入降级状态，运行至正向规定的对标点处按压【开车】键进入监控状态；机车信号为白灯或单红灯监控装置按停车模式控制时，需停车后输入正方向区段号、车站号、原车速等级，进入降级状态，运行至正向规定的对标点处按压【开车】键进入监控状态。

五、站内特殊方式停车

（一）特殊车站

停车位置标或停车位置距出站信号机（或发车进路信号机）的距离小于 50 m 的车站股道，监控装置预设为“靠标停车困难特殊车站”，简称特殊车站（显示屏信号机编号下有一条横线）。

特殊车站已在 LKJ2000 型监控装置中预先设定。

（二）站内特殊方式停车分类

根据站内特殊停车操作所在的车站是否为特殊车站，可将站内特殊方式停车分为靠标停车操作和货车特殊前行操作。

靠标停车，是在特殊车站进行的特殊方式停车。由于停车位置与出站信号机距离小于 50 m，受 LKJ2000 型监控装置停车曲线控制模式的限制，机车乘务员很难驾驶列车在规定地点停车。因此，需要使用靠标停车操作，将停车曲线打开，变为横直的限速曲线，使列车能够对标停车。

货车特殊前行，是在非特殊车站，只针对长大货车而使用的特殊方式停车。长大货车在站内停车后，列车前部必须越过停车曲线的关闭点，尾部才能过标。因此，需要经列车调度员允许，凭调度命令使用货车特殊前行操作，将停车曲线打开，使列车能够向前移动，从而在规定地点停车。

（三）靠标停车操作

在特殊车站，机车必须停于距出站（发车进路）信号机 50 m 内且监控限速影响正常靠标停车时，使用靠标停车操作。

（1）机车牵引的旅客列车和动车组运行速度<20 km/h 且距出站信号机距离小于 200 m 时，机车乘务员可按压【解锁】键解锁，监控装置开口限速 21 km/h，允许列车以不超过 20 km/h 的速度靠标停车，不得越过关闭的地面信号机，本分区机车信号变为进行信号时，按其显示控制。

（2）货运列车运行速度<15 km/h 且距出站信号机距离小于 200 m 时，机车乘务员可按压【解锁】键解锁，监控装置开口限速 16 km/h，允许列车以不超过 15 km/h 的速度靠标停车，不得越过关闭的地面信号机，本分区机车信号变为进行信号时，按其显示控制。

（3）列车停车 5 min 后恢复对出站信号机的停车控制，本站不再允许靠标解锁操作。

（四）特殊前行操作

货车在站内停车后，列车前部必须越过停车控制曲线速度为 0（关闭点）的位置尾部才能过标，或者受监控限速限制列车无法前移时，根据列车前部距出站（进路）信号机的实际距离（须留有 15 m 的安全距离），申请列车允许前行距离，列车调度员下达调度命令，确认后方可使用“特殊前行”模式。

1. 进入“特殊前行”的条件

货运列车站内停车后，同时满足以下条件时，监控允许通过显示器操作进入“特殊前行”控制模式：

（1）货运列车。

（2）机车运行速度为零。

（3）首次进入时监控装置显示的前方信号机为出站或进出站（线路所除外，下同）信号机。

（4）监控显示的前方信号机在监控线路数据文件中未预先设置为“货车靠标停车困难特殊车站”。

（5）首次进入时监控显示距前方信号机距离小于 70 m。

（6）监控不处于“20 km/h 限速工作状态”下。

（7）监控接收的机车信号为停车信号（红灯、低频信息为“H”码除外）或监控按停车信号控制的条件时。

2. 进入“特殊前行”的操作

（1）按压【↑】键持续约 2 s，屏幕弹出“非正常行车确认”窗口（见图 2.7.11）。

（2）选择“5.货车特殊前行”选项，如果进入“特殊前行”的各种条件都同时满足，监控进入“特殊前行输入”界面（见图 2.7.26）；如果此时进入“特殊前行”的条件不能同时满足，监控将显示进入“特殊前行”操作无效，并提示有效的操作方法（见图 2.7.27）。

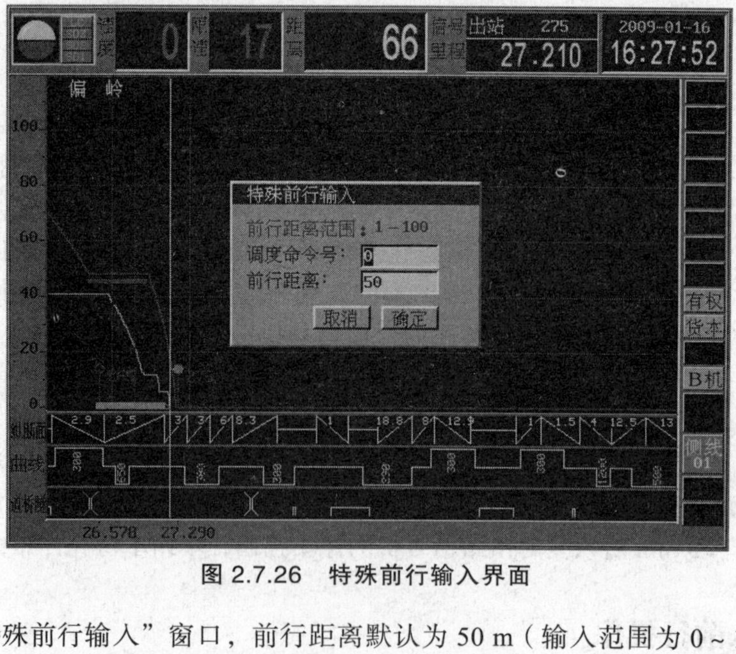

图 2.7.26 特殊前行输入界面

（3）在“特殊前行输入”窗口，前行距离默认为 50 m（输入范围为 0～100 m），并在显示界面中用红色字体提示前行距离的有效范围。输入调度命令和前行距离完成并确认后，监控对输入的调度命令号和前行距离进行判断。如果调度命令号为零或者前行距离不满足有效范围，监控显示器进行相应的提示。正确输入后，监控进入“特殊前行”控制模式，显示器在屏幕上方提示特殊前行剩余距离提示窗口（见图 2.7.28）。输入的调度命令号不能为 0，每次输入的前行距离最大为 100 m。

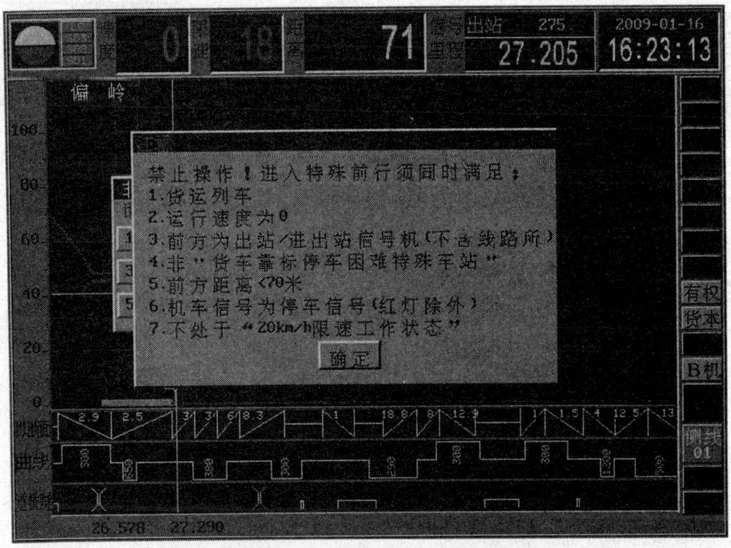

图 2.7.27　注意禁止操作界面

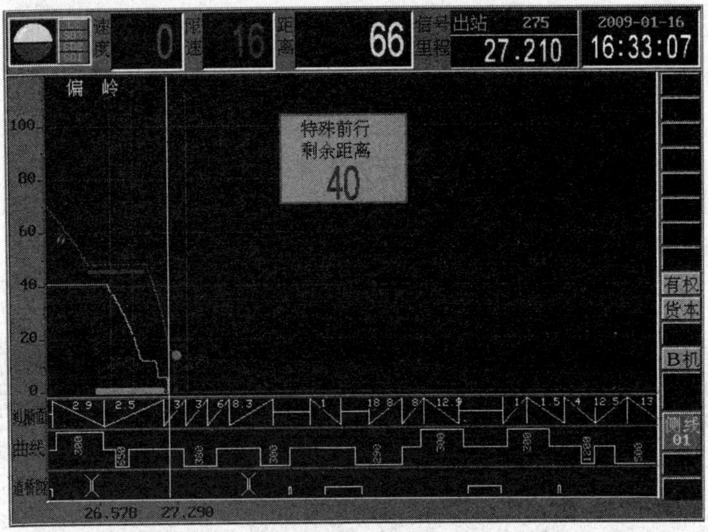

图 2.7.28　特殊前行剩余距离提示窗口

3.“特殊前行”模式的控制

进入“特殊前行”控制模式后，监控装置限速窗口值为 16 km/h，列车以不超过 15 km/h 的速度运行，显示器显示“特殊前行”剩余距离提示窗口。当剩余距离为 0 m 时，监控装置限速突降为 0 km/h，若此时列车运行速度为非 0 km/h 时，监控装置立即输出紧急停车指令。监控接收到机车信号红灯或低频信息为“H”码时立即输出紧急停车指令（考虑压钩起动，速度从 0 km/h 开始且走行距离小于 10 m 除外）。

4.“特殊前行”模式的退出

当满足下列任何一个条件时，监控自动退出“特殊前行”控制：

（1）监控接收到机车信号为开放信号且监控未按停车信号控制时。

（2）监控进入调车或降级工作状态。

（3）监控显示位于出站信号机前且停车时间超过 5 min。

（4）监控显示位于出站信号机前且监控显示前行剩余距离为 0 m 停车后。

（5）监控显示位于出站信号机前且接收到机车信号红灯或低频信息为“H”码停车后。

5. 注意事项

（1）“特殊前行”模式退出后，遇有机车停车位置距出站信号机实际距离>100 m 时，允许重复进入“特殊前行”。条件具备时通过上述步骤可再次进入，但每次重复进入“特殊前行”控制模式前都须重新请求调度命令。

（2）机车必须进入距出站（进路）信号机 15 m 之内时，机车乘务员向车站值班员报告，车站开放调车信号。

六、解除揭示操作

（一）运行状态解除运行揭示数据

1. 揭示距机车距离小于 4 000 m 的解除操作

接到取消前发停基改电、使用绿色许可证、特定引导或临时施工限速的调度命令，在列车运行中，当该揭示距机车距离小于 4 000 m 时，监控装置显示屏右上角将显示被取消的运行揭示数据提示窗口（见图 2.7.29）。按【转储】键，5 s 内输入提示窗口中被取消的运行揭示的序号，弹出调令号输入窗口（见图 2.7.30），输入取消前发运行揭示的调度命令号码，确认后，监控装置解除被取消的运行揭示的控制（见图 2.7.31）。

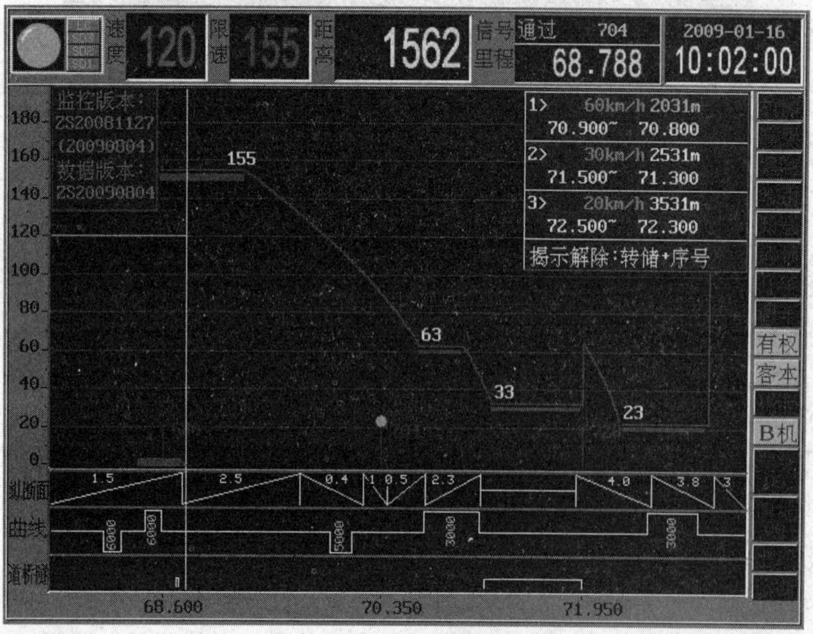

图 2.7.29　揭示提示窗口

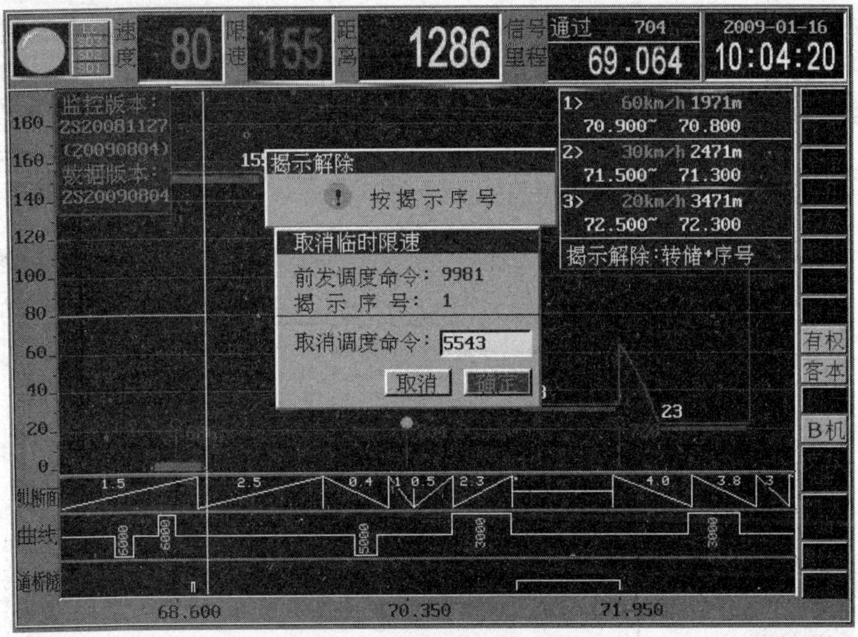

图 2.7.30　调令号输入窗口

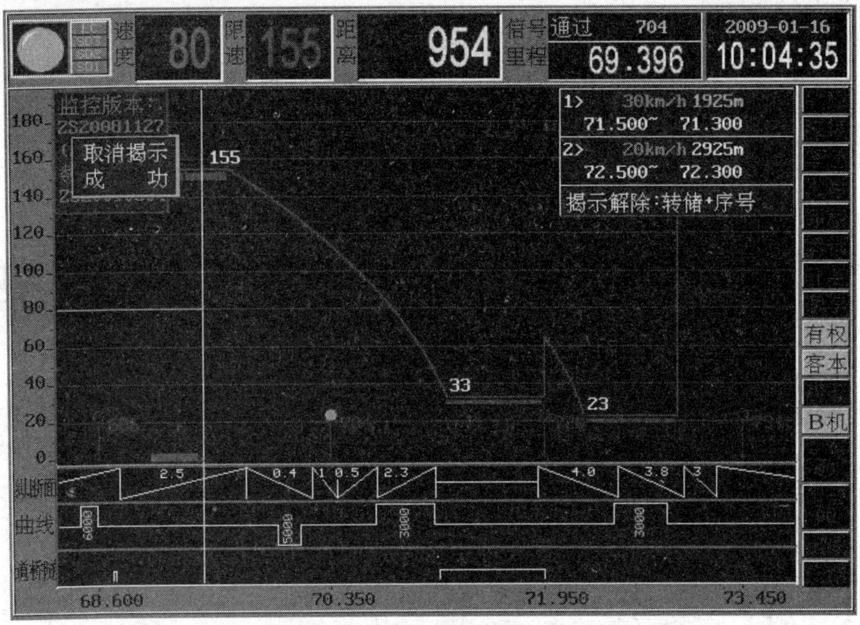

图 2.7.31　揭示解除成功

2. 揭示距机车距离大于 4 000 m 的解除操作

若列车运行中，要解除的揭示距机车距离大于 4 000 m，屏幕右上角无揭示数据提示窗口，也可选择下述方法进行解除揭示操作，不需停车。

接到取消前发停基改电、使用绿色许可证、特定引导或临时施工限速的调度命令，在停车时，通过揭示查询窗口解除。

按【查询】键选择查询“3. 全部揭示”，进入全部揭示查询窗口（见图 2.7.32），按【1】

键，或将光标移至“1 选择”处，按压【确认】键，揭示窗口出现光带。按【↑】【↓】键选择要取消的运行揭示，按压【确认】键选中，光标自动跳到“3 解锁”处（见图 2.7.33），按压【确认】键，弹出解除揭示输入调度命令窗口（见图 2.7.34），输入取消前发运行揭示的调度命令号码，确认后，监控装置解除被取消的运行揭示的控制（见图 2.7.35）。已解除的揭示变为红底黄字，将光标移动到“返回”项处，按压【确认】键，退出“全部揭示信息查询”界面。

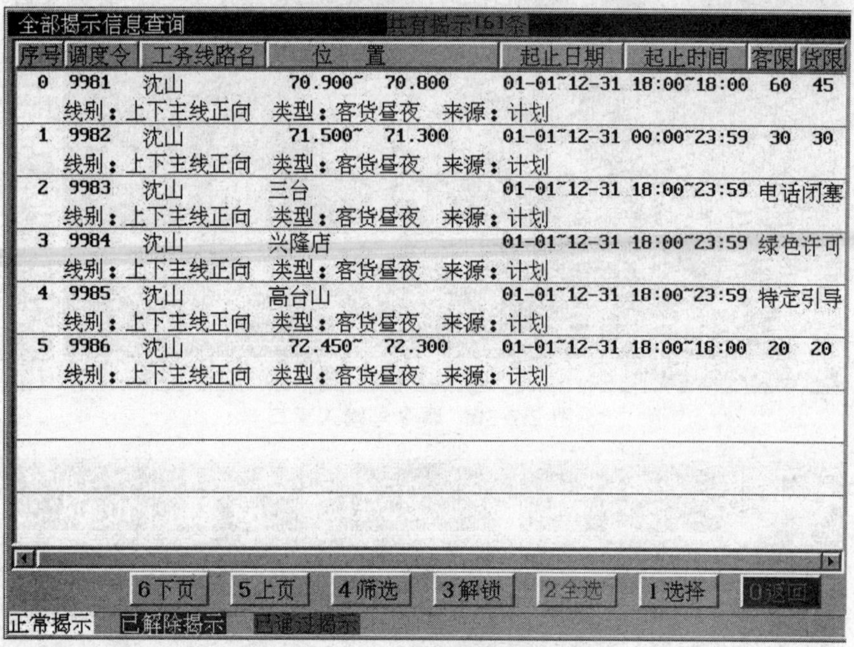

图 2.7.32　全部揭示信息查询窗口

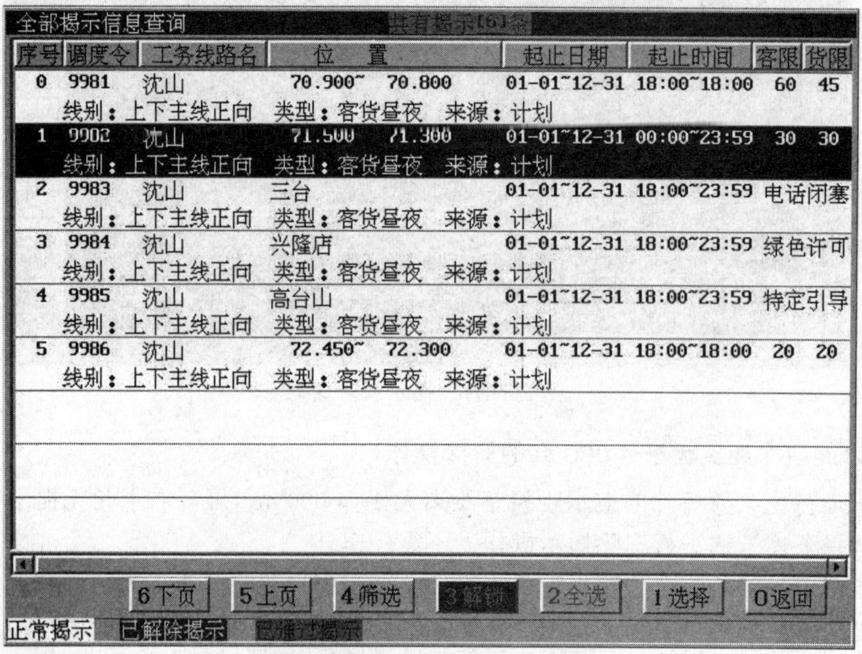

图 2.7.33　选中要解除的揭示

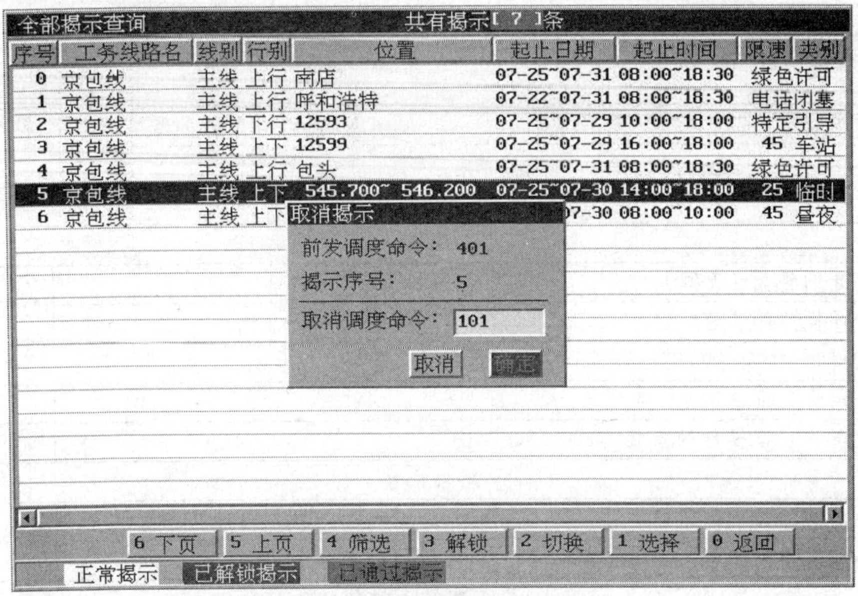

图 2.7.34　调令号输入窗口

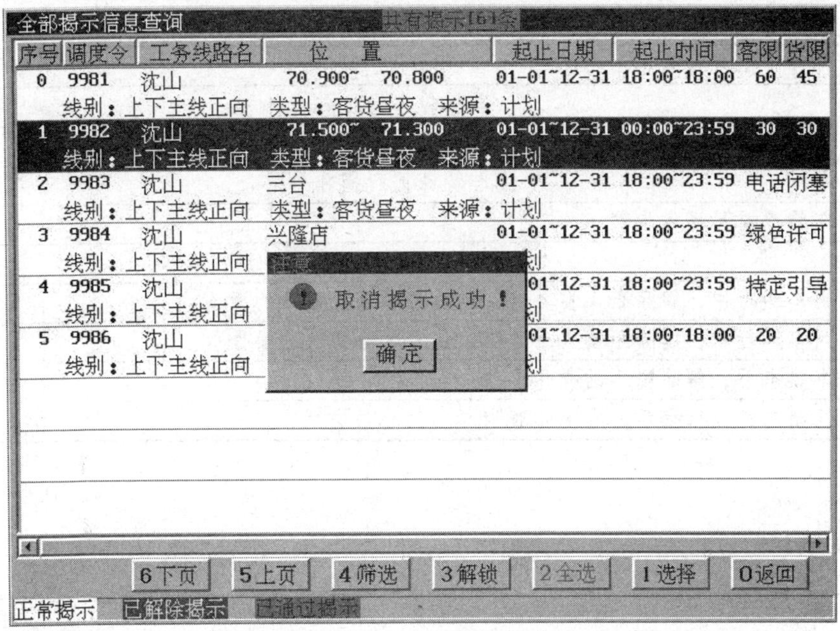

图 2.7.35　解除揭示成功

（二）停车状态解除运行揭示数据

停车状态下的解除揭示操作，与运行中距离大于 4 000 m（显示屏内不能显示揭示地点）的揭示解除操作相同，采用查询全部揭示的办法，在“全部揭示”查询界面内解除揭示。已经解除成功的揭示是红底黄字，已经通过的揭示是绿底蓝字，正常揭示是白底黑字。

“LKJ2000 型监控装置非正常行车操作”课程资源包

任务实施

任务编号	2-7	任务名称	LKJ2000型监控装置非正常行车操作	
序号	实施内容		完成情况	
			是	否
引导操作				
1	引导的种类（3项）			
2	引导操作的步骤			
绿色许可证操作				
3	绿色许可证的种类（4项）			
4	绿色许可证操作的步骤			
路票操作				
5	路票的种类（4项）			
6	路票操作的步骤			
反方向行车操作				
7	反方向行车操作步骤			
靠标停车困难特殊车站定义				
8	靠标停车困难特殊车站定义			
靠标停车操作				
9	靠标停车操作步骤			
货车特殊前行操作				
10	货车特殊前行操作步骤			
解除揭示操作				
11	在列车运行中，解除距离在4 000 m以内的运行揭示的操作			
12	在列车运行中，解除距离大于4 000 m的运行揭示的操作			
13	停车状态下，解除揭示的操作办法			
14	不同状态的运行揭示，在揭示查询界面的标注方式			

任务评价

任务编号	2-7	任务名称	LKJ2000型监控装置非正常行车操作	
序号	评价内容	标准分值	自我评分 50%	组内评分 50%
资讯阶段		10		
1	是否积极参与任务书讨论，正确领会任务要求	5		
2	是否积极参与引导文学习讨论，完全掌握学习内容	5		
计划→实施→检查阶段		20		
1	是否积极参与计划制订，提出建设性计划内容	5		
2	是否制订了可行的任务方案	5		
3	是否认真履行个人角色，积极参与任务演练	5		
4	是否有效使用任务检查单保证任务顺利进行	5		

续表

任务编号	2-7	任务名称	LKJ2000 型监控装置非正常行车操作		
序号	评价内容		标准分值	组间评分 50%	教师评分 50%
（任务展示）评价阶段			70		
1	引导操作	进行 LKJ2000 型监控装置引导操作，做到判断、操作、叙述准确熟练。少一项扣 2 分	8		
2	绿色许可证操作	进行 LKJ2000 型监控装置绿色许可证操作，做到判断、操作、叙述准确熟练。少一项扣 2 分	12		
3	路票操作	进行 LKJ2000 型监控装置路票操作，做到判断、操作、叙述准确熟练。少一项扣 2 分	12		
4	反方向行车操作	说明 LKJ2000 型监控装置反方向行车操作步骤。少一项扣 3 分	8		
5	靠标停车操作	说明靠标停车困难特殊车站定义。准确叙述靠标停车操作步骤。少一项扣 2 分	6		
6	货车特殊前行操作	进行货车特殊前行操作，操作、叙述准确。少一项扣 2 分	12		
7	解除揭示操作	进行运行中的解除揭示操作，做到判断正确，操作准确。少一项扣 2 分	12		
总评分值					

能力测试

1. 当进站信号机、接车进路信号机不能显示进行的信号，且机车信号也不能显示进行的信号接车时，该进行何种使用操作？

2. 引导操作有哪几种？

3. 什么是特定引导？怎样操作？

4. 手信号引导的解锁方法是什么？

5. 有计划绿色许可证操作和临时绿色许可证操作有什么区别？

6. 简述通常工作状态下临时绿色许可证的操作步骤。

7. 停用基本闭塞法改用电话闭塞法行车（以下简称“停基改电”）时，行车凭证为（　　）。

8. 简述监控装置有计划停基改电和临时停基改电操作的区别。

9. 简述通常工作状态下有计划停基改电的操作。

10. 如何进行双线双向的反方向行车监控操作？

11. 什么是特殊站？

12. 如何进行客车靠标停车？

13. 货车特殊前行必须具备哪些条件？

14. 简述货车特殊前行的操作步骤。

15. 货车特殊前行距离默认是（　　）米，最长是（　　）米。

16. 列车运行途中，如何解除距列车距离小于 4 000 m 的地点的运行揭示？

17. 停车状态下，如何解除运行揭示？

18. 在查询揭示界面，（　　）揭示是红底黄字，（　　）揭示是绿底蓝字。

项目 3　TAX2 型机车安全信息综合监测装置

随着车载系统信息化的发展，一些与机车运行有关的辅助安全信息的检测及数据传输设备已相继问世，如轨道动态检测设备、弓网检测设备、无线列调语音录音设备、TMIS（铁路运输管理信息系统）及 DMIS（调度指挥管理信息系统）列车运行信息传输设备等。但这些设备分别由不同的研制单位生产或试制，自成一体，在机车上分散安装，系统性不强，资源浪费大；而且由于没有与列车运行的时间、公里标和速度等信息相结合，又没有一套较好的地面管理系统支持，致使记录的信息可用性差，不便于分析和统一管理。为此，很有必要将这些设备集中化、系统化，并建立统一的工作平台。在这样的迫切需求下，机车安全信息综合监测装置应运而生。1998 年 11 月，在铁道部的组织下，由株洲所牵头开始进行机车安全信息综合监测装置（第一代 TAX 装置）的研制，至今已经发展到第二代 TAX2 装置。TAX2 型机车安全信息综合监测装置适用于装有 LKJ2000 型监控装置的各型电力机车和内燃机车。

"TAX2 型机车安全信息综合监测装置"项目引入

任务 3-1　认识 TAX2 型机车安全信息综合监测装置

任务安排

任务编号	3-1	任务名称	认识 TAX2 型机车安全信息综合监测装置	建议学时	2（学时）
任务描述					
TAX2 型机车安全信息综合监测装置是集各种与机车运行有关的信息检测和数据传输设备于一体的综合性信息监测装置，俗称信息工作平台。该装置既解决了所有检测信息以统一时间、公里标作为基准坐标记录的问题，又解决了数据的转储、分析管理和车地信息传输问题，同时也节约了资源和便于对设备的统一维护。本任务请同学们一起来认识 TAX2 型机车安全信息综合检测装置，充分了解机车上的行车安全设备。					

续表

<table>
<tr><td>任务编号</td><td>3-1</td><td>任务名称</td><td>认识 TAX2 型机车安全信息综合监测装置</td><td>建议学时</td><td>2（学时）</td></tr>
<tr><td colspan="6">任务实施要求做到：
（1）能在机车上找到 TAX2 型机车安全信息综合监测装置；
（2）能具体说出 TAX2 型机车安全信息综合监测装置的功能、特点和组成；
（3）能说出 TAX2 型机车安全信息综合监测装置的工作原理；
（4）能进行 TAX2 型机车安全信息综合监测装置的维护检测。</td></tr>
<tr><td colspan="6">实施说明</td></tr>
<tr><td colspan="6">（1）以小组（5～6 人）为单位开展任务实施；
（2）任务前完成知识准备；
（3）验收：小组全部同学通过计算机理论知识考核，给予第一部分成绩；小组指派一名代表展示 TAX2 型机车安全信息综合监测装置维护过程，给予第二部分成绩。第二部分成绩，由教师和其他各组同学对展示小组按标准进行评分。</td></tr>
<tr><td colspan="6">任务注意事项</td></tr>
<tr><td colspan="6">（1）任务开始前，必须做好充分的知识储备工作；
（2）任务过程中，要爱护实训设备，禁止暴力操作；
（3）注意实训人身财产安全。</td></tr>
</table>

任务资讯

TAX2 型机车安全信息综合监测装置（见图 3.1.1）是集各种与机车运行有关的信息检测和数据传输设备于一体的综合性信息监测装置，俗称信息工作平台。该装置将各检测设备以标准模块单元置于工作平台中，由该工作平台中的通信记录单元一方面获取监控装置的时间、公里标、速度和车次等信息，另一方面综合各功能模块单元检测到的信息进行记录，记录的格式与 LKJ2000 型监控装置的数据记录格式相同，可以用监控装置转储器进行记录数据的转储，并利用其地面处理软件进行地面分析处理和数据管理。另外，通过装置中的信息传输单元（如 DMIS 单元、TMIS 单元等），可以将列车运行的信息实时传送给有关地面设备，以便实现对机车的动态跟踪管理，提高机车的周转率和利用率。该装置既解决了所有检测信息以统一时间、公里标作为基准坐标记录的问题，又解决了数据的转储、分析管理和车地信息传输问题，同时也节约了资源和便于对设备的统一维护。

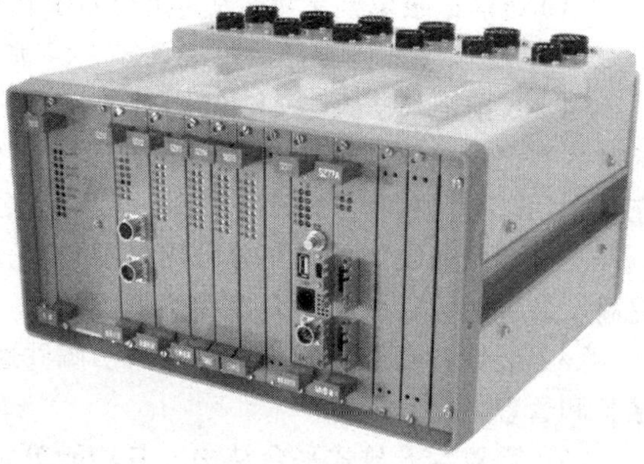

图 3.1.1　TAX2 型机车安全信息综合监测装置

一、装置的主要功能

TAX2 型机车安全信息综合监测装置以电源单元和通信记录单元作为基本配置，该基本配置主要有以下功能：

1. 串行通信功能

装置内通信记录单元能通过 RS-485 串行通信方式从监控装置获取年月日、时分秒、公里标、运行速度、机车号、车次、车种、区段号、车站号、司机号、副司机号、列车编组等信息，并能将这些信息通过另一个 RS-485 接口周期地传送到装置内各功能单元。各功能单元将经过分析判断且要求记录的信息返回给通信记录单元进行记录。

2. 记录功能

装置内通信记录单元能以统一时间、公里标作为坐标基准，实时记录各检测单元反馈的信息，数据记录格式与 LKJ2000 型监控装置的数据记录格式相同。

3. 数据转储功能

通信记录单元记录的信息可以利用监控装置转储器通过 RS-232 串行通信方式进行数据转储，且预留有与可能应用的大容量 IC 卡设备通信的 RS-485 接口。

4. 数据分析处理功能

装置记录的信息通过转储器输送到地面微机后，可以利用 LKJ2000 型监控装置地面分析处理软件（增加对各功能单元的事件记录项目，但与原软件兼容）进行地面分析和数据管理。

二、装置的主要特点

（1）装置采用 4U 标准机箱及插件单元式结构，既符合开放式工作平台结构的要求，也便于装置的标准化、模块化，有利于装置的检测、维护、功能扩充和规范管理。

（2）装置电源单元采用与 LKJ2000 监控装置电源一致的方式，技术成熟、性能稳定、通用性强、互换性好。

（3）通信记录单元采用较先进的 Flash 存储器技术，不用电池，记录数据可长久保存（10 年以上），提高了数据存储的可靠性。

（4）数据记录格式与 LKJ2000 完全兼容，能用原有监控装置的转储器和地面分析处理系统对装置记录数据进行转储、分析和管理，不需另外增加地面设备及地面软件的投入和开发，充分利用既有监控装置地面系统软、硬件资源。

（5）装置各功能单元充分采用电源隔离、通信接口隔离及对外输入/输出信号隔离技术，提高了装置的可靠性、安全性和抗干扰性。

（6）装置各功能单元采用以专用引脚并通过后背板独立插座对外引线的方式，方便用户维护和管理。

（7）装置为开放式平台结构，各功能单元采用统一的硬件规范和软件通信协议，易于对功能单元的合作开发和功能扩充。

三、主要技术参数

（一）电　源

1. 电源单元

输入：直流 77 ~ 137 V。

输出：A. 5 V ± 0.05 V，1 A；

B. ± 12 V ± 0.5 V，0.5 A；

C. 15 V ± 0.5 V，1.5 A；

D. 24 V ± 2 V，0.2 A。

电源保护功能：

输入欠压保护：75 V ± 2 V，可自恢复；

输入过压保护：140 V ± 2 V，可自恢复；

5 V 回路过压保护：6 V ± 0.2 V，不可自恢复。

2. 对各检测单元电源的要求

各检测单元可以从电源单元获取 5 V、± 12 V、15 V、24 V 电源，但：

对 5 V 电源取流应≤150 mA；

对 ± 12 V 电源取流应≤90 mA；

对 15 V 电源取流应≤240 mA；

对 24 V 电源取流应≤40 mA（暂作备用）。

当检测单元所需电源容量超过以上规定时，可由该单元引入 110 V 电源变换后产生其所需电源。

（二）记录容量

装置内通信记录单元记录容量为 1 MB；允许各检测单元占用的记录信息≤16 KB。

（三）通信波特率

与 LKJ2000 型监控装置通信波特率：9600 b/s；

与转储器通信波特率：28.8 kb/s；

与 IC 卡通信波特率：28.8 kb/s；

与各检测单元通信波特率：28.8 kb/s。

四、装置的组成

（一）装置基本配置清单

1. 主　机

TAX2 型机车安全信息综合监测装置有主机箱一台。主机箱内基本配置有电源插件一块，通信记录插件一块，母板一块，滤波板一块。

2. 连接电缆

TAX2 型机车安全信息综合监测装置有连接电缆 2 根，分别是 LKJ2000 型监测通信电缆（3 芯）和电源电缆（2 芯），如图 3.1.2 所示。

图 3.1.2　机车上的 TAX2 型机车安全信息综合监测装置

（二）装置主机箱的组成

装置主机箱采用符合 GB3047.2 和 GB3047.4 机械尺寸要求的 4U 标准机箱及插件单元式结构。它以电源单元、通信记录单元作为基本单元配置，其他已开发的功能单元有：TMIS 单元、轨道检测单元、弓网检测单元、DMIS 单元、无线列调语音录音单元、轴温检测单元；另外，预留三个单元位置用于备用功能单元的扩展。各单元以插件形式插装在机箱内母板上，另外有一块滤波板装在机箱后面板上。各单元面板上均设有指示灯或测试孔，用于各单元的工作状态、故障状态指示及对某些模拟量信号的测量，便于对装置的检测及维护。图 3.1.3 为机箱各单元配置示意图。

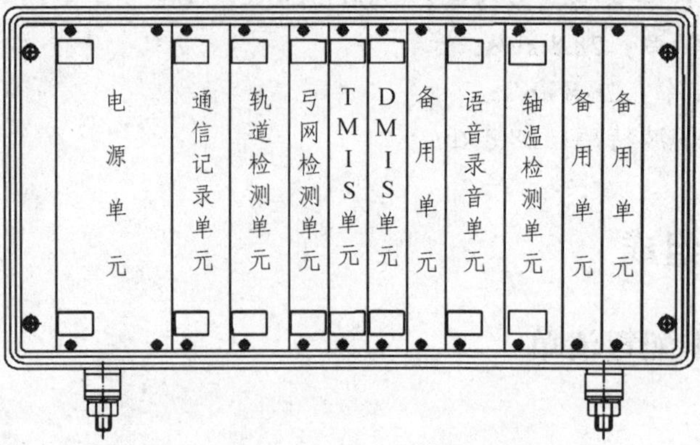

图 3.1.3　机箱各单元配置示意图

五、装置的基本原理

装置系统结构框图如图 3.1.4 所示。装置内部采取由电源单元集中供电的方式，电源单元提供 + 5 V、± 12 V、+ 15 V、+ 24 V、+ 110 V 电源给各单元的电路及其相关外部设备（如传感器、机车标签等）供电。各单元选用任何一种电源均必须采取 DC-DC 变换器等方式与系统电源隔离，以提高系统电源的工作可靠性。以通信记录单元为装置的核心，通过它获取监控装置的运行信息，完成对各功能单元反馈信息的记录及对外数据转储功能。装置中除电源单元外，其余各单元均带有单片微机和通信接口。因此，本装置是一个带有多级串行通信的多计算机系统。

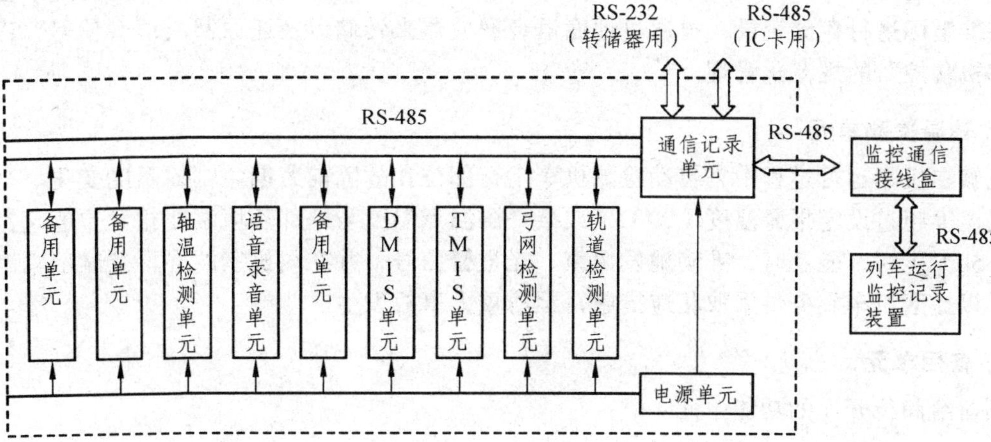

图 3.1.4　TAX2 型监测装置系统结构框图

1. 轨道检测单元

用于机车运行时动态检测轨道的技术状况，其基本原理是通过安装在机车上的振动传感器检测机车运行时的横向和垂向加速度值，在对其进行分析处理后得出机车在运行轨道上的晃动等级，从而判定相关地点的轨道状况。本单元还将横向超限和垂向超限的时间、地点、加速度值等数据实时反馈给通信记录进行记录，以便地面的进一步分析和及时对轨道设备进行维护。

2. 弓网检测单元

用于电力机车运行时动态检测弓网的技术状况。该单元对由拉出值和硬点冲击超限检测传感器检测到的拉出值超限、硬点冲击超限等信号进行处理，能及时检测到电力机车在运行线路上的弓网状态，并将确定的拉出值和硬点冲击超限点的时间、公里标、速度等信息实时反馈给通信记录单元进行记录，以便地面的进一步分析和及时对弓网设备进行维护。

3. TMIS 单元

TMIS 单元又称机车标签写入单元，它的主要功能是从监控装置获取的车次、车号、本/补、客/货、时间、公里标等列车运行信息实时传送给车号识别系统中的机车标签设备，再由车号自动识别系统的地面识别设备和管理设备传送给 TMIS 系统，完成 TMIS 系统对机车的动态跟踪管理。

4. DMIS 单元

DMIS 单元是 DMIS 工程无线车次号校核系统的车次等信息的传输源。它的主要功能是将从监控装置获取的列车运行的时间、公里标、车次、信号机编号和速度等信息经调制后，通过机车电台传输到车站地面电台，再传送给 DMIS 系统，完成对机车的调度管理。

5. 语音录音单元

语音录音单元是无线列调语音录音装置的车载设备。该单元将机车乘务员通过列车无线电调度电话进行的收、发语音信号，按数字压缩形式，并以从监控装置获取的时间、公里标作为基准坐标进行存储记录，再通过地面语音回放器来转储以及还原回放语音信号，以加强对“车机联控”的规范化管理。

6. 轴温检测单元

能够在机车运行过程中，自动检测机车走行部位在故障前兆期急剧的温度变化。当某一测温点温度超过设定报警温度（90℃）或某一测温点温度与外部环境温度相对差值超过报警温度（50℃）时，能及时、准确地发出声、光报警信号，并在司机室的屏幕上显示轴温高的轴位，以提醒机车乘务员采取相应措施，预防重大事故发生。

7. 备用单元

预留给尚待开发的功能单元。

六、项目维护

1. 面板检查

通过语音录音单元前面板上发光二极管的亮、灭或闪烁及它们的组合，可直观地显示录音板的工作状态；语音板与通信板正常时，1A、2A 灯灭，1B 灯闪；故障时，三个灯同时闪；录音时，1A 灯亮、2A 灯灭、1B 灯闪；放音时，1A 与 2A 灯交替亮及灭，1B 灯灭。

2. 语音测试方法

机车乘务员开车前拿起话筒讲一句话，然后按一下语音录音单元前面板上的回放按钮，即可回放这一句话。通过语音录音单元面板上的转储测试接口，借助录音测试仪可以实现在机车上进行对语音录音单元的检查及语音播放工作，然后将语音录音单元拔下，利用配套的地面设备可以查询语音记录装置记录的语音文件，有选择地进行语音回放、转储等功能。

“认识 TAX2 型机车安全信息综合监测装置”课程资源包

任务实施

任务编号	3-1	任务名称	认识 TAX2 型机车安全信息综合监测装置	
序号	实施内容		完成情况	
			是	否
装置的主要功能				
1	串行通信功能			
2	记录功能			
3	数据转储功能			
4	数据分析处理功能			
装置的主要特点				
5	TAX2 型机车安全信息综合监测装置的 7 个特点			
装置的组成				
6	TAX2 型机车安全信息综合监测装置的组成			
7	主机箱的组成			
装置的基本原理				
8	TAX2 型机车安全信息综合监测装置的系统结构			
9	TAX2 型机车安全信息综合监测装置的供电方式			
10	主机各单元的主要功能			
项目维护				
11	面板检查			
12	语音测试			

任务评价

任务编号	3-1	任务名称	认识 TAX2 型机车安全信息综合监测装置	
序号	评价内容	标准分值	自我评分 50%	组内评分 50%
资讯阶段		10		
1	是否积极参与任务书讨论，正确领会任务要求	5		
2	是否积极参与引导文学习讨论，完全掌握学习内容	5		
计划→实施→检查阶段		20		
1	是否积极参与计划制订，提出建设性计划内容	5		
2	是否制订了可行的任务方案	5		
3	是否认真履行个人角色，积极参与任务演练	5		
4	是否有效使用任务检查单保证任务顺利进行	5		

续表

任务编号	3-1	任务名称	认识TAX2型机车安全信息综合监测装置		
序号		评价内容	标准分值	组间评分 50%	教师评分 50%
（任务展示）评价阶段			70		
1	装置的主要功能	叙述TAX2装置的4项功能，每错一处扣2分	8		
2	装置的主要特点	叙述TAX2装置的7项特点，每错一处扣2分	14		
3	装置的组成	叙述TAX2装置的组成、主机箱的组成，每错一处扣2分	20		
3	装置的基本原理	（1）绘制TAX2系统结构框图； （2）叙述TAX2电源供电方式； （3）叙述主机各单元的主要功能。 每错一处扣2分	22		
4	装置的项目维护	进行TAX2装置的面板检查和语音测试，操作错误，每处扣1分	6		
总评分值					

能力测试

1. TAX2型机车安全信息综合监测装置的主要功能有哪些？
2. TAX2型机车安全信息综合监测装置的特点有哪些？
3. 装置内通信记录单元记录容量为（　　）MB。
4. TAX2型机车安全信息综合监测装置基本配置为（　　　　）1台，（　　　　）2根。
5. TAX2型机车安全信息综合监测装置主机箱基本配置有（　　　　）一块，（　　　　）一块，（　　　　）一块，（　　　　）一块。
6. 请在图3.1.5中填写TAX2主机箱各插件名称。

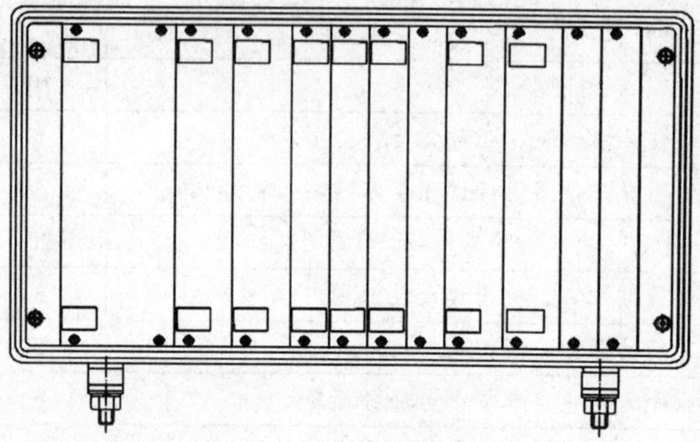

图3.1.5　TAX2主机箱

7. TAX2 装置内部采取由电源单元集中供电的方式，电源单元提供 + 5 V、(   )、+ 15 V、(   )、(   ) 电源给各单元的电路及其相关外部设备供电。

8. 叙述 TMIS 单元的功能。

9. 叙述 DMIS 单元的功能。

10. 叙述语音录音单元的功能。

11. 语音录音单元前面板上 1A、2A 灯灭，1B 灯闪，表示语音板与通信板（   ）。

12. 语音板与通信板故障时，1A 灯（   ）、2A 灯（   ）、1B 灯（   ）。

13. 语音板录音时，1A 灯（   ）、2A 灯（   ）、1B 灯（   ）。

14. 语音板放音时，1A 与 2A 灯交替（   ），1B 灯（   ）。

15. 机车乘务员开车前拿起话筒讲一句话，然后按一下（   ）前面板上的回放按钮，即可回放这一句话。

项目 4　机车综合无线通信设备

机车综合无线通信设备（简称 CIR），作为中国铁路的新一代铁路无线通信系统中的机车设备，具有功能强大、标准化程度高、操作灵活的特点。它不但具备列车无线调度通信设备的全部业务功能，还能够提供无线调度命令接收、车次号校核、列尾风压查询等新业务功能，更是高速铁路 GSM-R 无线通信系统不可或缺的一员。CIR 设备功能覆盖 450 MHz 调度通信系统（包括话音通信、调度命令、列尾、无线车次号等）、800 MHz 列尾和 800 MHz 列车安全预警及二次防护系统、GSM-R 数字移动通信系统（话音通信、数据通信）、高速数据传输等，具有极强的功能扩展性。

"CIR 机车综合无线通信设备"项目引入

任务 4-1　机车综合无线通信设备认知

任务安排

<table>
<tr><td>任务编号</td><td>4-1</td><td>任务名称</td><td>机车综合无线通信设备认知</td><td>推荐学时</td><td>4（学时）</td></tr>
<tr><td colspan="6">任务描述</td></tr>
<tr><td colspan="6">机车乘务员驾驶列车运行过程中，要与列车调度员、车站值班员进行车机联控等联系通话，要接收调度员的调度命令，这些都是通过司机操纵台上的 CIR 设备来进行的。今天，由你来向大家介绍一下机车综合无线通信设备吧。</td></tr>
<tr><td colspan="6">任务实施要求做到：
（1）能准确叙述 CIR 设备的功能、特点；
（2）能准确说明 CIR 设备的组成及各组成部件的功用。</td></tr>
<tr><td colspan="6">实施说明</td></tr>
<tr><td colspan="6">（1）以小组（5~6 人）为单位开展任务实施；
（2）任务前完成知识准备；
（3）验收：小组全部同学通过计算机理论考试，给予第一部分成绩；小组指派一名代表进行介绍任务展示，给予第二部分成绩。第二部分成绩，由教师和其他各组同学对展示小组按标准进行评分。</td></tr>
</table>

续表

任务编号	4-1	任务名称	机车综合无线通信设备认知	推荐学时	4（学时）
任务注意事项					
（1）任务开始前，必须做好充分的知识储备工作； （2）任务过程中，要爱护实训设备，禁止暴力操作； （3）注意用电安全。					
职业与思政					
巧人巧手成大器——记太原局集团公司太原通信段湖东移动通信车间通信工丁巧仁 车载无线通信设备通过铁路专用移动通信网络，实现机车与车站、调度之间的车机联控以及行车信息的准确传输。车载无线通信设备作为“铁路移动”网络通信的终端设备，被称为列车司机的“眼睛”和“耳朵”，是确保重载列车安全运行的核心设备。中国铁路太原局集团有限公司太原通信段湖东移动通信车间通信工丁巧仁，就是维护“铁路移动”设备的技术能手。 并不是每一个人都能够从事与自己兴趣志向相关的工作。丁巧仁把自己能够从事车载无线通信设备维护工作看作是“求仁得仁”，因此，对于工作中付出的辛劳和汗水，他无怨无悔。 1993 年，铁路中专毕业后，丁巧仁来到了大秦线，成为一名无线通信检修工。那时的车载通信设备被称为无线列调，只能实现近距离的点对点传输。痴迷于技术的他总是把别人休息的时间都用来钻研技术，研究设备电路与工作原理。别人不愿碰的“疑难杂症”在丁巧仁眼里都是提高业务技能的试验场。他把每一次故障现象详细记录下来，回到工区后再反复研究琢磨，并利用废旧设备进行模拟练习。为了做好一次数据分析或找到一个故障原因，丁巧仁常常在不足 4 m^2 的无线屏蔽室里一待就是一天。 凭着对工作的满腔热情，丁巧仁很快就掌握了各种型号车载通信设备的工作原理、作业流程，成为班组的技术骨干。他说：“平时处置的故障类型越多，关键时刻才能手到擒来、操之在我。我们的工作就是千方百计地维护大秦线运输安全。” 大秦铁路的快速发展和在国计民生中的重要作用，让丁巧仁对自己工作的重要性有了更深刻的理解，对技术的痴迷渐渐演化为职业的责任和担当。 通信技术发展迅猛，铁路装备不断迭代升级。从零起步的丁巧仁珍惜每一次向厂家学习的机会，跟随厂家技术人员从安装、调试设备开始学起，从仪表的每个按键开始熟悉，一次次地进行数据分析，一遍遍地排查设备故障，一趟趟地请教厂家技术人员。 为了尽快熟悉新业务，他先后参加了北京交通大学、深圳相关厂家组织的培训学习，借来专用英文字典，对照查询 G 网专用术语，徒步巡线熟悉区间设备运用情况。不到半年时间，丁巧仁就初步掌握了 G 网维修的各项技能，并成为工区里维护车载无线通信设备的小专家，先后解决了机车信号弱、天线驻波比不达标等诸多问题。 几年来，大秦线“铁路移动”实施了数次网络升级，作为技术骨干的丁巧仁都以高超的业务素养和敬业精神为网络升级提供了应有的技术保障。2007 年，丁巧仁担任测试工区工长后，协助设备厂家进行了数次软件修改和升级，经他检测的无线通信设备，未发生过一次故障，他也由此成为大秦线上人人皆知的无线通信“排障能手”。 2011 年，丁巧仁在第三届全国铁道行业职业技能竞赛中，凭借过硬的技术能力荣获铁路通信工（无线终端维护）第一名。 2016 年，车载无线通信设备一个重要单元故障频发，经过工作室成员反复排查比对，发现是单元性能质量下降。这一发现得到设备厂家的认可，第一时间对不良设备进行了更换，故障率下降了 70%，保障了设备的安全运行。					

续表

任务编号	4-1	任务名称	机车综合无线通信设备认知	推荐学时	2（学时）
职业与思政					
丁巧仁每天与数据为伍，与故障赛跑。他将故障处理经验进行梳理总结，提炼出指示灯观察法、信号流程分析法、替换法、配置数据法、系统最小化法 5 种故障定位方法，编写了《CIR 设备典型故障 50 例工作手册》，成为现场作业人员的指导书。他还参与编写了《铁路通信工培训规范》《高速铁路动车组车载通信设备维修岗位培训规范》，参与审定了《铁路通信维护规则》《动车组车载通信设备维修岗位教材》《高速铁路通信技术培训教材》。 26 年来，丁巧仁作为一名扎根铁路一线的技术工作者，立足岗位，不畏艰难，始终坚守着精益求精、锲而不舍的职业精神，哪里有困难，就在哪里攻关；工作中需要什么，他就把自己的聪明才智倾注于此。经他检修的设备超过 8 300 台次，处理故障超 2 600 件次，他所在的工区获得了连续 15 年无责任故障的优异成绩，确保了万吨牵引机车通信安全，生动地诠释了一名铁路技术工作者敬业奉献的精神品格。 摘自：中国国家铁路集团有限公司网站					

任务资讯

机车综合无线通信设备（CIR）是基于 GSM-R 数字移动通信技术、全球定位技术（GPS）、450 MHz 及 800 MHz 模拟无线电台通信技术等开发的综合车载通信设备。它与 GSM-R 设备和 450 MHz、800 MHz 模拟无线电台等设备共同组成一个完整的铁路综合无线通信网。

一、CIR 设备的主要功能

（1）具有 450 MHz 通用式机车电台的调度通信功能。

（2）具有 450 MHz 机车电台自动和手动转换工作模式功能。

（3）具有承载列车尾部风压、无线车次号、调度命令等数据信息的传输功能。

（4）具有 GSM-R 调度通信系统功能。

（5）具有 GSM-R 通用数据传输功能，可根据承载业务的需要提供 GPRS 或电路方式数据传输链路。

（6）具备《800 MHz 列尾和安全预警综合系统主要技术条件》规定中车载电台的功能。

（7）具有 GSM-R 工作模式与 450 MHz 工作模式自动切换和手动切换功能。

（8）具有向用户提供 GPS 原始信息、公用位置信息的功能。

（9）操作显示终端（MMI）具有 GSM-R 调度通信、通用数据传输、应用操作、状态显示以及语音提示的功能。

（10）主机具有信息存储和导出功能。

（11）主、副 MMI 之间具有通话功能。

（12）具有话音、数据业务和状态信息记录及转储功能。

（13）具有整机自检功能和故障定位功能（故障定位到单元模块），包括 450 MHz 机车电台单元、800 MHz 车载电台单元、GSM-R 话音单元、GSM-R 数据单元、记录单元、卫星定位单元、MMI、机车数据采集编码器、电池单元，并可将自检结果发送到库检设备。

（14）具有人工系统复位功能，复位重启后自动进入原注册状态。

（15）主机关机时，具有电池单元放电电压检测功能。

二、CIR 设备的特点

（1）集成化程度高，结构坚固。

（2）传输可靠，话音质量高，误码率小。

（3）采用可视化的操作终端，便于操作。

（4）具有出入库检测功能。

（5）具有车次号接口。

（6）具有列车尾部风压检测功能。

（7）具有自动和手动转换工作模式的功能。

（8）具有录音接口。

（9）具有预留扩展数据接口，为机车以后的扩展业务使用。

（10）具有软关机功能，在关机时，由机车综合通信设备内部的电池供电完成各类信息的存储、机车号功能号和车次号功能号的注销。

三、CIR 设备的组成

机车综合无线通信设备（CIR）是基于 450 MHz 列车无线调度通信、GSM-R、800 MHz 列车防护报警系统的机车终端通信设备。CIR 由主机、操作显示终端（以下简称 MMI）、送（受）话器、扬声器、打印终端、天线和连接电缆等构成（见图 4.1.1）。CIR 设备的构成原理框图如图 4.1.2 所示。

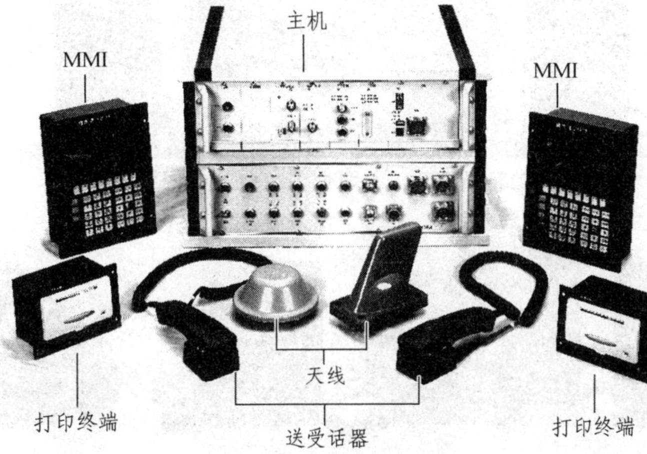

图 4.1.1　CIR 设备组成

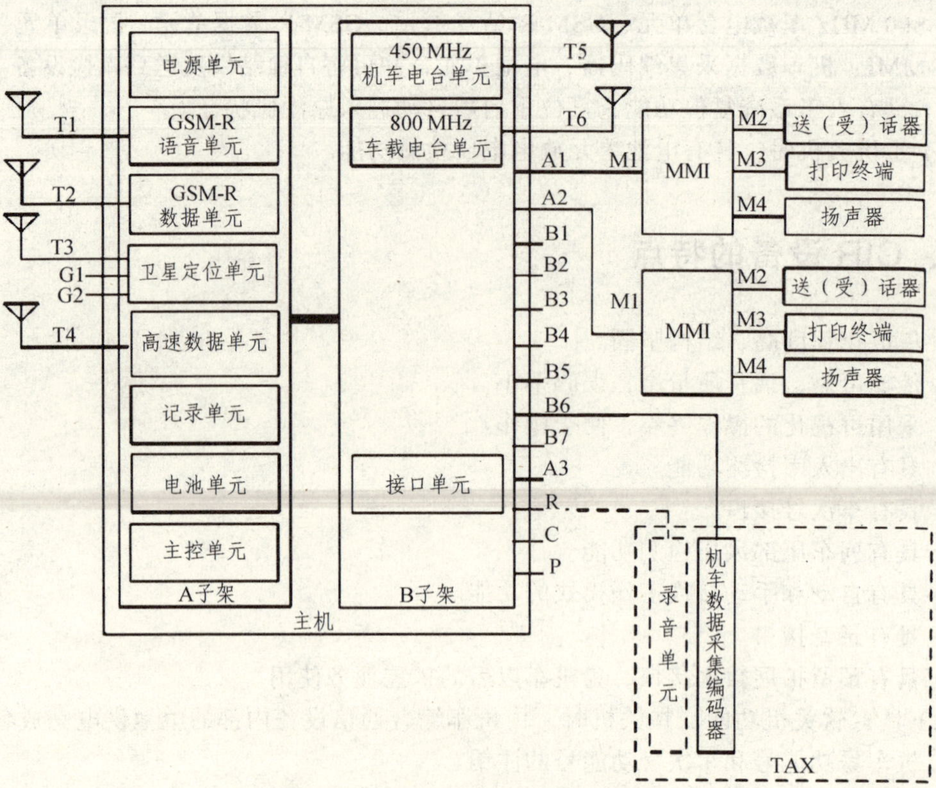

图 4.1.2 CIR 设备构成原理框图

CIR 为了适应机车安装位置的要求，又分为 WTZJ-Ⅰ标准型 CIR 和 WTZJ-Ⅱ型小型化 CIR。WTZJ-Ⅰ标准型 CIR 产品外观如图 4.1.3 所示，WTZJ-Ⅱ型小型化 CIR 及外置列车防护报警装置（LBJ）外观如图 4.1.4 所示。

图 4.1.3 WTZJ-Ⅰ型机车综合无线通信设备

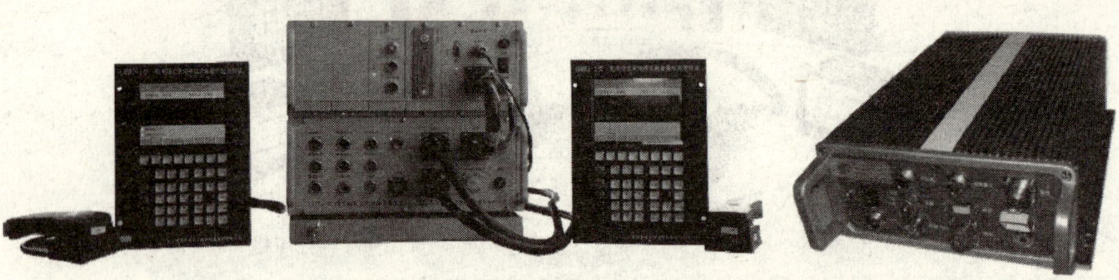

图 4.1.4 WTZJ-Ⅱ型机车综合无线通信设备及外置式 LBJ 设备

(一)主 机

CIR 主机包括机柜、A 子架、B 子架。主机各单元配置如图 4.1.5 所示。

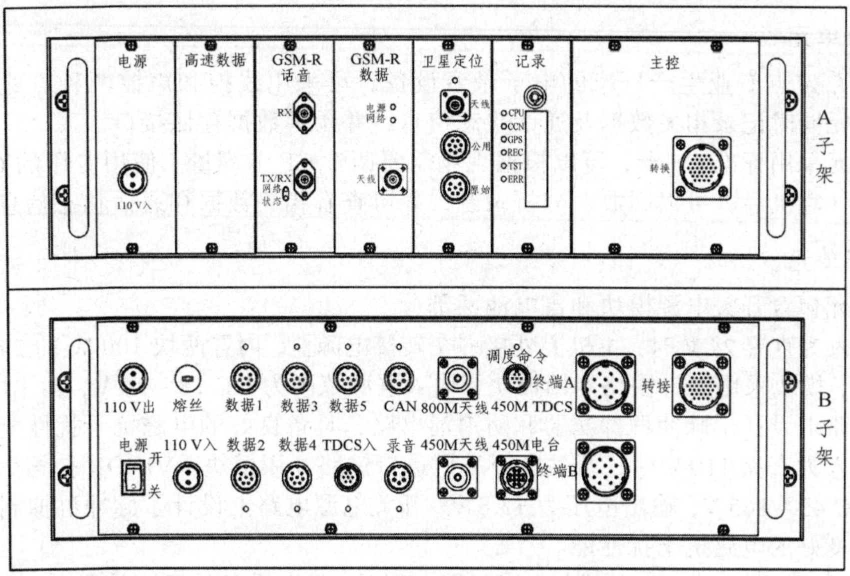

图 4.1.5 主机各单元配置示意图

A 子架包括主控单元、电源单元、电池单元、卫星定位单元、GSM-R 话音单元、GSM-R 数据单元、高速数据单元、记录单元等。

B 子架包括接口单元、450 MHz 机车电台单元、800 MHz 列尾和列车安全预警车载电台(简称 800 MHz 车载电台)单元等。

受安装条件限制时,450 MHz 机车电台、800 MHz 车载电台等单元可外置接入 B 子架。

1. 主控单元

主控单元由嵌入式工控机和控制单元共同组成。

嵌入式工控机安装 Windows CE 操作系统,软件采用面向对象语言编制。该控制部分接收 MMI 传送的控制指令,进行相应的控制操作;接收各个应用的信息送到 MMI 进行相应的提示和显示;按各个应用接口的数据要求进行相应数据的转发;完成数据的存储功能。

控制单元采用 AVR 系列单片机,与嵌入式工控机共同完成软关机、复位、电池电量检测、串口扩展、450M 与 GSM-R 语音切换、记录单元录放音等功能。

2. GSM-R 话音单元

GSM-R 话音单元采用欧洲 GSM-R 验证应用的 GSM-R 模块。目前主要采用法国萨基母(SAGEM)公司的 MRM 模块。GSM-R 话音模块的最大发射功率为 8 W。

3. GSM-R 数据单元

GSM-R 数据单元采用 WAVECOM 模块,最大发射功率为 2 W;可工作在 GSM-R 网络支持的两种数据传输模式下:CSD(电路交换数据)型数据传输模式和 GPRS 分组数据传输模式。CSD 方式时,采用透明传输形式;GPRS 方式时,采用用户数据报协议(UDP)。

4. 卫星定位单元

按最新技术条件输出公用 GPS 信息和原始 GPS 信息。预制线路信息数据库，可利用卫星定位机车位置，搜索前后站位置信息和当前应工作的模式，可提供机车所在小区位置信息。

5. 记录单元

采用铁路定点专业生产厂家的电子录音设备，可采用线控和声控两种方式进行录音操作。记录单元同时记录相关数据及通话状态信息，并预留数据存储接口。

记录单元采用标准 CF 卡，可以根据现场需要调整 CF 卡容量。使用专用的 CF 卡读写器将数据导入计算机后，可以回放、分析录音，并可查看相关数据和通话状态信息。

6. 电源单元

电源单元包含开关电源模块和蓄电池两部分。

电源输入为直流 24 V 时，主机上外接一个转接电源盒，内置两块 100 W 的 24 V 转 13.8 V 的电源模块，模块采用进口铁路专用模块，输入电源范围为 DC 18 ~ 36 V，输出电压 13.8 V，开关电源电路上设计了脉冲群抑制器和防浪涌电路，具备良好的电磁抗干扰性能。

电源输入为直流 110 V 时，开关电源采用进口铁路专用模块，VICOR 公司生产，输入电源范围为 DC 45 ~ 165 V，输出电压为 13.8 V。开关电源电路上设计了脉冲群抑制器和防浪涌电路，具备良好的电磁抗干扰性能。

蓄电池采用铅酸蓄电池，免维护。当机车入库时，机车乘务员可直接断闸切除机车 110 V 电源，主机自动切换到蓄电池供电，并完成功能号注销和网络注销。注销完成后自动切断所有电源，完成设备关机。

7. 450 MHz 机车电台单元

CIR 主机的 450 MHz 机车电台单元为一个 450 MHz 通用机车电台功能单元，450 MHz 信道机采用日本建伍的 TK868-G，元器件均采用军品级或工业级芯片，以确保设备性能稳定，设备软件升级方便。450 MHz 机车电台单元在主控单元的控制下完成 450 MHz 调度通信所规定的机车电台功能及承载的数据传输功能。

8. 800 MHz 机车电台单元（LBJ）

CIR 主机的 800 MHz 机车电台单元具有《列车防护报警和客车列尾系统技术条件（V1.0）》中规定的机车电台功能，具有 800M 机车电台（LBJ）承载的客车列车尾部风压、列车防护报警、道口事故报警、施工防护报警等功能。

9. 接口单元

主机与其他外部设备的连接均在接口单元，包含两个 MMI 接口、450 MHz 通用机车电台转接盒接口、450 MHz DMIS 接口、450 MHz 车次号接口、800 MHz 预警电台接口、TAX 接口、调车监控接口和 6 个预留的数据接口。

10. 高速数据单元

高速数据单元应支持无线宽带数据传输功能。

（二）操作显示终端（MMI）

MMI 由嵌入式工控机、液晶显示屏（LCD）、控制键盘、音频处理单元及送（受）话器组成。嵌入式工控机是 MMI 的核心，它接收主机传送过来的信息，控制液晶显示屏进行显示或控制音频单元进行语音提示，并将键盘控制单元发送的控制指令传送给主机。

液晶显示屏采用 SHARP（夏普）工业级高亮显示屏，工作温度能在 – 28 °C 以下。控制键盘采用微动式按键开关，可靠性高，手感好。

1. MMI 结构

根据不同的安装需求，MMI 分为横向式和竖立式两种外形结构（见图 4.1.6）。功能及操作方法完全相同。

（a）横式 MMI　　　　（b）竖式 MMI

图 4.1.6　MMI 外形结构

2. MMI 按键功能

MMI 的按键分为可配置式按键、数字字母输入按键、功能按键和列尾按键。按键布置如图 4.1.7 所示。图中空白部分为 5.7 英寸彩色液晶显示屏，显示 CIR 当前的工作状态以及按键操作的结果，操作按键部分主要分为功能键和拨号键，各按键功能如下定义：

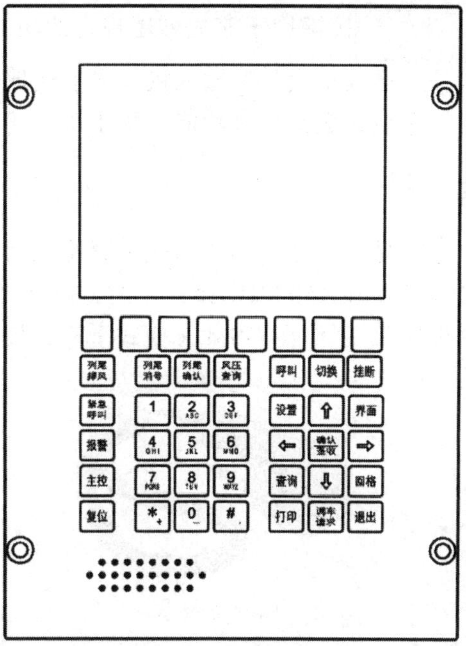

图 4.1.7　MMI 按键布置

报警 按键用于发送 800 MHz 二次防护报警信息。

紧急呼叫 按键用于发起 GSM-R 铁路紧急呼叫。

呼叫 按键在完成拨号后按该键进行呼叫，在副控状态下按该键呼叫另一个操作终端。

切换 按键用于呼叫等待时通话间的切换、快捷线路选择等。

挂断 按键用于挂断通话。

设置 按键用于进入设置界面。

界面 按键用于调度通信、调度命令等不同界面之间的切换。

查询 按键用于查询调度命令等信息。

回格 按键用于删除已输入的字符。

打印 按键用于打印调度命令等信息。

调车请求 按键用于发送调车请求信息。

退出 按键用于返回上级界面。

⇦、⇧、⇨、⇩ 按键用于移动光标、调节音量、翻页、调节亮度等。

复位 按键应能对整机进行重新启动。

主控 按键实现副控状态到主控状态的切换。

确认/签收 按键用于确定选择信息、调度命令签收等。

列尾排风、列尾消号、列尾确认、风压查询 按键用于完成列尾规定的功能。

数字及字母按键用于拨号、输入车次号、输入机车号、快捷项目选择等。

八个可配置式按键根据工作模式定义按键功能，用于调度通信的呼叫。

（三）送（受）话器

根据不同的安装需求，送（受）话器分为通用式和紧凑式两种形式（见图 4.1.8）。送受话器配置有两个按键，当 CIR 工作在 450 MHz 模式下时，按键“Ⅰ”和按键“Ⅱ”分别用于呼叫“隧道车站”和“平原车站”；工作在 GSM-R 模式下时，按键“Ⅰ”和按键“Ⅱ”分别用于呼叫“调度”和“车站”。

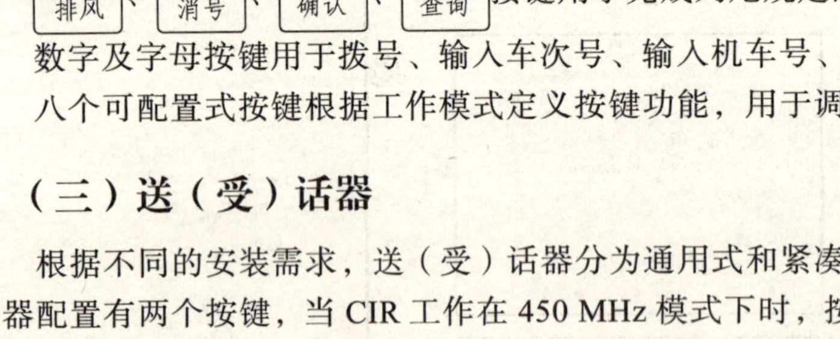

（a）通用式　　（b）紧凑式

图 4.1.8 送（受）话器

“机车综合无线通信设备认知”课程资源包

任务实施

任务编号	4-1	任务名称	机车综合无线通信设备认知	
序号	实施内容		完成情况	
			是	否
CIR 设备的主要功能				
1	CIR 设备的 15 项功能			
CIR 设备的主要特点				
2	CIR 设备的 10 个特点			
CIR 设备的组成				
3	CIR 设备的组成			
4	主机箱的组成及各单元功能			
5	MMI 的结构及按键功能			
6	送（受）话器的按键功能			

任务评价

任务编号	4-1	任务名称	机车综合无线通信设备认知		
序号	评价内容		标准分值	自我评分 50%	组内评分 50%
资讯阶段			10		
1	是否积极参与任务书讨论，正确领会任务要求		5		
2	是否积极参与引导文学习讨论，完全掌握学习内容		5		
计划→实施→检查阶段			20		
1	是否积极参与计划制订，提出建设性计划内容		5		
2	是否制订了可行的任务方案		5		
3	是否认真履行个人角色，积极参与任务演练		5		
4	是否有效使用任务检查单保证任务顺利进行		5		
序号	评价内容		标准分值	组间评分 50%	教师评分 50%
（任务展示）评价阶段			70		
1	CIR 设备的主要功能	叙述 CIR 设备的 15 项功能。每错一处扣 1 分	15		
2	CIR 设备的主要特点	叙述 CIR 设备的 10 个特点。每错一处扣 0.5 分	5		
3	CIR 设备的组成	叙述 CIR 设备的组成、主机箱的组成及各单元功能、MMI 的结构及按键功能、送（受）话器的按键功能。每错一处扣 1 分	50		
总评分值					

能力测试

1. 请在图 4.1.9 所示的司机操纵台上找到 CIR 的 MMI 设备。

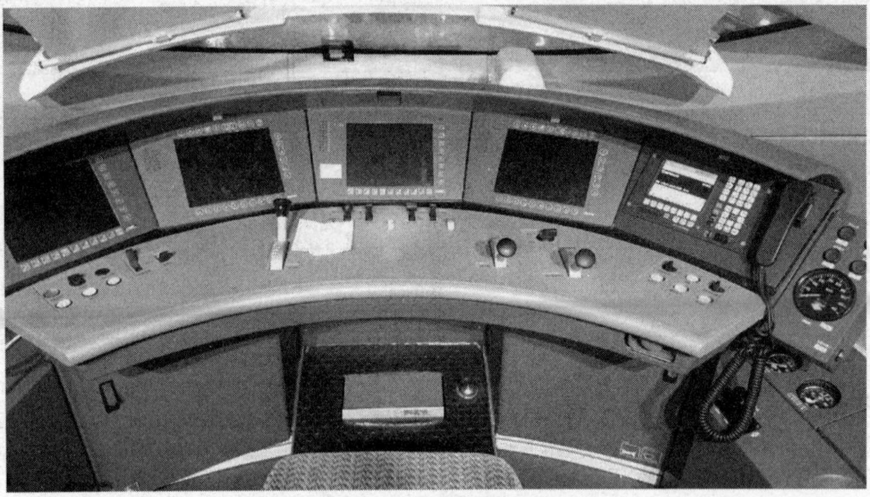

图 4.1.9　司机操纵台

2. 机车综合无线通信设备能实现哪些功能？
3. 机车综合无线通信设备有哪些特点？
4. 机车综合无线通信设备由哪些部件组成？
5. 标出图 4.1.10 中各部件的名称。

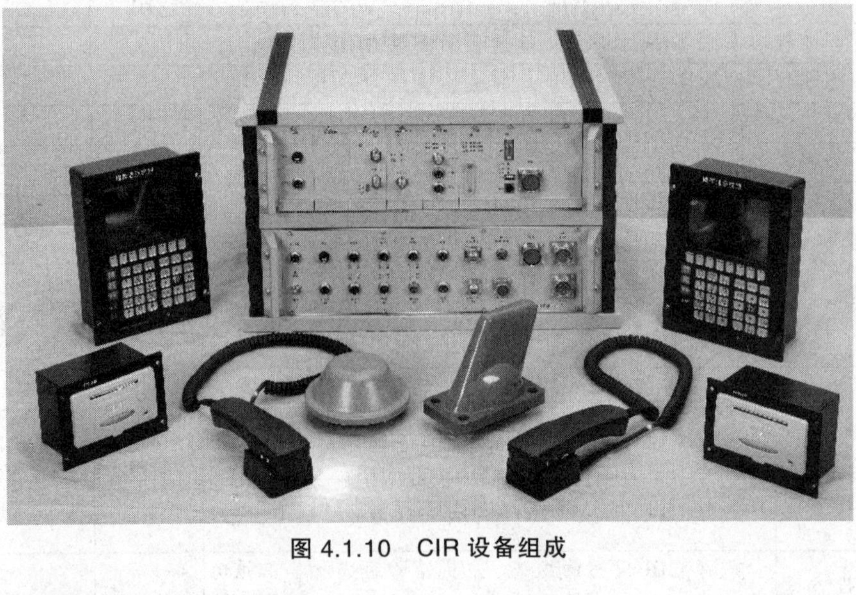

图 4.1.10　CIR 设备组成

6. CIR 小型化机型有哪两种？
7. 叙述 CIR 主机的构成。
8. CIR 主机的 A、B 架各包含哪些单元？

9. 叙述 CIR 主机中各单元的功用。

10. CIR 显示终端 MMI 有哪两种结构?

11. MMI 的各个按键有哪些功能?

12. 送（受）话器分为（　　　　）和（　　　　）两种形式。

13. 当 CIR 工作在 450 MHz 模式下时，按送（受）话器的键“Ⅰ”和按键“Ⅱ”分别用于呼叫（　　　　）和（　　　　）。

14. 当 CIR 工作在 GSM-R 模式下时，按送（受）话器的键“Ⅰ”和按键“Ⅱ”分别用于呼叫（　　　　）和（　　　　）。

任务 4-2　机车综合无线通信设备操作与显示

任务安排

任务编号	4-2	任务名称	机车综合无线通信设备操作与显示	推荐学时	8（学时）
任务描述					
机车乘务员驾驶列车运行过程中，要与列车调度员、车站值班员进行车机联控等联系通话，要接收调度员的调度命令，这些都是通过司机操纵台上的 CIR 设备来进行的。今天，由你来代替机车乘务员，完成运行中的 CIR 通信操作。					
任务实施要求做到： （1）能准确叙述 MMI 界面各区域的显示内容； （2）能按标准作业程序，完成 CIR 的开机及运行前准备工作； （3）能正确完成不同模式下的各种通话操作； （4）能正确完成在运行中线路的转换操作； （5）能正确完成调度命令的接收、阅读和打印。					
实施说明					
（1）以小组（5～6 人）为单位开展任务实施； （2）任务前完成知识准备； （3）验收：小组全部同学通过计算机理论考试，给予第一部分成绩；小组指派一名代表进行任务展示，给予第二部分成绩。第二部分成绩，由教师和其他各组同学对展示小组按标准进行评分。					
任务注意事项					
（4）任务开始前，必须做好充分的知识储备工作； （5）任务过程中，要爱护实训设备，禁止暴力操作； （6）注意用电安全。					

任务资讯

一、MMI 显示界面介绍

MMI 在守候状态下的主界面，从上到下依次分为基本信息显示区、列尾状态显示区、安全预警显示区、工作模式及运行线路显示区、调度通信状态显示区和功能按键显示区，一共 6 个区域，如图 4.2.1 所示。

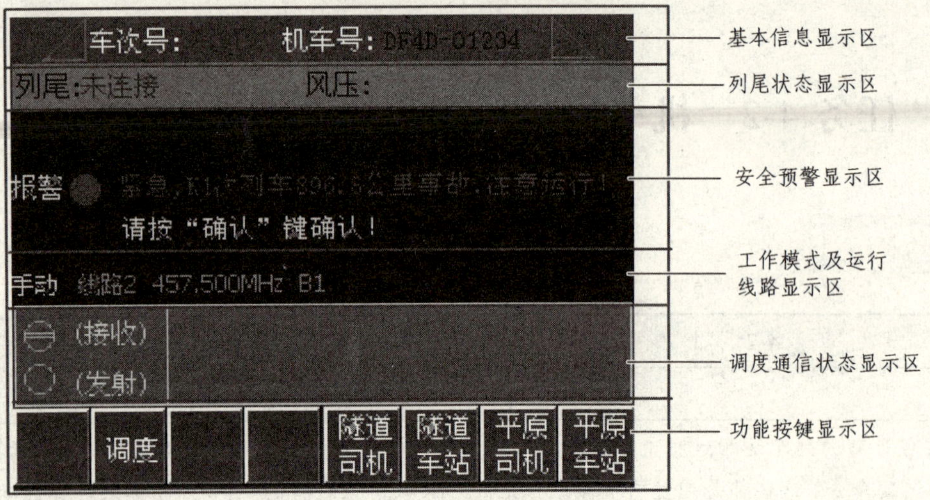

图 4.2.1 MMI 主界面显示

1. 基本信息显示区

在这个显示区域，显示内容包括扬声器和听筒的音量、车次号、机车号、场强信息等。左侧的图标显示的是扬声器或听筒的音量，在挂机状态下显示扬声器音量，在摘机状态下显示听筒音量。在 GSM-R 工作模式下，右侧的场强信息图标显示设备接收到的 GSM-R 话音单元网络信号强度。车次号和机车号内容显示为白色时，表示功能号已注册，显示为黑色时表示功能号未注册。

2. 列尾状态显示区

此区域显示与列尾相关的各种信息，主要包括列尾的连接状态、风压数值等。在与不同制式的列尾配合使用时，显示的内容不同。

3. 安全预警显示区

此区域显示列车安全预警信息。在 CIR 设备装备有 LBJ 单元时，此区域显示列车防护报警的各种状态提示信息。

4. 工作模式及运行线路显示区

此区域显示工作方式、线路名称、运行区段、工作模式等信息。

5. 调度通信状态显示区

此区域显示调度通信的呼出、呼入、通话等状态信息，在 450 MHz 工作模式下，还显示

450 MHz 机车电台的收发状态，红色图标亮表示发射机发射，绿色图标上半圆亮表示接收到异频信号，下半圆亮表示接收到同频信号。

6. 功能按键显示区

此区域用于显示机车乘务员可单键发起呼叫的按键名称，在 450 MHz 模式下显示“调度”“隧道司机”“隧道车站”“平原司机”“平原车站”，在 GSM-R 模式下显示“调度”“车长”“邻站组呼”“站内组呼”以及根据列车运行位置显示的车站名称。

二、开车准备工作

（一）开　机

打开 MMI 电源开关和主机电源开关，主机电源指示灯亮，MMI 程序启动，系统开机成功。开机后，系统首先搜索 GSM-R 网络，自动进行调度通信单元和数据单元的网络注册。GSM-R 调度通信单元网络注册成功后，屏幕上的指示灯亮显示绿色。如果注册不成功，机车综合通信设备报警并在屏幕提示。如果没有 GSM-R 网络，系统自动转到 450M 工作模式。

主机具有 450 MHz 模式和 GSM-R 模式两种工作方式，根据设备关机前所处的模式状态，CIR 设备启动关机前相应的状态。450 MHz 模式主界面如图 4.2.2 所示，GSM-R 模式主界面如图 4.2.3 所示。若机车上电后 CIR 设备没有自动开机运行，检查 CIR 供电电源开关是否打开。

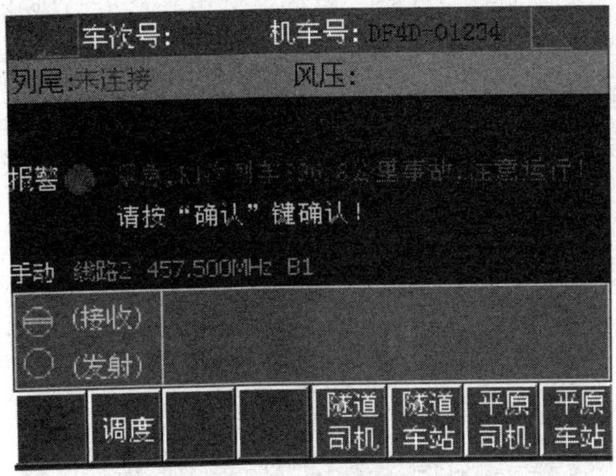

图 4.2.2　450 MHz 模式主界面

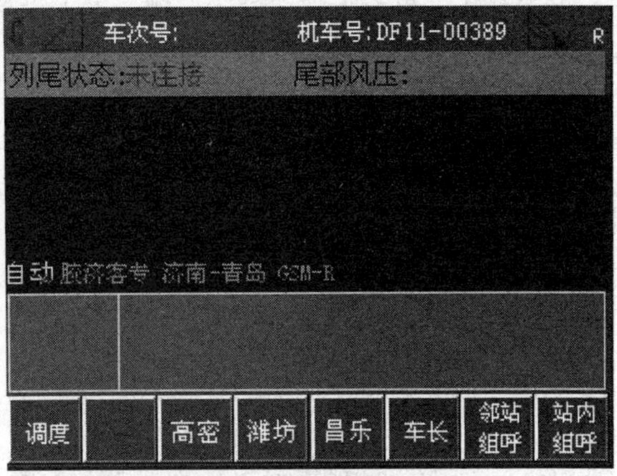

图 4.2.3　GSM-R 模式主界面

（二）主副控切换与通话

1. 主副控切换

开机后，MMI 处于副控状态，此时功能按键显示区无显示，机车乘务员需按下“主控”键 3 s 以上，手动将 MMI 切换至主控状态，按键开始有效。当一个 MMI 进入主控状态时，另一个 MMI 自动进入副控状态。副控状态下 MMI 上的“呼叫”“复位”“主控”键有效，其余按键无效。主副控状态下 MMI 功能按键显示区如图 4.2.4 所示。

（a）副控状态的功能按键区

（b）450 MHz 模式下主控状态的功能按键区

（c）GSM-R 模式下主控状态的功能按键区

图 4.2.4　主副控状态下 MMI 功能按键显示区

2. 主副控通话

当设备处于调度通信主界面时，按住“呼叫”按键 3 s 以上，可实现两个 MMI 间的通话。该功能可适用于机车Ⅰ端人员和Ⅱ端人员的通话联系。发起机内通话需在无通话的情况下（GSM-R 模式下无个呼、组呼、广播呼叫和紧急呼叫；450 MHz 模式主副控 MMI 处于挂机状态下）。机内通话时，主副控 MMI 挂机均可结束通话。

（三）工作模式选择

1. 自动选择线路

在 MMI 主界面下按“设置”键，进入设置界面（见图 4.2.5），根据屏幕提示按方向键将光标移动到“2. 运行区段”，也可以按数字键“2”快速定位至选项，按“确认”键进入“线路选择”界面（见图 4.2.6），移动光标到“1. 自动模式”，再次按“确认”键，此时 CIR 设置为线路自动切换模式。

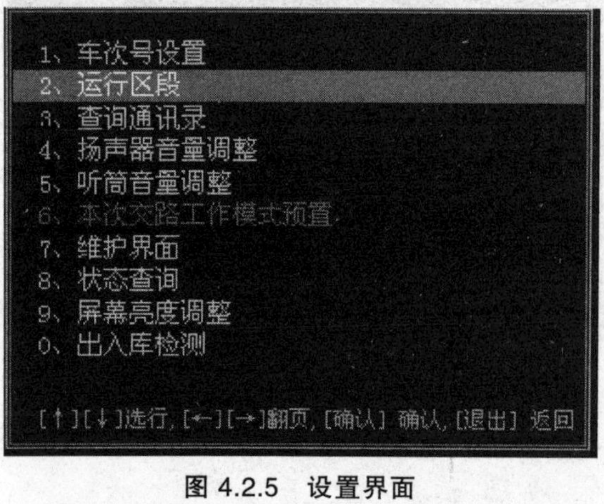

图 4.2.5　设置界面

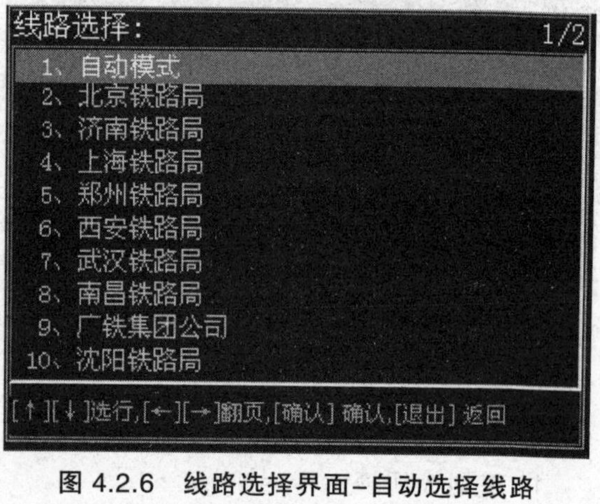

图 4.2.6　线路选择界面–自动选择线路

CIR 将根据位置信息自动在 450 MHz 和 GSM-R 两种工作模式间切换，在 450 MHz 模式下可自动转换工作制式和频点；在 GSM-R 模式下可自动变换功能按键显示区的车站名称。

2. 手动选择线路

在 MMI 主界面下按“设置”键，进入设置界面，选择“2. 运行区段”，按“确认”键进入“线路选择”界面，此时屏幕上会列出所有铁路局。选择铁路局后按“确认”键，此时屏幕上列出该铁路局主要的运行线路（见图 4.2.7）。选中线路后，再次按下“确认”键，即可转到相应运行线路的工作模式。手动选择线路后，即使卫星定位信息有效，工作模式、车站名称也不随位置信息自动变化。

3. 运行线路选择

如果当前运行区段比较复杂，机车需要在客线和货线等多种线路交替切换时，可手动指定运行线路下的选择方式，即当 MMI 发出语音提示“通信转换，请选择线路”时，机车乘务员可按“切换”键调出线路选择界面（见图 4.2.8），选择运行线路。

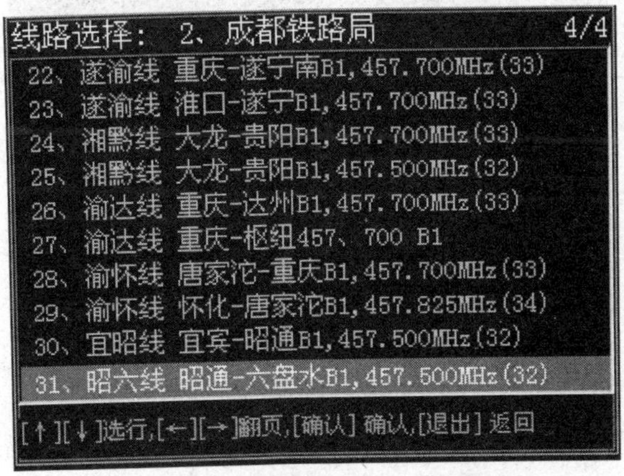

图 4.2.7 线路选择界面-手动选择线路

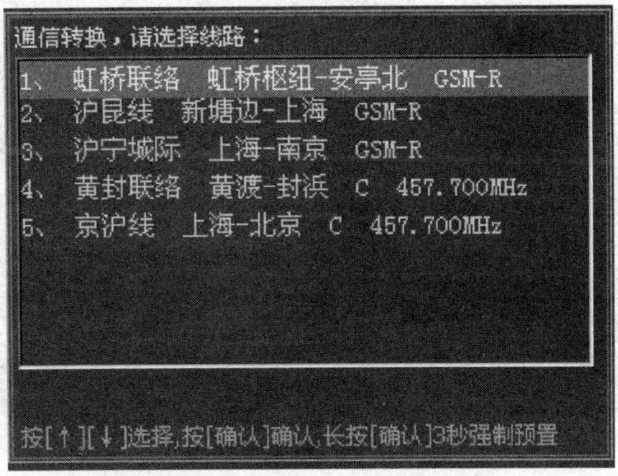

图 4.2.8 运行线路选择界面

（四）功能号注册和注销

1. 机车功能号注册

当机车综合无线通信设备工作在 GSM-R 工作模式且网络注册成功后，自动向 GSM-R 网络进行机车功能号注册。

机车功能号注册失败，机车综合无线通信设备自动重发 3 次注册消息，重发间隔约为 10 s。机车功能号注册不成功，机车综合无线通信设备语音告警并在屏幕提示。

如果机车综合无线通信设备开机网络注册成功后先收到呼叫信息，则首先处理该呼叫，当通话结束后，再自动进行机车功能号注册。

2. 机车功能号注销

机车综合无线通信设备关机时，或机车综合无线通信设备由 GSM-R 工作模式自动或手动切换到 450 MHz 工作模式时，自动向 GSM-R 网络进行机车功能号注销。

机车功能号注销失败，机车综合无线通信设备自动重发 3 次注销消息，重发间隔约为 10 s。注销不成功，机车综合无线通信设备告警并在屏幕提示。

3. 车次功能号注册

（1）GSM-R 工作模式

在 GSM-R 工作模式下，当机车综合无线通信设备未完成车次功能号注册时，CIR 从 TAX2

机车安全信息综合监测装置获得车次号，自动按获得的车次号进行车次功能号注册。

机车乘务员也可手动设置/注册车次功能号，方法如下：

按【设置】键进入设置界面，通过【↓】、【↑】键或数字快捷键【1】选择“车次号设置、注册”项，界面提示“请输入车次号：”（见图 4.2.9），当设备已获得车次号时，将已获得的车次号填入，此时可通过【回格】键及数字、字母键进行车次号修改，修改完成后按【确认/签收】键。从随后弹出的选择机车牵引任务状态界面上选择“本务机”或“补机”（见图 4.2.10），再次按下“确认”键后 CIR 即向 GSM-R 网络注册车次功能号（见图 4.2.11）。

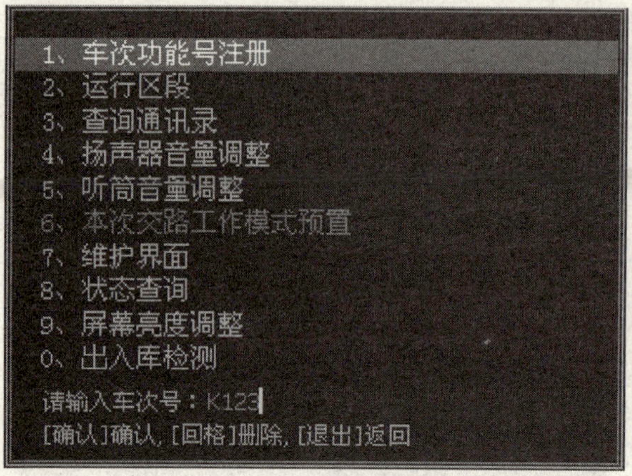

图 4.2.9　输入车次号

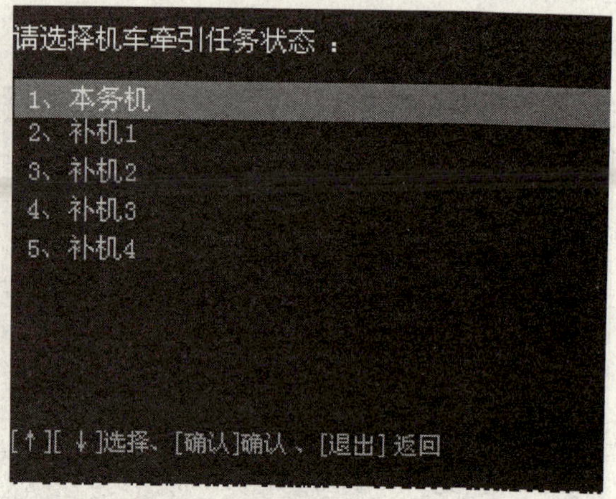

图 4.2.10　选择机车牵引任务状态

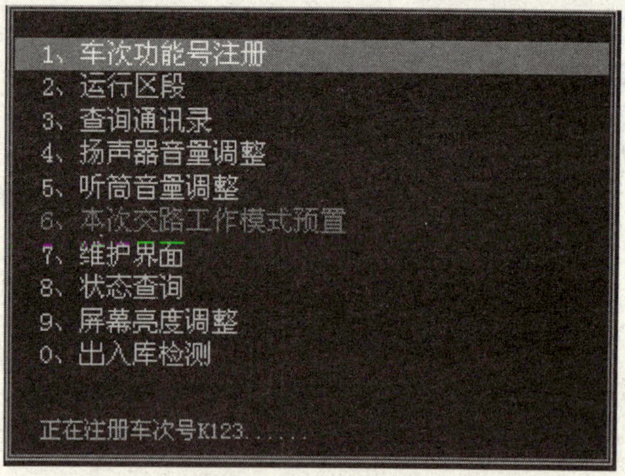

图 4.2.11　注册车次号

车次功能号注册失败，机车综合无线通信设备自动重发 3 次注册请求，重发间隔约为 10 s。车次功能号注册不成功，机车综合无线通信设备告警并在屏幕提示。机车乘务员可以向调度员报告车次功能号注册故障情况。

如果机车综合无线通信设备自动注册车次功能号之前收到呼叫信息，则首先处理该呼叫，当通话结束后再进行车次功能号注册。

（2）450 MHz 工作模式

450 MHz 工作模式下，按【设置】键进入设置界面。直接按压数字快捷键【1】或将光标移到“1.车次号设置”后，按压【确认/签收】键。之后操作与 GSM-R 模式下注册车次号的操作过程一致。但只能在本机上设置车次功能号，不能在网络上注册。

4. 车次功能号注销

在 GSM-R 工作模式下，当机车综合无线通信设备未完成车次功能号注销，CIR 获得 TAX2 机车安全信息综合检测装置由监控状态进入非监控状态信息时，则自动进行车次功能号注销。

机车综合无线通信设备由 GSM-R 工作模式自动或手动切换到 450 MHz 工作模式时，也自动向 GSM-R 网络进行车次功能号注销。

机车乘务员也可手动进行车次功能号注销，方法如下：

按【设置】键进入设置界面，通过【↓】、【↑】键或数字键【1】选择“车次功能号注销”项，按【确认/签收】键，界面提示“当前车次号：××××，确认注销吗？”，此时若按【退出】键则取消车次功能号注销；若再次按【确认/签收】键则界面显示“正在注销车次号”，注销完成后自动返回设置界面。按【退出】键返回调度通信显示界面。

车次功能号注销失败，机车综合无线通信设备自动重发 3 次注销请求，重发间隔约为 10 s。车次功能号注销不成功，机车综合无线通信设备告警并在屏幕提示。机车乘务员可以向调度员报告车次功能号注销故障情况。

三、途中运用

（一）通　话

1. GSM-R 通话

GSM-R 通话分为 CIR 与调度员通话、与车站值班员通话、邻站组呼、站内组呼、紧急呼叫和广播。

（1）与调度员通话

在主界面下按“调度”键呼叫该区段列车调度员（见图 4.2.12），通话过程中需要按 PTT（无线对讲通话）讲话。

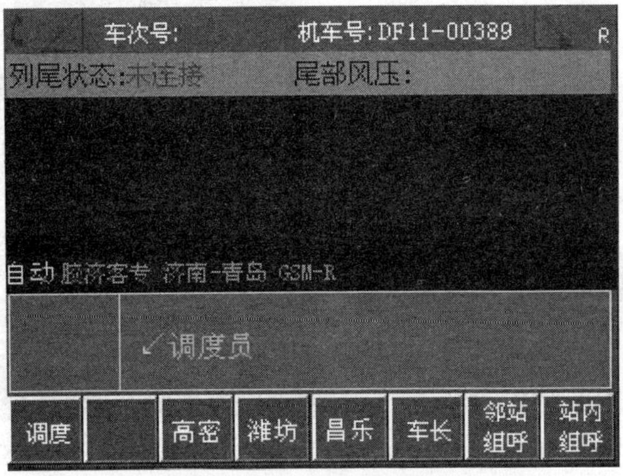

图 4.2.12　与调度员通话

有调度员呼入时，在 MMI 上显示呼叫方信息并伴有振铃提示（振铃声），此时机车乘务员摘机即可进行通话。

（2）与车站值班员通话

机车乘务员根据功能按键显示区显示的站名按下相应的按键，可以呼叫车站值班员（见图 4.2.13），通话过程中需要按 PTT 讲话。

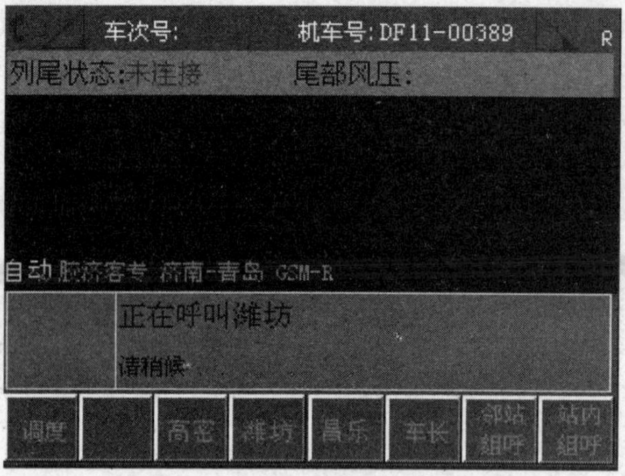

图 4.2.13　CIR 呼叫车站值班员

有车站值班员呼入时，在 MMI 上显示呼叫方信息并伴有振铃提示（振铃声）。

（3）邻站组呼

在主界面下按“邻站组呼”键可以发起邻站组呼，呼叫列车所在位置的相邻三个车站及站间区间的相关用户，在通话过程中，需要讲话时按 PTT，当看到屏幕显示送受话器图标时即可讲话，送受话器图标显示不可用时不能讲话（如图 4.2.14）。

有邻站组呼呼入时，CIR 自动加入通话，此时屏幕显示组呼呼入信息，扬声器播放话音。

（4）站内组呼

主界面下按“站内组呼”键，发起站内组呼（见图 4.2.15），呼叫列车所在的车站基站区内相关用户，通话过程与邻站组呼一样。

（a）不能讲话

（b）可以按 PTT 讲话

图 4.2.14　邻站组呼

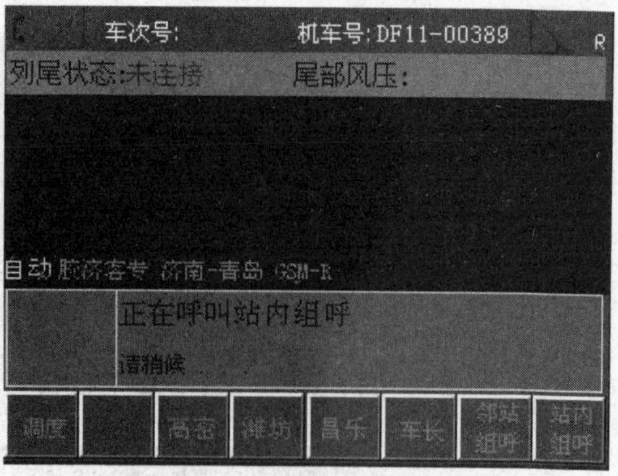

图 4.2.15　CIR 发起站内组呼

有站内组呼呼入时，CIR 自动加入通话，此时屏幕显示组呼呼入信息，扬声器播放话音。

（5）铁路紧急呼叫

机车乘务员按下“紧急呼叫”键，发起铁路紧急呼叫。此时 CIR 若处于其他通话状态，退出正在进行的通话并优先发起铁路紧急呼叫。

有紧急呼叫进入时，CIR 自动加入通话，此时屏幕显示呼入信息，扬声器播放话音；在通话过程中的操作与组呼相同。

结束紧急呼叫时，发起方机车乘务员按下“挂断”键或直接挂机。

铁路紧急呼叫为最高优先级的组呼，接收方不能自己退出，除非呼叫发起方主动结束呼叫或由调度员人工拆除。

注意：机车乘务员必须慎用铁路紧急呼叫功能。

（6）接收广播呼叫

有广播呼入时，CIR 自动接听，此时屏幕显示广播呼入信息，扬声器播放话音。广播过程中，只能收听不能讲话。

（7）拨号呼叫

除以上单键发起呼叫外，机车乘务员还可以直接输入被叫方的功能号或电话号码，按“呼叫”键发起呼叫。

（8）重拨

在主界面下按“呼叫”键，屏幕上显示机车乘务员上一次拨打过的号码，按“回格”键可修改或重新输入号码，再次按“呼叫”键能够方便地进行重拨。

2. 450 MHz 通话

（1）450 MHz 主呼

在守候状态下摘机，根据需要呼叫的对象按下屏幕下方相应的按键即可发起呼叫（见图 4.2.16）。通话过程中需要按 PTT 讲话。

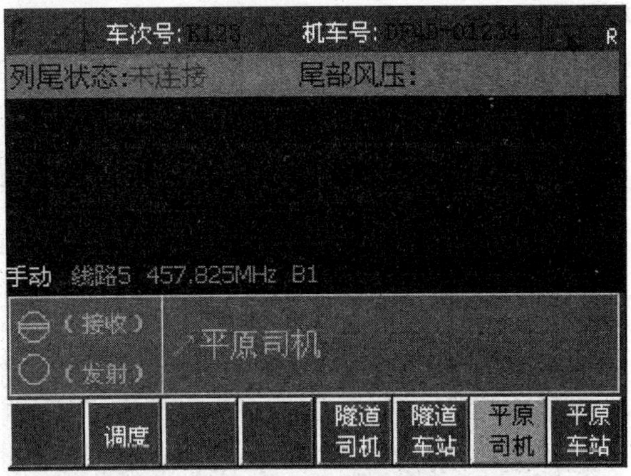

图 4.2.16　与平原车站通话中（CIR 发起）

（2）450 MHz 被呼

450 MHz 状态下被呼时，通过扬声器可听到对方的话音，此时摘机即可与对方通话，若未摘机，则通话将在 10 s 左右后自动挂断，通话过程中需要按 PTT 讲话（见图 4.2.17）。

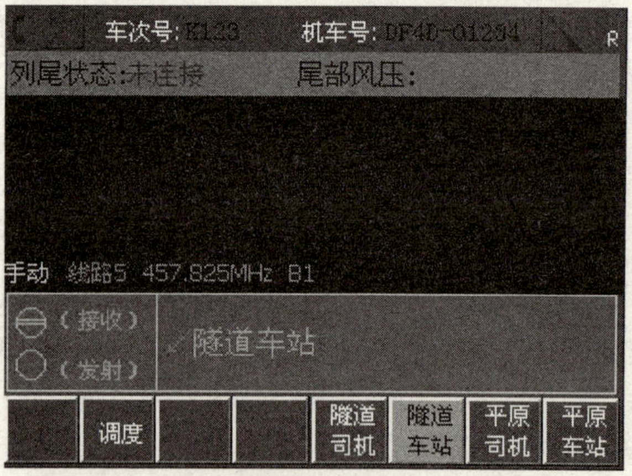

图 4.2.17 与隧道车站通话中（CIR 接收）

（二）运行中线路转换及相关操作

CIR 的工作方式为自动时，由卫星定位单元根据当前运行位置来确定 CIR 的工作模式。

当列车运行过程中 CIR 无法区分两条及以上运行线路，需要进行线路选择时，MMI 发出语音提示“通信转换，请选择线路”，机车乘务员按【切换】键调出线路选择界面，选择运行线路。

在运行过程中，如果 CIR 判断列车的实际运行线路与机车乘务员选择的运行线路不符，MMI 自动弹出运行线路确认界面并提示“请确认线路”，机车乘务员重新选择运行线路。

（三）调度命令信息

调度命令信息包含调度命令、行车凭证、列车进路预告等信息。其中，列车进路预告是应用最多的一种调度命令信息，该信息由 CTC 设备自动向辖区内的运行列车发送。

1. 调度命令显示界面

MMI 调度命令显示界面分调度命令信息显示区、调度命令正文内容显示区（见图 4.2.18）。

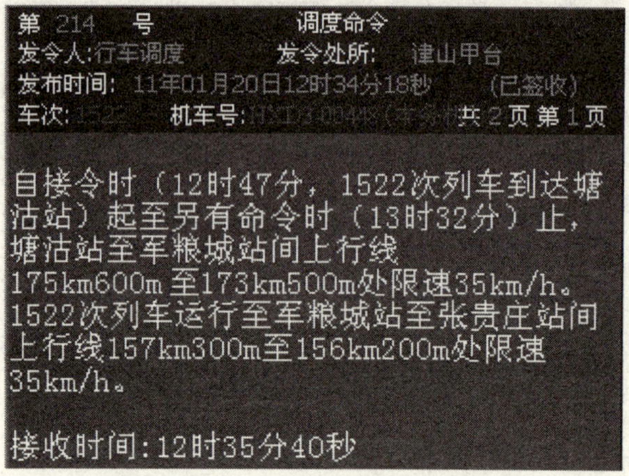

图 4.2.18 调度命令显示界面示例

（1）调度命令信息显示区：此区域显示凭证名称、调度命令编号、发令处所、调度命令发布时间、车次号和机车号、调度命令签收状态等信息。

（2）正文内容显示区：此区域显示调度命令正文内容、签收时间、签收地点等信息。CIR 未连接 LKJ 时，签收地点信息无显示。

2. 阅读和签收

CIR 接收到调度命令信息后，MMI 显示接收到的调度命令信息，MMI 发出提示“调度命令，请签收”。机车乘务员阅读完调度命令信息后按“签收”键进行签收，MMI 在 10 s 后自动返回主界面。较长的调度命令会分页显示，机车乘务员应阅读完后再签收。如果未阅读至最后一页按“签收”键会提示“请阅读完再签收”（见图 4.2.19）。

未签收的调度命令信息每间隔 15 s 重复显示，提醒机车乘务员签收。

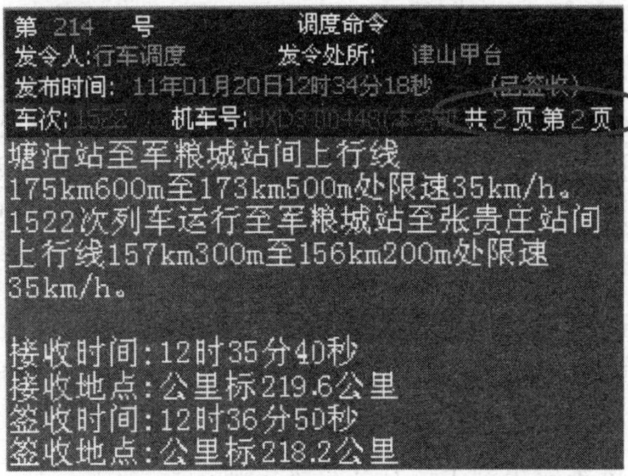

图 4.2.19　多页调度命令（最后一页）

3. 打　印

在调度命令界面下，按“打印”键，打印终端即打印当前显示的调度命令信息。

4. 查　询

在主界面下按“查询”键，进入查询界面（见图 4.2.20）。移动光标选择要查询的调度命令信息类型，然后按“确认”键，屏幕上即显示查询到的调度命令信息索引列表（见图 4.2.21），将光标移动到要查看的条目上按“确认”键，即可查看该条调度命令信息的全部内容。

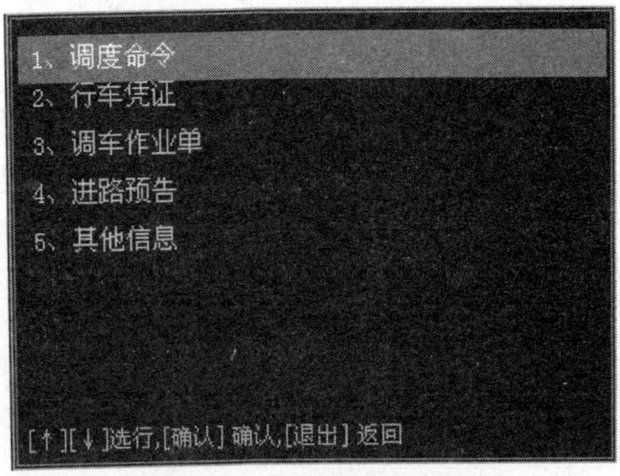

图 4.2.20　调度命令查询界面

图 4.2.21　调度命令索引列表

四、离车前操作

（1）机车乘务员离车前一定要将送（受）话器挂好。

（2）离车前，以及动车组换端时，机车乘务员需手动注销车次功能号。注销过程如下：在设置界面下选择“1. 车次功能号注销”，按【确认/签收】键后 MMI 屏幕下方显示是否确认注销的提示，按【确认/签收】键，CIR 即向网络注销车次功能号。车次功能号注销后，关闭机车电源。机车电源关闭 5 min 内 CIR 自动断电。

五、常见故障处理

1. 按键操作失效

如连续出现按键操作失效的现象，请检查 MMI 是否处于主控状态：

（1）如果不是主控状态，按“主控”键 3 s 以上，将 MMI 切换为主控状态后再尝试操作；

（2）如果是主控状态，按“复位”键 3 s 以上，对 CIR 整机进行复位重启，待 CIR 重启恢复正常工作后再尝试操作。

2. 工作模式不正确，不能进行正常通信

如果 CIR 操作、显示状态均正常，但无法进行正常的通信，请按以下步骤进行检查及操作：

（1）首先确认 CIR 屏幕显示的工作方式是否正确。

（2）当工作方式是“自动”时，如果机车上方无明显遮挡，说明卫星定位单元可能故障，请进入“运行区段”界面，手动选择正确的运行线路；如果机车上方有明显遮挡，如隧道、站房，机车乘务员无须处理，待列车通过遮挡区域后，CIR 应恢复正确的工作方式，如无法恢复或恢复后的工作方式仍不正确，则请机车乘务员手动选择工作方式。

（3）当工作方式是“手动”时，请进入“运行区段”界面，选择正确的运行线路。

（4）如果经过上述处理后，故障现象仍然存在，请按“复位”键 3 s 以上，对 CIR 整机进行复位重启。待 CIR 重启恢复正常工作后正确设置 CIR 的工作方式、运行线路和工作模式，然后再尝试操作。

3. 进入 GSM-R 工作模式时，CIR 不自动注册车次号

如果列车在运行过程中，在 GSM-R 区段列车运行在监控状态，未能自动注册车次功能号，请按以下步骤进行检查及操作：

（1）首先确认 CIR 的工作模式。

（2）如果工作模式不是 GSM-R 模式，请手动选择 GSM-R 工作模式。

（3）如果工作模式是 GSM-R 模式，则需要手动进行车次号注册。

4. GSM-R 工作模式时，车次号注册不成功

如果出现“车次号注册失败”的提示，请按以下步骤进行检查及操作：

（1）首先确认 CIR 屏幕左上角显示的车次号。

（2）如果车次号不正确，请输入正确的车次号并注册。

（3）如果车次号正确，请呼叫调度员并报告“×××次列车车次号注册失败”，然后按调度员指示行车，同时机车乘务员应及时向维修人员报告。

5. GSM-R 工作模式时，可配置式功能按键不能正确显示车站名

如出现 GSM-R 工作模式时 CIR 屏幕下方的可配置式功能按键不能正确显示车站名，请按以下步骤进行检查及操作：

（1）确认 CIR 的线路名称是否正确：如果线路名称不正确（例如列车在胶济客线运行，但 CIR 显示的线路名称为“胶济货线”），请按“切换”键进入运行线路选择界面选择正确的运行线路，或者进入“运行区段”界面，选择正确的运行线路。

（2）如果 CIR 工作方式是“自动”，但“自动”两字符闪烁，可能是卫星定位单元有故障。可通过查询“通讯录”选择需要呼叫的车站进行通话，也可按下“本站”键呼叫当前车站的值班员。

6. MMI 未显示车次号信息

如列车进入正线运行后，CIR 屏幕左上方一直未显示车次号，请进入设置界面，输入正确的车次号。

7. MMI 显示错误的车次号信息

如列车正常运行中 CIR 屏幕左上方车次号显示错误，请检查 LKJ 显示的车次号是否正确：

（1）如果 LKJ 显示的车次号不正确，请操作 LKJ 输入正确的车次号。

（2）如果 LKJ 显示的车次号正确，请操作 CIR 输入正确的车次号。

8. 通话时音量过小或过大

通话过程中感觉音量高或低，请按以下操作调整：

（1）MMI 在主界面时，直接按【←】键将音量调低，按【→】键将音量调高。

（2）MMI 进入设置界面选中“4. 扬声器音量调整”或“5. 听筒音量调整”，按【←】键将音量调低，按【→】键将音量调高。

“机车综合无线通信设备操作与显示”课程资源包

任务实施

<table>
<tr><td>任务编号</td><td>4-2</td><td>任务名称</td><td colspan="2">机车综合无线通信设备操作与显示</td></tr>
<tr><td rowspan="2">序号</td><td colspan="2" rowspan="2">实施内容</td><td colspan="2">完成情况</td></tr>
<tr><td>是</td><td>否</td></tr>
<tr><td colspan="5">MMI 界面显示</td></tr>
<tr><td>1</td><td colspan="2">基本信息显示区显示内容及含义</td><td></td><td></td></tr>
<tr><td>2</td><td colspan="2">列尾状态显示区显示内容及含义</td><td></td><td></td></tr>
</table>

续表

任务编号	4-2	任务名称	机车综合无线通信设备操作与显示	
序号	实施内容		完成情况	
			是	否
3	安全预警显示区显示内容及含义			
4	工作模式及运行线路显示区显示内容及含义			
5	调度通信状态显示区显示内容及含义			
6	功能按键显示区显示内容及含义			
出段挂车环节				
7	上电，CIR 自动开机运行，MMI 根据上次关机时的状态进入 450 MHz 模式或 GSM-R 模式主界面；MMI 若处于副控状态，司机需手动将 MMI 切换至主控状态。功能按键显示区有按键显示			
8	进入设置界面，将 CIR 设置为线路自动切换模式，MMI 主界面工作模式及运行线路显示区显示“自动”字样			
9	进入设置界面，将 CIR 设置为线路手动选择模式（任选一条线路），MMI 主界面工作模式及运行线路显示区显示“手动”字样			
10	完成车次号注册，MMI 主界面基本信息显示区显示车次号			
11	输号操作，建立一对一连接关系，听到“××××机车，确认完毕”或“××××××列尾装置，连接成功”表示输号成功			
12	手动查询尾部风压，查询后 MMI 提示“××××机车，风压×××”			
13	动车前，手动查询尾部风压，查询后 MMI 提示“××××机车，风压×××”			
途中作业环节				
14	使用 CIR 设备与车站值班员通话			
15	使用 CIR 设备与调度员通话			
16	阅读、接收、打印和查询调度命令			
17	处理风压自动报警，MMI 屏幕风压字样变回黑色			
18	处理电池欠压报警，MMI 停止语音提示			
19	列车失去空气制动力时，使用 CIR 设备进行列尾排风，列车停车			
终着入段环节				
20	列尾销号操作，MMI 语音“××××机车，销号成功”或“××××××列尾装置，销号成功”			
21	离车前注销车次功能号			
22	关闭机车电源，CIR 自动断电			
常见故障处理				
23	常见 8 项故障处理办法			

任务评价

任务编号	4-2	任务名称	机车综合无线通信设备操作与显示		
序号	评价内容		标准分值	自我评分 50%	组内评分 50%
	资讯阶段		10		
1	是否积极参与任务书讨论，正确领会任务要求		5		
2	是否积极参与引导文学习讨论，完全掌握学习内容		5		
	计划→实施→检查阶段		20		
1	是否积极参与计划制订，提出建设性计划内容		5		
2	是否制订了可行的任务方案		5		
3	是否认真履行个人角色，积极参与任务演练		5		
4	是否有效使用任务检查单保证任务顺利进行		5		
序号	评价内容		标准分值	组间评分 50%	教师评分 50%
	（任务展示）评价阶段		70		
1	MMI 界面显示	对照 MMI 显示屏，叙述各区域显示内容及意义。每错一处扣 1 分	15		
2	开车前准备工作	进行 CIR 的开机、主副控切换、工作模式切换、功能号注册注销操作。每错一处扣 1 分	20		
3	途中运行作业	进行 CIR 途中通话、线路转换、调度命令接收打印操作。每错一处扣 1 分	20		
	离车前操作	按标准进行离车前 CIR 操作，包括挂好送（受）话器、功能号注销、关机。每错一处扣 1 分	10		
5	常见故障处理	随机抽取 1 项故障进行处理（条件不允许时，可仅口述）。每错一处扣 1 分	5		
	总评分值				

能力测试

1. 写出图 4.2.22 中 MMI 显示屏各区域的名称。

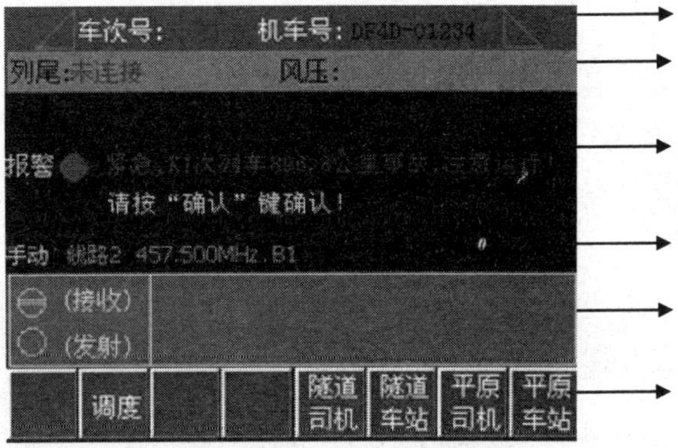

图 4.2.22　MMI 显示屏

2. 图 4.2.22 中各区域显示的内容有哪些？

3. 打开（　　　　）电源开关和（　　　　）电源开关，主机电源指示灯亮，MMI 程序启动，系统开机成功。

4. 开机后，CIR 系统首先搜索（　　　　）网络，自动进行调度通信单元和数据单元的网络注册。

5. CIR 主机具有（　　　　）模式和（　　　　）模式两种工作方式。

6. 开机后，MMI 处于副控状态，机车乘务员需按下“主控”键（　　　）秒以上，手动将 MMI 切换至（　　　　），按键开始有效。

7. 当一个 MMI 进入（　　　　）时，另一个 MMI 自动进入（　　　　）。

8. 副控状态下 MMI 上的（　　　　）、（　　　　）、（　　　　）键有效，其余按键无效。

9. 如何进行自动线路选择？

10. 如何进行手动线路选择？

11. 机车功能号注册失败，机车综合无线通信设备自动重发（　　）次注册消息，重发间隔约为（　　）秒。

12. 哪些情况能自动注销机车功能号？

13. GSM-R 工作模式下，如何手动注册车次号？

14. 450 MHz 工作模式下，如何手动注册车次号？

15. 如何注销车次功能号？

16. GSM-R 通话分为 CIR 与（　　　　）通话、与（　　　　）通话、邻站组呼、（　　　　）组呼、紧急呼叫和（　　　　）。

17. 叙述使用 CIR 通话时，不同通话的具体操作方法。

18. 如何进行运行中线路转换？

19. 如何签收调度命令？

20. 如何查询调度命令？

21. 离车前应进行哪些 CIR 操作？

22. MMI 按键操作失效如何处理？

23. MMI 显示工作模式不正确，不能进行正常通信，应如何处理？

项目 5　列车防护报警和列尾安全防护设备

为了避免列车二次事故的发生和保障旅客列车运输安全，国铁集团决定在全路范围内推广列车防护报警和客车列尾系统。该系统可以在列车发生事故时，由本务机车乘务员向临线列车或后续列车发送列车防护报警信息，使相关列车机车乘务员及时处理，避免二次事故。列车防护报警装置还与客车列尾安全防护设备配合，实现列车风压查询、控制列尾装置辅助排风制动等功能。

“列车防护报警和列尾安全防护设备”项目引

任务 5-1　列车防护报警和客车列尾系统认知

任务安排

任务编号	5-1	任务名称	列车防护报警和客车列尾系统认知	推荐学时	2（学时）
任务描述					
由你驾驶的列车在运行途中发现能危及行车安全的突发事件，需尽快向后续列车、临线列车报警，使其停车，避免二次事故。今天就请你来为同学们介绍列车防护报警和客车列尾系统吧。					
任务实施要求做到： （1）能正确叙述列车防护报警和客车列尾安全防护系统的构成、功能； （2）能准确叙述列车防护报警和客车列尾系统不同工作过程的操作和控制过程。					
实施说明					
（1）以小组（5~6 人）为单位开展任务实施； （2）任务前完成知识准备； （3）验收：小组全体同学通过上机理论考试进行理论知识考核，给予第一部分成绩；小组指派一名代表进行任务展示，给予第二部分成绩。第二部分成绩，由教师和其他各组同学对展示小组按标准进行评分。					

续表

任务编号	5-1	任务名称	列车防护报警和客车列尾系统认知	推荐学时	2（学时）
任务注意事项					
（1）任务开始前，必须做好充分的知识储备工作； （2）任务过程中，注意 MMI 界面显示的工作状态； （3）任务过程中，要爱护实训设备，禁止暴力操作； （4）注意实训人身财产安全。					
职业与思政					
瞧瞧枝城车站的退伍兵 根据中国铁路总公司统一部署，2014 年 10 月 15 日 0 时起，全路普速旅客列车正式开通使用旅客列车尾部安全防护装置（简称客车列尾装置，缩写为 KLW）。至此，全路普速旅客列车运转车长停止值乘。 运转车长是工作在列车尾部的安全监控员，其主要职责是指挥和监控列车安全运行。长期以来，列车尾部都设有运转车长一职。随着中国铁路科技的不断进步，铁路部门逐步在列车上安装新型列尾装置。 客车列尾装置能准确地将列车尾部制动风压和列车运行数据反馈给机车乘务员。启用客车列尾装置后，机车乘务员在驾驶室内可以独立完成查询列尾风压、试风和发车作业，一旦遇到紧急情况，只需按下紧急按钮，列车就能实施紧急制动，大大提高了客车安全性能。 在湖北省宜都市，有一座和改革开放共成长的火车站——枝城站。车站里，有这样一个“老兵”——古大庆，他退役不褪色，继承和发扬了“特别能战斗、特别能吃苦、特别能奉献”的品格。 曾在舟桥部队服役。1983 年入路的他，现任枝城站助理值班员外勤。 57 岁的古大庆个子不高、皮肤有点黑，看起来比实际年龄老些。还有 2 年多就要退休的古大庆，经常鼓励身边年轻的同事要珍惜在岗时光，多学习，多为铁路事业做贡献。 古大庆的主要工作是按车站值班员的指令接发列车、联系车站。在站台上接发列车时，他要监视列车运行状态和货物的装载状态。焦柳线因线路复杂，货车有列尾装置，他还要检查列尾装置是否齐全，保证列车完整、行车安全。 古大庆说：“每一次目迎目送列车从车站安全发出、通过，我都会有一种自豪感，虽然就要退休了，但我依然会以最高标准、最好状态投入到工作当中，做一名称职的‘老兵’。” 摘自：中国国家铁路集团有限公司网站					

任务资讯

一、系统构成

列车防护报警和客车列尾安全防护系统（即 800 MHz 系统）由数据采集编码器（以下简称“编码器”）、列车防护报警装置（以下简称“LBJ”）、道口报警设备、施工防护报警设备、列车接近预警器（以下简称“预警器”）、客车列尾安全防护设备（以下简称“KLW”）和专用维护设备（含便携测试台、数据管理器和出入库检测设备）等组成，如图 5.1.1 所示。

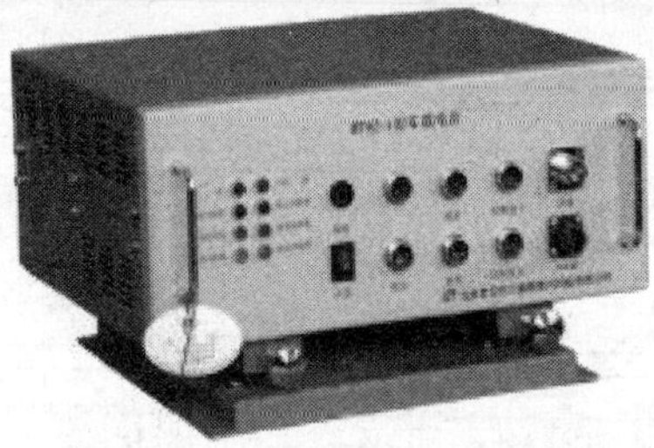

车载综合电台

列尾司机控制盒

列尾主机

车载移动中继器

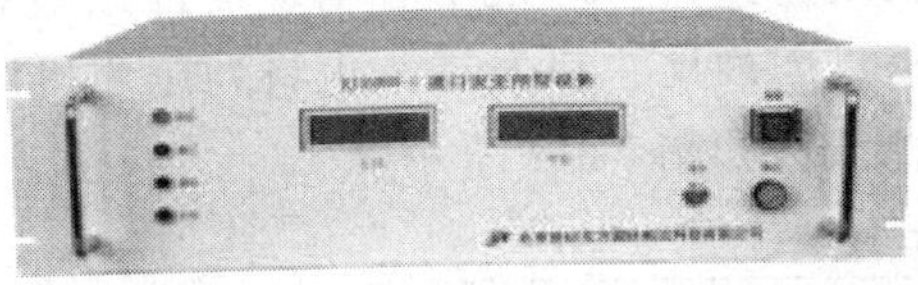

Ⅰ型道口安全预警设备（机架式）

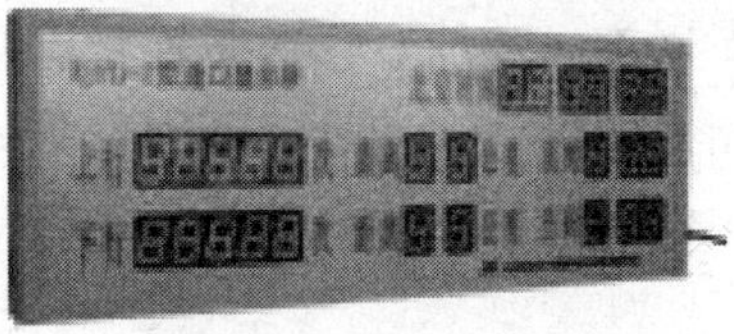

道口显示屏（壁挂式）

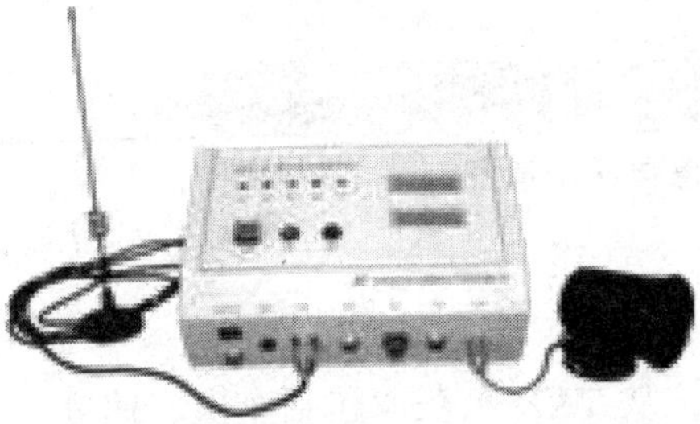

Ⅱ型道口安全预警设备

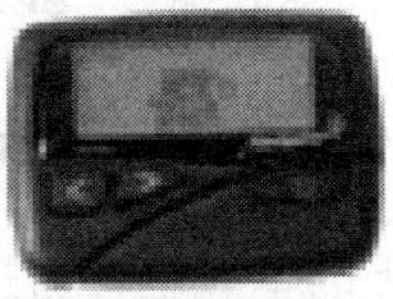

袖珍式列车接近预警器

图 5.1.1　列车防护报警和客车列尾安全防护系统主要设备

编码器和 LBJ 安装于机车，KLW 安装于列车尾部，道口报警设备安装于道口，工务人员配备施工防护报警设备和预警器，维护人员配备便携测试台和数据管理器，出入库检测设备安装于机车出入库检测地点。列车防护报警和客车列尾系统构成示意图如图 5.1.2 所示。

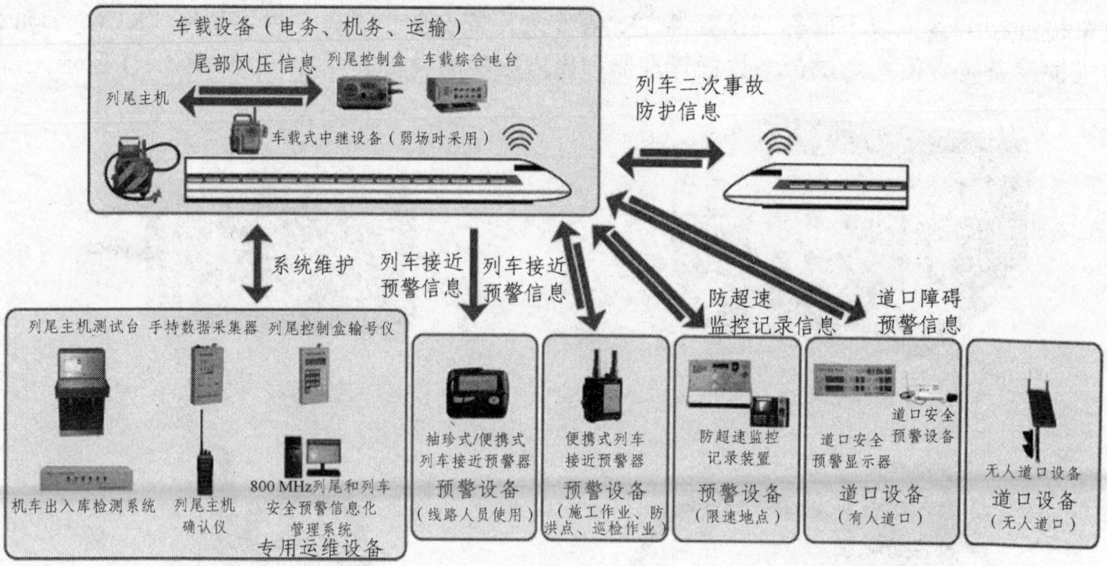

图 5.1.2　列车防护报警和客车列尾系统构成示意图

二、系统功能

（一）列车尾部风压信息传送

列车尾部风压信息传送装置具有两个列尾司机控制盒接口，通过 7 芯电缆连接控制盒，可将控制盒的确认、销号、查询列尾风压、排风的信息向列尾主机发送，也将列尾主机回送的风压、报警等信息传给控制盒。列车尾部风压信息传送如图 5.1.3 所示。

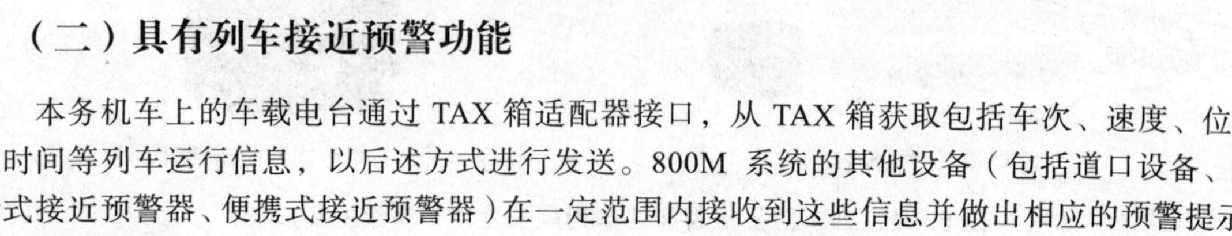

图 5.1.3　列车尾部风压信息传送示意图

（二）具有列车接近预警功能

本务机车上的车载电台通过 TAX 箱适配器接口，从 TAX 箱获取包括车次、速度、位置及时间等列车运行信息，以后述方式进行发送。800M 系统的其他设备（包括道口设备、袖珍式接近预警器、便携式接近预警器）在一定范围内接收到这些信息并做出相应的预警提示。

发送方式如下：

（1）在列车运行速度大于 5 km/h 时，采用间歇循环发送方式，每运行 200 m 发送一次上述信息。

（2）当列车停车、起动时（运行速度变化为 0 km/h、由 0 变化为非 0 时），应将列车车次位置及时间信息发送出去。

（3）运行速度低于 5 km/h 时，停止发送。

（4）机车作补机使用时不输入车次号，不发送列车运行信息。

列车接近预警示意图如图 5.1.4 所示。

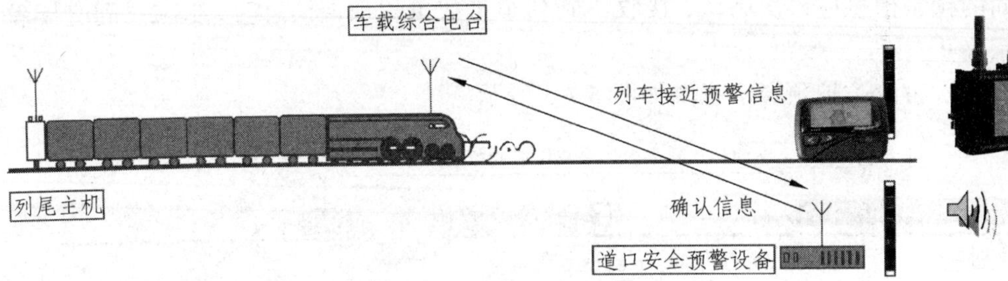

图 5.1.4 列车接近预警示意图

（三）接收道口障碍防护预警

在道口出现影响列车安全运行的事件时，道口工作人员可以按下道口安全预警设备的预警按键，道口预警设备以 4 s 间歇循环方式发送道口障碍预警信息。

车载电台可以将接收的道口障碍预警信息送给列尾司机控制盒，列尾司机控制盒显示屏显示“S-1”闪亮字符，并播放合成语音“××××.×公里道口障碍”的通告。提示机车乘务员注意防护。

车载电台接收不到道口障碍预警信息时，“S-1”闪亮字符熄灭，语音提示终止。

车载电台在 10 s 内接收不到 TAX 箱的有效数据时，每隔 7 s 发送一次列车接近预警信息，车次为 88888，速度为 888，千米标为 8888.8，表明有不明车次的列车接近。

（四）接收便携式接近预警器的障碍防护预警

在配备了世纪东方的便携式接近预警器的工作现场，如出现影响列车安全运行的事件时，防护人员可以按下便携式接近预警器的预警按键，以间歇循环方式发送施工现场障碍防护预警信息；车载电台可以将接收的施工现场障碍防护预警信息送给列尾司机控制盒，列尾机车乘务员控制盒显示屏显示“S-3”闪亮字符，并播放合成语音“××××.×公里现场故障”的通告，提示机车乘务员注意防护。

（五）列车二次事故防护预警

1. 列车二次事故防护预警的发送

在出现危及列车运行安全的事件时，机车乘务员可以按下列车二次事故防护预警按键，列尾控制盒显示屏应显示“S-2”闪亮字符并播放合成语音“列车报警”提示。车载电台以 3 s 间歇循环方式发送列车二次事故防护预警信息，包括列车车次、速度、位置等信息。

人工解锁后，停止发送二次事故防护预警信息，“S-2”闪亮字符熄灭，语音提示终止。

2. 列车二次事故防护预警的接收

车载电台将接收的列车二次事故防护预警信息解调后，送给列尾司机控制盒，列尾司机控制盒播放合成语音“××××次车××××.×公里事故”的通告；列尾控制盒显示屏显示“S-2”闪亮字符。

按下自复“确认键”，控制盒向车载电台发送确认信息，并播放合成语音“确认完毕”。接收不同的预警信息应再次确认，接收不到列车二次事故预警信息时，“S-2”闪亮字符熄灭，语音提示终止。

列车二次事故防护预警示意图如图 5.1.5 所示。

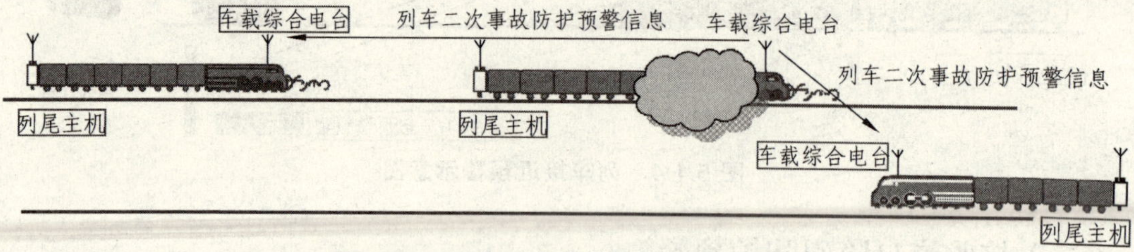

图 5.1.5　列车二次事故防护预警示意图

（六）具有记录和存储收发预警信息及二次报警的功能

车载电台具有预警事件记录的功能，即“黑匣子”功能。机车电台会记录道口障碍防护预警和二次防护报警的确认操作，包括起始时间、终止时间、接收次数及按确认键的时间、列车车次、实时公里标。数据记录可以使用机车数据采集器进行读取转存，并用机车数据分析软件进行显示分析。

（七）具有电台故障弱化功能

其中一台信道机发生故障时，应切换至另一台信道机完成系统功能；列车接近预警信息发送时间间隔不小于 6 s，保证欠压和排风信息的可靠接收和发送。

车载电台两个信道机均发生故障时，每隔 10 s 向列尾司机控制盒发送一次电台故障信息，持续 3 min。控制盒播放语音“电台故障”作为提示。

（八）具有出入库功能

接收出入库检测台的检测指令，自动检测自身状态，并将检测结果发送给出入库设备显示，作为设备出入库的检测状态。

检测项目：电台 1、电台 2、发射机、接收机、TAX 箱、列尾控制盒 1 和 2 的工作状态、POCSAG 编码的检测。

车载电台在出入库检测时应分别用两个电台发送列车接近预警信息，车次为 99998，速度为 888，千米标为 8888.8。

三、主要技术要求

（1）在平原地区，LBJ 发送列车防护报警信息时，以机车天线为基点，机车前后各 5 km

范围内的其他机车 LBJ 应能可靠接收报警信息。

（2）系统信息频率配置如表 5.1.1 所示。

表 5.1.1 系统频率配置表

序号	信道频率/MHz	编码方式	信道业务
1	821.237 5	POCSAG	列车接近预警
2	866.237 5	FFSK	列尾
			列车防护报警
			道口事故报警
			施工防护报警

四、工作过程

（一）启动列车防护报警

按下 LBJ 控制盒（与 CIR 配套使用时为 MMI，以下同）上的【报警】键，LBJ 每 5 ~ 10 s 随机连续发送 5 帧列车防护报警信息并进行记录，报警信息包含当前车次号、机车号、公里标和时间，LBJ 处于发送报警状态时，状态指示灯每 1 s 闪亮一次，同时扬声器发出提示音。

邻近列车的 LBJ 接收到列车防护报警信息后进行记录，同时显示报警信息包含的公里标。每 5 s 发出一次提示语音。按下控制盒上的【确认】键，可停止播放提示语音，LBJ 接收到列车防护报警解除信息，或者连续 30 s 以上未再次收到列车防护报警信息时，恢复守候接收状态。

（二）解除列车防护报警

再次按下 LBJ 控制盒的【报警】键解除报警并恢复为守候接收状态。解除报警时，LBJ 连续发送 5 帧列车防护报警解除信息并进行记录，报警解除信息包含当前车次号车号、公里标和时间，控制盒的状态指示灯持续闪亮 5 s 后转为长亮，扬声器发出 5 s 提示音后停止。邻近列车的 LBJ 接收到报警解除信息后进行记录，发出提示语音后恢复守候接收状态。

（三）启动和解除道口报警

按下道口报警设备的【报警】键，道口报警设备每 5 ~ 10 s 随机连续发送 6 帧道口事故报警信息并进行记录，邻近列车的 LBJ 接收到道口事故报警信息后进行记录，同时显示报警信息包含的公里标并每 5 s 发出一次提示语音，LBJ 接收到道口事故报警解除信息，或者连续 30 s 以上未再次收到道口事故报警信息时，恢复守候接收状态。

再次按下道口报警设备【报警】键解除报警，道口设备连续发送 6 帧道口事故报警解除信息，邻近列车的 LBJ 接收到报警解除信息后进行记录，发出提示语音后恢复守候接收状态。

（四）启动和解除施工防护报警

按下施工防护报警设备的【报警】键，施工防护报警设备每 5～10 s 随机连续发送 6 帧施工防护报警信息并进行记录。邻近列车的 LBJ 接收到施工防护报警信息后进行记录，显示报警信息包含的公里标并每 5 s 发出一次提示语音，LBJ 接收到施工防护事故报警解除信息或者连续 30 s 以上未再次收到施工防护事故报警信息时，恢复守候接收状态。

再次按下施工防护报警设备的【报警】键解除报警，施工防护报警设备连续发送 6 帧施工防护报警解除信息，邻近列车的 LBJ 接收到报警解除信息后进行记录，发出提示语音后恢复守候接收状态。

（五）列尾信息传送

1. 建立列尾连接关系

在 LBJ 控制盒上输入客车列尾装置的 ID 并按下【确认】键，LBJ 向客车列尾装置发送输号命令信息。客车列尾装置对输号命令信息包含的 ID 进行判断，若与本机一致，则向 LBJ 返回输号应答信息，双方建立列尾连接关系，LBJ 发出提示语音，显示客车列尾装置的 ID（闪亮 3 s，长亮 3 s，闪亮时每 0.5 s 变化一次）后显示当前列车尾部风压数值。如果 LBJ 在发送输号命令信息后 5 s 内未收到输号应答信息，则 LBJ 发出建立列尾连接关系失败的提示语音。

2. 查询风压

按下 LBJ 控制盒【查询】键，LBJ 向客车列尾装置发送手动查询风压命令信息，客车列尾装置收到后向 LBJ 返回风压信息，LBJ 发出声光提示。

3. 列尾风压动态显示

LBJ 每 120～130 s 随机自动地向客车列尾装置发送风压查询命令信息，客车列尾装置收到后向 LBJ 返回风压信息，LBJ 在控制盒显示风压数值，但不发出提示语音。LBJ 连续 5 min 未收到风压信息时，自动向客车列尾装置发送查询风压命令信息，如果在随后的 10 s 内仍未收到风压信息，LBJ 进入列尾通信失效告警状态，控制盒数码管显示“报警”标志（每秒闪烁一次），并每隔 5 s 发出一次提示语音。按下控制盒【确认】键时，LBJ 停发告警提示语音。列尾通信失效时 LBJ 每 25～30 s 随机自动地向客车列尾装置发送风压查询命令信息，直至重新接收到风压信息，LBJ 控制盒恢复正常的声光提示。

4. 辅助排风制动

按下 LBJ 控制盒【排风】键，LBJ 向客车列尾装置连续发送 5 帧排风制动命令信息，客车列尾装置收到后进行辅助排风制动并返回应答信息，LBJ 收到应答信息后发出声光提示。LBJ 发送排风制动命令信息完毕后，如果在 5 s 内未收到应答信息，自动重发 5 帧排风制动命令信息。

5. 风压自动提示

列车主风管风压不正常时，客车列尾装置每隔 20 s 自动向 LBJ 发送风压提示信息，LBJ 收到后发出声光提示。按下 LBJ 控制盒【确认】键，LBJ 向客车列尾装置发送应答信息，客车列尾装置收到后停止发送风压自动提示信息。

6. 供电电压欠压自动提示

客车列尾装置供电电压欠压时，每隔 20 s 自动向 LBJ 发送供电电压欠压自动提示信息，LBJ 收到后发出声光提示。按下 LBJ 控制盒【确认】按键，LBJ 向客车列尾装置发送应答信息，客车列尾装置收到后停止发送供电电压欠压自动提示信息。

7. 解除列尾连接关系

在 LBJ 控制盒输入六个数字“0”并按下【确认】按键，LBJ 向客车列尾装置发送销号命令信息，解除列尾连接关系并发出提示语音。客车列尾装置对销号命令信息包含的客车列尾装置 ID 进行判断，如与本机一致则进入待机状态。

（六）列车接近预警

列车以低于 5 km/h（需调整时由国铁集团统一规定）的速度运行时，LBJ 不发送列车接近预警信息；列车运行速度为 5 ~ 120 km/h 时，列车每运行 200 m，LBJ 发送一次列车接近预警信息；列车运行速度大于 120 km/h 时，LBJ 每隔 6 s 发送一次列车接近预警信息。

道口报警设备、施工防护报警设备和预警器接收到列车接近预警信息后，发出声光提示。

（七）出入库检测

机车出入库时，通过便携测试台和出入库检测设备对 LBJ 进行检测。

从便携测试台输入 8 位机车号后，向 LBJ 发送出入库检测命令，LBJ 收到后进行判断，如果机车号与本机一致则进行自检，状态指示灯和所有数码管每 1 s 闪亮一次并每隔 5 s 发出一次提示语音。按下控制盒的【报警】按键、【排风】按键、【查询】按键和【确认】按键后，LBJ 向便携测试台和出入库检测设备发送一次报警试验信息，向出入库检测设备发送一次车次号为 99998，速度为 888 和千米标为 8888.8 m 的列车接近预警试验信息，随后退出检测状态，状态指示灯恢复到检测前的显示状态。LBJ 和出入库检测设备应记录发送和接收到的试验信息。如果 LBJ 进入检测状态 60 s 后仍未完成检测，LBJ 将自动发送报警试验信息和列车接近预警试验信息并退出检测状态。

使用出入库检测设备对 LBJ 进行检测的过程与使用便携测试台进行检测的过程一致。

（八）LBJ 记录读取和分析

LBJ 发送列车防护报警信息后，启用电子铅封，状态指示灯长亮，即使 LBJ 重启，状态指示灯仍保持长亮状态，提示维护人员读取报警记录信息。使用数据管理器读取报警记录信息后，LBJ 的状态指示灯自动熄灭。在数据管理器把记录信息转存至出入库检测设备后，出入库检测设备能按照车次号、机车号对记录信息进行分类查询和分析。

“列车防护报警和客车列尾系统认知”课程资源包

任务实施

任务编号	5-1	任务名称	列车防护报警和客车列尾系统认知	
序号	实施内容		完成情况	
			是	否
系统构成				
1	列车防护报警和客车列尾安全防护系统（即800 MHz系统）由数据采集编码器（以下简称“编码器”）、列车防护报警装置（以下简称“LBJ”）、道口报警设备、施工防护报警设备、列车接近预警器（以下简称“预警器”）、客车列尾安全防护设备（以下简称“KLW”）和专用维护设备（含便携测试台、数据管理器和出入库检测设备）等组成			
系统功能				
2	列车防护报警和客车列尾系统的9个功能			
工作过程				
3	描述如何启动列车防护报警，该模式的控制过程			
4	描述如何解除列车防护报警，该模式的控制过程			
5	描述如何启动和解除道口防护报警，该模式的控制过程			
6	描述如何启动和解除施工防护报警，该模式的控制过程			
7	描述如何进行列尾信息传送			
8	描述如何进行列车接近预警			
9	描述如何进行出入库检测			
10	描述如何读取和分析LBJ记录			

任务评价

任务编号	5-1	任务名称	列车防护报警和客车列尾系统认知	
序号	评价内容	标准分值	自我评分 50%	组内评分 50%
资讯阶段		10		
1	是否积极参与任务书讨论，正确领会任务要求	5		
2	是否积极参与引导文学习讨论，完全掌握学习内容	5		
计划→实施→检查阶段		20		
1	是否积极参与计划制订，提出建设性计划内容	5		

续表

任务编号	5-1	任务名称	列车防护报警和客车列尾系统认知		
序号	评价内容		标准分值	自我评分 50%	组内评分 50%
2	是否制订了可行的任务方案		5		
3	是否认真履行个人角色，积极参与任务演练		5		
4	是否有效使用任务检查单保证任务顺利进行		5		
序号	评价内容		标准分值	组间评分 50%	教师评分 50%
（任务展示）评价阶段			70		
1	列车防护报警和客车列尾系统的构成	看图识别列车防护报警和客车列尾系统的组成部件，说明其安装位置。每错一处扣 2 分	20		
2	列车防护报警和客车列尾系统的功能	叙述列车防护报警和客车列尾系统的 9 项系统功能。每错一处扣 2 分	20		
3	列车防护报警和客车列尾系统的工作过程	对列车防护报警和客车列尾系统 8 项工作过程中抽 2 项进行操作，并叙述控制过程。每错一处扣 1 分	30		
总评分值					

能力测试

1. 列车防护报警和客车列尾安全防护系统的组成设备有哪些？
2. 列车防护报警和客车列尾安全防护系统具有哪些功能？
3. 列车防护报警和客车列尾安全防护系统有哪些工作过程？
4. 描述启动列车防护报警的工作过程。
5. 描述解除列车防护报警的工作过程。
6. 描述启动和解除道口报警的工作过程。
7. 描述启动和解除施工防护报警的工作过程。
8. 描述列尾信息传送的工作过程。
9. 描述列车接近预警的工作过程。
10. 描述出入库检测的工作过程。
11. 描述 LBJ 记录读取和分析的工作过程。

任务 5-2 列车防护报警装置（LBJ）的操作

任务安排

<table>
<tr><td>任务编号</td><td>5-2</td><td>任务名称</td><td>列车防护报警装置（LBJ）的操作</td><td>推荐学时</td><td>2（学时）</td></tr>
<tr><td colspan="6">任务描述</td></tr>
<tr><td colspan="6">由你驾驶的列车在运行途中发现能危及行车安全的突发事件，需尽快向后续列车、临线列车报警，使其停车，避免二次事故。请你使用 LBJ 进行防护报警，并介绍 LBJ 在 MMI 上的常态显示。</td></tr>
<tr><td colspan="6">任务实施要求做到：
（1）能正确识读列车防护报警装置（LBJ）的屏幕显示含义；
（2）能在正确的时机使用列车防护报警装置（LBJ）；
（3）能按行车要求使用列车防护报警装置（LBJ）；
（4）能正确操作列车防护报警装置（LBJ）。</td></tr>
<tr><td colspan="6">实施说明</td></tr>
<tr><td colspan="6">（1）以小组（5~6 人）为单位开展任务实施；
（2）任务前完成知识准备；
（3）验收：小组全体同学通过上机理论考试进行理论知识考核，给予第一部分成绩；小组指派一名代表进行任务展示，给予第二部分成绩。第二部分成绩，由教师和其他各组同学对展示小组按标准进行评分。</td></tr>
<tr><td colspan="6">任务注意事项</td></tr>
<tr><td colspan="6">（1）任务开始前，必须做好充分的知识储备工作；
（2）任务过程中，要爱护实训设备，禁止暴力操作；
（3）注意实训人身财产安全。</td></tr>
</table>

任务资讯

一、设备构成

列车防护报警装置（LBJ）的主体是 800 MHz 车载综合电台，如图 5.2.1 所示，由电源单元、控制单元、电池控制板、电磁兼容板、信道板、备用电源、防振架、数据电缆、电源电缆及馈线组成。列车防护报警装置（LBJ）可与列尾司机控制盒配合使用，也可与机车综合无线通信设备（CIR）组合使用。装设 CIR 的机车、动车组，应配套加装 LBJ 设备单元。在非正常情况下由列车机车乘务员通过相应操作向邻线或后续追踪列车发送（接收）防护报警信息，并配套旅客列车尾部安全防护装置，实现列车风压查询、控制列尾装置辅助排风制动等功能。

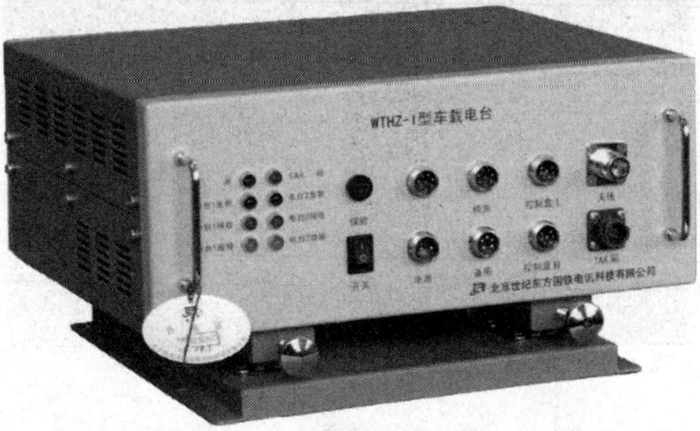

图 5.2.1　WTHZ-Ⅰ型 800 MHz 车载综合电台

二、设备功能

（1）LBJ 具有通过列车尾部装置查询风压和控制尾部装置排风制动的功能。

（2）LBJ 具有发送和接收列车事故报警信息并发出声光提示的功能。

（3）LBJ 具有接收道口事故报警信息和施工防护报警信息并发出声光提示的功能。

（4）LBJ 具有发送列车接近预警信息的功能。

（5）LBJ 具有记录功能。

（6）LBJ 具有和 CIR 整合的功能。

（7）LBJ 具有发送和接收列车事故报警功能。

（8）LBJ 具有建立和解除列尾连接关系、手动查询列尾风压、列尾风压动态显示、辅助排风制动、风压自动提示、供电电压欠压自动提示功能。

（9）LBJ 具有出入库检测功能。

三、列车防护报警装置的常态显示

CIR 可以通过 LBJ 发送和接收列车防护报警信息和列车防护报警解除信息，还可以接收施工防护报警信息、道口报警信息等其他报警信息。

开机后，CIR 与 LBJ 连接正常，MMI 显示报警主界面（见图 5.2.2）。报警主界面里的圆形区域为 LBJ 工作状态指示灯，平常状态下为黄色圆环。机车乘务员按下【报警】键发送过报警信息后工作指示灯为红色实心圆形，其他 LBJ 工作状态指示灯状态显示意义如下：

（1）黄色圆环——表示 LBJ 未发送过列车防护报警信息，也未接收过报警信息。

（2）一个黄色上半实心圆和一个黄色下半空心圆——表示 LBJ 已发送过列车防护报警信息，未接收过报警信息。

（3）一个黄色上半空心圆和一个黄色下半实心圆——表示 LBJ 未发送过列车防护报警信息，但已接收过报警信息。

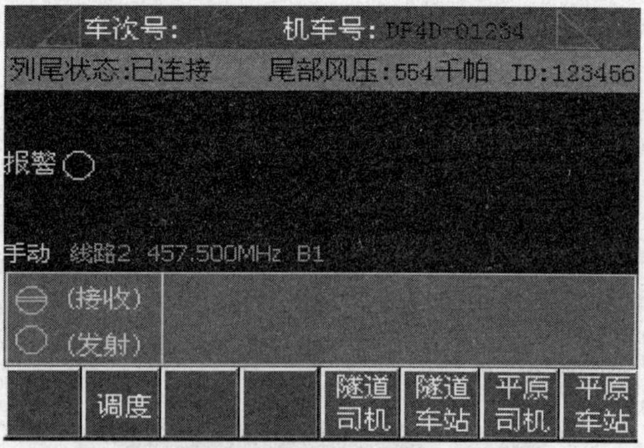

图 5.2.2 报警主界面

（4）一个黄色实心圆——表示LBJ发送过列车防护报警信息，也接收过报警信息。

（5）一个红色实心圆——表示正在发送列车防护报警信息。

（6）不显示＋“LBJ未连接”——CIR与LBJ未连接。

（7）黄色圆环＋“报警功能已关闭”——表示LBJ功能关闭，LBJ不再接收列车防护报警信息，也不能发送列车防护报警信息。

上述（2）、（3）、（4）三种情况，需要维护人员处理后才能变回黄色圆环。

四、使用时机

（1）列车遇到线路塌方、道床冲空等危及行车安全的突发情况时。

（2）列车被迫停车可能妨碍邻线时。

（3）列车在区间被迫停车不能继续运行需要防护时（机车故障常用制动停车时除外）。

注意：非停车状态下，禁止发送防护报警信息。

五、行车要求

（1）列车在区间运行中被迫停车，不能继续运行或有可能妨碍邻线时，机车乘务员应及时按压CIR设备操作显示终端【报警】按键，按操作提示启动列车无线防护报警，向其他列车发出防护报警信息。紧急情况下，机车乘务员可持续按压（3 s及以上）CIR设备主机面板的【报警】按键直接发出列车无线防护报警信息。

（2）发出防护报警信息后，机车乘务员应向列车调度员（车站值班员）报告情况。

（3）列车调度员（车站值班员）接到报告，应通知区间相关列车（妨碍邻线时须通知邻线有关列车）停车后，通知发出报警信息的列车机车乘务员解除列车防护报警。机车乘务员接到通知后应再次按压【报警】按键，并按提示进行操作，解除无线防护报警。报警解除后，机车乘务员应及时向列车调度员（车站值班员）报告情况。

（4）列车运行中收到无线防护报警信息时，机车乘务员应认真查看CIR操作显示终端上显示的报警信息，按【确认/签收】键确认收到信息，关断报警语音提示。

（5）报警线路和地点与本列车运行线路相关、可能影响本列车运行安全时，机车乘务员应采取降速运行或紧急停车等必要的安全措施，防止发生事故。

（6）报警线路和地点与本列车运行线路无关时，列车可按正常速度运行。遇报警信息内容不完整或有疑问时，应及时联系本线路列车调度员（车站值班员）进行确认，情况不明时，可直接采取降速运行等安全措施。

（7）采取降速运行措施时，列车应以遇到阻碍能随时停车的速度运行，动车组列车最高不超过 40 km/h，其他列车最高不超过 20 km/h。

（8）列车通过报警地点或收到防护报警解除信息时，机车乘务员应恢复本列车的正常运行，并向列车调度员或车站值班员报告。

（9）列车运行中，未经铁路局同意，任何单位和个人不得擅自进行列车防护报警功能的检查试验。

六、操作方法

（一）发送列车防护报警信息

1. 通过 MMI 发送列车防护报警信息

按下 MMI 上的【报警】键并持续 3 s 以上，MMI 发出“按确认键发送报警信息”的语音提示，屏幕显示如图 5.2.3 所示。8 s 内按压【确认/签收】键，LBJ 开始发送列车防护报警信息。防护报警信息发送界面如图 5.2.4 所示。

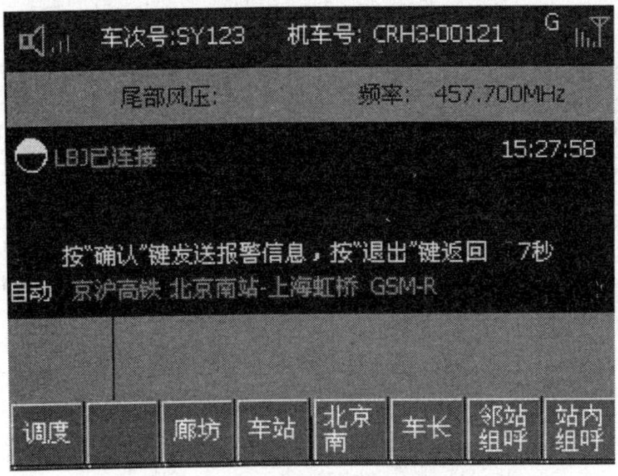

图 5.2.3　LBJ 报警信息发送确认界面

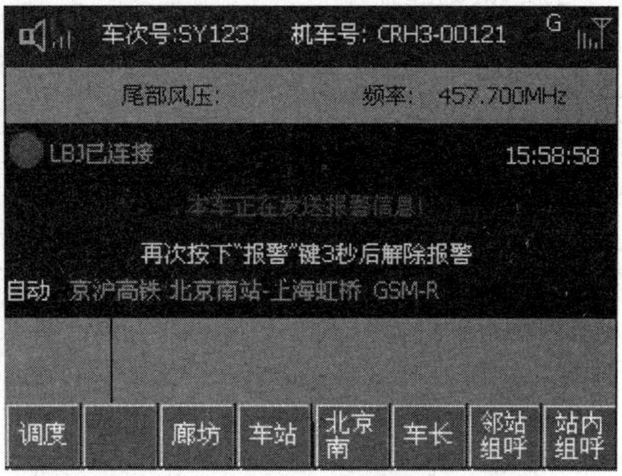

图 5.2.4　正在发送报警信息界面

2. 通过 LBJ 主机发送列车防护报警信息

在 MMI【报警】按键失效或其他紧急情况下，可通过操作 CIR（LBJ 内置）或 LBJ 主机面板的【报警】按键 3 s 以上，发送防护报警信息。主机上的【报警】按键如图 5.2.5 所示。

3. 通过列尾控制盒发出报警信息

在列车发生事故侵入邻线时或发现邻线有危及列车运行的事件时，机车乘务员按下列尾控制盒黄色报警键，发送列车二次报警信息给附近其他列车，扬声器播放语音“列车报警”提醒机车乘务员，同时 LED 闪烁显示“S-2”；事故解除后再次按下机车报警键，停止发送二次报警，扬声器播放语音“机车故障排除”。

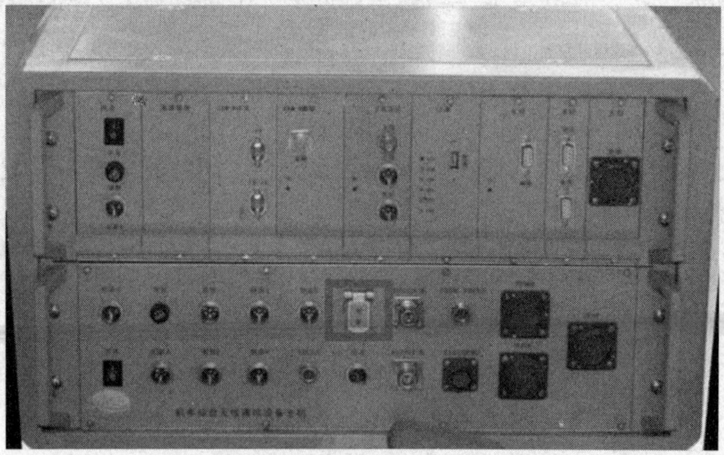

图 5.2.5 CIR 主机（LBJ 内置）上的【报警】按键

收到二次报警信息时控制盒播放语音“××××次车××××公里事故”，LED 闪烁显示“S-2”。

（二）解除列车防护报警信息

1. 解除时机

接到列车调度员（车站值班员）解除列车防护报警的通知时，机车乘务员可解除列车防护报警信息。

2. 通过 MMI 解除

需要解除报警时，机车乘务员再次按下 MMI 的【报警】键 3 s，MMI 发出约 5 s 的连续性蜂鸣音，主界面安全预警显示区显示“列车防护报警已解除！”红色字体提示信息，LKJ 工作状态指示灯由红色实心圆变为黄色上半实圆，表示报警解除。

3. 通过 LBJ 主机解除

使用主机面板【报警】按键解除报警时，持续按下【报警】按键 3 s 后，【报警】按键指示灯由闪亮变为长亮，松开【报警】按键。

4. 自动解除

当列车运行速度值大于 5 km/h，且连续运行时间大于 30 s 时，LBJ 自动解除列车防护报警。屏幕显示如图 5.2.6 所示。

5. 注意事项

（1）由 CIR 或 LBJ 主机面板【报警】按键触发的报警，只能通过 CIR 或 LBJ 主机面板的【报警】按键解除。

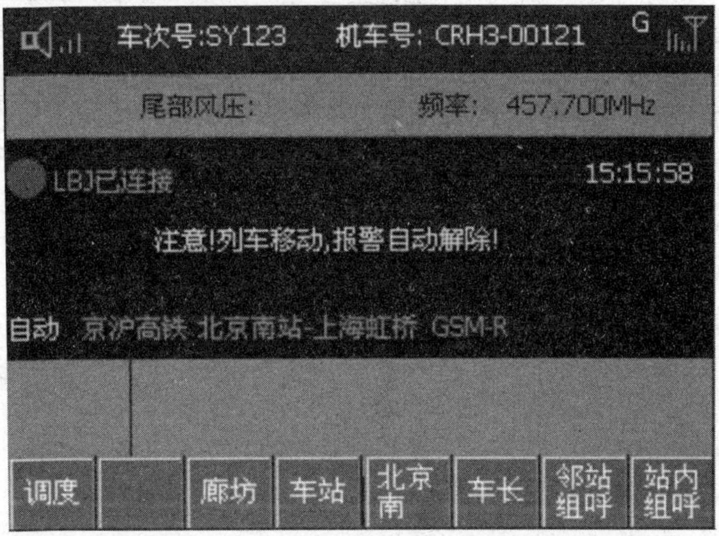

图 5.2.6 “列车移动，报警自动解除”界面显示

（2）由 MMI【报警】按键触发的报警，可通过处于主控状态 MMI 的【报警】按键解除报警，也可通过 CIR 或 LBJ 主机面板的【报警】按键解除报警。

（三）接收列车防护报警信息

1. 接收列车防护报警信息操作

CIR 接收到列车防护报警信息时，MMI 显示报警内容“注意，×××.×公里列车报警，注意运行”，并伴有报警语音提示（见图 5.2.7），机车乘务员可以按下【确认/签收】键确认，关断报警语音提示（见图 5.2.8）。

CIR 接收到报警解除信息时，MMI 上显示并语音播放报警解除信息的内容“×××次列车报警解除，注意运行”。

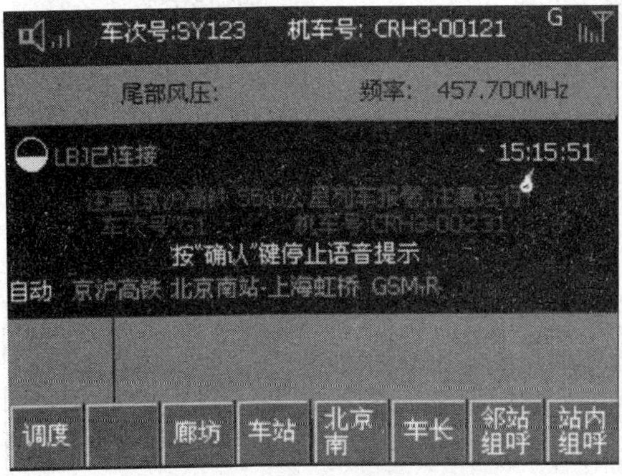

图 5.2.7 接收报警信息界面

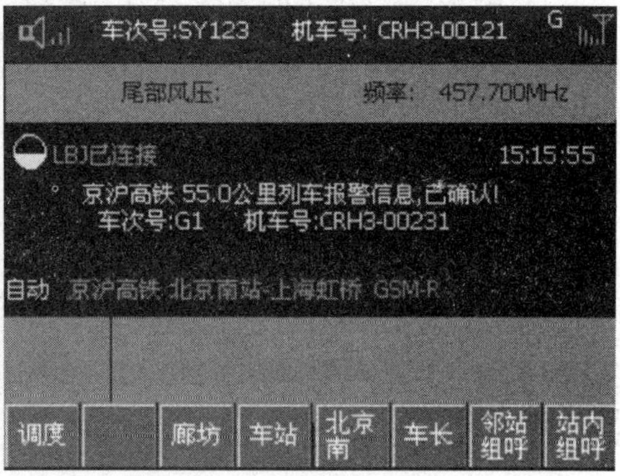

图 5.2.8 确认接收报警信息界面

注意：CIR 接收到施工防护报警信息、道口报警信息等其他报警信息的处理方法与列车防护报警相同。

2. 处理办法

（1）影响本列安全时

① 采取降速运行或紧急停车等必要的安全措施，防止发生事故。

② 万吨及以上列车，接到报警线路和地点与牵引运行线路相关可能影响本列安全时，原则上应采用常用制动降速或停车，避免使用应急制动危及本列运行安全。

（2）不影响本列安全时

可按正常速度运行。

（3）信息内容不完整或有疑时

① 及时联系本线列车调度员（车站值班员）确认，情况不明时，可直接采取降速运行等安全措施。

② 采取降速运行措施时，列车应以遇到阻碍能随时停车的速度运行，动车组列车最高不超过 40 km/h，其他列车最高不超过 20 km/h。

3. 接收列车防护报警解除信息

接收到列车防护报警解除信息后，MMI 发出两次语音提示："注意，列车报警解除，注意运行"。屏幕显示如图 5.2.9 所示。

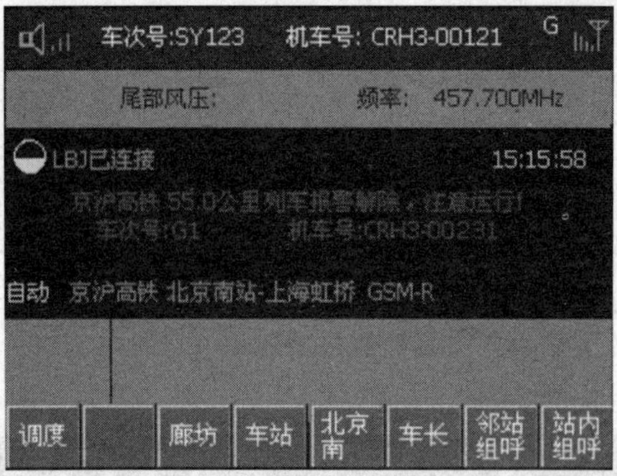

图 5.2.9　接收列车防护报警解除信息界面显示

"列车防护报警装置（LBJ）的操作"课程资源包

任务实施

<table>
<tr><td>任务编号</td><td>5-2</td><td>任务名称</td><td colspan="3">列车防护报警装置（LBJ）的操作</td></tr>
<tr><td rowspan="2">序号</td><td colspan="3" rowspan="2">实施内容</td><td colspan="2">完成情况</td></tr>
<tr><td>是</td><td>否</td></tr>
<tr><td colspan="6">屏幕显示意义</td></tr>
<tr><td>1</td><td colspan="3">黄色圆环——表示 LBJ 未发送过列车防护报警信息，也未接收过报警信息</td><td></td><td></td></tr>
<tr><td>2</td><td colspan="3">一个黄色上半实心圆和一个黄色下半空心圆——表示 LBJ 已发送过列车防护报警信息，未接收过报警信息。需要维护人员处理后才能变回黄色圆环</td><td></td><td></td></tr>
</table>

续表

任务编号	5-2	任务名称	列车防护报警装置（LBJ）的操作	
序号	实施内容		完成情况	
			是	否
3	一个黄色上半空心圆和一个黄色下半实心圆——表示 LBJ 未发送过列车防护报警信息，但已接收过报警信息。需要维护人员处理后才能变回黄色圆环			
4	一个黄色实心圆——表示 LBJ 发送过列车防护报警信息，也接收过报警信息。需要维护人员处理后才能变回黄色圆环			
5	一个红色实心圆——表示正在发送列车防护报警信息			
6	不显示＋“LBJ 未连接”——CIR 与 LBJ 未连接			
7	黄色圆环＋“报警功能已关闭”——表示 LBJ 功能关闭，LBJ 不再接收列车防护报警信息，也不能发送列车防护报警信息			
使用时机				
8	列车遇到线路塌方、道床冲空等危及行车安全的突发情况时，使用 LBJ 报警			
9	列车被迫停车可能妨碍邻线时，使用 LBJ 报警			
10	列车在区间被迫停车不能继续运行需要防护时（机车故障常用制动停车时除外），使用 LBJ 报警			
11	非停车状态下，禁止发送防护报警信息			
行车要求				
12	需要进行列车防护报警时，机车乘务员应及时发出列车无线防护报警信息			
13	发出防护报警信息后，机车乘务员应向列车调度员（车站值班员）报告情况			
14	列车调度员（车站值班员）接到报告，应通知区间相关列车（妨碍邻线时须通知邻线有关列车）停车后，通知发出报警信息的列车机车乘务员解除列车防护报警			
15	机车乘务员接到通知后应解除无线防护报警。报警解除后，机车乘务员应及时向列车调度员（车站值班员）报告情况			
16	列车运行中收到无线防护报警信息时，机车乘务员应认真查看 CIR 操作显示终端上显示的报警信息，按【确认/签收】键确认收到信息，关断报警语音提示			
17	报警线路和地点与本列车运行线路相关、可能影响本列车运行安全时，机车乘务员应采取降速运行或紧急停车等必要的安全措施，防止发生事故			
18	报警线路和地点与本列车运行线路无关时，列车可按正常速度运行。遇报警信息内容不完整或有疑问时，应及时联系本线路列车调度员（车站值班员）进行确认，情况不明时，可直接采取降速运行等安全措施			
19	采取降速运行措施时，列车应以遇到阻碍能随时停车的速度运行，动车组列车最高不超过 40 km/h，其他列车最高不超过 20 km/h			
20	列车通过报警地点或收到防护报警解除信息时，机车乘务员应恢复本列车的正常运行，并向列车调度员或车站值班员报告			
21	列车运行中，未经铁路局同意，任何单位和个人不得擅自进行列车防护报警功能的检查试验			

续表

任务编号	5-2	任务名称	列车防护报警装置（LBJ）的操作	
序号	实施内容		完成情况	
			是	否
LBJ操作方法				
22	发送列车防护报警信息的操作方法			
23	解除列车防护报警信息的操作方法			
24	接收列车防护报警信息的操作方法			

任务评价

任务编号	5-2	任务名称	列车防护报警装置（LBJ）的操作		
序号	评价内容		标准分值	自我评分 50%	组内评分 50%
资讯阶段			10		
1	是否积极参与任务书讨论，正确领会任务要求		5		
2	是否积极参与引导文学习讨论，完全掌握学习内容		5		
计划→实施→检查阶段			20		
1	是否积极参与计划制订，提出建设性计划内容		5		
2	是否制订了可行的任务方案		5		
3	是否认真履行个人角色，积极参与任务演练		5		
4	是否有效使用任务检查单保证任务顺利进行		5		
序号	评价内容		标准分值	组间评分 50%	教师评分 50%
（任务展示）评价阶段			70		
1	屏幕显示意义	对照MMI显示屏，介绍屏幕中LBJ所处的工作状态。每错一处扣1分	7		
2	LBJ使用时机	叙述列车防护报警装置的使用时机。每错一处扣1分	3		
3	使用LBJ的行车要求	叙述使用列车防护报警装置的行车要求。每错一处扣2分	20		
4	LBJ操作方法	使用正确方法进行发送、解除和接收列车防护报警信息。每错一处扣2分。	40		
总评分值					

能力测试

1. 列车防护报警装置（LBJ）的主体是 800 MHz 车载电台，它由哪些设备组成？
2. 装设 CIR 的机车、动车组，应配套加装（　　　　）设备单元。
3. 在非正常情况下由列车机车乘务员通过相应操作向邻线或后续追踪列车发送（接收）（　　　　），并配套旅客列车尾部安全防护装置实现列车（　　　　）、控制列尾装置（　　　　）等功能。
4. 开机后，CIR 与 LBJ 连接正常，MMI 显示（　　　　）。
5. 报警主界面里的圆形区域为 LBJ 工作状态指示灯，平常状态下为（　　　　）。
6. 机车乘务员按下【报警】键发送过报警信息后工作指示灯为（　　　　）。
7. 在表 5.2.1 中写明 LBJ 工作状态指示灯显示的意义。

表 5.2.1　LBJ 工作状态指示灯的显示意义

序号	显示	意义
1	黄色圆环	
2	一个黄色上半实心圆和一个黄色下半空心圆	
3	一个黄色上半空心圆和一个黄色下半实心圆	
4	一个黄色实心圆	
5	一个红色实心圆	
6	不显示＋“LBJ 未连接”	
7	黄色圆环＋“报警功能已关闭”	

8. 铁路对列车防护报警装置的使用时机是怎样规定的？
9. 使用列车防护报警装置时，应遵守哪些行车要求？
10. 叙述如何使用 LBJ 发送列车防护报警信息。
11. 叙述如何使用 LBJ 解除列车防护报警信息。
12. 叙述如何使用 LBJ 接收列车防护报警信息。

任务 5-3 客车列尾安全防护设备操作

任务安排

任务编号	5-3	任务名称	客车列尾安全防护设备操作	推荐学时	4（学时）
任务描述					
机车乘务员在进行制动机简略试验，以及运行途中对列车实施制动时，均需确认列车尾部列车管风压，从而确定全列车的制动状态。当列车中有折角塞门关闭时，机车乘务员可使用列尾装置从列车尾部排风，从而使列车全列制动停车，保障行车安全。今天，就由你来担当某次旅客列车的牵引任务，完成对客车列尾装置的各项操作。					
任务实施要求做到： （1）掌握旅客列车尾部安全防护装置（以下简称“KLW”）的构成及功能； （2）掌握 KLW 主机、列尾控制盒的功能； （3）掌握 KLW 的工作过程； （4）了解 KLW 的故障判断及处理办法。					
实施说明					
（1）以小组（5～6人）为单位开展任务实施； （2）任务前完成知识准备； （3）验收：小组全体同学通过上机理论考试进行理论知识考核，给予第一部分成绩；小组指派一名代表进行任务展示，给予第二部分成绩。第二部分成绩，由教师和其他各组同学对展示小组按标准进行评分。					
任务注意事项					
（1）任务开始前，必须做好充分的知识储备工作； （2）任务过程中，要爱护实训设备，禁止暴力操作； （3）注意实训人身财产安全。					

任务资讯

一、系统构成

旅客列车尾部安全防护装置（以下简称 KLW）主要由列车机车部分、列车尾部部分、尾部信息中继系统（可选）三个部分设备组成。机车部分设备有两种，分别是列尾控制盒和集成了列车防护报警装置（LBJ）功能的机车综合无线通信设备（CIR）；列车尾部设备主要是列尾主机；尾部信息中继系统可选用车载式中继器或固定中继器。

二、系统功能

（1）具有列车尾部风压检测和数据上传功能。
（2）具有辅助排风制动功能。
（3）具有风压报警和电压欠压报警功能。
（4）具有状态信息和风压数据存储功能。

三、设备功能

（一）列尾主机功能

列尾主机安装在列车尾部，其外形如图 5.3.1 所示。列尾主机由电台、天线、控制与存储单元、压力传感器、A/D 转换器、排风电磁阀、显示灯、充电电池等组成。

图 5.3.1 列尾主机

列尾主机具有以下功能：

1. 输入机车号

列尾主机需要首先和机车设备建立对应关系才能正常工作，在列尾主机发出输号申请后，可以用控制盒或确认仪输入机车号。如果列尾主机上次断电前没有消除机车号，则必须在列尾主机上电后第一次发射算起 50 s 内，且风压为 460 kPa 以下输号。如果列尾主机在上次断电前已消除机车号，则在任何条件下都可以输号。

2. 尾部风压查询

当机车设备发出风压查询信号时，列尾主机能够自动回送当时的风压值。

3. 尾部风压不足报警

列尾主机能够检测列车尾部风压值，当风压低于报警门限时（定压 500 kPa 的列尾主机为 460 kPa，定压 600 kPa 的列尾主机为 560 kPa），能自动向机车设备发出风压报警信号。如果风压在报警门限以下且是缓慢下降（泄漏速度低于 2 kPa/s），则列尾主机会间隔 15 s 左右持续报警。按下控制盒【查询】键或在报风压报警语音的过程中按下控制盒【确认】键可以让列尾主机停止报警。

4. 零风压报警

在列车尾部风压由非零变成零千帕后，列尾主机会发送报警一次。

5. 强制排风功能

列尾主机接收到机车设备发送的强制排风信号后，可自动排风，每次 60 s。排风完成后，列尾主机会以风压报警的形式回送列车尾部的风压一次。

6. 电池欠压报警功能

列尾主机能够自动检测电池电压值，当电池电压低于正常值时能自动向机车设备发出报警信号。电压报警每隔 15 s 左右进行一次，按下控制盒【查询】键或在报电压报警语音的过程中按下控制盒【确认】键可以让列尾主机停止报警。

7. 时钟校正功能

可以通过确认仪或列尾分析系统软件对列尾主机时钟进行校正。

8. 修改列尾设备号

将列尾主机通过其串口与计算机连接，在计算机程序中输入新的列尾主机设备号发送，可实现对原列尾主机设备号的修改。

9. 场强测试

列尾主机输号后，通过确认仪可以激活列尾电台进行发射，每次发射时间为 10 s。

10. 列尾尾部标志

列尾主机具有反光膜，在白天强光下能醒目显示列车尾部的位置。光线不足时，尾部标志灯会自动闪烁，作为列车尾部的标志。

11. 500 kPa/600 kPa 自动适应

列尾主机能自动识别尾部风管的定压状态，在定压为 500 kPa 或 600 kPa 的区间都可以使用而不需要任何设置。

（二）列尾控制盒功能

列尾控制盒安装在司机室，其外形如图 5.3.2 所示。列尾控制盒由内部控制电路板、操作按键、LED 显示窗口、内置扬声器等组成，设置语音通话麦克接口、七芯车载综合

图 5.3.2 列尾控制盒

电台接口及七芯外置扬声器接口（作为输号仪输号和列尾控制盒采集器记录读取接口）。黄色为【报警】键，黑色为【确认】键，绿色为【查询】键，红色为【排风】键。

列尾控制盒具有以下功能：

1. 用输号仪为控制盒输入机车号

控制盒安装完毕后，用控制盒输号仪输入机车号，使控制盒 LED 显示窗口所显示机车号与实际机车号一致。

2. 尾部风压功能

（1）尾部确认

列尾主机请求确认，控制盒播音“××××尾部装置等待确认”，机车乘务员按下控制盒黑色【确认】键，控制盒播音“××××机车确认××××列尾成功”，表示控制盒与尾部主机确认成功，建立“一对一”关系。

（2）查询风压

机车乘务员按下控制盒绿色【查询】键，可查询列尾主机风压，查询风压成功后控制盒播音“××××机车风压×××”。

（3）排风操作

机车乘务员按下控制盒红色【排风】键，可控制列尾主机排风，排风成功后控制盒播音“××××机车排风”。

（4）风压报警、电压报警

列尾主机电池电压不足发送电压报警时，控制盒接收后播放“××××机车电量不足”，提醒机车乘务员注意列尾电池电量不足。列尾主机发送风压报警时，控制盒接收后播放“××××机车注意，风压×××”。收到报警后按下【查询】键查询一次风压后报警可停止。

（5）销号操作

机车乘务员同时按下【确认】键和【查询】键，扬声器播放语音“××××机车销号成功”，表示控制盒与尾部主机取消一对一关系。

3. 报警发送与接收

（1）二次报警发送与接收

在列车发生事故侵入邻线时或发现邻线有危及列车运行的事件时，机车乘务员按下控制盒黄色【报警】键，发送列车二次报警信息给附近其他列车，扬声器播放语音“列车报警”提醒机车乘务员，同时 LED 闪烁显示“S-2”；事故解除后再次按下机车【报警】键，停止发送二次报警，扬声器播放语音“机车故障排除”。

收到二次报警信息时，控制盒播放语音“××××次车××××公里事故”，LED 闪烁显示“S-2”。

（2）道口报警接收

当道口设备发送报警时，车载设备接收后通过 485 接口通知控制盒，控制盒播放语音“××××公里道口障碍”，LED 闪烁显示“S-1”，提醒机车乘务员注意。

（3）现场报警接收

当现场发生事故时，现场报警设备发送报警信息，控制盒接收后播放语音“××××公里现场故障"，LED闪烁显示"S-3"，提醒机车乘务员注意。

（4）电台故障告警

当车载电台故障时，机车车载电台设备向控制盒发送故障信息，控制盒播放语音"电台故障"。这时，需要检查车载电台，对故障进行处理。

4. 语音通话

在摘挂列尾主机的过程中，可以利用控制盒的麦克接口和列尾操作人员进行通话。机车乘务员通话时，将麦克从支架摘下，按下PTT讲话，松开PTT收话。通话完毕后将麦克在支架挂好。

5. 自动检测

控制盒可自动检测语音是否完好，控制盒与列尾主机、中继器建立确认关系后，可检测是否与已经确认完毕的列尾主机、中继器通信正常（列尾主机与控制盒确认成功，中继器输入对应的机车号、列尾号）。按着【确认】键打开控制盒电源，此时可听到按键提示音，松开【确认】键，控制盒进入自动检测过程，控制盒播放语音：0、1、2、3、4、5、6、7、8、9、10。播音结束后发送列尾、中继检测命令，如果检测成功，播放语音"尾部装置测试成功""中继测试成功"。如检测失败，播放语音"尾部装置测试失败""中继测试失败"。

6. 记录存储与采集

用控制盒数据采集器采集控制盒所存储的数据。将控制盒数据采集器用专用电缆接至扬声器接口读取，读取完毕后将记录转存到计算机，利用控制盒数据分析系统专用软件进行分析。记录采集操作方法详见列尾控制盒数据采集器使用方法。

注意：采集数据需要在控制盒空闲时进行，注意观察数据采集器显示灯状态，保证采集数据完成后再结束采集过程。

采集时只打开当前需要采集数据的控制盒（当读取主控制盒记录时，需要关闭副控制盒，读取副控制盒记录时，关闭主控制盒）。

可选用控制盒数据读取连接线用计算机直接读取数据，减少采集器采集的中间步骤。

7. 防超速信息接收及提示

地面限速地点设置防超速监控记录装置，在列车接近时，地面防超速监控装置向接近列车发送各种限速信息，控制盒接收后进行语音提示，提醒机车乘务员注意行车速度。

控制盒通过申请机车数据获取车次号，确定上、下行方向。在控制盒开机后播放语音"上行"或"下行"，对运行方向进行确认，如方向不符，需要关机重新上电获取，如反复仍不成功，对TAX箱适配器进行检查，确认机车台与适配器通信状态正常。

在运行过程中，如收到运行方向限速地点防超速监控记录装置发送的限速信息，控制盒发出相应语音提示，提醒机车乘务员注意控制速度。

（1）接收到"车机联控"信息时，发出"前方限速××公里"的提示语音。

（2）接收到超高速远程提示信息，控制盒发出"前方限速××公里，防止超速"的语音提示。

（3）收到超速预警信息，控制盒发出"前方限速××公里，注意降速"的提示音。

（4）收到降速指令信息，发出“前方限速××公里，紧急降速”的提示音。

（5）收到防超速监控纪录装置发出的 SOS 预警，控制盒发出“前方故障，紧急停车”的提示音。

（6）当按压“紧急按钮”，防超速监控纪录监控装置发送限速地点现场安全预警信息，控制盒接收到安全预警信息后语音播放“××××××公里现场故障”。

四、工作过程

客车列尾安全防护设备的机车部分设备有两种，分别是列尾控制盒和集成了 LBJ 功能的 CIR。使用列尾控制盒和 CIR 的列尾工作过程基本一致，下面以使用 CIR 为例，具体说明客车列尾安全防护设备的工作过程。

（一）启动自检

KLW 主机上电后显示“8.8.8.8.8.8.8.8.”以检测数码显示功能完整性。

（二）建立列尾连接关系

KLW 主机开机后自动进入待机状态（不主动发送任何信息），显示本机的 KLW ID，显示格式为 ID.××××××。当 LBJ 处于列尾未连接状态时，机车乘务员进入 CIR 设置界面输入需要连接的列尾装置 ID，并按【确认/签收】键发起连接。KLW 对输入的 KLW ID 进行判断，如与本机一致，则存储并显示机车号，同时向 LBJ 发送包含机车号和 KLW ID 的输号应答信息，双方建立连接关系，连接成功后 MMI 主界面显示 KLW ID 并发出语音提示“××××××列尾装置，连接成功”。如果连接不成功，MMI 会发出提示音“列尾装置连接失败”。LBJ 和 KLW 之间以 KLW ID 作为基础进行一对一通信。已经建立列尾连接关系的 KLW 不再响应其他 LBJ 发出的输号命令信息。

（三）查询风压

机车乘务员在 MMI 主界面下按【风压查询】键，LBJ 向 KLW 主机发送手动风压查询命令信息，KLW 主机收到后对风压查询信息中包含的 KLW ID 和机车号进行判断，如与本机 KLW ID 和机车号一致，则向 LBJ 返回风压信息。查询到的当前列尾风压数值显示在 MMI 上并语音提示“××××机车，风压×××”。

（四）列尾风压动态显示

LBJ 每隔一段时间（随机 120～130 s）自动查询列尾风压 1 次，并在 MMI 上动态更新风压数据。当 LBJ 与列尾主机连接失效时，LBJ 会进入列尾连接故障告警状态，每隔 5 s 发出一次提示音“列尾装置通信失效”。按下 MMI 的【列尾确认】键可以停止提示；如果 LBJ 重新接收到风压信息，即恢复与列尾主机的连接。

（五）辅助排风制动

机车乘务员持续按下MMI的【列尾排风】键3 s以上，或按下【列尾排风】键后3 s内再按下【列尾确认】键，LBJ向KLW主机连续发送5帧排风制动信息，KLW主机收到后对排风制动信息中包含的KLW ID和机车号进行判断，如与本机KLW ID和机车号一致，则进行辅助排风制动并返回应答信息，MMI语音提示“××××机车，排风”。

KLW一次排风时间为30 s，辅助排风制动应触发列车紧急制动。

（六）风压自动提示

列车主风管一次充风超过560 kPa时，KLW主机开始监测主风管风压，当主风管风压低于560 kPa时，KLW主机每隔20 s自动向LBJ发送风压报警信息，LBJ收到报警信息后发出声光提示，MMI 显示区的风压值变成红色字样“××××机车注意，风压×××”。机车乘务员可以按下【列尾确认】键停止MMI的声光提示。LBJ向KLW主机发送应答信息，KLW主机收到后停止发送风压报警信息。

（七）供电电压欠压自动提示

供电电压低于40 V时，KLW主机每隔20 s自动向LBJ发送供电电压欠压报警信息，LBJ收到后发出声光提示。机车乘务员按下【列尾确认】键停止MMI的声光提示，LBJ向KLW发送应答信息，KLW主机收到后停止发送供电电压欠压报警信息。

（八）解除连接关系

解除列尾连接关系的方式有两种：

第一种是进入CIR列尾ID输入界面，输入六个0并按下【确认/签收】键，LBJ向KLW发送销号命令信息，解除列尾连接关系并发出提示音。KLW 收到后对销号命令信息包含的KLW ID和机车号进行判断，如与本机一致，则进入待机状态，删除存储的机车号并显示本机的KLW ID。

第二种是按压MMI【列尾销号】键持续3 s以上。列尾连接关系解除后，MMI提示“××××××列尾装置，销号成功”。

五、主机的挂车安装和摘取

（一）主机的挂车安装

主机安装在列车尾部车厢“列尾装置安装箱”内。拧开风管接口防尘盖，将风管接口插入车厢后部的风管延长管上端口处，拧紧风管接口螺母。连接风管延长管与主风管，打开折角塞门开关。将电源接头牢靠插入“列尾装置安装箱”电源插座内，通电后应该看到主机标志灯亮起，数码管显示 ID××××××。

KLW 主机挂接插槽如图 5.3.3 所示。

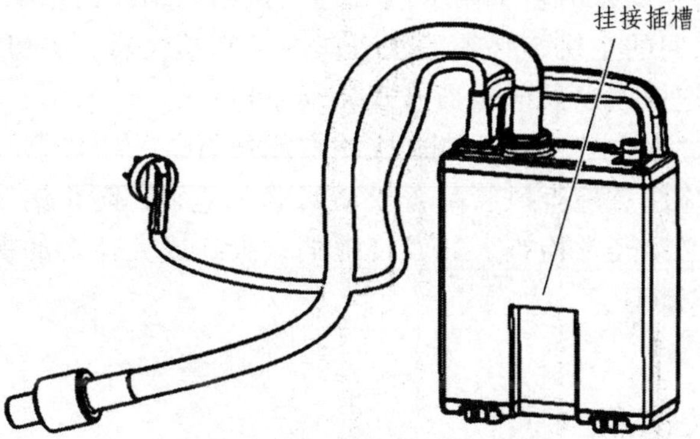

图 5.3.3　KLW 主机挂接插槽

（二）主机的摘取

关闭主机开关，将电源接口从插座中拔出。关闭折角塞门，将风管延长管下端接口从主风管上摘掉。拧开风管接口螺母，将风管接口从车厢后部的风管延长管端口中拔出。向上提起主机，从支架上将主机摘下。将风管接口防尘盖拧紧。

（三）电池的安装/拆卸

1. 电池的安装

将列尾主机侧置于操作台上，电池仓入口朝上（或朝向方便操作者安装电池的方向）；确认锁舌处于弹出状态，将电池推至电池底部的导向圆弧面和电池仓底部的导向圆弧面接触上；快速将整个电池推入电池仓；检查上下两侧锁舌是否进入锁舌孔。

2. 电池的拆卸

将钥匙插入锁孔，顺时针方向旋动钥匙，至锁舌完全脱离锁舌孔并不再弹回；保持锁舌的缩回状态，利用拉环将电池取出；将钥匙插入锁孔，逆时针方向旋转钥匙，至锁舌弹出。

（四）注意事项

（1）不得在风管延长管与主风管连接的情况下进行主机的挂车和摘取；

（2）主机风管接口一旦与风管延长管分离，应立即拧紧防尘盖；

（3）主机风管接口不得污损；

（4）插拔主机电源接口时应握紧插头，不得拉扯电线；

（5）列车出发前和到达后应做好主机检测，进行记录；

（6）机车乘务员在运用过程中发现的问题应及时汇报；

（7）主机挂车后，应及时与机车乘务员联系，告之主机编码（ID），机车乘务员在 LBJ 控制盒上输入 KLW ID，按【确认】键后发送“输号”命令，以建立连接；

（8）冬运期间室内外温差较大，从室外拿到室内的主机不能立即进行测试检查，应等待其恢复到室温后再进行测试，以防室内水蒸气进入机箱内结冰而影响其工作；

（9）凡是从室外取回的主机，必须等其机体内结霜消失后，方可拿到室外运用；

（10）严禁在地上拖拽或以其他不当方式搬动主机；

（11）摘挂和回送过程中禁止对天线造成冲击或弯折；

（12）主机检测时应注意检查风管是否松动或老化龟裂，防止漏风；

（13）主机紧固件必须经常检查，如发现提把、天线或壳体上的螺丝松动，应及时紧固，螺丝松动主机不得挂车运用。

六、主要技术指标

风压检查：500 kPa、600 kPa；

电压报警：DC 40 V；

风压报警门限：560 kPa；

静态电流：不大于 0.2 A；

传输电流：大于 0.2 A，小于 0.4 A；

排风电流：大于 0.2 A，小于 0.4 A；

时钟误差：±1 min；

风压反馈准确度：±1%；

排风口径：不小于 ϕ9 mm；

功率在 2.5 W×（1±10%）；

传输电流：0.25～0.50 A；

发射频偏在 3.0～3.5 kHz；

载波频率容差在 ±2 kHz 以内；

接收灵敏度优于 0.6 μV。

七、常见故障的判断和处理方法

（一）通信故障

在上电显示正常的情况下，在检测台测试过程中发生通信故障时（如连续对某台 KLW 进行确认/输号，不能收到应答，但其他 KLW 测试正常——保证检测台通信正常为前提），可判断为通信故障。

通信故障可能发生的节点有四处：电源板、主板、主板电台连线和电台。

打开 KLW 机壳盖板，在 KLW 上电后，应首先检查电源板上的电台供电接口电压是否为 7.5 V，排除因接口插针表面氧化导致的电台供电虚接；然后检查电台供电触点电压是否为 7.5 V，排除电台电源线断路。如果电源板上的电台供电接口插针表面氧化，可更换电源板电源接口插座或电源板，或用砂纸、什锦锉对插针表面进行抛光处理；如果电台电源线断路，应用电烙铁拆除断路的电源线，更换完好的电源线。注意：更换电源线时应首先确认电源板电台供电接口的线序和极性，并确定电台供电触电的极性，可使用万用表的“通断挡”分别测量电台两个触电对电台金属壳体的通断情况，与壳体断路的触电为电源负极。

如果排除电源板及电源线故障因素，接下来可使用“确认仪”和“示波器”分别观察电台插塞线接口上的 PTT、SP 和 MIC 引脚上的电平及波形。其中 PTT 电平在无通信状态下应该为高电平，在主机发射状态下为低电平；SP 引脚应在 KLW 接收状态下观察到清晰的正弦波形；MIC 引脚应在 KLW 发射状态下观察到清晰的正弦波形。如果在拔出插塞线插头后测量 PTT 引脚电平异常，可确定为主板故障，更换主板后再次测试通信情况；如果用确认发射“输号命令”时不能在 SP 引脚上观察到波形，应首先更换插塞线排除插塞线断路故障，如果更换完插塞线仍不能观察到波形，可更换电台测试；如果用确认仪发射“输号命令”时能在 SP 引脚上观察到波形，则转而观察 MIC 引脚上的波形，在确认发射“输号命令”后应在 MIC 引脚上观察到波形，否则可确定为主板故障，应更换主板。

（二）气路漏风

在保证检测台气密性和制动软管连接紧固的前提下，如进行 KLW 气密性测试发现压力下降，可判断为气路漏风。

气路漏风可能发生的故障节点有三处：制动软管接头、电磁阀与制动软管接头、电磁阀。

如果发现气路漏风，应首先检查制动软管接头与检测台风管接头处的密封状况，KLW 冲风带压后，可在保证不发生短路的前提下向连接处喷洒少量肥皂水观察是否有气泡冒出，如有气泡，减压后观察制动软管接头密封圈是否完好，接头螺口是否完好，否则应及时更换密封圈或制动软管，再次测试气密性；制动软管接头与检测台风管接头处的密封良好，打开 KLW 机壳盖板，检查电磁阀与制动软管接头连接处的喉箍是否紧固，如喉箍不能紧固，发生脱扣，应减压并更换喉箍再次测试气密性；如以上检查均为正常，可考虑电磁阀闭合不严密，更换电磁阀后再次测试气密性。

（三）排风故障

排风故障可分为排风量不达标和不排风两种情况。

在检测台气路通畅的前提下，如果检测过程中，检测台提示“排风流量”超标（或不达标），说明气路发生堵塞情况，可连续进行排风测试，以清除气路内堵塞物；如果连续排风后情况仍无改善，可分别更换制动软管和电磁阀再次进行测试。如果制动软管发生堵塞，可疏通后再次测试，正常后可继续使用。如果电磁阀堵塞，不得私自对电磁阀进行拆解，须联系厂家，由专业人员进行清洗。经专业人员清洗并检测合格的电磁阀可以继续使用。

（四）数码显示故障

数码显示故障可分为笔画缺失和无显示两种情况。

KLW 上电后，数码显示全亮，显示内容为“8.8.8.8.8.8.8.8.”。如果发现任意“8.”显示不全，属于笔画缺失，应打开 KLW 机壳盖板，更换显示板后再次测试；如果没有数码显示（两侧标志灯正常点亮，输号确认、风压查询等通信正常），属于无显示故障，应打开 KLW 机壳盖板，检测显示驱动接口连线的完好性，保证各线自身无断路，各线之间无断路，线序正确，否则更换显示驱动接口连线，再次测试；如果显示驱动接口连线完好，可分别更换显示板和主板再次测试。

“客车列尾安全防护设备操作”课程资源包

任务实施

任务编号	5-3	任务名称	客车列尾安全防护设备操作

序号	实施内容	完成情况	
		是	否
KLW 装置的构成及功能			
1	系统构成：主要由列车机车部分、列车尾部部分、尾部信息中继系统（可选）三部分组成		
2	具有 4 项系统功能		
设备功能			
3	KLW 主机功能		
4	KLW 列尾控制盒功能		
工作过程			
5	启动自检		
6	建立列尾连接关系		
7	查询风压		
8	列尾风压动态显示		
9	辅助排风制动		
10	风压自动提示		
11	供电电压欠压自动提示		
12	解除连接关系		

任务评价

任务编号	5-3	任务名称	客车列尾安全防护设备操作		
序号	评价内容		标准分值	自我评分 50%	组内评分 50%
资讯阶段			10		
1	是否积极参与任务书讨论，正确领会任务要求		5		
2	是否积极参与引导文学习讨论，完全掌握学习内容		5		
计划→实施→检查阶段			20		
1	是否积极参与计划制订，提出建设性计划内容		5		
2	是否制订了可行的任务方案		5		
3	是否认真履行个人角色，积极参与任务演练		5		
4	是否有效使用任务检查单保证任务顺利进行		5		
序号	评价内容		标准分值	组间评分 50%	教师评分 50%
（任务展示）评价阶段			70		
1	KLW 的构成及功能	叙述客车 KLW 的构成及功能，每错一处扣 1 分	10		
2	设备功能	叙述 KLW 主机、列尾控制盒的功能，每错一处扣 1 分	20		
3	工作过程	叙述 KLW 的工作工程，每错一处扣 1 分	40		
总评分值					

能力测试

1. KLW 由哪些设备构成？

2. KLW 机车部分设备有两种，分别是（　　）和集成了 LBJ 功能的（　　）。

3. KLW 列尾主机具有哪些功能？

4. 列尾主机需要首先和机车设备建立（　　）关系才能正常工作。

5. 列尾主机上次断电前没有消除机车号，则必须在列尾主机上电后第一次发射算起（　　）秒内，且风压为（　　）kPa 以下输号。

6. 列尾主机能够检测列车尾部风压值，当风压低于报警门限，能自动向机车设备发出（　　）信号。

7. 列尾主机的报警门限值：定压 500 kPa 的列尾主机为（　　）kPa，定压 600 kPa 的列尾主机为（　　）kPa。

8. 按下控制盒（　　）键或在报风压报警语音的过程中按下控制盒（　　）键可以让列

尾主机停止报警。

9. 列尾主机具有反光膜，在白天强光下能醒目显示列车尾部的位置。光线不足时，尾部标志灯会自动闪烁，作为列车（　　）标志。

10. 列尾控制盒的按键，黄色为（　　）键，黑色为（　　）键，绿色为（　　）键，红色为（　　）键。

11. KLW 列尾控制盒具有哪些功能？

12. 列尾主机请求确认，机车乘务员按下控制盒黑色（　　）键，建立“一对一”关系。

13. 机车乘务员按下控制盒绿色（　　）键，可查询列尾主机风压。

14. 机车乘务员按下控制盒红色（　　）键，可控制列尾主机排风。

15. 机车乘务员同时按下（　　）键和（　　）键，扬声器播放语音“××××机车销号成功”，表示控制盒与尾部主机取消一对一关系。

16. 在列车发生事故侵入邻线时或发现邻线有危及列车运行的事件时，机车乘务员按下控制盒黄色（　　）键，发送列车二次报警信息给附近其他列车。

17. 按着（　　）键打开控制盒电源，此时可听到按键提示音，松开（　　）键，控制盒进入自动检测过程。

18. 如何使用 CIR 建立列尾连接关系？

19. 如何使用 CIR 进行辅助排风制动？

20. 如何使用 CIR 解除与主机的连接关系？

21. 如何进行 KLW 主机的摘取？

22. 如何进行 KLW 主机电池的安装？

任务 5-4　450 MHz 列尾安全防护设备操作

任务安排

任务编号	5-4	任务名称	450 MHz 列尾安全防护设备操作	推荐学时	4（学时）
任务描述					
铁路现使用的列尾装置除了前边任务学习的客车列尾安全防护设备（800 MHz）外，还有 450 MHz 列尾安全防护设备，该列尾安全防护设备一般用于货车。机车乘务员应对 450 MHz 列尾安全防护设备的使用熟练掌握。本次任务，就请同学们完成在列车驾驶中，450 MHz 列尾安全防护设备的相关操作。					
任务实施要求做到： （1）掌握 450 MHz 列尾安全防护设备的构成及功能； （2）掌握 450 MHz 列尾安全防护设备的工作过程； （3）能熟练使用 CIR 进行列尾操作； （4）能熟练使用列尾司机控制盒进行列尾操作。					

续表

任务编号	5-4	任务名称	450 MHz 列尾安全防护设备操作	推荐学时	4（学时）
实施说明					
（1）以小组（5～6 人）为单位开展任务实施； （2）任务前完成知识准备； （3）验收：小组全体同学通过上机理论考试进行理论知识考核，给予第一部分成绩；小组指派一名代表进行任务展示，给予第二部分成绩。第二部分成绩，由教师和其他各组同学对展示小组按标准进行评分。					
任务注意事项					
（1）任务开始前，必须做好充分的知识储备工作； （2）任务过程中，要爱护实训设备，禁止暴力操作； （3）注意实训人身财产安全。					

任务资讯

一、设备构成

450 MHz 列尾安全防护设备（以下简称列尾装置）是计算机编码、无线遥控、语音合成、计算机信息处理技术的综合应用，主要由列车机车部分、列车尾部部分、列车尾部安全防护装置数据处理系统三部分构成。

1. 列车尾部部分

列尾装置尾部主机（简称列尾主机）如图 5.4.1 所示。

图 5.4.1　货物列车尾部安全防护装置列尾主机

尾部装置主机由无线电台、主控制单元、排风电磁系统、电池、尾部自动闪光标志组成，用卡钩式锁卡住并锁在列车尾部车辆钩头右侧处，其制动软管与列车尾部制动主管相连。每个尾部装置有固定唯一的五位数编码。

2. 列车机车部分

列尾装置司机控制盒（简称司机控制盒）如图 5.4.2 所示，或与 CIR 配合使用。

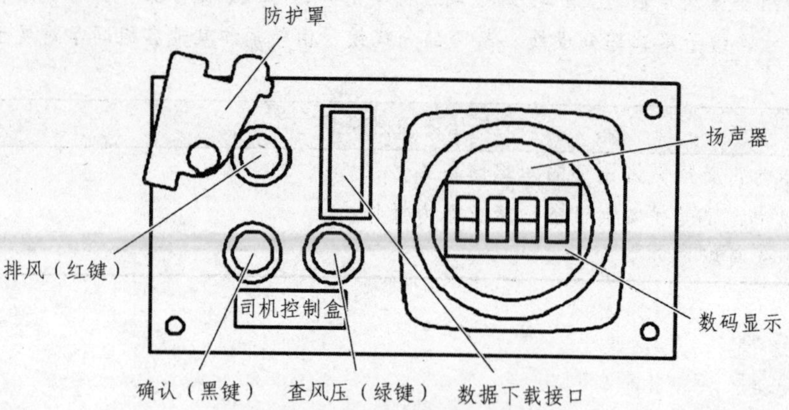

图 5.4.2　列尾装置司机控制盒

列尾司机控制盒安装在司机室，由内部控制电路板、操作按键、LED 显示窗口、内置扬声器等组成，设置语音通话麦克接口、七芯车载综合电台接口及七芯外置扬声器接口（作为输号仪输号和列尾控制盒采集器记录读取接口）。

列尾司机控制盒有红、绿、黑三个按键，绿键是风压检查键，用于列车尾部风压查询；黑键是确认键，用于使尾部装置确认机车号码（黑键 + 绿键为消除此机车号码）；红键是排风键，用于紧急情况下的辅助排风制动。司机控制盒按键功能见表 5.4.1。

表 5.4.1　司机控制盒按键功能表

操　作	功　能	反馈语音
按绿键	查询尾部风压状况	××××机车，风压×××kPa
按黑键	确认或输入本机车号	××××机车，确认完备
按黑 + 绿键	消除本机车号	××××机车，销号成功
按红键	排风制动	××××机车，排风（减压量大于 120 kPa）
	制动主管风压不正常报警	注意，注意，××××机车，风压×××kPa
	电池欠压报警	××××机车，电压不足

二、主要功能

（1）列车尾部风压查询；
（2）列车尾部低风压告警；
（3）列车尾部排风制动；

（4）列尾主机电池电量不足告警；
（5）列车尾部标识；
（6）记录功能。

三、工作过程

（一）CIR 的列尾操作（450 MHz）

1. 频率选择

确认 MMI 上列尾状态显示区的频率与当前列尾装置主机的工作频率是否一致，若不一致，进入“运行区段”界面选择正确的频率。

2. 输　号

当听到 MMI 发出提示音“××××列尾装置等待确认”，机车乘务员判断该列尾装置主机 ID 与本机一致时按下【列尾确认】键，听到“××××机车，确认完毕”表示输号成功。

3. 手动查询列尾风压

按下【风压查询】键，可以主动查询当前列尾风压数据。查询后 MMI 提示“××××机车，风压×××”。

4. 风压自动报警

当 CIR 收到列尾装置主机发送的风压报警信号时，MMI 显示区的风压值变成红色字样并提示“××××机车注意，风压×××”（见图 5.4.3）。当风压值恢复正常或机车乘务员按下【列尾确认】键后，屏幕字样变回黑色（见图 5.4.4）。

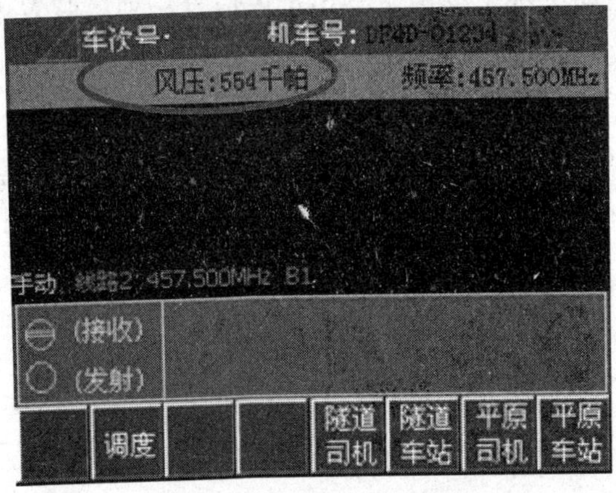

图 5.4.3　风压显示界面

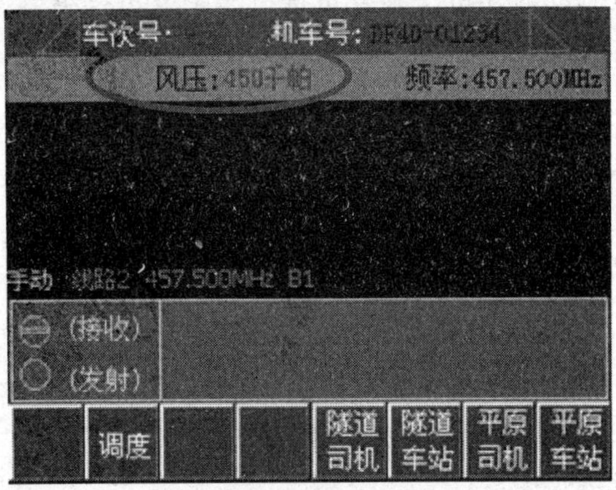

图 5.4.4　风压报警界面，风压由红色字体显示

5. 电池欠压报警

当 CIR 收到列尾装置主机发送的电池欠压报警信号时，MMI 发出提示音“××××机车，电量不足”。机车乘务员按下【列尾确认】键后停止提示。

6. 辅助排风制动

CIR 进行辅助排风制动动作可通过以下两种方法：

第一种方法是持续按下【列尾排风】键 3 s 以上；

第二种方法是按下【列尾排风】键后 3 s 内再按下【列尾确认】键。

按以上操作后 CIR 即向列尾装置主机发送排风命令并提示“××××机车，排风”。列尾主机排风结束后，CIR 会收到一条风压数据，MMI 提示“××××机车，注意风压×××”。

7. 消　号

按下【列尾销号】键持续 3 s 以上，销号成功时播放语音“××××机车，销号成功”。

（二）司机控制盒的列尾操作

1.“一对一”关系建立

（1）列尾装置通电后，发出“××××××号等待确认”的语音提示；

（2）机车乘务员听到此语音提示以后，按控制盒的【确认】键（黑键）发出确认信号；

（3）列尾装置收到此确认信号后，回示语音“××××机车确认完毕”；

（4）如无确认信号语音回示，可再按控制盒的【确认】键（黑键）发出确认信号，直到收到“××××机车确认完毕”的语音回示为止。

2. 检查列车尾部风压

列尾装置确认后，机车乘务员按司机控制盒【查询】键（绿键）发出询问信号，列尾装置回示语音“××××机车，风压×××（kPa）”。

3. 辅助排风制动

列尾装置确认后，当确认机车与列车通风不畅，折角塞门被意外关闭，机车不能进行有效制动时，机车乘务员按机车乘务员操纵盒【制动】键（红键）发出排风信号，列尾装置内排风电磁阀打开，从列车尾部进行排风制动。

4. 列尾装置报警

当列车主风管风压缓慢下降到 460 kPa（定压 600 kPa 时下降到 560 kPa）以下时，列尾装置开始自动报警，并发出语音“注意，注意，××××机车风压×××（kPa）”（重复一遍），以提醒机车乘务员注意列车尾部风压变化。

5. 当甲机车“机故”，需要更换乙机车时，甲、乙机车对列尾装置的操作步骤

（1）甲机车按机控盒中绿键，发出风压检查信号；

（2）在 10 s 内，甲机车按机控盒中的“黑键”＋“绿键”，实施清号功能，即解除“一对一”关系；

（3）列尾装置发出“××××号等待确认”的语音提示；

（4）乙机车听到此语音提示以后，按控制盒的【确认】键（黑键）发出确认信号；

（5）尾部主机发出“××××（乙机车号码）机车确认完毕”的语音，与乙机车建立“一对一”关系。

“450 MHz 列尾安全防护设备操作”课程资源包

任务实施

任务编号	5-4	任务名称	450 MHz 列尾安全防护设备操作	
序号	实施内容		完成情况	
			是	否
450 MHz 列尾装置的构成及功能				
1	系统构成：主要由列车机车部分、列车尾部部分、列车尾部安全防护装置数据处理系统三部分组成			
2	列尾司机控制盒按键功能			
3	450 MHz 列尾装置 6 项系统功能			
CIR 的列尾操作				
4	频率选择			
5	输号			
6	手动查询列尾风压			
7	风压自动报警			
8	电池欠压报警			
9	辅助排风制动			
10	销号			
司机控制盒的列尾操作				
11	“一对一”关系建立			
12	检查列车尾部风压			
13	辅助排风制动			
14	列尾装置报警			
15	当甲机车“机故”，需要更换乙机车时，甲、乙机车对列尾装置的操作步骤			

任务评价

任务编号	5-4	任务名称	450 MHz 列尾安全防护设备操作	
序号	评价内容	标准分值	自我评分 50%	组内评分 50%
资讯阶段		10		
1	是否积极参与任务书讨论，正确领会任务要求	5		
2	是否积极参与引导文学习讨论，完全掌握学习内容	5		
计划→实施→检查阶段		20		
1	是否积极参与计划制订，提出建设性计划内容	5		
2	是否制订了可行的任务方案	5		

续表

<table>
<tr><td>任务编号</td><td>5-4</td><td>任务名称</td><td colspan="3">450 MHz 列尾安全防护设备操作</td></tr>
<tr><td>序号</td><td colspan="2">评价内容</td><td>标准分值</td><td>自我评分 50%</td><td>组内评分 50%</td></tr>
<tr><td>3</td><td colspan="2">是否认真履行个人角色，积极参与任务演练</td><td>5</td><td></td><td></td></tr>
<tr><td>4</td><td colspan="2">是否有效使用任务检查单保证任务顺利进行</td><td>5</td><td></td><td></td></tr>
<tr><td>序号</td><td colspan="2">评价内容</td><td>标准分值</td><td>组间评分 50%</td><td>教师评分 50%</td></tr>
<tr><td colspan="3">（任务展示）评价阶段</td><td>70</td><td></td><td></td></tr>
<tr><td>1</td><td>450 MHz 列尾装置的构成及功能</td><td>叙述 450 MHz 列尾装置的构成及功能，每错一处扣 1 分</td><td>10</td><td></td><td></td></tr>
<tr><td>2</td><td>CIR 的列尾操作</td><td>使用 CIR 进行 450 MHz 列尾操作，叙述过程，每错一处扣 2 分</td><td>30</td><td></td><td></td></tr>
<tr><td>3</td><td>司机控制盒的列尾操作</td><td>使用列尾司机控制盒进行 450 MHz 列尾操作，叙述过程，每错一处扣 2 分</td><td>30</td><td></td><td></td></tr>
<tr><td colspan="3">总评分值</td><td></td><td></td><td></td></tr>
</table>

能力测试

1. 450 MHz 列尾安全防护设备有哪些组成部分？
2. 在表 5.4.2 中填入列尾司机控制盒按键的功能。

表 5.4.2 司机控制盒按键功能表

操 作	功 能	反馈语音
按绿键		××××机车，风压×××kPa
按黑键		××××机车，确认完备
按黑＋绿键		××××机车，销号成功
按红键		××××机车，排风（减压量大于 120 kPa）
		注意，注意，××××机车，风压×××kPa
		××××机车，电压不足

3. 450 MHz 列尾安全防护设备有哪些功能？
4. 使用 CIR 进行 450 MHz 列尾操作的工作过程有哪些？具体叙述工作内容。
5. 使用列尾司机控制盒进行 450 MHz 列尾操作的工作过程有哪些？具体叙述工作内容。

项目 6　机车车载安全防护系统（6A 系统）

近年来，随着机车交路的不断延长，运行速度的不断提高及牵引重量的不断加大，机车在运用现场的安全事故也时有发生，直接和间接损失巨大，严重影响了运用安全和运营秩序。其中走行部轴箱轴承、电机轴承等故障；列车在运行中发生折角塞门非正常关闭引发的冒进、冲撞事故；机车高压绝缘破坏，引起接触网烧损，造成大面积停电；机车内部电线电缆短路、过热及其他原因而引起的机车火灾；列车供电故障，造成列车不能正常出库、发车等均严重破坏了铁路运行安全基础。而各监测设备在标准、功能、安装、人机界面、维护管理等方面的不统一，造成数据无法纳入规范化管理和信息处理网络，无法适应安全管理、跨局运用等现实需求。

2011 年 2 月，由运输局机务部组织中国铁道科学研究院机车车辆研究所和机车安全监测设备的生产厂商，研制的机车车载安全防护系统（6A 系统），通过对监测子系统采用统一的机械接口和电气接口，并进行模块化设计，由中央处理平台对监测数据统一传输和存储，运行途中集中显示和报警，提高机车防范安全事故的能力；通过地面数据中心对运行数据进行分析统计，为机车的运用检修提供技术支持。

“机车车载安全防护系统（6A 系统）”项目引入

任务 6-1　机车车载安全防护系统（6A 系统）认知

任务安排

任务编号	6-1	任务名称	机车车载安全防护系统（6A 系统）认知	推荐学时	2（学时）
任务描述					
铁路安全事故的发生会给铁路运输和铁路安全带来严重的影响，机车车载安全防护系统（6A 系统）通过中央处理平台对监测数据统一传输和存储，运行途中集中显示和报警，提高了机车防范安全事故的能力。请你到机车上，为同学们介绍机车车载安全防护系统。					
任务实施要求做到： （1）掌握 6A 系统的构成及安装位置； （2）掌握 6A 系统的系统功能； （3）掌握 6A 系统各子系统的功能。					

续表

任务编号	6-1	任务名称	机车车载安全防护系统（6A系统）认知	推荐学时	2（学时）
实施说明					
（1）以小组（5~6人）为单位开展任务实施； （2）任务前完成知识准备； （3）验收：小组全体同学通过上机理论考试进行理论知识考核，给予第一部分成绩；小组指派一名代表进行任务展示完成对6A系统构成及功能的介绍，给予第二部分成绩。第二部分成绩，由教师和其他各组同学对展示小组按标准进行评分。					
任务注意事项					
（1）任务开始前，必须做好充分的知识储备工作； （2）任务过程中，要爱护实训设备，禁止暴力操作； （3）注意实训人身财产安全。					

任务资讯

机车车载安全防护系统（6A系统）是针对机车运行过程中危及安全的重要事项、重点部件和部位，在前期已有的各分散机车安全设备的基础上，完善功能、综合集成，形成完整的系统性、平台化的安全防护装置，用于提高机车防范安全事故的能力。系统主要用于空气制动、防火、高压绝缘、列车供电、走行部及视频等部件或对象的监控及记录。

与安全相关的机车信息可分为三类：机车安全信息、机车状态信息和机车监测信息。机车安全信息来源于LKJ2000和TAX，机车状态信息来源于列车控制管理系统（TCMS），机车监测信息来源于6A系统。LKJ2000与TAX、TCMS、6A系统处于平行地位，它们之间一般通过机车远程监测和诊断系统（CMD系统）相互连接进行通信。如无CMD系统，可以安装外部接口卡完成该功能。CMD系统是机车的信息化平台，处于顶层，用于完成机车信息的综合与传输。

一、系统构成与安装位置

（一）系统构成

机车车载安全防护系统（6A系统）是以中央处理平台（CPP）为核心，集成6个监控子系统的监测设备。6个监控子系统分别是机车高压绝缘检测子系统（AGDR）、机车防火监控子系统（AFDR）、机车自动视频监控及记录子系统（AVDR）、机车列车供电监测子系统（APDR）、机车空气制动安全监测子系统（ABDR）、机车走行部故障监测子系统（ATDR）。系统总体结构如图6.1.1所示。

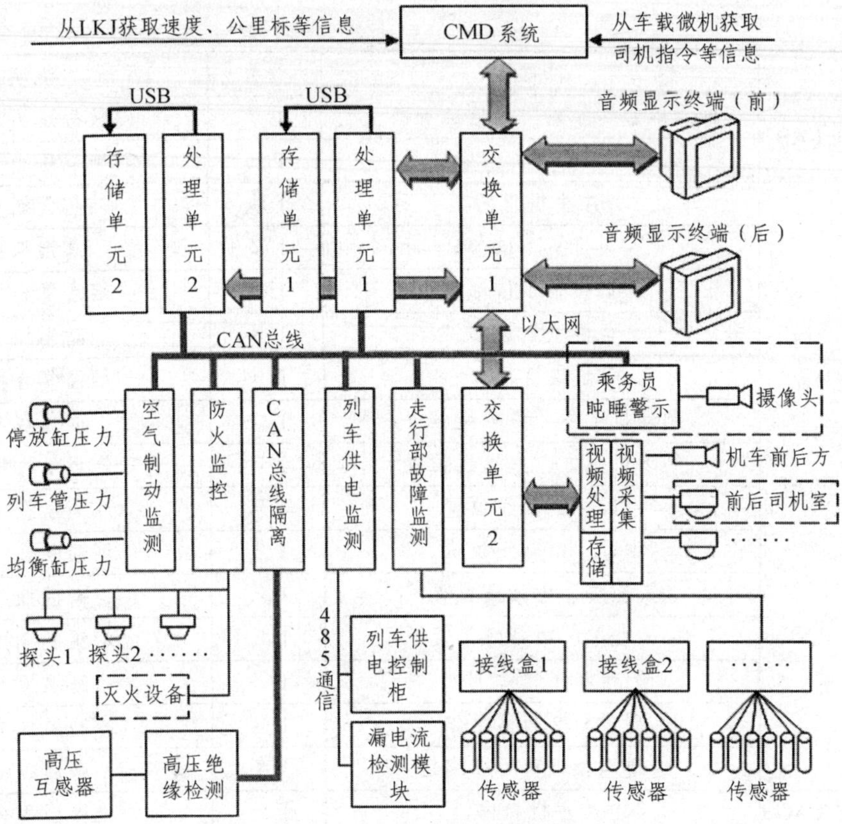

图 6.1.1　6A 系统结构图

（二）安装位置

6A 系统各子系统安装位置如图 6.1.2、表 6.1.1 所示。

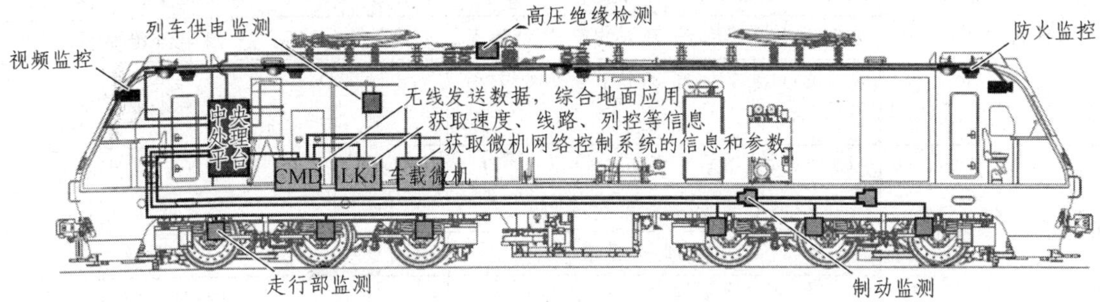

图 6.1.2　6A 系统各子系统安装位置示意图

表 6.1.1　6A 系统各子系统安装位置明细表

系统	位置	数量	说明
中央处理平台	6A 主机柜内	1 套	
制动监测子系统（AB）	6A 主机柜内	1 块	制动监测插件
	制动柜的列车管出口的管路上	1 只	列车管压力传感器

续表

系统	位置	数量	说明
制动监测子系统（AB）	停放单元切除塞门之后的管路上	1只	停放缸压力传感器
	在制动柜的均衡缸管路上	1只	均衡缸压力传感器
防火监测子系统（AF）	6A主机柜内	1块	防火插件
	司机室1顶部	1只	高温探头
	司机室1顶部	1只	烟温复合探头
	司机室2顶部	1只	高温探头
	司机室2顶部	1只	烟温复合探头
	制动机上方、中轴线位置	1只	高温探头
	制动机上方、中轴线位置	1只	烟温复合探头
	中梁、中轴线位置	1只	高温探头
	中梁、中轴线位置	1只	烟温复合探头
	人孔盖、中轴线位置	1只	高温探头
	人孔盖、中轴线位置	1只	烟温复合探头
	列供柜1柜体上方	1只	高温探头
	列供柜2柜体上方	1只	高温探头
	通道地板下动力电缆区	1条	感温线缆
绝缘检测子系统（AG）	6A主机柜内	1块	绝缘检测插件
走行部监测子系统1（AT1）	6A主机柜内	1块	走行部1插件
	车下轴承	36只	传感器
走行部监测子系统2（AT2）	6A主机柜内	1块	走行部2插件
	一端构架侧梁前端、转向架前两车轴之间	1只	一端构架传感器
	二端构架侧梁前端、转向架前两车轴之间	1只	二端构架传感器
	1轴正上方车体底架下的纵中心线上	1只	一端车体传感器
	6轴正上方车体底架下平面的纵中心线上	1只	二端车体传感器
视频监控子系统（AV）	6A主机柜内	3块	视频采集、存储插件
	前后机车乘务员台右侧	各1只	路况摄像头
	前后司机室顶棚右侧	各1只	司机室摄像头
	机械间走廊顶棚，均匀分布	3只	机械间摄像头
盹睡监测子系统（AV4）	6A主机柜内	1块	盹睡插件
	一端机车乘务员台	1只	摄像头
	二端机车乘务员台	1只	摄像头
列供监测子系统（AP）	6A主机柜内	1块	列供监测插件
音视频显示终端	一端机车乘务员台左侧墙壁	1台	音视频显示终端A
	二端机车乘务员台左侧墙壁	1台	音视频显示终端B

二、系统功能

6A 系统具备的功能：监控功能（制动监测、防火监控、高压绝缘检测、列车供电监测、走行部监测、视频监控）、综合诊断、数据存储、音视频显示、车地通信（使用 CMD 系统）。

（一）中央处理平台（CPP）

中央处理平台（CPP）如图 6.1.3 所示，由电源、处理插件、存储插件、交换插件、外部设备接口卡（选装）、音视频显示终端（见图 6.1.4）、机柜、机箱等组成。核心组成部件，承担各监测子系统的数据存储、数据传输、数据显示等工作。

图 6.1.3　6A 系统车载主机

图 6.1.4　音视频显示终端

主要功能：

（1）综合处理报警；

（2）安全信息存储；

（3）人机交互界面；

（4）平台统一供电；

（5）实时网络传输；

（6）双处理器冗余工作；

（7）监测子系统可扩展。

（二）机车空气制动安全监测子系统（ABDR）

机车空气制动安全监测子系统，安装位置如图 6.1.5 所示。机车空气制动安全监测子系统由制动监测插件（AB）、列车管压力传感器、停放缸压力传感器和均衡缸压力传感器组成。

列车运行中，制动监测插件从 CAN 总线获取速度和停放制动模块状态，如果监测到停放制动缸压力下降，将及时预警；如果监测到停放施加，也将及时报警。

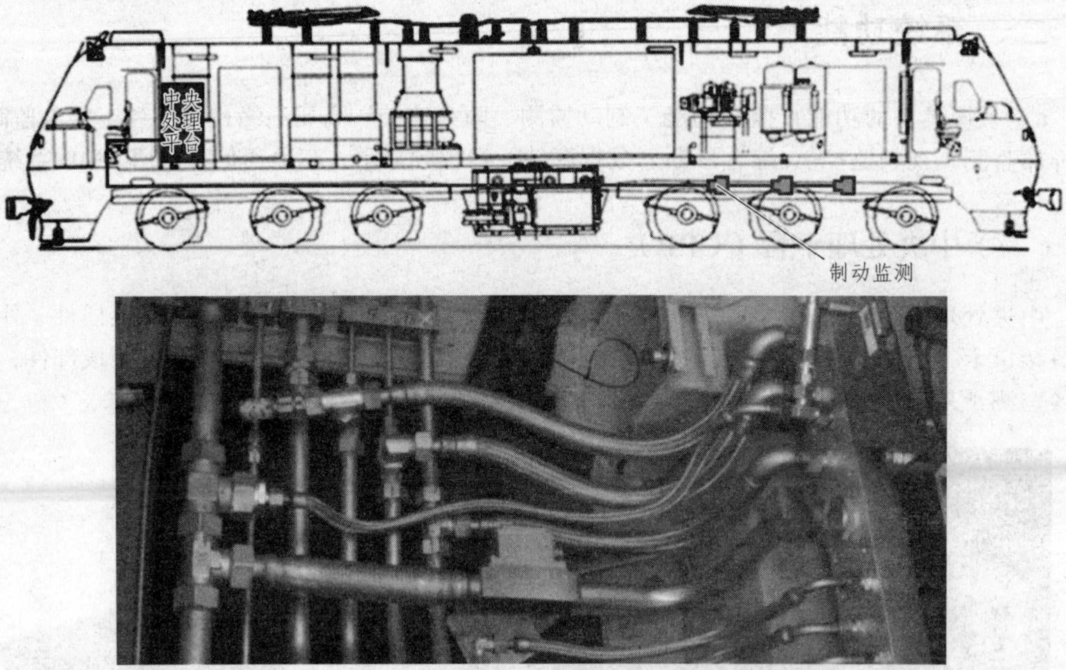

图 6.1.5 机车空气制动安全监测子系统安装位置示意图

制动监测插件从CAN总线获取列车管充风流量、机车工作模式（客/货/本/补）和车辆数，同时利用列车管压力、均衡缸压力缓解的过程等信息综合判断列车折角塞门是否关闭。

其主要功能如下：

（1）列车折角塞门非正常关闭监测；

（2）机车停放制动非正常施加监测，以预防因折角塞门关闭、制动失灵引起的行车事故，并预防机车意外带闸行车事故。

（三）机车防火监控子系统（AFDR）

机车防火监控子系统，安装位置如图6.1.6所示。6A系统的机车防火监控子系统的主要专有部件包括防火监控插件（AF）和多个火情探测器。6A系统开机运行后，防火监控子系统进行自检，自检的状态信息显示在6A系统的音视频显示终端，同时设备的状态指示灯也会反映。自检成功后，系统进入正常运行状态，并实时将系统的监测数据发送给6A系统中央处理平台，并显示在音视频显示终端，同时伴有声音报警。

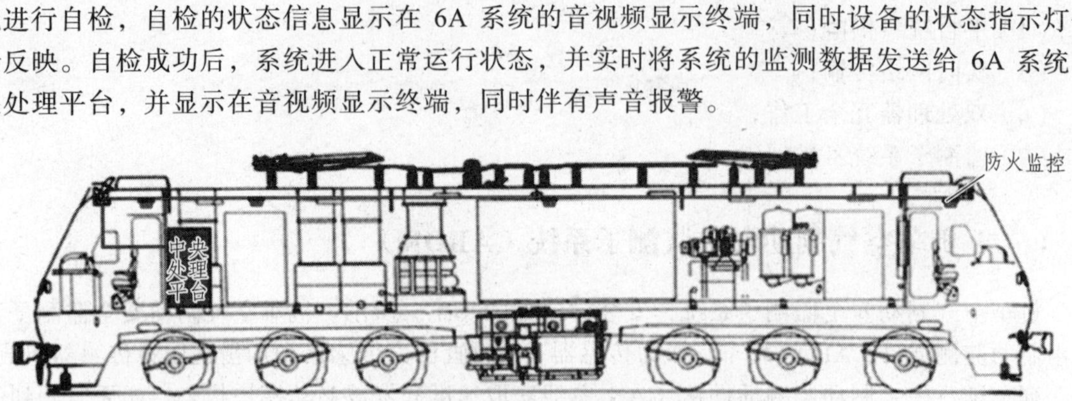

图 6.1.6 机车防火监控子系统安装位置示意图

其主要功能如下：

（1）火情报警；

（2）火情可视频监测。

在司机室、机械间等处布设烟温复合探头，在地板线槽内布设感温电缆，监测车内司机室、机械间等处温度、烟雾变化，预防机车电气、油气起火事故的发生。

（四）机车走行部故障监测子系统（ATDR）

机车走行部故障监测子系统，安装位置如图 6.1.7 所示。机车走行部故障监测子系统由走行部监测插件 1（AT1）、数据前置处理器（见图 6.1.8）、传感器等部分组成。机车走行部故障监测子系统通过传感器采集轴承温度，振动冲击数据，齿轮、踏面振动冲击数据，机车车轴转速数据，传感器监测点数据等，如图 6.1.9 所示。数据前置处理器对采集的数据进行预处理后，传输至走行部监测插件 1，走行部监测插件 1 对数据进行诊断分析，并将诊断结果和过程数据通过 6A 系统主机内部总线传送至 6A 系统的中央处理平台（CPP）。

图 6.1.7　机车走行部故障监测子系统安装位置示意图

图 6.1.8　JK11430 型数据前置处理器

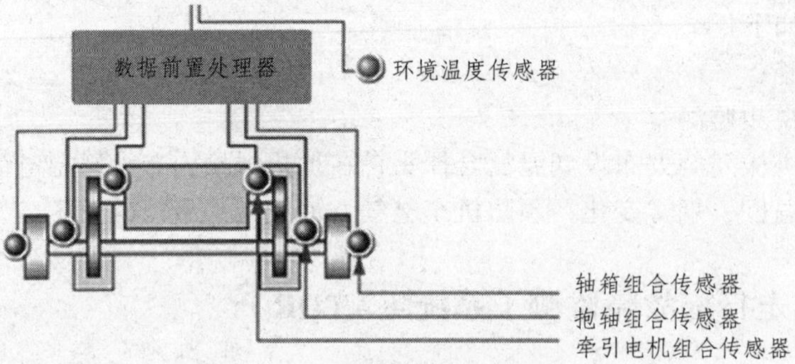

图 6.1.9 传感器监测点示意图

其主要功能是监测走行部轴承温度和冲击。通过振动谱分析，检测走行部轴箱轴承、电机轴承和踏面的早期故障，以降低走行部故的发生。

（五）机车高压绝缘检测子系统（AGDR）

机车高压绝缘检测子系统，安装位置如图 6.1.10 所示。

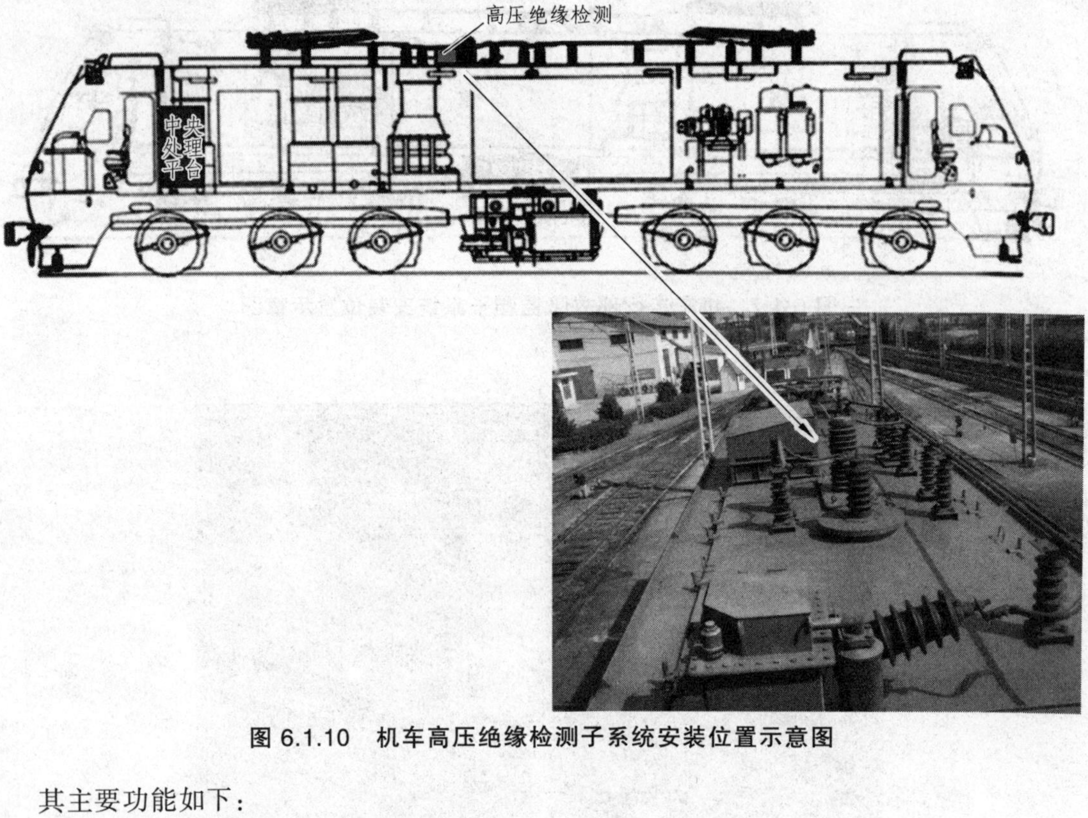

图 6.1.10 机车高压绝缘检测子系统安装位置示意图

其主要功能如下：

（1）检测车顶高压部件的绝缘状态；

（2）设备自身的短路保护。

有网压时自动锁闭检测功能；升弓状态下自动锁闭检测功能。系统配备钥匙开关，控制系统检测功能的启动。

车顶绝缘检测设备的自身故障为 1 级。车顶绝缘状态报警为 3 级，绝缘报警门限值：机车出库时检测电压≥19 kV；线路运行时检测电压为 15 kV，具体的门限值由各铁路局集团公司根据机车运行区段、气候条件、使用经验自行确定。

（六）机车自动视频监控及记录子系统（AVDR）

机车自动视频监控及记录子系统，安装位置如图 6.1.11 所示。视频监控子系统由多个摄像头、视频采集插件（AV1、AV2）、视频处理插件（AV3）组成。摄像头采集视频后，输出复合视频信号，将复合视频信号传送给视频采集插件，视频采集插件对输入的信号进行数字化编码，然后通过以太网传输给视频处理插件，进行报警信息和公共信息与视频图像的叠加，并保存在视频处理插件的硬盘中。同时，视频处理插件通过以太网接收 6A 系统中央处理平台（CPP）的命令（火情联动），发送视频图像给显示屏以进行显示。

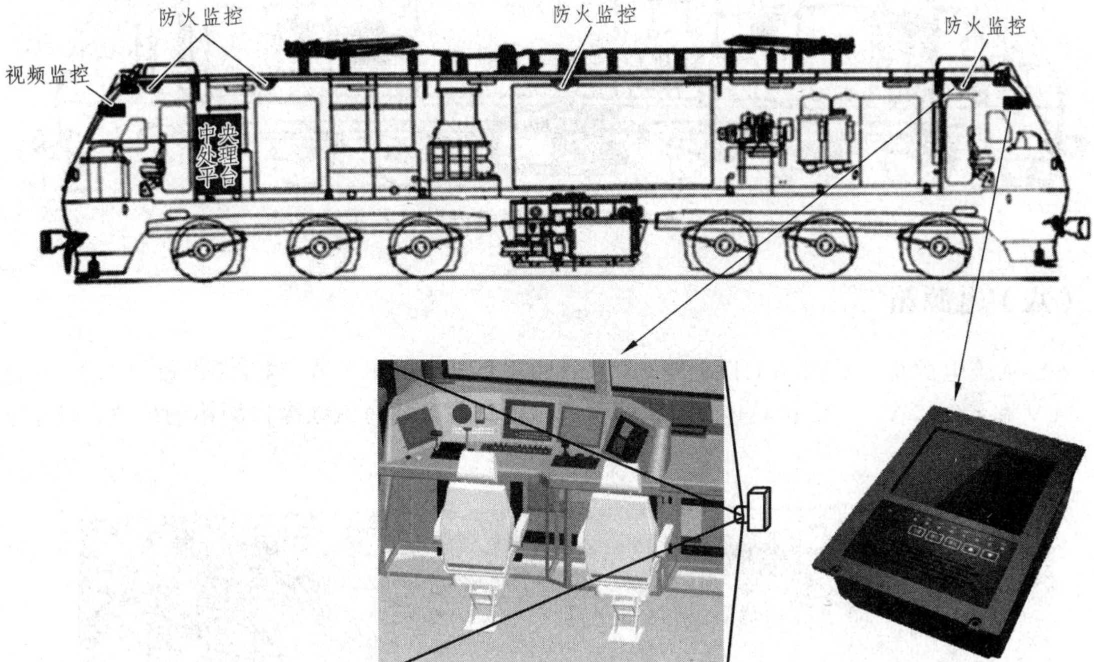

图 6.1.11 机车自动视频监控及记录子系统安装位置示意图

该子系统只报摄像头故障，属于Ⅰ级报警，6A 系统的音、视频显示终端主界面会出现文字和语音报警，不会影响机车正常运行，不需要机车乘务员进行任何干预，机车运行完交路回到库内时，通知相关人员进行摄像头更换即可。

其主要功能如下：

（1）实现与防火系统的联动；

（2）视频图像存储和调用分析。

通过记录机车乘务员操作、运行路况、机械间图像等，为事故分析提供帮助。

（七）列车供电监测子系统（APDR）

列车供电监测子系统，安装位置如图 6.1.12 所示。列车供电监测子系统包括 AP 插件和漏电流监测模块。AP 插件通过 485 通信线与列车供电控制柜及漏电流检测模块通信，获得列车供电柜的电压、电流信息，以及系统的漏电流值后，与中央处理平台（CPP）提供的客车车次、机车号、机车所处地理位置等信息融合后产生系统级的列车供电诊断信息并发送给中央处理平台。

其主要功能如下：

（1）接地诊断（漏电流检测）；

（2）对机车及后部车辆供电状态进行监测；

（3）对列车供电状态及故障进行记录，其可在机车出库、挂车、运行过程中对列车供电状态进行实时监测，实现对列车供电系统故障的分析和报警。

图 6.1.12 列车供电监测子系统安装位置示意图

（八）电源箱

6A 系统电源箱（见图 6.1.13）输入 DC 110 V（电力机车）或 74 V（内燃机车），输出 DC 24 V 和 DC 12 V。电源箱总体为 4U 高度，右边设置安装高压绝缘检测箱的位置，机箱下层为风扇单元。

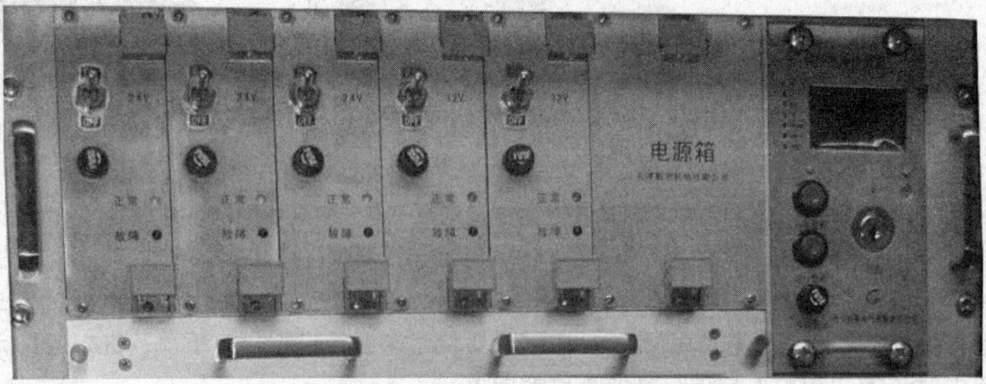

图 6.1.13 6A 系统电源箱和高压绝缘检测箱

“机车车载安全防护系统（6A 系统）认知”课程资源包

任务实施

任务编号	6-1	任务名称	机车车载安全防护系统（6A 系统）认知	
序号	实施内容		完成情况	
			是	否
系统构成及安装位置				
1	机车车载安全防护系统（6A 系统）是以中央处理平台（CPP）为核心，集成 6 个监控子系统的监测设备			
2	6 个子系统			
3	安装位置			
系统功能				
4	6A 系统具备的功能			
5	中央处理平台（CPP）功能			
6	机车空气制动安全监测子系统（ABDR）功能			
7	机车防火监控子系统（AFDR）功能			
8	机车走行部故障监测子系统（ATDR）功能			
9	机车高压绝缘检测子系统（AGDR）功能			
10	机车自动视频监控及记录子系统（AVDR）功能			
11	列车供电监测子系统（APDR）功能			
12	电源箱功能			

任务评价

任务编号	6-1	任务名称	机车车载安全防护系统（6A 系统）认知	
序号	评价内容	标准分值	自我评分 50%	组内评分 50%
资讯阶段		10		
1	是否积极参与任务书讨论，正确领会任务要求	5		
2	是否积极参与引导文学习讨论，完全掌握学习内容	5		
计划→实施→检查阶段		20		
1	是否积极参与计划制订，提出建设性计划内容	5		
2	是否制订了可行的任务方案	5		
3	是否认真履行个人角色，积极参与任务演练	5		
4	是否有效使用任务检查单保证任务顺利进行	5		

续表

任务编号	6-1	任务名称	机车车载安全防护系统（6A 系统）认知		
序号	评价内容		标准分值	组间评分 50%	教师评分 50%
（任务展示）评价阶段			70		
1	系统构成及安装位置	叙述 6A 系统的构成，在机车上找到各设备的安装位置，每错一处扣 1 分	30		
2	系统功能	叙述 6A 系统各子系统[包括中央处理平台（CPP）和电源箱]的功能，每错一处扣 2 分	40		
总评分值					

能力测试

1. 机车车载安全防护系统（6A 系统）是以（　　　　）为核心。
2. 6A 系统的 6 个监控子系统分别是什么？
3. 6A 系统具备哪些功能？
4. 中央处理平台（CPP）的主要功能有哪些？
5. 机车空气制动安全监测子系统（ABDR）的主要功能有哪些？
6. 机车防火监控子系统（AFDR）的主要功能有哪些？
7. 机车走行部故障监测子系统（ATDR）的主要功能有哪些？
8. 机车高压绝缘检测子系统（AGDR）的主要功能有哪些？
9. 机车自动视频监控及记录子系统（AVDR）的主要功能有哪些？
10. 列车供电监测子系统（APDR）的主要功能有哪些？
11. 6A 系统电源箱输出电压为（　　）V 和（　　）V。

任务 6-2　6A 系统操作与显示

任务安排

任务编号	6-2	任务名称	6A 系统操作与显示	推荐学时	6（学时）
任务描述					
6A 系统主要用于空气制动、防火、高压绝缘、列车供电、走行部及视频等部件或对象的监控及记录。机车乘务员必须会识读 6A 系统音视频显示终端的界面显示，能按要求操作 6A 系统，正确处理报警，才能切实起到 6A 系统的安全监控作用。本次任务，请同学们在机车上对 6A 系统的音视频显示终端的界面进行介绍，并进行 6A 操作和报警处理。					

续表

任务编号	6-2	任务名称	6A 系统操作与显示	推荐学时	6（学时）
任务描述					
任务实施要求做到： （1）掌握 6A 系统音视频显示终端的界面显示； （2）掌握 6A 系统的操作流程； （3）能熟练进行 6A 系统绝缘监测操作； （4）能正确处理 6A 系统各类报警。					
实施说明					
（1）以小组（5～6 人）为单位开展任务实施； （2）任务前完成知识准备； （3）验收：小组全体同学通过上机理论考试进行理论知识考核，给予第一部分成绩；小组指派一名代表进行任务展示，完成界面介绍、操作演示和报警处理，给予第二部分成绩。第二部分成绩，由教师和其他各组同学对展示小组按标准进行评分。					
任务注意事项					
（1）任务开始前，必须做好充分的知识储备工作； （2）任务过程中，要爱护实训设备，禁止暴力操作； （3）注意实训人身财产安全。					

任务资讯

音视频显示终端位于机车乘务员操作台上，是 6A 系统的人机交互装置，其可以查询各子系统设备状态，进行数据监测、信息提示和报警提示。音视频显示终端如图 6.2.1 所示，其显示界面如图 6.2.2 所示。

图 6.2.1　音视频显示终端

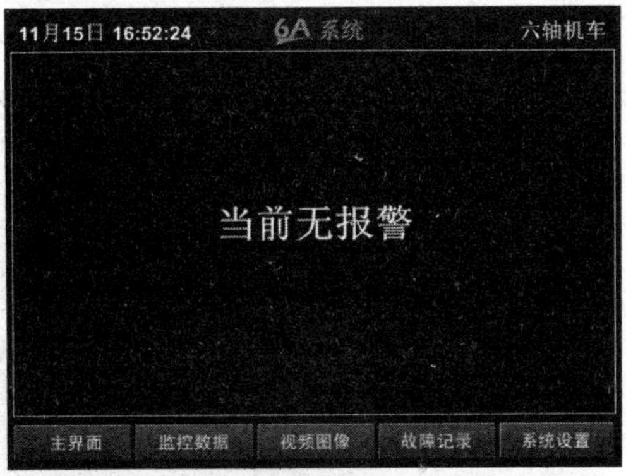

图 6.2.2　音视频显示终端的显示界面

一、界面介绍

音视频显示终端界面是机车乘务员的主要操作界面，其主要包括主界面、监控数据、视频图像、故障记录、系统设置。6A系统通电后，音视频显示终端进入启动界面，等待启动完成，出现6A系统软件的载入进度，载入完成后，出现如图6.2.2所示的6A系统界面。6A系统中央处理平台在启动后，将自动收集各子系统的自检信息，并将信息发送到音视频显示终端，若无报警，则表示6A系统运行正常。若有报警，界面将显示报警的序号、所属子系统、内容、级别和备注信息。

（一）主界面

“主界面”用来显示6A系统当前发生的提示或报警信息。点击“主界面”，如当前无报警且系统一切正常，则显示“当前无报警”，如图6.2.3所示。

图6.2.3 音视频显示终端主界面

若有报警，屏幕显示报警的序号、所属子系统、提示，或报警的内容、级别和备注信息。例如，图6.2.4是当发生视频监控子系统故障报警和防火监控子系统报警时，主界面显示的两条报警信息，同时会发出语音提示报警及详细的报警内容。

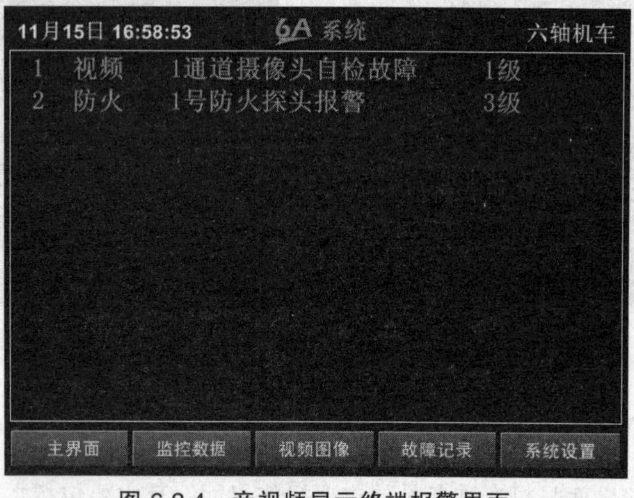

图6.2.4 音视频显示终端报警界面

（二）监控数据

“监控数据”显示各个子系统的详细监控数据，包括空气制动安全监测子系统、防火监控子系统、高压绝缘监测子系统、列车供电监测子系统、走行部故障监测子系统 1、走行部故障监测子系统 2。

1.“制动”界面

该界面显示运行速度、列车管压力、停放缸压力、折角塞门关闭、停放异常缓解和停放异常施加，如图 6.2.5 所示。

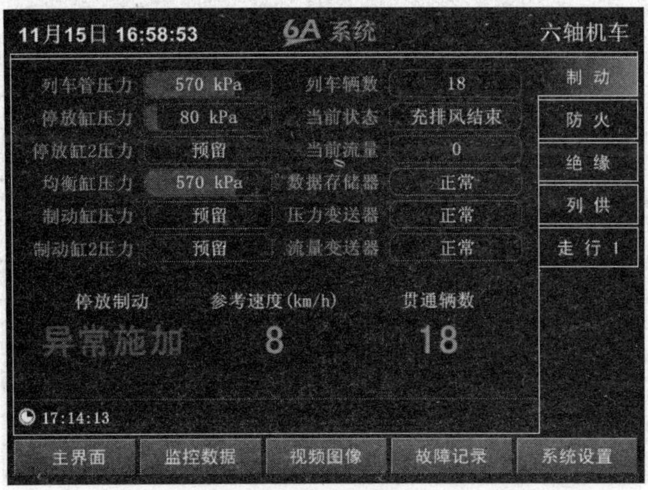

图 6.2.5　“制动”界面异常显示

2.“防火”界面

该界面显示该子系统安装了多少个防火探头及探头的类型（见图 6.2.6，1～2 是司机室烟温探头，3～4 是机械间烟温探头，5 是走廊地板线槽感温电缆），并显示探头是否发

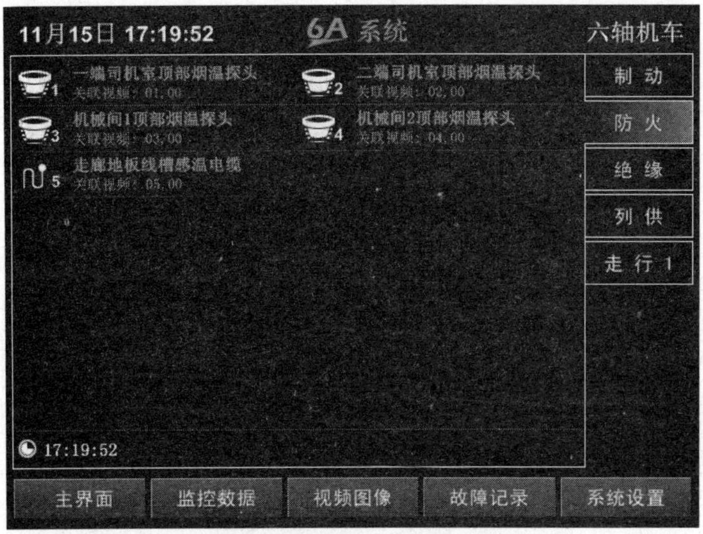

图 6.2.6　“防火”界面显示

生故障和是否发生报警。防火子系统每 10 s 更新一次数据。当发生火灾时，界面上对应位置的探头图标会变为红色，显示终端发出语音报警提示，并且自动将画面切换为与报警探头关联的视频通道上，机车乘务员可以立即通过显示终端观察发生火灾位置的情况。当火灾探头故障时，防火探头图标变为黄色。

防火子系统与视频监控子系统具有联动性，从图 6.2.6 中可以看出每个探头都关联了相应的视频通道，例如位于二端司机室顶部的烟温探头 02 关联的视频通道是 02，00。

当发生防火子系统报警时，首先主界面会显示防火子系统报警内容（见图 6.2.7），随后的内容见下面视频监控子系统部分的内容。

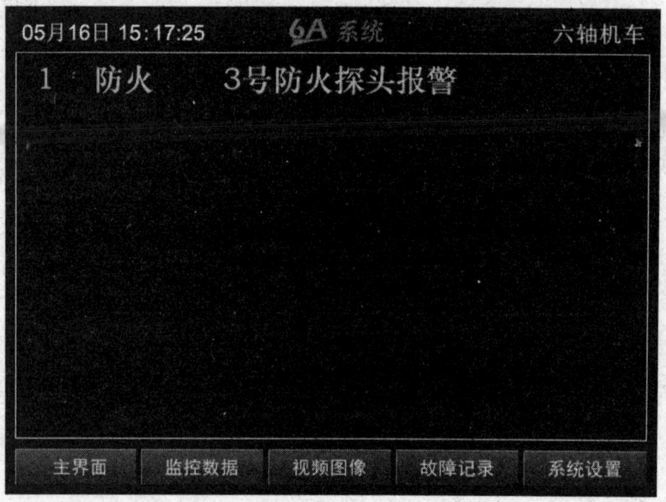

图 6.2.7　主界面显示防火报警

3. “绝缘”界面

该界面显示检测类型、检测结果、电钥匙开、外网有电、功率模块和报警门限，如图 6.2.8 所示。

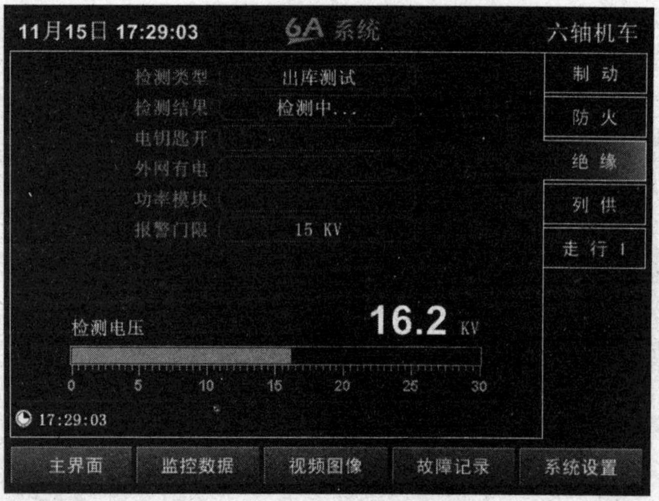

图 6.2.8　“绝缘”界面显示

电钥匙开、外网有电和功率模块属于系统自检。若自检发现故障，不能进行绝缘检测。当检测电压小于报警电压时，系统报警。

4．“列供”界面

该界面显示漏电流、交流输入电压、交流输入电流、供电电压、供电电流、半电压和使用电量，如图 6.2.9 所示，可分别对挂车前和挂车后的监测数据进行查询。列供子系统数据每秒更新一次。

5．“走行 1”界面

该界面显示 6 个轴 6 位的温度值（以 6 轴车为例），如图 6.2.10 所示。

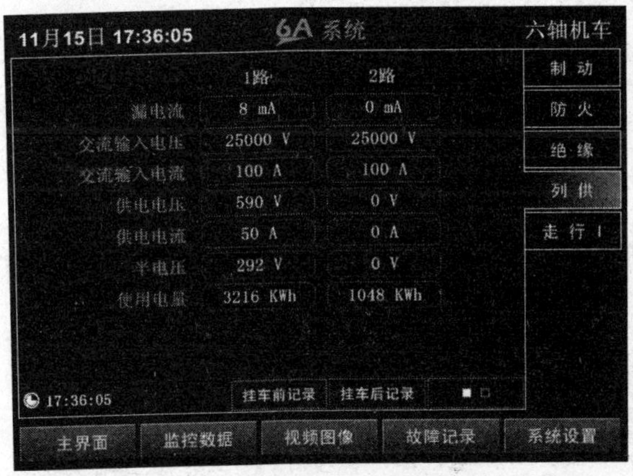

图 6.2.9　“列供”界面显示

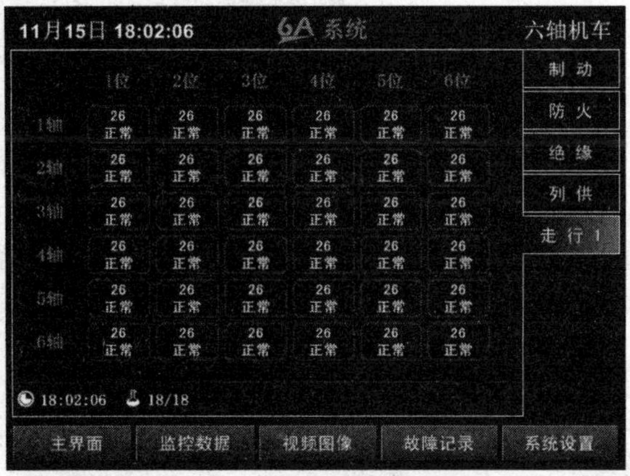

图 6.2.10　“走行 1”界面显示

注：测点代号由两位数组成，如“12”，第一位数（十位）表示轴号，第二位数（个位）表示位号。轴号代表不同类型的机车，图 6.2.10 中 6 轴代表 6 轴机车，轴号从司机室 I 开始计算。位号代表传感器的安装位置，图 6.2.10 中 6 位代表实际监测的 6 个不同位置安装的传感器，位号 1 从靠近齿轮箱端轴箱开始计算。各位号代表的传感器检测位置如下：

（1）齿端轴箱：靠近齿轮箱侧的轮对轴箱轴承。

（2）齿端电机：牵引电机的齿轮箱侧的支撑轴承。

（3）齿端抱轴：靠近齿轮箱侧的抱轴轴承。

（4）刷端抱轴：靠近电机刷端的抱轴轴承。

（5）刷端电机：牵引电机的电刷端（换向端）轴承。

（6）刷端轴箱：靠近电机刷端的轮对轴箱轴承。

（三）视频图像

“视频图像”用来显示视频监控采集的实时画面。视频图像包括路况 1、路况 2、司机室 1、司机室 2、机械间、电气间、动力间和走廊的实时图像。这些图像可以按照单画面、四画面和自动循环来查看，可以在屏幕右侧选择。点击图像可以全屏观看，再次点击即可恢复，如图 6.2.11 所示。

图 6.2.11 “视频图像”界面显示二端司机室画面

前面提到防火子系统与视频监控子系统有联动性，当发生防火子系统报警时，在主界面出现防火子系统报警后，随后系统自动切换到火情发生部位的视频图像，便于机车乘务员及时观察和确认。图 6.2.12 是查看机械间的视频情况，图 6.2.13 是选择查看路况界面的视频图像。

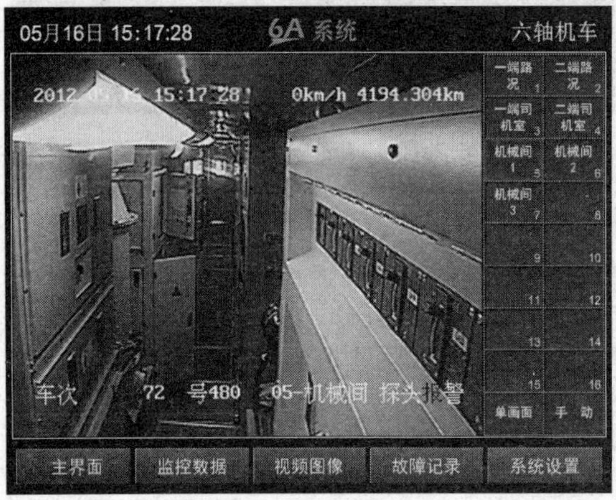

图 6.2.12 “视频图像”界面显示机械间画面

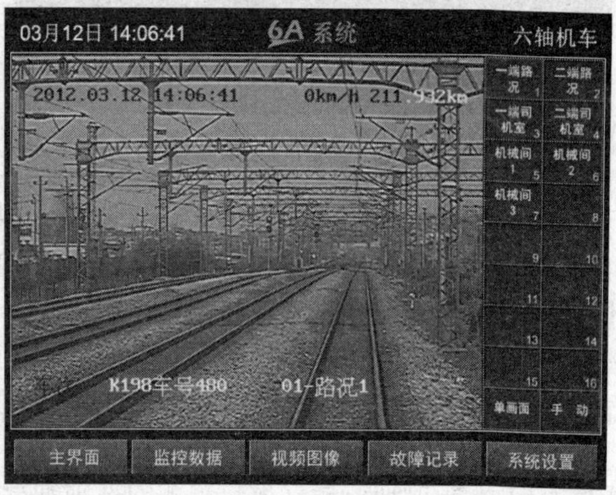

图 6.2.13 “视频图像”界面显示一端路况画面

（四）故障记录

“故障记录”界面用来记录机车运行过程中的一切故障，并发出语音提示。“故障记录”界面下可以查看以下故障信息：“本次上电”“历史全部”和“漏电记录”。

1.“本次上电”界面

该界面用来查看本次上电后机车的故障信息，如图 6.2.14 所示。

2.“历史全部”界面

该界面用来查看所有的历史故障信息，如图 6.2.15 所示。

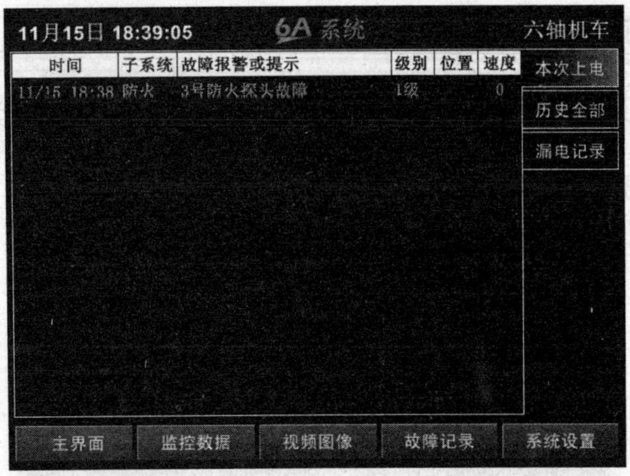

图 6.2.14　“本次上电”界面显示

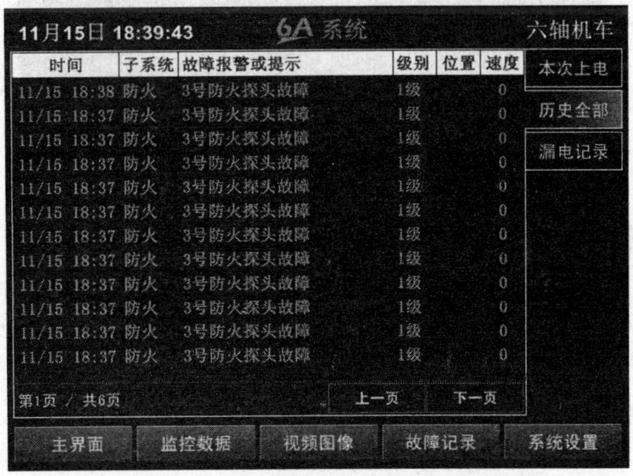

图 6.2.15　“历史全部”界面显示

3. “漏电记录”界面

该界面可查看漏电故障情况，如图 6.2.16 所示。

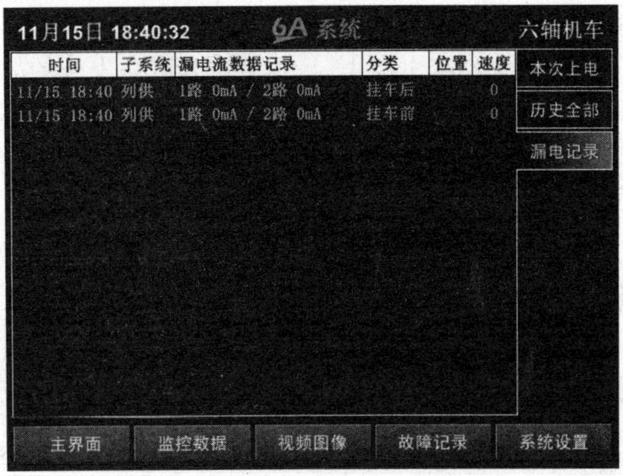

图 6.2.16　“故障记录”界面显示

（五）系统设置

“系统设置”界面下包含以下四类界面：“系统设置”“机车信息”“版本信息”和“平台信息”。

当需要对系统进行设置时，须输入密码方可进行设置，如“系统设置”→“视频通道”→输入密码，按 OK 键。若密码输入错误，会返回到系统设置主界面。若仅查看系统设置信息，则输入“0”即可查看。密码输入界面如图 6.2.17 所示。

图 6.2.17　“系统设置”的密码输入界面

二、系统操作流程

机车乘务员上车后，将 6A 系统的电源空开（QA64）闭合。机车乘务员操纵台左侧的音视频显示终端会启动，并进入 6A 系统界面。用手指先点击一下屏幕，会在屏幕的下方显示操作界面按钮。此时可选择下列任意项操作：

（1）点击【监控数据】—【制动】按钮，显示速度值和风管压力值。

（2）点击【监控数据】—【防火】按钮，显示传感器和火灾报警。

（3）点击【监控数据】—【绝缘】按钮，检测时显示检测电压值。

（4）点击【监控数据】—【列供】按钮，显示列供状态及电压电流值。

（5）点击【监控数据】—【走行 1】按钮，显示所有轴位的温度值。

（6）点击【视频监控】—显示各个通道的视频图像。

（7）点击【故障记录】—【本次上电】，显示本次开电后发生的故障信息。

（8）点击【故障记录】—【历史故障】，显示历史曾经发生的故障信息。

（9）进行高压绝缘检测操作。

注意：系统的任何报警都不会控制列车。

三、绝缘检测操作

（一）检测时机

（1）发生弓网故障或车顶高压设备故障，按程序在对故障检查处理后，必须进行车顶绝缘检测。

（2）途中发生接触网跳闸、停电或机车网压为零停车检查处理后，必须进行车顶绝缘检测。

（3）车顶高压设备缠绕异物，在清除异物或采取高压隔离相应端受电弓后，必须进行车顶绝缘检测。

（4）库内停留机车在首次升弓前，必须进行车顶绝缘检测。

（5）对电力机车车顶进行检修、检测后的机车在转入有电区前，必须进行车顶绝缘检测。

（二）检测要求

（1）打雷、闪电等极端恶劣天气，不进行检测。

（2）机车电钥匙处于断开或拔出状态。

（3）机车顶部及地沟无人，天窗处于关闭状态。

（4）除照明和系统外，其他负载全部关闭。

（三）检测方法

（1）将控制气路柜上的蓝钥匙（见图 6.2.18）插入高压绝缘箱面板钥匙孔中，打到“开”位，打开高压绝缘检测装置电源，测试装置加电启动，进入自检状态，自检灯闪烁。

（2）自检完毕后方可进行检测操作。机车出库前，按下“出库检测”（见图 6.2.19）；当机车在线运用时，按下“运行检测”。按相应测试按钮后，听到“滴”的一声后测试装置进入测试状态，绝缘检测指示灯闪烁，显示屏显示目前测得的电压，并向 6A 系统发送检测信息。检测完成后，若测试的电压值高于报警阈值，显示屏显示绝缘正常，绝缘检测灯熄灭；若测试的电压值低于报警阈值，显示屏显示绝缘报警，绝缘检测灯常亮，并有蜂鸣器报警。

图 6.2.18　控制气路柜上的蓝钥匙

图 6.2.19　高压绝缘监测箱面板

（3）检测完成后可点击【故障记录】按钮，查询检测结果。

（4）检测完毕后，将蓝钥匙打到“关”位，并拔出，放回原位。

（四）注意事项

高压绝缘检测装置操作时会在车顶受电弓部分加载25 kV的试验高电压，所以操作前必须确认处于安全操作状态，即无论处于库内还是在线运用，必须确认机车处于降弓停车、主断路器断开、高压连接器连接状态，同时确认机车车顶无人操作并锁闭车顶门。

四、报警及处理办法

上电后系统自动运行，行车过程中若出现故障，会在显示屏的主界面显示报警信息，并会发出语音提示。发生报警后，机车乘务员可按规定进行操作，报警及处理办法见表6.2.1。

表6.2.1　6A系统报警及处理办法

系统名称	序号	故障名称	处理办法
制动监测子系统（AB）	1	停放制动异常施加	如果停放缸压力小于370 kPa，实施一次停放制动缓解操作。仍不能缓解，切除停放缸切断塞门，手动缓解所有停放缸
	2	压力传感器故障	回库后更换传感器
防火监测子系统（AF）	1	防火探头故障	机车回库后更换防火探头
	2	防火探头报警	通过音视频显示终端的视频监控查看或人工实地确认报警位置，若属于误报警，点击音视频显示终端“系统设置”—“防火系统复位”即可消除报警。若确认正确报警，立即处理
绝缘检测子系统（AG）	1	绝缘报警	确定检测方法是否正确，再检测一次，确认后严禁升弓
	2	电钥匙开	在进行绝缘测试时，机车乘务员断掉机车的主控钥匙
	3	外网有电	机车乘务员确认受电弓是否处于降弓状态，降弓才能检测绝缘
	4	功率模块故障	机车回库后检修功率模块
走行部监测子系统1（AT1）	1	传感器故障	机车回库后更换传感器
	2	前置处理器通信故障	机车回库后检修前置处理器
	3	温升报警	按照段方走行部车载监测装置管理办法执行
	4	超温报警	按照段方走行部车载监测装置管理办法执行
	5	轴承Ⅰ级报警	按照段方走行部车载监测装置管理办法执行
	6	轴承Ⅱ级报警	按照段方走行部车载监测装置管理办法执行
	7	齿轮Ⅰ级报警	按照段方走行部车载监测装置管理办法执行
	8	齿轮Ⅱ级报警	按照段方走行部车载监测装置管理办法执行
	9	踏面Ⅰ级报警	按照段方走行部车载监测装置管理办法执行
	10	踏面Ⅱ级报警	按照段方走行部车载监测装置管理办法执行

续表

系统名称	序号	故障名称	处理办法
走行部监测子系统 2（AT2）	1	传感器故障	机车回库后更换传感器
	2	传感器开路	机车回库后检查传感器连接线缆
视频监控子系统（AV4）	1	自检故障	机车回库后处理
	2	机车乘务员浅疲劳	语音提示，注意操作
	3	机车乘务员中度疲劳	语音提示，注意操作
	4	机车乘务员重度疲劳	语音提示，注意操作
列供监测子系统（AP）	1	交流接触器故障	回库后检查
	2	快熔断开	回库后检查
	3	风机联锁故障	若风机联锁开关断开，闭合
	4	隔离闸刀 1 断开	若供电柜隔离闸刀 1 断开，闭合
	5	隔离闸刀 2 断开	若供电柜隔离闸刀 2 断开，闭合
	6	集控信号异常	集控开关打到隔离位
	7	列供柜通信故障	回库后检查
	8	漏电流模块通信故障	回库后检查
	9	网压异常	回库后检查
	10	直流过压	回库后检查
	11	直流过流	回库后检查
	12	正线接地	接地开关打到隔离位
	13	负线接地	接地开关打到隔离位
	14	过热保护	回库后检查
	15	交流侧断路	回库后检查
电源箱	1	电源插件保护	回库后更换故障插件
音视频显示终端	1	错误对话框	回库后检查或更换音视频显示终端
	2	蓝屏/白屏	回库后更换音视频显示终端
	3	无数据显示	回库后检查
	4	触摸屏功能失效	回库后更换音视频显示终端
其他问题	1	主机异响	断开 6A 系统电源空开（QA64）
	2	主机及连接线缆有焦煳味散出	断开 6A 系统电源空开（QA64）

（一）制动监测子系统（AB）报警及处理

当列车运行中，制动监测插件从 CAN 总线获取速度和停放制动模块状态，如果监测到停放制动缸压力下降，则及时预警；如果监测到停放施加，则及时报警。

制动监测插件从CAN总线获取列车管充风流量、机车工作模式（客/货/本/补）和车辆数，同时利用列车管压力、均衡缸压力缓解的过程信息综合判断列车折角塞门是否关闭。

1. Ⅰ级报警及处理

制动监测子系统报列车管、停放缸、均衡缸传感器故障为Ⅰ级报警，6A系统的音视频显示终端主界面会进行报警提示，不会影响机车正常运行，不需要机车乘务员进行任何干预，机车运行完交路回到库内时，通知相关人员进行传感器更换即可。

2. Ⅱ级报警及处理

制动监测子系统报停放制动异常施加故障为Ⅱ级报警，6A系统的音视频显示终端主界面会进行报警提示。此时需要机车乘务员打开6A系统音视频显示终端的“监控数据”—“制动”界面，查看停放缸显示的监测压力值是否低于370 kPa，如果是，需要切除停放缸切断塞门，手动缓解所有停放缸。此时6A系统如继续报警，可忽略，回段后检查停放缸及控制模块。

（二）防火监测子系统（AF）报警及处理

当火灾系统报火警时，6A系统中央控制平台会联动视频监控系统，并显示报警区域视频，如没有真实火警，6A系统中央监视平台中“系统设置”—“防火报警系统复位”进行系统复位。如发生火情，按国铁集团和铁路局机车火情处理方案处理。

（三）绝缘检测子系统（AG）报警及处理

（1）若发生绝缘报警，首先确定前面的检测方法是否正确，然后再检测一次。将蓝钥匙打到“关”位5 s以上后重新打至“开”位，重新测试一次，以便确认测试结果。

如最终确认绝缘低于报警阈值，绝缘检测装置处于报警状态，此时不得升弓，请检查高压部分是否有污物、树枝等并用摇表确认车顶高压部分的绝缘状态。如果确认绝缘降低，不得升弓，直到排除故障。

（2）“监控数据”—“绝缘”界面显示电钥匙开，在进行绝缘测试时，机车乘务员断掉机车的主控钥匙。

（3）“监控数据”—“绝缘”界面显示外网有电，机车乘务员确认受电弓是否处于降弓状态，降弓才能检测绝缘。

（4）“监控数据”—“绝缘”界面显示功率模块故障，机车回库后检修功率模块。

（四）走行部监测子系统1（AT1）报警及处理

1. 温升报警

列车在运行中，某轴位温升超过温升报警门限，而显示的该轴位实际温度未达超温报警门限时，机车乘务员应密切注意相应轴位温升情况，同时加强后部瞭望，如观察走行部无异常情况且温度未升至超温报警门限，可维持运行回段（或运用整备点）报活处理。

2. 超温报警

当某轴位温度显示达到或超过超温报警门限时，机车乘务员应在前方最近的站内停车（注意不要大减压或紧急停车），停车后用手背接触检查确认该轴位温度，在确认温度达到超温报警门限时，在应急处理无效时应请求更换机车。

3. 轴承、齿轮和踏面Ⅰ级故障报警

机车乘务员应关注报警点显示情况，维持正常行车，回段（或运用整备点）报活处理。

4. 轴承故障Ⅱ级报警

机车乘务员应关注报警点温度显示情况，维持正常行车，回段（或运用整备点）报活处理。超过规定的超温报警门限温度时在前方最近站内停车处理。

5. 齿轮、踏面故障Ⅱ级故障报警

机车乘务员应在前方最近站内停车检查，确认良好后方能开车，否则应请求更换机车。

（五）列供监测子系统（AP）报警及处理

1. Ⅰ级报警及处理

Ⅰ级报警包括 1 路列供柜通信故障、1 路漏电流模块通信故障、1 路网压异常、1 路直流过压、1 路直流过流等。Ⅰ级故障不需要人工干预，一般都可以自动恢复，发生Ⅰ级故障后，机车还可以正常运行，回库内再进行检修。

2. Ⅱ级报警及处理

Ⅱ级报警需要人工干预处理。一般机车乘务员处理后机车可以继续运行。

（1）“风机联锁故障”发生后，查看风机联锁开关是不是已经跳开，如跳开，合上开关即可。

（2）“隔离闸刀 1 断开”发生后，合上供电柜隔离闸刀 1 即可。

（3）“1 路隔离闸刀 2 断开”发生后，合上供电柜隔离闸刀 2 即可。

（4）“1 路集控信号异常”发生后，把集控开关打到隔离位即可。

（5）“1 路正线接地”发生后，把接地开关打到隔离位即可。

（6）“1 路负线接地”发生后，把接地开关打到隔离位即可。

如果人工处理后故障仍存在，如果只有一路供电故障，客车减少用电功率，可以运行，回机务段后检修。如果两路供电都故障，则请求救援或到就近的机务段更换机车。

3. Ⅲ级报警及处理

Ⅲ级报警包括过热保护、交流侧断路、交流接触器故障、快熔断开。

Ⅲ级故障发生后，列供无法正常工作，系统发出Ⅲ级报警。如果只有一路供电故障，客车减少用电功率，仍然可以运行，回机务段后检修。如果两路供电柜均故障，要拉到附近的机务段更换机车。

“6A 系统操作与显示”课程资源包

任务实施

<table>
<tr><td>任务编号</td><td>6-2</td><td>任务名称</td><td colspan="3">6A系统操作与显示</td></tr>
<tr><td rowspan="2">序号</td><td colspan="3" rowspan="2">实施内容</td><td colspan="2">完成情况</td></tr>
<tr><td>是</td><td>否</td></tr>
<tr><td colspan="6">界面显示</td></tr>
<tr><td>1</td><td colspan="3">主界面显示</td><td></td><td></td></tr>
<tr><td>2</td><td colspan="3">监控数据界面显示</td><td></td><td></td></tr>
<tr><td>3</td><td colspan="3">视频图像界面显示</td><td></td><td></td></tr>
<tr><td>4</td><td colspan="3">故障记录界面显示</td><td></td><td></td></tr>
<tr><td>5</td><td colspan="3">系统设置界面显示</td><td></td><td></td></tr>
<tr><td colspan="6">系统操作</td></tr>
<tr><td>6</td><td colspan="3">点击【监控数据】—【制动】按钮，显示速度值和风管压力值</td><td></td><td></td></tr>
<tr><td>7</td><td colspan="3">点击【监控数据】—【防火】按钮，显示传感器和火灾报警</td><td></td><td></td></tr>
<tr><td>8</td><td colspan="3">点击【监控数据】—【绝缘】按钮，检测时显示检测电压值</td><td></td><td></td></tr>
<tr><td>9</td><td colspan="3">点击【监控数据】—【列供】按钮，显示列供状态及电压电流值</td><td></td><td></td></tr>
<tr><td>10</td><td colspan="3">点击【监控数据】—【走行1】按钮，显示所有轴位的温度值</td><td></td><td></td></tr>
<tr><td>11</td><td colspan="3">点击【视频监控】—显示各个通道的视频图像</td><td></td><td></td></tr>
<tr><td>12</td><td colspan="3">点击【故障记录】—【本次上电】，显示本次开电后发生的故障信息</td><td></td><td></td></tr>
<tr><td>13</td><td colspan="3">点击【故障记录】—【历史故障】，显示历史曾经发生的故障信息</td><td></td><td></td></tr>
<tr><td>14</td><td colspan="3">进行高压绝缘检测操作</td><td></td><td></td></tr>
<tr><td colspan="6">绝缘检测操作</td></tr>
<tr><td>15</td><td colspan="3">检测时机</td><td></td><td></td></tr>
<tr><td>16</td><td colspan="3">检测要求</td><td></td><td></td></tr>
<tr><td>17</td><td colspan="3">检测方法</td><td></td><td></td></tr>
<tr><td>18</td><td colspan="3">注意事项</td><td></td><td></td></tr>
<tr><td colspan="6">报警及处理办法</td></tr>
<tr><td>19</td><td colspan="3">制动监测子系统（AB）报警及处理</td><td></td><td></td></tr>
<tr><td>20</td><td colspan="3">防火监测子系统（AF）报警及处理</td><td></td><td></td></tr>
<tr><td>21</td><td colspan="3">绝缘检测子系统（AG）报警及处理</td><td></td><td></td></tr>
<tr><td>22</td><td colspan="3">走行部监测子系统1（AT1）报警及处理</td><td></td><td></td></tr>
<tr><td>23</td><td colspan="3">列供监测子系统（AP）报警及处理</td><td></td><td></td></tr>
</table>

任务评价

任务编号	6-2		任务名称	6A 系统操作与显示		
序号	评价内容			标准分值	自我评分 50%	组内评分 50%
资讯阶段				10		
1	是否积极参与任务书讨论，正确领会任务要求			5		
2	是否积极参与引导文学习讨论，完全掌握学习内容			5		
计划→实施→检查阶段				20		
1	是否积极参与计划制订，提出建设性计划内容			5		
2	是否制订了可行的任务方案			5		
3	是否认真履行个人角色，积极参与任务演练			5		
4	是否有效使用任务检查单保证任务顺利进行			5		
序号	评价内容			标准分值	组间评分 50%	教师评分 50%
（任务展示）评价阶段				70		
1	界面显示	对 6A 系统音视频显示终端的界面显示进行介绍，每错一处扣 1 分		15		
2	系统操作	进行音视频显示终端的操作，每错一处扣 2 分		15		
3	绝缘检测操作	叙述绝缘检测的时机、要求、注意事项，标准化进行绝缘检测操作，每错一处扣 1 分		20		
4	报警及处理办法	对教师设定的报警进行处理，同时叙述处理过程，每错一处扣 2 分		20		
总评分值						

能力测试

1.（　　　　）端位于机车乘务员操作台上，是 6A 系统的人机交互装置。

2. 有报警时，6A 系统音视频显示终端显示报警的序号、（　　　　）、提示，或报警的内容、（　　　　）和备注信息。

3. “监控数据”界面显示哪些子系统的详细监控数据？

4. “监控数据”—“制动”界面，显示（　　　　）、（　　　　）、（　　　　）、折角塞门关闭、停放异常缓解和停放异常施加情况。

5. “监控数据”—“防火”界面，防火子系统每（　　　　）s 更新一次数据。当发生火灾时，界面上对应位置的探头图标会变为（　　　　）色。

6. “监控数据”—“绝缘”界面，当检测电压（　　　　）报警电压时，系统报警。

7.“监控数据”—“绝缘”界面，显示检测类型、检测结果、电钥匙开、外网有电、功率模块和报警门限，其中（　　　　）、（　　　　）和（　　　　）属于系统自检。

8.“监控数据”—“列供”界面，显示（　　　　）、交流输入电压、（　　　　）、供电电压、供电电流、半电压和（　　　　）。

9.“监控数据”—“走行1”界面显示6个轴6位的温度值。那么，测点代号“26”表示机车什么位置的温度呢？

10.（　　　　）子系统与视频监控子系统有联动性，当发生（　　　　）子系统报警时，在主界面出现（　　　　）子系统报警后，随后系统自动切换到其发生部位的视频图像，便于机车乘务员及时观察和确认。

11.“故障记录”界面用来记录机车运行过程中的一切故障，并发出语音提示。“故障记录”界面下可以查看：（　　　　）、历史全部和（　　　　）。

12.“系统设置”界面下包含以下四类界面：系统设置、（　　　　）、版本信息和（　　　　）。

13. 叙述绝缘检测的检测时机。

14. 叙述绝缘检测的检测要求。

15. 叙述绝缘检测的方法及注意事项。

16. 叙述制动监测子系统（AB）报警的处理办法。

17. 叙述防火监测子系统（AF）报警的处理办法。

18. 叙述绝缘检测子系统（AG）报警的处理办法。

19. 叙述走行部监测子系统1（AT1）报警的处理办法。

20. 叙述列供监测子系统（AP）报警的处理办法。

项目 7　无线调车机车信号和监控系统（STP）

无线调车机车信号和监控系统（STP）是一种保证车站调车作业安全的重要行车安全设备。它将先进的列车控制技术、卫星定位技术、信息处理技术等应用到调车作业中，改善了以往调车作业存在的信息不透明、完全依靠人员保证安全的现状。系统实现了机车和地面间站场信息、调车机车状态、调车作业计划等信息的实时传输和显示，同时能够有效防止调车作业中由于车列越过阻挡信号、冲撞土挡、超速等造成的“挤”“冲”“脱”等事故，既保证了站内调车作业的安全，又满足了铁路发展安全高效的要求。

“无线调车机车信号和监控系统（STP）”项目导入

任务 7-1　无线调车机车信号和监控系统认知

任务安排

任务编号	7-1	任务名称	无线调车机车信号和监控系统认知	推荐学时	2（学时）
任务描述					
无线调车机车信号和监控系统（STP）用于调车机车，实现了机车和地面间站场信息、调车机车状态、调车作业计划等信息的实时传输和显示，同时能够有效防止调车作业中由于车列越过阻挡信号、冲撞土挡、超速等造成的“挤”“冲”“脱”等事故，保证了站内调车作业的安全。本次任务，请同学们担任调车司机，介绍调车上 STP 系统的组成及功能，并具体介绍各控制模式的控制过程。					
任务实施要求做到： （1）了解 STP 系统的构成及功能； （2）了解 STP 系统的工作原理； （3）掌握 STP 系统各控制模式的控制过程； （4）掌握 STP 系统的调车限速要求。					

续表

任务编号	7-1	任务名称	无线调车机车信号和监控系统认知	推荐学时	2（学时）
实施说明					
（1）以小组（5～6人）为单位开展任务实施； （2）任务前完成知识准备； （3）验收：小组全体同学通过上机理论考试进行理论知识考核，给予第一部分成绩；小组指派一名代表进行任务展示，完成STP系统构成及功能介绍、控制模式介绍、调车限速介绍，给予第二部分成绩。第二部分成绩，由教师和其他各组同学对展示小组按标准进行评分。					
任务注意事项					
（1）任务开始前，必须做好充分的知识储备工作； （2）任务过程中，要爱护实训设备，禁止暴力操作； （3）注意实训人身财产安全。					
职业与思政					
拉林铁路规模最大车站——拉萨站信号专业顺利开通 2021年2月，西藏首条电气化铁路拉林铁路规模最大车站——拉萨站信号专业顺利开通，标志着拉林铁路电气化改造项目全部信号工程进入最后阶段。 拉萨站是连接拉林、拉日、青藏铁路格拉段等进藏线路的重要交通枢纽。信号专业对拉萨站室内外进行了全面的改造施工，此次施工重难点在于对拉萨站32组CTS-2道岔转辙设备的换装和新建信号机械室等。2021年1月28日凌晨，拉萨站启用了新的信号机械室并顺利开通了新的计算机联锁、调度集中控制系统（CTC）、集中监测系统、列车控制系统（ITCS）及无线调车机车信号系统（STP）设备，信号专业优质高效地完成了各项施工任务。 此次施工任务的顺利完成，极大提高了拉萨站的运输效率，同时具备开行内燃机车和动车组的条件，同时使青藏铁路、拉日铁路、拉林铁路的互通列车只需在拉萨站更换牵引机车即可，大大提高了拉萨站的运输效率，为下一步川藏铁路的引入奠定了基础。 本次拉萨站的信号改造施工是拉萨站电气化改造的一部分，主要有以下三个方面的变化：一是启用新的信号机房，信号室内设备全部更新，大大降低了设备故障的发生率；二是淘汰既有CTS-2型转辙设备，更换为国产ZDJ-9型转辙设备，方便电务日常维护；三是为配套拉萨站电气化改造，将信号轨道设备进行升级改造。 拉萨至林芝铁路是国家“十三五”规划重点工程项目，也是川藏铁路的重要组成部分，全长435.48 km，设计速度160 km/h。线路起于拉萨火车站（货车起于拉萨南站），经山南、朗县、米林，跨越雅鲁藏布江到林芝站，是国铁Ⅰ级单线电气化快速铁路。 拉林铁路的修建将进一步完善和优化西藏铁路网的布局和规划，构建西藏连接川渝经济圈和长江经济带的大能力快捷通道，对改善沿线投资环境，促进西藏经济发展和新型城镇建设，彻底改善西藏东部交通落后的现状具有重要意义。 摘自：中国西藏新闻网					

任务资讯

一、系统结构

STP 系统包括地面设备和车载设备两部分，STP 系统构成如图 7.1.1 所示。原则上一个联锁站场配置一套地面设备，一台机车配置一套车载设备。每套地面设备包括地面主机、车务终端、电务维护终端、站调终端、无线通信设备、地面无源应答器和 GPS 定位设备（可选）等。每套车载设备包括车载主机、无线通信设备、应答器查询主机及查询天线、车载打印机等。站场各个出入口处安装无源应答器。

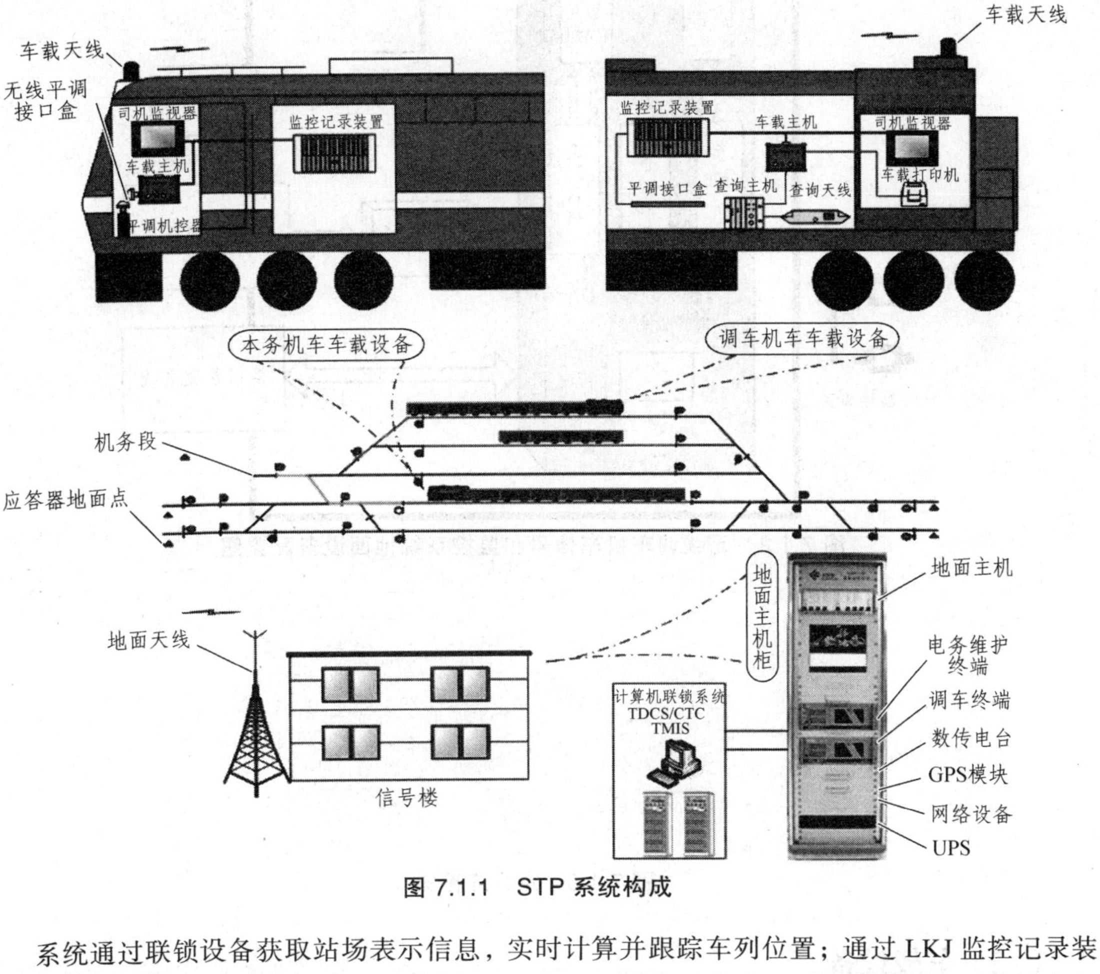

图 7.1.1　STP 系统构成

系统通过联锁设备获取站场表示信息，实时计算并跟踪车列位置；通过 LKJ 监控记录装置显示站场信息，并在必要时进行制动控制，保证调车作业安全。系统为地面人员配置车务终端、站调终端，用于传输调车作业计划，了解调车作业状态。

（一）地面设备

地面设备配置如图 7.1.2 所示，包括控制设备及操作显示设备。具体设备如下：

（1）地面控制机柜，包含控制主机、地面数传电台、电务终端、双控器。

（2）全向天线一个，安装在机房楼顶，通过天线电缆与地面数传电台连接。

（3）通过有关接口完成与微机联锁、DMIS 或驼峰自动化系统的通信。

（4）应答器，安装在站场各出入口端及推送线各入口处。点式查询应答器的外形结构如图 7.1.3 所示。

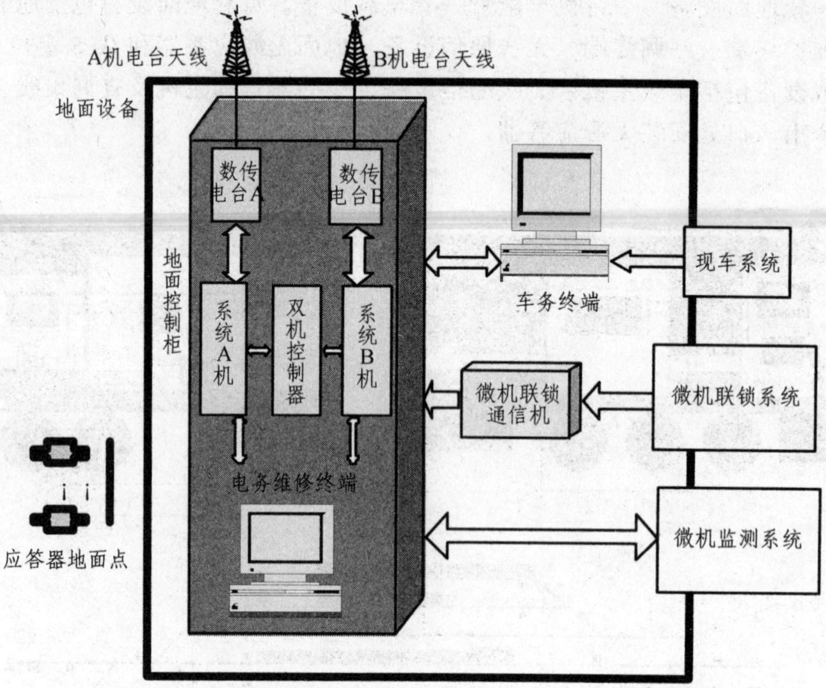

图 7.1.2 无线调车机车信号和监控系统地面设备配置图

图 7.1.3 点式应答器

（二）车载设备

机车车载设备配置框图如图 7.1.4 所示。

1. 控制主机箱

控制主机箱（含连接电缆），安装于机车电器间，内装控制计算机、控制接口设备、数据传输数传电台、电源等。其结构外形如图 7.1.5 和图 7.1.6 所示。

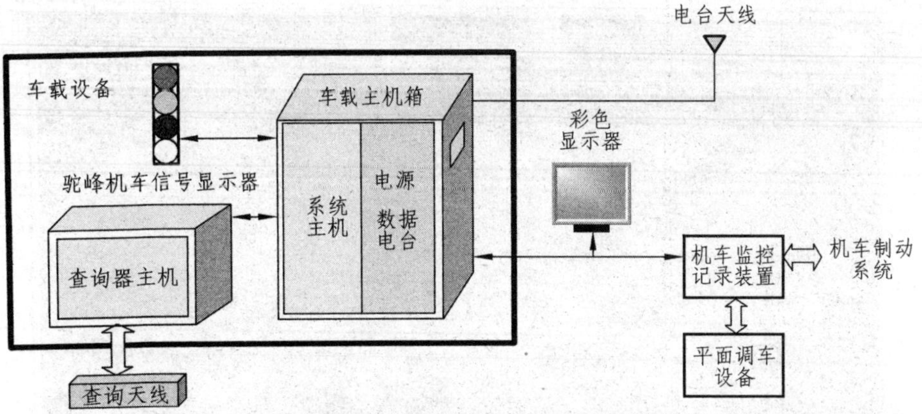

图 7.1.4　机车车载设备配置框图

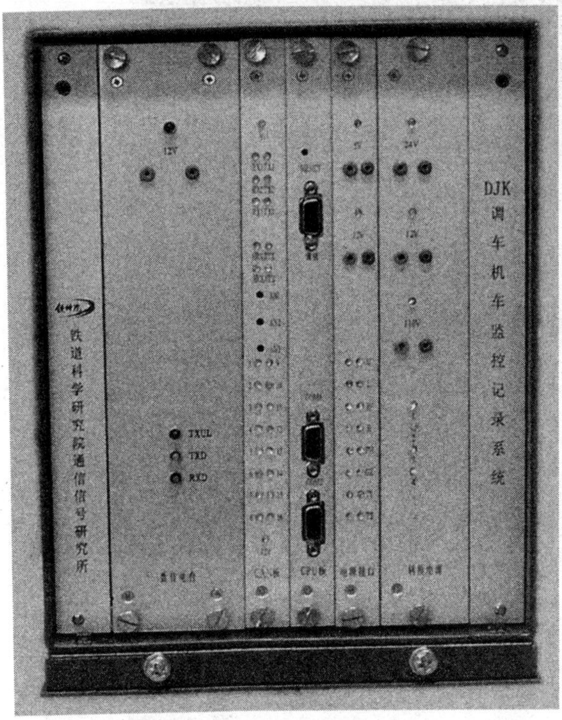

图 7.1.5　车载设备主机

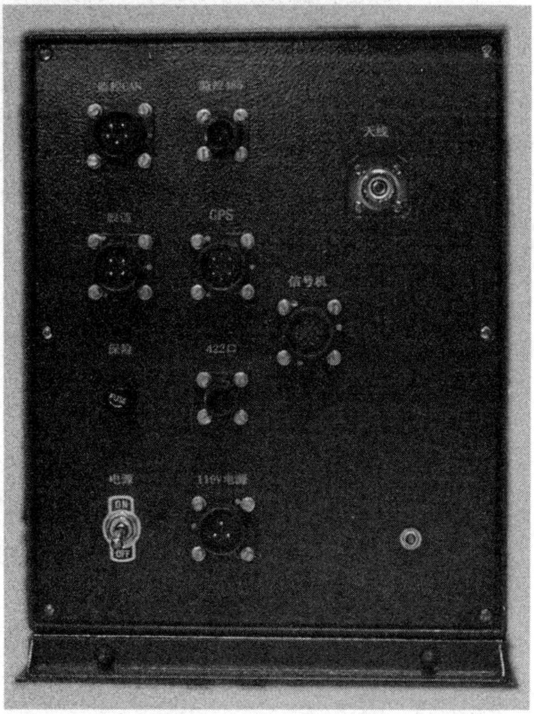

图 7.1.6　车载设备主机后面板

2. 车载彩色显示器

车载彩色显示器（LKJ2000 型的彩色显示器），安装于司机室操纵台上，如图 7.1.7 所示。当车站值班员开放调车进路时，显示器将显示出作业进路及进路上的有关信号开放的状态。

3. 查询器主机及其天线

查询器安装在机车机械间，其天线安装于机车底部排障器后面的横杆上。查询器及其天线连接如图 7.1.8 所示，其安装位置如图 7.1.9 所示。

4. 车载天线

车载天线安装在机车顶部，如图 7.1.10 所示。

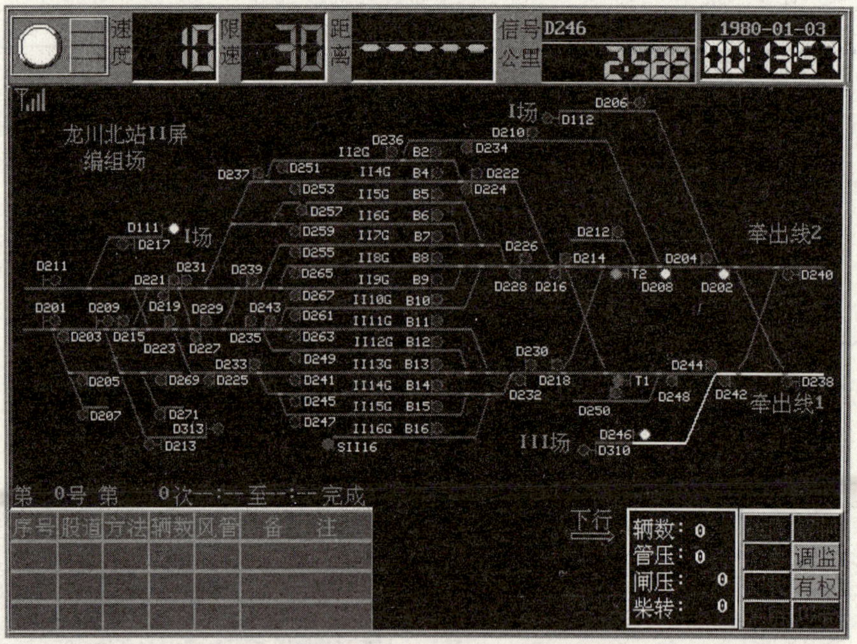

图 7.1.7 车载彩色显示器（站场图为示例站）

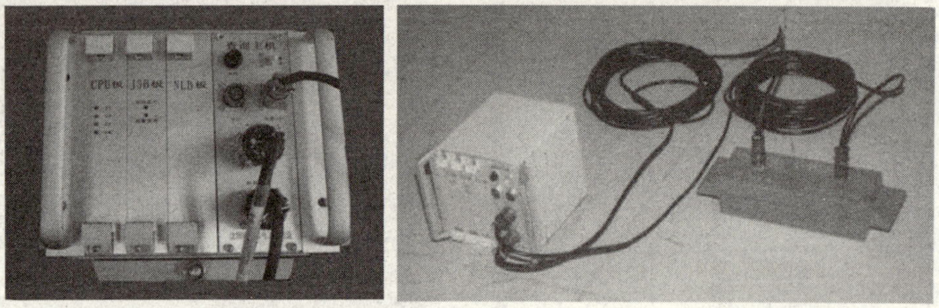

图 7.1.8 查询器主机及其天线

图 7.1.9 查询器天线安装位置

图 7.1.10 车载天线安装位置

5. 通信接口

通信接口是与列车运行监控记录装置的接口。

二、系统功能

（一）基本的安全防护功能

（1）防止调车作业时车列冒进阻挡信号机。

（2）防止调车作业时车列冒进突然关闭的信号机。

（3）防止调车作业时车列越过站场规定的停车点（一度停车位、分区点、站界等）。

（4）控制车列在尽头线、到发线安全距离前方停车。

（5）防止调车作业时超过最高限速。

（二）有触发条件的安全防护功能

（1）压信号调车作业进行安全防护。

（2）越站调车和跟踪调车安全防护。

（3）存车线连挂作业的安全防护。

（4）两台监控机车进同一区段作业的安全防护。

（三）显示与报警功能

（1）车载彩色显示屏上显示站场图形、信号机、道岔、区段状态、车列运行方向防护信号机状态、车列所在区段、距防护点距离、机车速度、限制速度、调车作业计划单及完成情况。

（2）必要时在彩色显示屏上显示文字提示，以及进行语音报警。

（3）调车终端、电务维护终端上显示站场图形、信号机、道岔、区段状态、站场内进路信息、股道停留车信息，并显示机车位置、机车速度、限制速度、停车距离等关键数据，同时实时显示调车作业计划单及完成情况。

（四）记录处理及系统管理功能

（1）实时记录并保存调车作业过程中的重要数据。

（2）通过列车运行监控记录装置可转储监控运行数据进行地面分析。

（3）对采集数据、人工录入数据以及信息加工后的目标数据的记录存储及管理功能。

（4）历史数据（调车作业的历史记录）回放功能。

（5）历史数据存储时间应不少于 20 天。

（6）对地面操作人员权限的安全管理功能。

三、工作原理

（1）调车机车进入调车作业区域，刷过地面点式感应器，车载主机通过无线电台将机车号、机车位置等信息传给地面主机，向地面主机申请注册机车；地面主机收到车载主机的申请信息向该机车发送确认注册信息，并为该机车分配注册号，建立安全控制信息通道，机车进入调车监控模式。

（2）地面主机根据应答器信息、区段变化和站场拓扑等信息实时追踪车列位置，并将实时采集到的信号开放、区段变化、调车作业单和列车位置信息等通过无线电台发给车载主机。

（3）车载主机根据地面主机发送的车列位置信息，结合车速、运行方向等条件实时计算在区段内的走行位移，准确定位车列，算出到前方停车点的距离；根据进路类型、限速条件、距前方停车点的距离等信息，算出相应的控车命令发送给 LKJ2000 监控装置，由后者启动相应的控制模式实施安全控制。

四、主要技术参数

（一）STP 系统控制精度

（1）机车测速精度符合列车运行监控记录装置的技术指标。

（2）机车测距精度符合列车运行监控记录装置的技术指标。

（3）机车控制安全距离为 20 m。

（4）机车控制精度为 ± 15 m。

（5）信号应变时间≤2 s。

（二）无线数据传输通道

（1）在一个车站选用铁路相应频段中的一个频点。

（2）电台发射功率≤5 W。

（3）系统有效控制距离≥3 000 m。

（三）设备电源

车载设备：直流 110 V（满足机车电源要求），功率≤200 W。

五、控制模式

（一）空线走行模式

空线走行模式是最普通的模式，如图 7.1.11 所示。车列在空闲线路上走行，限制速度按站场最高限制速度控制。

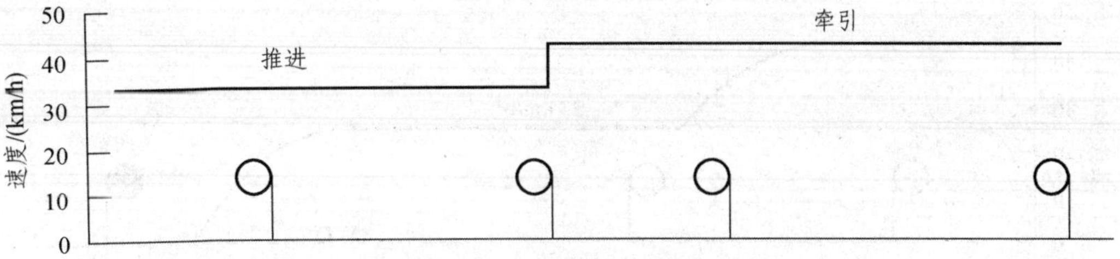

图 7.1.11　空线走行模式示意图

空线牵引运行时，速度≥40 km/h 时语音报警，速度≥41 km/h 时卸载，速度≥43 km/h 时常用制动，速度≥45 km/h 时紧急制动。

空线推送运行时，速度≥30 km/h 时语音报警，速度≥31 km/h 时卸载，速度≥33 km/h 时常用制动，速度≥35 km/h 时紧急制动。当有平面调车指令时，按平调与调车限制速度的低值进行控制（以下均同）。

（二）限速道岔控制

限速道岔控制模式用于对特殊道岔的防护，车列头部运行至限速道岔岔尖前限速下降至道岔的规定限速，等车列尾部越过限速道岔所在区段后，限制速度才能上抬，如图 7.1.12 所示。

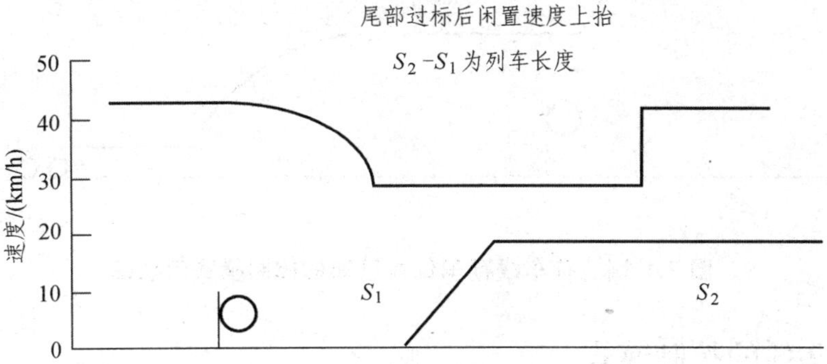

图 7.1.12　限速道岔控制模式示意图

（三）存车线的控制模式

存车线限制速度模式是本系统最重要的模式控制之一，当车列准备进入有存车的轨道区段前开始掉限速时，在过信号机前限制速度下降到存车线限制速度 23 km/h。速度≥20 km/h 时语音报警；速度≥21 km/h 时卸载；速度≥23 km/h 时常用制动；速度≥25 km/h 时紧急制动。存车线控制模式分为存车位置未知、存车位置已知两种情况（存车线限速可设置）。

1. 存车位置未知

存车线最高限速 23 km/h，此时车载显示器上会有停留车位置不明报警。连挂作业完毕后，需继续推送，如车列前方的防护信号机关闭，此时需按【解锁】+【确认】键解锁后方可动车，动车距离为 1 km，可重复操作。机车乘务员严格按照灯显信号进行控车。控制模式如图 7.1.13 所示。图中 $S_2 - S_1$=安全距离，一般是 20 m。

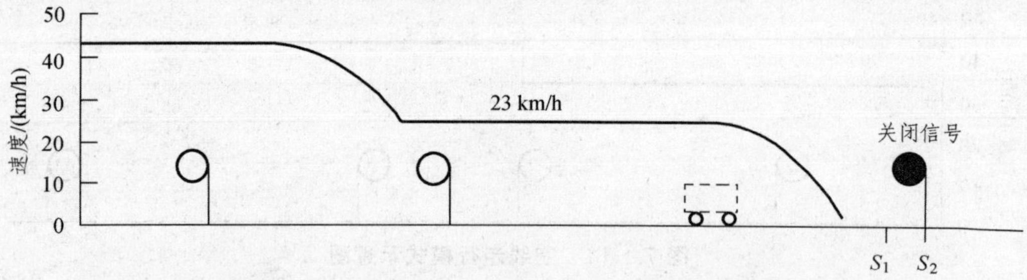

图 7.1.13　存车线存车位置未知的控制模式示意图

2. 存车位置已知

控制模式如图 7.1.14 所示，当车列距离存车 20 m 时限速降为 8 km/h（此时机车乘务员驾驶机车应以 5 km/h 以下速度运行，5 km/h 报警，6 km/h 卸载，8 km/h 常用制动）。试拉或需继续推送时，若车列头部距防护点（如关闭的防护信号机）小于 20 m 时，需按【解锁】+【确认】键解锁后方可动车。图中 $S_2 - S_1$ = 安全距离，一般是 20 m。

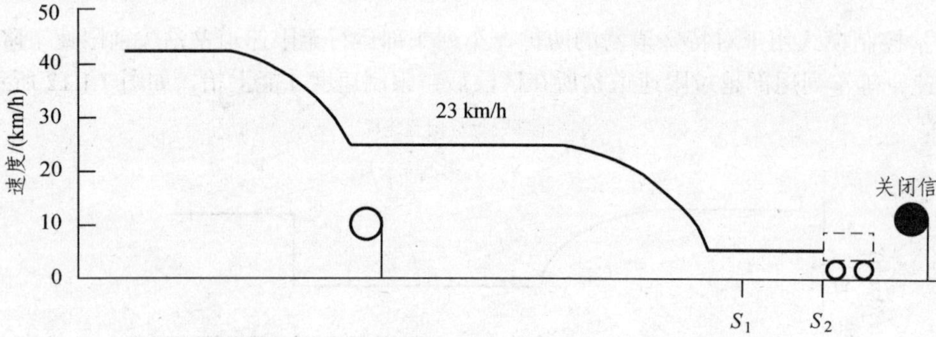

图 7.1.14　存车线存车位置已知的控制模式示意图

（四）尽头线的控制模式

冲出尽头线、牵出线的土挡是调车作业中比较薄弱的一环，本系统控制车列走行到距离土挡 20 m 时限速下降到 0。当尽头线（牵出线）比较短，机车需要利用剩下的 20 m 距离的时候，可以按【解锁】+【确认】键解锁后动车，但必须严格控制速度。控制模式如图 7.1.15 所示。图中 $S_2 - S_1$ = 安全距离，一般为 20 m。

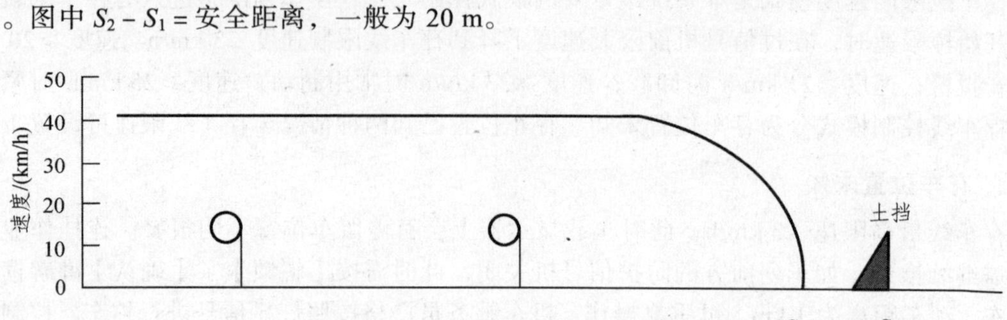

图 7.1.15　尽头线控制模式示意图

（五）普通防护控制模式

普通防护控制模式即关闭信号的防护，如图 7.1.16 所示。关闭信号包括关闭的调车信号（蓝灯）、关闭的列兼调信号（红灯）、虚拟的关闭信号（站界）。当车列距离关闭的信号点 20 m 时限速降为 0。机车需要利用剩下的 20 m 距离的时候，可以按【解锁】+【确认】键解锁后动车，但必须严格控制速度。图中 $S_2 - S_1$ = 安全距离，一般为 20 m。

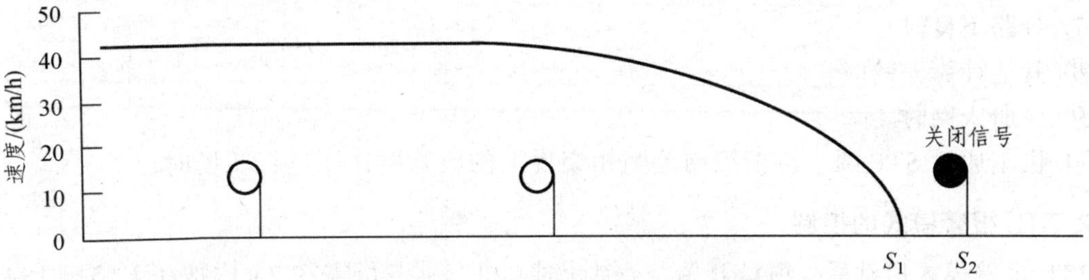

图 7.1.16　普通防护控制模式示意图

（六）出站、跟踪调车控制模式

当需要出站或者跟踪出站调车时，乘务员可按【自动校正】2 s，弹出越站单号输入窗口，可按约定输入对应越站单号。值班员在调车终端也输入相同的越站单号，以完成越出站界调车操作。在站界标前按【解锁】+【确认】键，系统会根据站界外方第一区段长度将模式曲线向前移动 500 m，且不允许机车乘务员重复操作。

提到该区段终点绝缘节处这个模式在某些特殊车站才存在，一般是该站的站线等受条件限制。控制模式如图 7.1.17 所示，图中 $S_2 - S_1$ = 500 m。

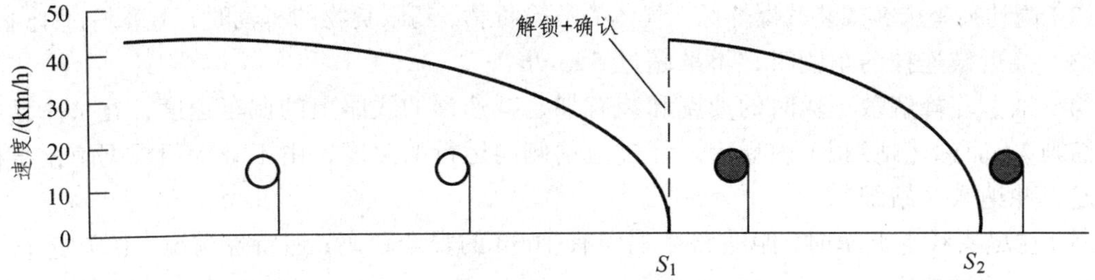

图 7.1.17　出站、跟踪调车控制模式示意图

（七）调车监控 ZTL 报警模式

1. 启动 ZTL 报警模式的时机

（1）股道有机车

设备判断股道内有停留机车，STP 调车机车进入该股道后，启动无进路动车 ZTL 报警模式。

（2）同一股道内连续连挂

当前方为关闭信号机，监控显示器显示前方距离为“----”，当速度超过 5 km/h，或累计走行距离大于 10 m，启动 ZTL 报警模式。

（3）显示器的距离窗口显示“----”，发生下列情况，启动 ZTL 报警模式：

① 车载主机重新启动或关机时。

② 地面系统故障时。

③ 地面系统和车载系统无线通信故障时。

④ STP 系统和 LKJ 系统通信故障时。

⑤ 溜放作业导致前方距离未知时。

⑥ 手柄换向试拉，继续连挂时。

⑦ 分路不良时。

⑧ 其他计算失效时。

⑨ 注册入网时。

⑩ 机车通过 STP 两个机柜控制范围相交界上的应答器作用进行转场时。

2. ZTL 报警模式的控制

ZTL 报警模式启动后，窗口开始 7 s 倒计时，机车乘务员需在 7 s 内按压【警惕】键进行报警应答，间隔 4 s 再次启动报警（即 22 s 周期循环报警），再次按压【警惕】键。如果报警时间超过 7 s，机车乘务员未按【警惕】键应答，LKJ 装置输出紧急制动。

六、调车作业限速要求

（一）《技规》第 293 条规定的调车限速

调车作业要准确掌握速度及安全距离，并遵守下列规定：

（1）在空线上牵引运行时，不准超过 40 km/h；推进运行时，不准超过 30 km/h。

（2）调动乘坐旅客或装载爆炸品、气体类危险货物、超限货物的车辆时，不准超过 15 km/h。

（3）接近被连挂的车辆时，不准超过 5 km/h。

（4）推上驼峰解散车辆时的速度和装有加、减速顶的线路上的调车速度，在《车站行车工作细则》（简称《站细》）内规定。经过道岔侧向运行的速度，由工务部门根据道岔具体条件规定，并纳入《站细》。

（5）在尽头线上调车时，距线路终端应有 10 m 的安全距离；遇特殊情况，必须近于 10 m 时，要严格控制速度。

（6）电力机车、动车组在有接触网终点的线路上调车时，应控制速度，距接触网终点标应有 10 m 的安全距离；遇特殊情况，必须近于 10 m 时，要严格控制速度。

（7）旅客未上下车完毕，除本务机车、补机摘挂作业外，不得进行旅客列车（车底）的连挂作业。

（8）遇天气不良等非正常情况，应适当降低速度。

（二）其他限速要求

（1）尽头线走行不超过 30 km/h。

（2）存车线走行不超过 20 km/h。

（3）十、五、三车距离信号，十车运行速度不超过 17 km/h，五车运行速度不超过 12 km/h，三车运行速度不超过 7 km/h。

（4）STP 装置按固定模式限速值 + 0 km/h 输出语音报警；固定模式限速值 + 1 km/h 输出卸载；固定模式限速值 + 3 km/h 输出常用制动指令；固定模式限速值 + 5 km/h 输出紧急制动指令。

“无线调车机车信号和监控系统认知”课程资源包

任务实施

任务编号	7-1	任务名称	无线调车机车信号和监控系统认知
序号	实施内容	完成情况	
		是	否
STP 系统构成			
1	地面设备		
2	车载设备		
STP 系统功能			
3	基本的安全防护功能		
4	有触发条件的安全防护功能		
5	显示与报警功能		
6	记录处理及系统管理功能		
控制模式			
7	空线走行模式		
8	限速道岔控制		
9	存车线的控制模式		
10	尽头线的控制模式		
11	普通防护控制模式		
12	出站、跟踪调车控制模式		
13	调车监控 ZTL 报警模式		
限速要求			
15	《技规》对调车速度的规定		
16	其他调车限速要求		

任务评价

任务编号	7-1	任务名称	无线调车机车信号和监控系统认知		
序号	评价内容		标准分值	自我评分 50%	组内评分 50%
资讯阶段			10		
1	是否积极参与任务书讨论，正确领会任务要求		5		
2	是否积极参与引导文学习讨论，完全掌握学习内容		5		
计划→实施→检查阶段			20		
1	是否积极参与计划制订，提出建设性计划内容		5		
2	是否制订了可行的任务方案		5		
3	是否认真履行个人角色，积极参与任务演练		5		
4	是否有效使用任务检查单保证任务顺利进行		5		
序号	评价内容		标准分值	组间评分 50%	教师评分 50%
（任务展示）评价阶段			70		
1	STP系统构成	叙述STP系统地面设备和车载设备的构成，每错一处扣1分	10		
2	STP系统功能	具体介绍STP系统的功能，每错一处扣2分	20		
3	控制模式	具体讲解教师给定的STP系统控制模式的控制方式，每错一处扣2分	20		
4	调车限速要求	指出各种情形下的调车限速，每错一处扣2分	20		
总评分值					

能力测试

1. STP 系统包括（　　　　）和（　　　　）两部分，原则上一个联锁站场配置一套（　　　　）设备，一台机车配置一套（　　　　）设备。
2. STP 系统的地面设备包括哪些？
3. STP 系统的车载设备包括哪些？
4. STP 系统的安全防护功能有哪些？
5. STP 系统记录功能要求，历史数据存储时间应不少于（　　）天。

6. 简述 STP 系统的工作原理。
7. STP 系统设置的机车控制安全距离为（　　）米。
8. STP 系统空线走行模式的限速是如何设置的？
9. STP 系统限速道岔控制模式的限速是如何设置的？
10. STP 系统存车线控制模式的限速是如何设置的？
11. 叙述 STP 系统尽头线控制模式的控制过程。
12. 叙述 STP 系统普通防护控制模式的控制过程。
13. 叙述 STP 系统出站、跟踪调车控制模式的控制过程。
14. 叙述 STP 系统调车监控 ZTL 报警模式的控制过程。
15. 使用 STP 系统进行调车作业要遵守哪些限速？

任务 7-2　STP 系统操作和显示

任务安排

任务编号	7-2	任务名称	STP 系统操作和显示	推荐学时	6（学时）
任务描述					
使用无线调车机车信号和监控系统（STP）进行调车作业，要求司机必须能准确识读其屏幕显示含义，熟练掌握其设备操作方法，了解其故障应急处理办法。本次任务，请同学们担任调车机车司机，依据屏幕显示内容，按要求完成调车作业任务。					
任务实施要求做到： （1）能准确识读 STP 系统显示器的显示含义； （2）会使用 STP 系统的键盘按键； （3）熟练进行 STP 设备操作，完成调车作业； （4）能应急处理 STP 运行中的故障。					
实施说明					
（1）以小组（5～6 人）为单位开展任务实施； （2）任务前完成知识准备； （3）验收：小组全体同学通过上机理论考试进行理论知识考核，给予第一部分成绩；小组指派一名代表进行任务展示，介绍屏幕显示含义、演示 STP 操作、叙述故障应急处理办法，给予第二部分成绩。第二部分成绩，由教师和其他各组同学对展示小组按标准进行评分。					
任务注意事项					
（1）任务开始前，必须做好充分的知识储备工作； （2）任务过程中，要爱护实训设备，禁止暴力操作； （3）注意实训人身财产安全。					

任务资讯

一、显示器显示

显示器显示界面如图 7.2.1 所示。

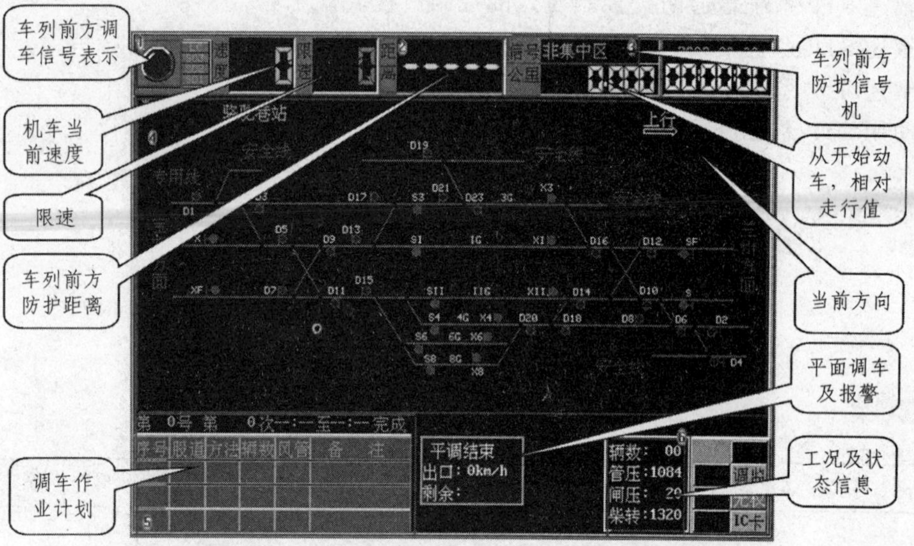

（a）车站调车界面显示

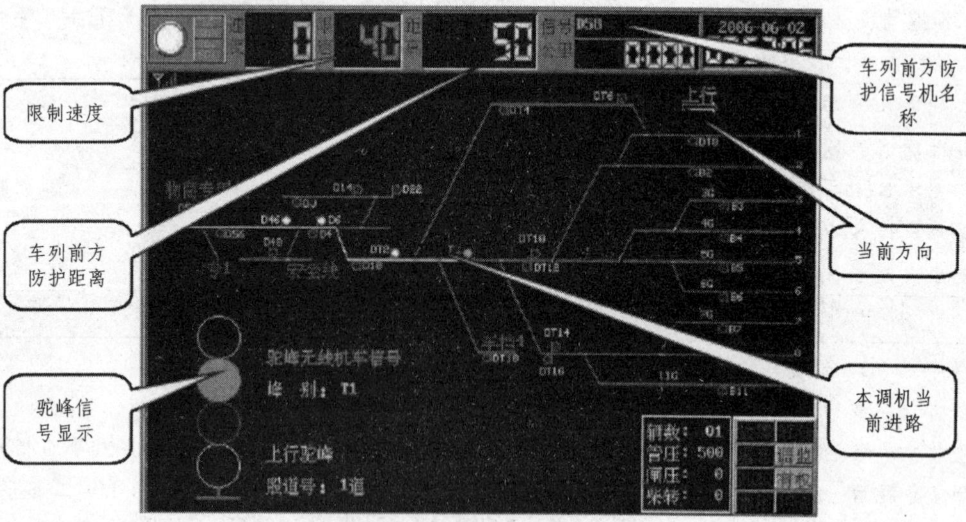

（b）驼峰调车界面显示

图 7.2.1　显示器显示界面介绍

（一）信息栏显示

信息栏位于 LKJ 屏幕显示器界面的最上方，信息栏中的内容自左至右依次是：

（1）车列前方的调车信号机的显示。

蓝色表示前方调车信号关闭；白色表示前方调车信号开放；灰色表示机车进入非集中区，前方没有实际的调车信号。

（2）机车走行的实际速度。

（3）调车作业的限制速度（常用固定模式限速值）。

（4）车列前方信号机的距离。

（5）当前走行的相对距离。

（6）日期及时间。

（二）主窗口显示

屏幕中央部分为主窗口，主窗口实时显示站场信息，如图 7.2.2 所示。主窗口右上角显示的内容有机车运行的方向及上下行。

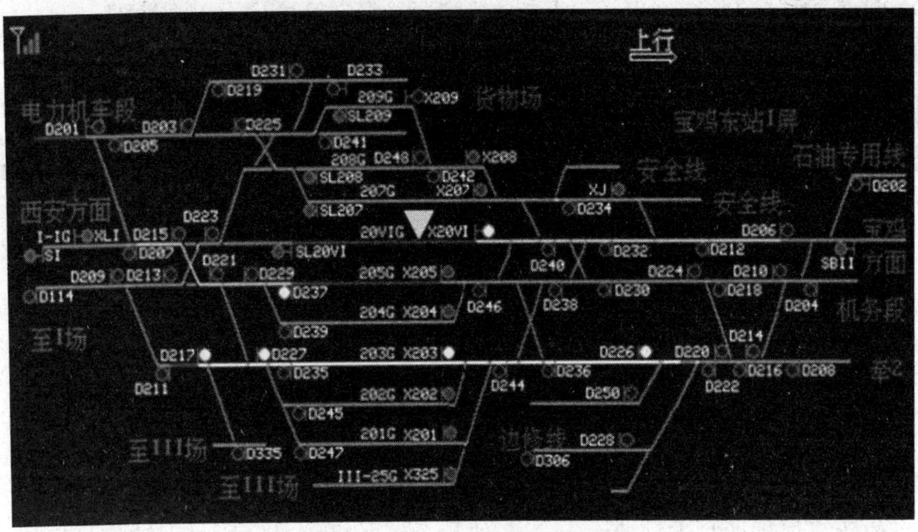

图 7.2.2　STP 主窗口显示

1. 信号机的表示

（1）进站信号机、进路信号机

显示绿灯，表明准许列车按规定的速度越过该架信号机。

显示红灯，禁止通行，列车在信号机前停车。

（2）出站兼调车信号机

显示绿灯，表明准许列车按规定的速度越过该架信号机。

显示白灯，表明准许调车按规定的速度越过该架信号机。

显示红灯，禁止通行，列车在信号机前停车。

（3）调车信号机

显示白色，表明准许调车按规定的速度越过该架信号机。

显示蓝色，禁止通行，列车在信号机前停车。

2. 道岔、轨道区段表示

（1）道岔显示

站场图内道岔状态表示，绿色短线表示道岔定位，黄色短线表示道岔反位。通过岔尖时连到道岔的定位或反位的状态来表示道岔的定位或反位位置，同时道岔为定位时，道岔岔心颜色显示为绿色；道岔为反位时，道岔岔心颜色显示为黄色。如图 7.2.3 所示，75#、98#绿色表示道岔处于定位状态，91#、94#黄色表示道岔处于反位状态。

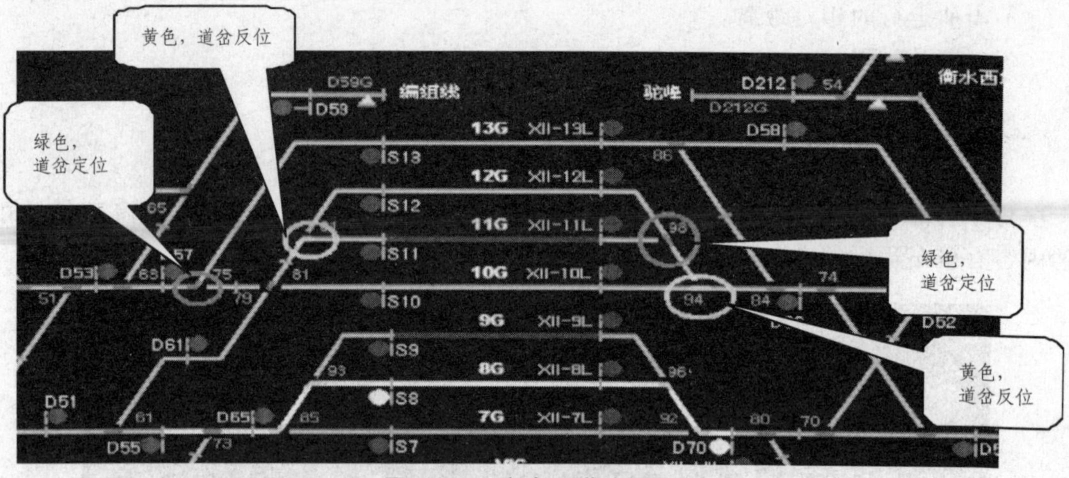

图 7.2.3　主窗口道岔显示

（2）轨道区段显示

轨道区段灰色线段表示区段空闲状态，红色线段表示区段占用状态，白色线段表示本车进路。其他机车作业的进路，如果是列车进路为亮绿色线条，调车进路为暗绿色线条。如果进路取消，显示器上的白色进路自动取消，信号显示自动关闭，同时显示器上部的“车列前方调车信号机”的显示自动由白灯变为蓝灯。

3. 机车位置表示

本机车位置可根据两种方法来判断：一种是看信号机编号，所显示的信号机编号为车列前方信号机，第二种是看进路的颜色，图中白色部分表示本机车前方进路，其他调车机车的进路在图上是以暗绿色作为标记的。

（三）调车作业计划显示

屏幕左下角为调车作业计划，显示 3 钩当前作业计划。作业单采用全自动的工作方式，即接收自动、抹消自动、当前钩自动识别。已抹消的钩作业以黄底白字显示，当前钩以白底蓝字显示，待作钩以灰底白字显示。

（四）工况及状态显示

屏幕右下角为机车的有关工况及故障报警等，显示出入段、有权、卸载、调监、解锁、常用、IC 卡、紧急等内容，如图 7.2.4 所示。

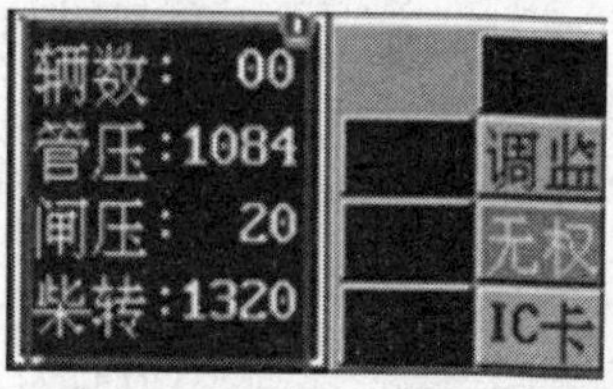

图 7.2.4　工况及故障报警显示

（五）平面调车及报警提示

屏幕中下部为平面调车及报警提示显示区域。

当 STP 报警时既有报警语音提示，显示屏还会出现提示窗口及倒计时显示，如图 7.2.5 所示。

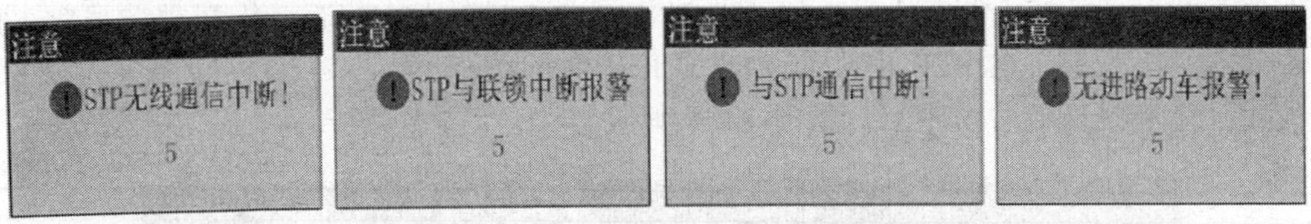

图 7.2.5　报警提示窗口及倒计时显示界面

二、键盘按键

机车乘务员通过 LKJ 监控装置显示器下方键盘来进行操作，如图 7.2.6 所示。STP-KA 监控系统主要功能按键有：【调车】、【进路号】、【确认】、【解锁】、【自动校正】、【车位】以及 4 个方向键，其余按键均属于 LKJ 系统菜单，与调车监控系统无关。

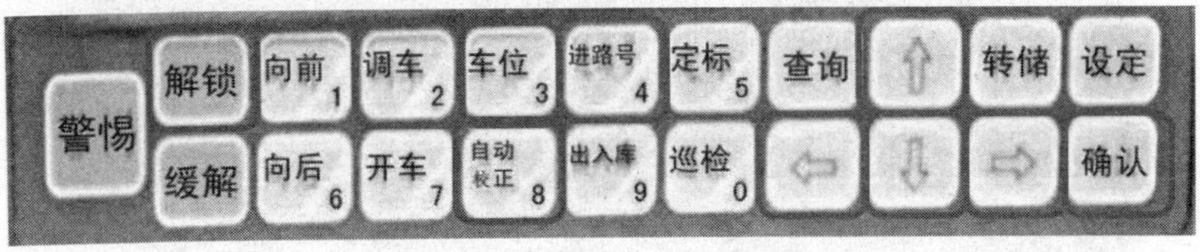

图 7.2.6　LKJ 监控装置键盘

1. 方向键

机车乘务员可通过方向键移动光标选择相应功能菜单，按压相应方向的方向键后，光标将向相应方向移动。

2.【进路号】键

【进路号】键是 LKJ 界面菜单的总开关，按压【进路号】键后，会弹出手动操作菜单，如图 7.2.7 所示。乘务员可通过方向键移动光标选择相应功能菜单，或直接按数字键选择相应功能菜单。

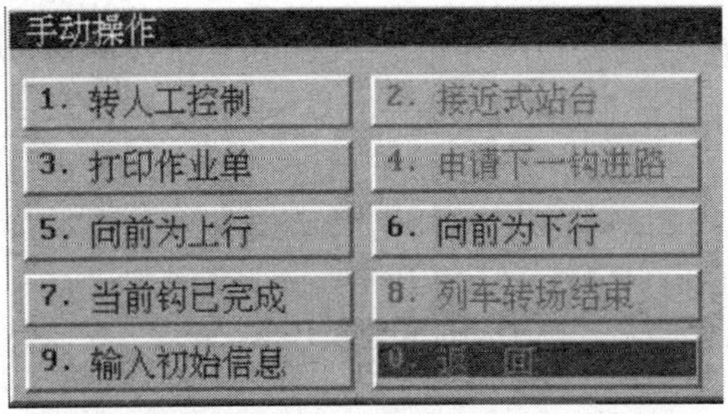

图 7.2.7　手动操作菜单

三、STP 设备操作

（一）STP 模式启用

在停车状态下，按【调车】键，LKJ 监控装置进入调车工作状态。机车乘务员将 STP 主机及查询器主机开机，在 STP 主机与 LKJ 通信正常的状态下，LKJ 监控装置进入调车 STP 工作模式，显示器显示站场界面，如图 7.2.8 所示。

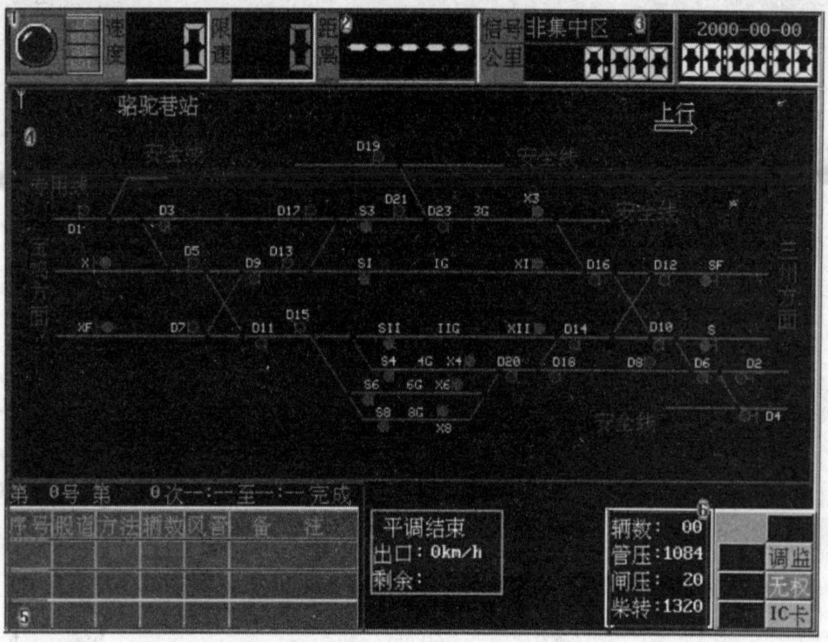

图 7.2.8　显示器显示站场界面

（二）站场选择

1. 自动转站

在有 STP 地面系统的车站（场）作业时，机车在调车 STP 工作模式下，如果机车压过虚拟应答器，则自动跳转相应车站（场），进入监控状态。

2. 人工选择站场

当 STP 不能自动选择站场时，需人工选择站场。机车在调车 STP 工作模式下，按 4 号【进路号】键，进入“手动操作”界面窗口（见图 7.2.7），选择“9. 输入初始信息”，弹出“初始信息输入”界面窗口（见图 7.2.9），利用光标键选择当前车站、当前站场、机车所在区段，然后按压【确认】键，等待地面值班员确认初始股道后，则手动进入监控状态。

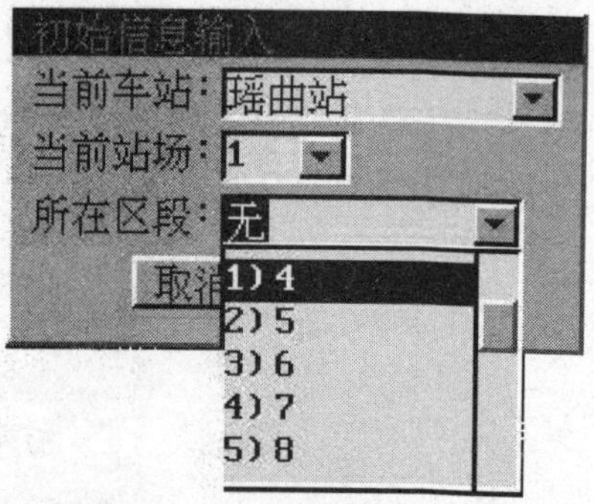

图 7.2.9　人工确定初始位置

注意事项：

（1）系统无法完全判断此输入是否正确，乘务员应确保输入的初始位置与实际机车位置一致。

（2）人工注册后，限速为 0，必须等前方信号机开放后才能向信号开放的方向动车。

（3）机车完成注册后，乘务员发现车载显示信息和轨旁信息不一致时，须制动机车并退出监控状态。

（三）上下行选择

机车在某些站场作业时，调车机车需要调转方向进行作业，导致进入站场后，系统显示的前方信号机与机车手柄方向相反，可按以下操作修正方向：

按 4 号【进路号】键，进入“手动操作”界面窗口（见图 7.2.7）。将光标定位到“5. 向前为上行”或“6. 向前为下行”，然后按【确认】键，输入密码，上下行方向可改变。

注意事项：

（1）有“双点”应答器的站场，系统能够自动修正方向。

（2）机车乘务员需确认上下行方向与 STP 显示的前方信号机与机车手柄方向一致。

（四）打印调车作业单

如需打印调车作业单，乘务员按压【进路号】键，进入“手动操作”界面（见图 7.2.7），将光标移动到“3. 打印作业单”选项上，按压【确认】键或者直接按压数字键【3】，即可打印调车作业单。当显示器显示作业单界面，需返回站场界面时，按【确认】键即可。

（五）当前钩已完成

机车完成连挂作业后，都需要记录停留车位置；另外机车进入提示有存车的股道，无论此存车是否确实存在，如果机车要从提示存车的方向出股道，也需操作连挂确认，系统才会认为此方向的信号是给本机车开放。

乘务员按压【进路号】键，进入“手动操作”界面（见图 7.2.7），将光标移动到“7. 当前钩已完成”选项上，按压【确认】键或者直接按压数字键【7】，即可完成当前钩已完成确认。

（六）列车转场

此功能用于列车转场作业。监控机车在调车 STP 工作模式下运行，至列车信号机前，机车乘务员按压【进路号】键，进入“手动操作”界面（见图 7.2.7），将光标移动到“8.列车转场开始”选项上，按压【确认】键或者直接按压数字键【8】，此时的“列车转场开始”按钮变为“列车转场结束”按钮，车列进入列车转场模式运行。

车列在列车转场模式下完成转场后，乘务员按压【进路号】键，进入“手动操作”界面（见图 7.2.7），将光标移动到“8.列车转场结束”选项上，按压【确认】键或者直接按压数字键【8】，此时的“列车转场结束”按钮变为“列车转场开始”按钮，车列结束列车转场模式，系统监控机车在调车进路上行驶。

（七）接近式站台

此功能为预留功能，目前暂不支持。

（八）申请下一钩进路

此功能为预留功能，目前暂不支持。

（九）越站单号输入

乘务员在需要进行越出站界调车作业时，当车列前部运行到站界信号机前方，乘务员按压【自动校正】键，弹出越站单号输入窗口（见图 7.2.10），输入与值班员口头约定好的越站单号，光标移动到“确定”处，按压【确认】按钮即可完成输入。在值班员也输入了相同的越站单号后，系统限速将抬高，允许车列越过站界作业。

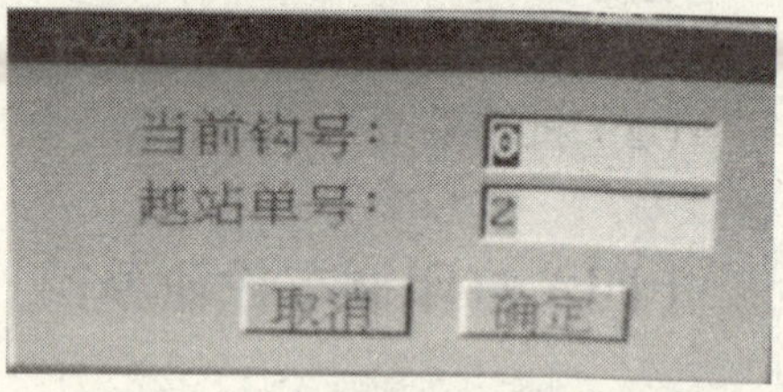

图 7.2.10 越站单号输入窗口

（十）【解锁】键

【解锁】键用于解除特殊情况下的限速和信号确认，在人工保障安全的情况下继续调车作业，主要用于以下情景：

（1）在一度停车点前停车后，机车乘务员按压【解锁】键后限速抬起，此时系统允许越过一度停车点。

（2）机车由集中区进入非集中区时，当车列前部距集中区与非集中区交界处 300 m（该长度可配置）内时，乘务员可按【解锁】键，以转换为非集中区模式，此时防护距离延长到非集中区最远端。

（3）当监控机车前方进路开放，但 LKJ 人机界面前方信号机状态或者信号框中名称显示与实际不符时，乘务员与值班员确认前方信号是为本车开放后，按压【解锁】键确认前方信号为本车开放。

（十一）【解锁】+【确认】键

【解锁】+【确认】键用于解除特殊情况下的限速，在人工保障安全的情况下继续调车作业，主要用于以下情景：

（1）股道内停车位置不明，连挂作业后，系统限速为 0。乘务员可按压【解锁】+【确认】键，限速将提高到 8 km/h，系统允许车列往此方向运行 1 000 m。该方式可重复操作。

（2）车列需接近防护点 20 m 以内时（如蓝灯、尽头轨），乘务员按压【解锁】+【确认】键，限速将提高到 8 km/h。

（3）车列限速为 0，需试拉时，乘务员按压【解锁】+【确认】键，限速将提高到 8 km/h。

（4）需要出站界调车时，进路开放，乘务员按压【解锁】+【确认】键，系统允许车列越出站界 500 m，此操作只允许解锁一次。

（5）在股道上有允许停放车辆的道岔区段，如果道岔区段有存放车辆，导致其防护信号机无法开放，而车列需要进入此区段作业时，乘务员按压【解锁】+【确认】键。

（6）系统认为机车前方有非监控机车而实际前方无非监控机车，导致无法识别前方进路，乘务员与值班员确认前方信号是为本车开放后，按压【解锁】+【确认】键，系统才认为前方信号是给本机车开放，并识别出前方进路。

（十二）切屏操作

如果站场比较大，系统将一个站场分成多个屏显示，如需查看别的屏的站场信息，则直接按压【车位】键，在不同的屏间循环切换，按压一次变化一次屏，5 s 后无操作自动切回到定位信号机所在屏，如果切换到某屏显示时，此屏所需要的文件缺失，则不显示站场图，仅显示站号和场号。

（十三）换向操作注意事项

如果车列后端距离后方信号机比较近，且后方信号又是蓝灯的话，机车换向，需先使用小闸，使机车制动，保持不动。上下行转换完成后，确认 STP 信号、地面信号再动车，否则容易引起放风。这是因为从地面信号开放到采集、传输有一定的时间延迟。换向后等系统显示信号开放后，方可动车。

（十四）重联机车注意事项

若两台 STP-KA 监控机车重联，系统会默认信号给第一辆机车开放，因此需关闭第二辆机车 STP 监控主机，否则会引起第二辆机车误制动。

（十五）股道牵出后折返作业

停车后，乘务员须确认显示屏上股道相邻区段已出清后，再换向。因为联锁系统股道相邻区段红光带出清延迟较大（7 ~ 10 s），若换向太快，会造成系统认为车列仍在原股道，出现机车位置定位错误。若出现车列位置错误，按【4】键 +【1】键，转为人工控制，退出调车监控，待车列进股道后重新人工入网。

设置成功后，站场显示窗口不再显示站场信息，对折返作业不起控，只显示“请人工确认信息”文字。

（十六）信号不上码处理

若在股道中发现信号不上码，可能是系统认为前方有停留车或非监控机车，此时乘务员可按压【4】+【7】键，选择“当前钩已完成”，然后按【解锁】键，信号将上码。

若在股道牵出折返时发现信号不上码或者前方信号机提示错误，可能是换向太快，造成车列位置丢失，此时，乘务员可按压【4】+【1】键，转为人工控制，退出调车监控模式，待车列进股道后重新人工选择站场入网。

（十七）在轨道电路不全的存车股道作业注意事项

系统根据轨道电路条件判断股道内停留车情况，因此，在轨道电路不全的存车线，当调车机车进入存车线内推进或是挂车作业时，前方给出的防护距离，是到前方信号机或土挡的距离。此时需要人工确认连挂距离。

四、故障应急处理

（一）已按操作说明正确操作，但仍出现进路未识别、机车位置错误、限速不合理等情况导致无法动车

处理方法：先尝试按【解锁】+【确认】键和【4】+【7】选择“当前钩已完成”，若仍无法识别进路，初步认为可能出现软件故障或者分路不良等状况，应按【4】+【1】转人工控制，退出调车监控模式，等机车到其他股道停稳后，按【4】+【9】再输入初始信息，进行人工选择站场入网，再次进入调监模式。转人工控制后重新人工注册进入调监模式，故障仍未恢复，则应重启车载主机和接口分机，再重新注册。故障仍存在，则要求电务人员重启地面主机。

（二）监控装置突然退出调车监控状态

处理方法：这是由于监控装置与调车监控主机通信中断超过 5 s，系统自动回到平面调车状态，此时会有声音报警，停车后报警消失，可正常进行调车作业。机车回股道停稳后可人工输入初始位置重新注册。

（三）无法从普通调车模式进入调车监控模式

发生此故障可能有以下原因：

1. 车载设备 CAN 通信故障

处理方法：正常时，车载主机前面板 CAN 灯以很高的频率闪烁，可在 LKJ 上操作进入调车监控模式。如果无法进入，先检查车载主机和接口分机间的通信，如果 CAN 灯不亮或者常亮，则认为与 LKJ 接口分机通道有故障，可尝试开关接口分机和车载主机电源，重启两设备。如果 CAN 灯仍然不正常，则关闭 STP 主机和查询主机电源，停止使用 STP 系统。

2. 无线通信故障

处理方法：开机后如果 CAN 通信正常，按压【4】键，“输入初始信息”菜单为灰色，无法进入调车监控模式，可能是由于车地间电台通信故障，检查车载电台馈线是否连接正常，再尝试重启车载主机。

在运行过程中如果发生无线通信故障，此时会有语音报警提示，系统会自动退出监控状态，可等车列进股道后再重新进行人工注册。

如果以上故障未解决，乘务员应按平面调车控制模式作业。

（四）车载打印机打印作业单失败

处理方法：机车收到作业单后不能正常打印出作业单，一般是由于打印机缺纸、色带耗尽、打印纸安放不正确等造成的，排除以上原因仍未解决，则认为车载打印机设备故障，应关闭打印机电源，停止使用此功能。

（五）过虚拟应答器点后机车不能自动进入监控模式

处理方法：如果机车在调车模式下多次过虚拟应答器点仍然不能自动注册，LKJ 不能显示出站场图，但是人工输入初始信息可以注册上，则认为可能是 GPS 模块故障，应按【4】+【9】采用人工确认初始位置的方式进行注册，继续使用本系统。

（六）显示器显示“请人工确认信息”时，“手动操作菜单”中“输入初始信息”按键无效

处理方法：这是由于调车监控主机与地面设备通信故障引起，检查调车监控主机天线馈线是否连接正常。乘务员可按正常平面调车控制模式控制机车作业，并通知维修人员。

“STP 系统操作和显示”课程资源包

任务实施

任务编号	7-2	任务名称	STP 系统操作和显示
序号	实施内容	完成情况	
		是	否
显示器显示			
1	识读信息栏显示内容		
2	识读主窗口显示内容		
3	识读调车作业计划显示内容		
4	识读工况及状态显示内容		
5	识读平面调车及报警提示显示内容		
STP 设备操作			
3	STP 模式启用操作		
4	站场选择操作		

续表

任务编号	7-2	任务名称	STP 系统操作和显示	
序号	实施内容		完成情况	
			是	否
5	上下行选择操作			
6	打印调车作业单操作			
7	当前钩已完成操作			
8	列车转场操作			
9	越站单号输入操作			
10	【解锁】键使用			
11	【解锁】+【确认】键使用			
12	切屏操作			
13	换向操作注意事项			
14	重联机车注意事项			
15	股道牵出后折返作业			
16	信号不上码处理			
17	在轨道电路不全的存车股道作业注意事项			
STP 故障应急处理				
18	已按操作说明正确操作，但仍出现进路未识别、机车位置错误、限速不合理等情况导致无法动车			
19	监控装置突然退出调车监控状态			
20	无法从普通调车模式进入调车监控模式			
21	车载打印机打印作业单失败			
22	过虚拟应答器点后机车不能自动进入监控模式			
23	显示器显示“请人工确认信息”时，“手动操作菜单”中“输入初始信息”按键无效			

任务评价

任务编号	7-2	任务名称	STP 系统操作和显示	
序号	评价内容	标准分值	自我评分 50%	组内评分 50%
资讯阶段		10		
1	是否积极参与任务书讨论，正确领会任务要求	5		
2	是否积极参与引导文学习讨论，完全掌握学习内容	5		
计划→实施→检查阶段		20		
1	是否积极参与计划制订，提出建设性计划内容	5		

续表

任务编号	7-2	任务名称	STP 系统操作和显示		
序号	评价内容		标准分值	自我评分 50%	组内评分 50%
2	是否制订了可行的任务方案		5		
3	是否认真履行个人角色，积极参与任务演练		5		
4	是否有效使用任务检查单保证任务顺利进行		5		
序号	评价内容		标准分值	组间评分 50%	教师评分 50%
（任务展示）评价阶段			70		
1	显示器显示	对照 STP 屏幕，介绍各部分显示含义，每错一处扣 1 分	20		
2	STP 设备操作	根据教师要求，完成 STP 设备操作。内容包括：STP 模式启用、站场选择、上下行选择、打印调车作业单、当前钩已完成、列车转场、越站单号输入、股道迁出后折返、信号不上码等操作，每错一处扣 1 分	15		
		叙述调车机车换向操作、重联机车、在轨道电路不全的存车股道作业的注意事项，每错一处扣 1 分	10		
		叙述【解锁】键、【解锁】+【确认】键的操作，每错一处扣 1 分	10		
3	STP 故障应急处理	处理教师提出的故障，每错一处扣 2 分	15		
总评分值					

能力测试

1. 信息栏位于 LKJ 屏幕显示器界面的最上方，信息栏中的内容自左至右依次是什么？
2. 屏幕中央部分为主窗口，主窗口实时显示（　　　　）信息。
3. 在表 7.2.1 中填写信号机灯显所表示的含义。

表 7.2.1　信号机灯显含义

信号机		灯　显	含　义
进站、进路	X	显示绿灯	
		显示红灯	
出站兼调车	SI	显示绿灯	
		显示白灯	
		显示红灯	
调车	D1	显示白色	
		显示蓝色	

4. 站场图内道岔状态的表示，绿色短线表示道岔（　　　）位，黄色短线表示道岔（　　　）位。

5. 通过岔尖时连到道岔的定位或反位的状态来表示道岔的定位或反位位置，道岔为定位时，道岔岔心颜色显示为（　　）；道岔为反位时，道岔岔心颜色显示为（　　）。

6. 轨道区段灰色线段表示区段（　　）状态，红色线段表示区段（　　）状态，白色线段表示（　　）进路。

7. 其他机车作业的进路，如果是列车进路为（　　　）色线条，调车进路为（　　　）色线条。

8. 在站场图内，如何判断调车机车位置？

9. 屏幕左下角为调车作业计划，显示（　　）钩当前作业计划。

10. 调车作业计划中，(　　)钩作业以黄底白字显示，(　　)钩以白底蓝字显示，(　　)钩以灰底白字显示。

11. 屏幕右下角为机车的有关工况及（　　）等，显示出入段、(　　)、卸载、调监、(　　)、常用、IC 卡、紧急等内容。

12. 屏幕中下部为平面调车及（　　）显示区域。当 STP 报警时，既有报警（　　），显示屏还会出现（　　）及倒计时显示。

13. 机车乘务员通过 LKJ 监控装置显示器下方键盘来进行操作。STP-KA 监控系统主要功能按键有：【　　】、【　　】、【　　】、【　　】、【　　】、【　　】以及 4 个方向键，其余按键均属于 LKJ 系统菜单，与调车监控系统无关。

14.【　　】键是 LKJ 界面菜单的总开关，按压【　　】键后，会弹出手动操作菜单。乘务员可通过方向键移动光标选择相应功能菜单，或直接按数字键选择相应功能菜单。

15. 如何进行 STP 模式启用操作？

16. 如何进行站场选择操作？

17. 如何进行上下行选择操作？

18. 如何进行打印调车作业单操作？

19. 叙述当前钩已完成操作的使用时机及操作方法。

20. 如何进行列车转场操作？

21. 越出站界调车时，应如何操作 STP？

22.【解锁】键用于哪些情景？

23.【解锁】+【确认】键用于哪些情景？

24. 什么情况使用切屏操作？如何操作？

25. 叙述换向操作注意事项。

26. 叙述重联机车注意事项。

27. 进行股道牵出后折返作业应注意什么？

28. 遇信号不上码应如何处理？

29. 在轨道电路不全的存车股道作业时应注意什么？

30. 对表 7.2.2 所示的故障，给出适当的处理办法。

表 7.2.2 故障及其处理方法

故障	处理办法
已按操作说明正确操作，但仍出现进路未识别、机车位置错误、限速不合理等情况导致无法动车	
监控装置突然退出调车监控状态	
无法从普通调车模式进入调车监控模式	
车载打印机打印作业单失败	
过虚拟应答器点后机车不能自动进入监控模式	
显示器显示“请人工确认信息”时，“手动操作菜单”中“输入初始信息”按键无效	

项目 8 中国机车远程监测与诊断系统（CMD 系统）

随着铁路政企分开，实行公司化运转，为加快货运组织改革，实现运输组织由内部生产型向市场导向型转变，需要信息化作为技术支撑手段，机务作为铁路运输中的重要环节，更加需要通过信息技术手段提高管理水平。

机务信息化是铁路信息化的重要组成部分，铁路机务信息化要以机车的管理为核心内容，体现机务信息管理的动静结合，中国机车远程监测与诊断系统（CMD 系统）是机务信息化中机车动静态信息的采集、传输、地面诊断分析平台，为机务信息化应用功能提供信息支撑。

"中国机车远程监测与诊断系统（CMD 系统）"项目引入

任务 8-1 认识中国机车远程监测与诊断系统

任务安排

任务编号	8-1	任务名称	认识中国机车远程监测与诊断系统	推荐学时	2（学时）
任务描述					
CMD 系统是机务信息系统的核心子系统，是机务车载数据及安全信息的集成，是车地无线传输平台；采集、处理和传输 TCMS、6A 系统、LKJ 等车载设备运行记录信息及故障信息；提供机车定位、实时状态数据监测、实时故障报警、远程诊断、视频点播、机车车载电子履历管理、专家支持系统、信息共享和功能接口等功能。本次任务，我们来认识中国机车远程监测与诊断系统。					
任务实施要求做到： （1）了解 CMD 系统的定义； （2）了解 CMD 系统的结构。					
实施说明					
（1）以小组（5～6 人）为单位开展任务实施； （2）任务前完成知识准备； （3）验收：小组全体同学通过上机理论考试进行理论知识考核，给予第一部分成绩；小组指派一名代表进行任务展示，介绍 CMD 各子系统的构成，给予第二部分成绩。第二部分成绩，由教师和其他各组同学对展示小组按标准进行评分。					

续表

任务编号	8-1	任务名称	认识中国机车远程监测与诊断系统	推荐学时	2（学时）
任务注意事项					
（1）任务开始前，必须做好充分的知识储备工作； （2）任务过程中，要爱护实训设备，禁止暴力操作； （3）注意实训人身财产安全。					
职业与思政					

中国高铁跑得这么稳 竟和天上的北斗卫星有关

国新办就 2020 年前三季度交通运输经济运行情况举行发布会。交通运输部新闻发言人、政策研究室主任吴春耕介绍，目前，大概有 698.61 万辆道路营运车辆已经安装使用北斗系统。交通运输部出台了交通运输行业应用北斗卫星的专项规划，铁路、公路等重点领域的政策指导正在不断加强。

距离地球几万千米的北斗系统，如何给铺设于地面的交通干线“把脉”？又能达到怎样的测量精度呢？

乘客可以在以速度 350 km/h 运行的高铁车厢中“闲庭信步”，在车窗边上竖硬币不倒，这都有赖于高铁线路的高平顺性。一旦轨道不够平顺，就会导致机车车辆出现系统振动，对轮轨噪声、轮轨相互作用力以及乘车舒适性、安全性等产生直接影响。

为最大限度保证轨道的平顺性，工作人员需要精准获取轨道的三维位置坐标、轨道间距等，实现轨向、高低、轨距、水平等各项几何参数的高精度测量。

铁五院联合武汉大学共同组成研发团队新研发了北斗惯导小车，集成了多项国产技术，最大特点就是采用国产北斗芯片，支持北斗三号的国产卫星导航接收机和惯性导航系统，用于替换传统轨道精测手段。北斗导航与惯性导航功能可以形成互补，提高系统的整体导航精度、导航性能以及空间校准能力。

这些铁路“黑科技”都与北斗有关。

在中国国家铁路集团有限公司颁布的《新时代交通强国铁路先行规划纲要》中，明确提出到 2035 年，率先完成智能化铁路网；高铁列车将拥有基于北斗卫星导航系统、5G 通信技术的空天地一体化的“超级大脑”。事实上，看起来远在九霄之上的北斗，已经来到了我们身边，多项已经成功运用于铁路建设的“黑科技”，都与北斗有关。

精准定位中欧班列。

中欧班列的运距都在 1 万千米以上，很多时候会经过无人区，那些地方没有移动通信信号，以前列车经过这些区域的时候，信号就丢失，没有办法保存。现在安装了北斗定位系统以后，可以实时把列车的运行数据记录下来，等到列车运行到有移动通信信号的地方后，再回传给中欧班列运行服务中心，确保了信息的完整性。目前，中欧班列联通 21 个国家 72 个城市，北斗卫星能够跟踪中欧班列运行轨迹，定位精准到 10 m 以内。

全天候发布预警信息。

北斗基础设施监测应用可对铁路设备设施及沿线环境全天候，进行实时自动化高精度监测，采集原始监测数据，并对数据进行预处理，实现监测数据的解算分析、预警信息的发布等功能。例如，浩吉铁路沿线 5 座重点桥梁及 6 个重点边坡就采用了基于北斗的高精度位移和形变监测技术，对基础设施进行长期监测，既能够保证监测的实时性和连续性，有效获得趋势信息，又能够保证高精度和自动化，为线路安全增加保障。

及时掌控机车状态。

中国机车远程监测与诊断系统（CMD 系统）通过北斗卫星导航系统，可实时将机车故障、报警信息、机车位置信息等及时传输到地面系统，完成车对地、地对车数据的采集处理传输。职能部门可以及时掌握机车故障、报警信息、机车位置信息和机车工作质量状态。机车乘务员对机车质量控制的便捷性和有效性大大提升。

摘自：科技日报

任务资讯

一、CMD 系统的定义

CMD 系统是机务信息系统的核心子系统，是机务车载数据及安全信息的集成，是车地无线传输平台；采集、处理和传输 TCMS、6A 系统、LKJ 等车载设备运行记录信息及故障信息；提供机车定位、实时状态数据监测、实时故障报警、远程诊断、视频点播、机车车载电子履历管理、专家支持系统、信息共享和功能接口等功能。

CMD 系统实现了对机车运用安全信息、机车状态信息、机车监测信息和机车位置信息的实时采集、处理及无线传输、视频点播等功能，结合配套的地面分析系统对机车在线数据进行实时分析，达到对机车远程监测及诊断目的。

二、CMD 系统结构

CMD 系统由车载子系统、数据传输子系统和地面综合应用子系统三大部分组成。

车载子系统主要实现机车信息数据的采集、存储、在线诊断、信息处理以及数据传输。

数据传输子系统主要实现车载子系统与地面综合应用子系统间的远程信息传输、大容量记录信息转储功能。

地面综合应用子系统实现对机车状态信息、机车安全信息和机车监测信息的实时检测、分析、存储，提供机车运行状态、司机操作信息的查询功能，并提供故障的诊断分析、统计功能，为机车的状态修提供技术支持。

其主要系统结构如图 8.1.1 所示。

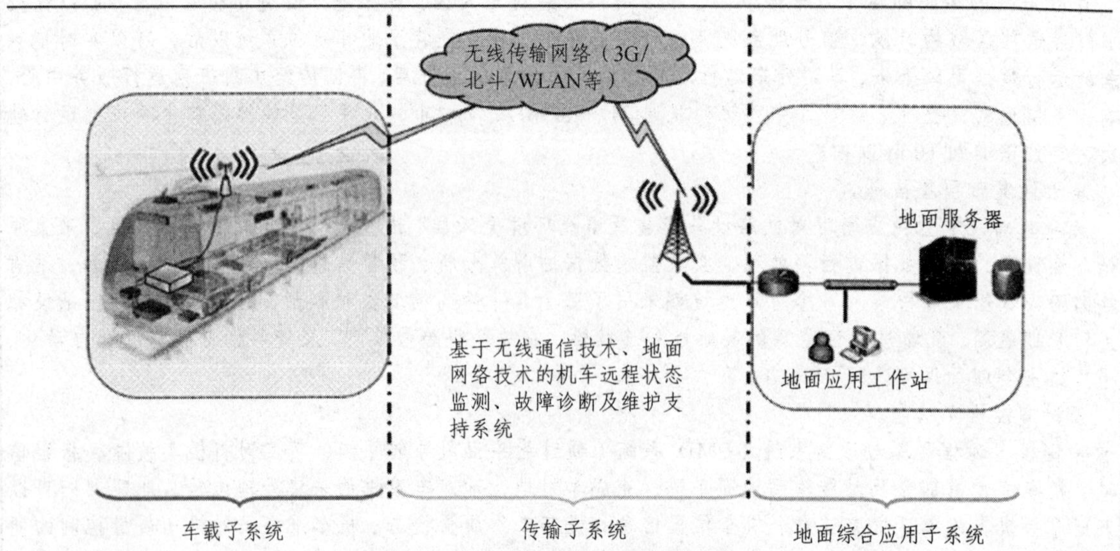

图 8.1.1 CMD 的系统结构示意图

（一）车载子系统

CMD 车载子系统采集、汇总机车状态信息、6A 检测信息、机车安全信息，完成不同系统之间的信息交换，机车履历存储、机车关键信息及故障记录，实现信息的统一传输、记录文件的自动下载、信息的通信管理、可配置的机车状态监视与报警。

CMD 车载子系统由车载主机（LDP）、合路器、天线及通信线缆组成。

1. 主　机

车载子系统的主机采用一个 5U × 84R 的插箱。内部的功能插件包括电源插件、网络接口插件、以太网插件、主处理插件、无线通信插件、北斗/GPS 板及记录插件。车载子系统主机如图 8.1.2 所示。车载子系统总体结构如图 8.1.3 所示。

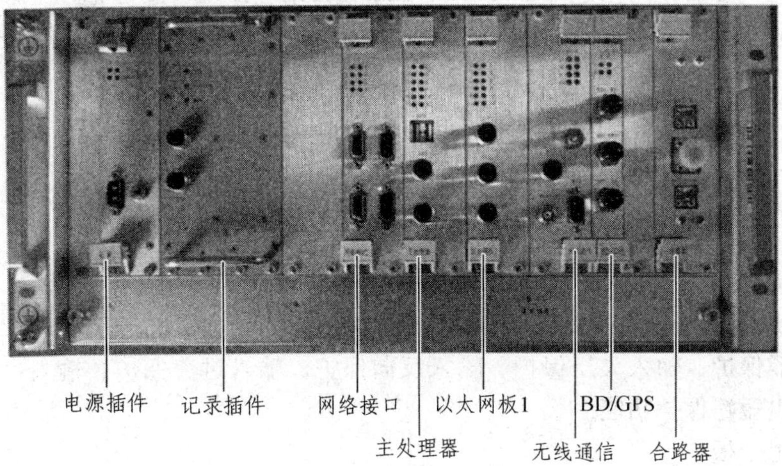

图 8.1.2　CMD 车载子系统主机

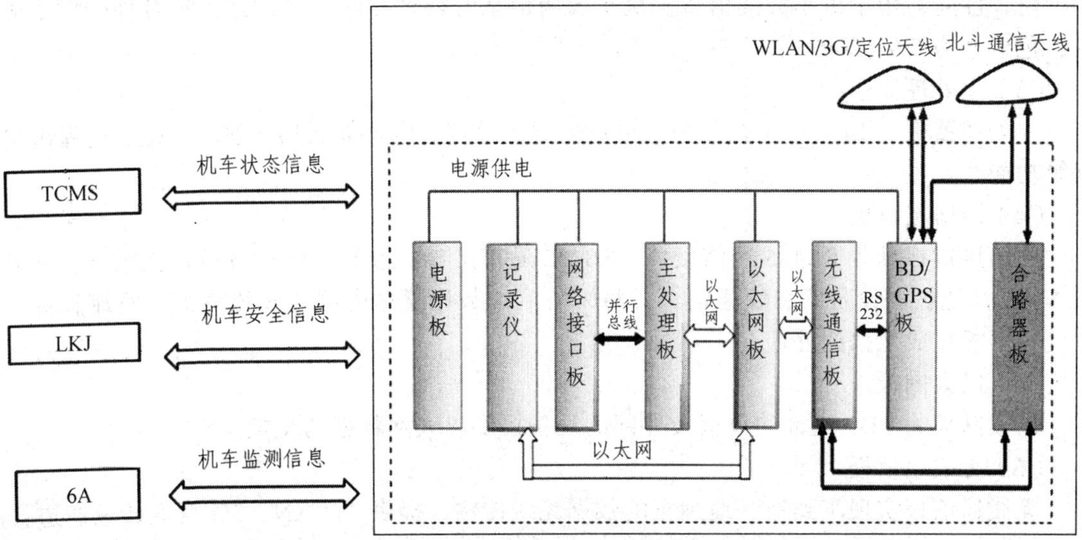

图 8.1.3　车载子系统总体结构

CMD 车载子系统主机通过以太网、HDLC、MVB（多功能车辆总线）、RS422 与 TCMS 通信，获取机车状态数据；通过 RS485 总线接收 TAX 的广播数据；通过以太网获取 6A 平台的综合监测信息，与 6A 平台进行数据交互；定位系统采用双模式，包含北斗与 GPS。3G、WLAN、GPS 采用三合一天线完成无线信号的接收与发送。各车载系统关联结构示意图如图 8.1.4 所示。

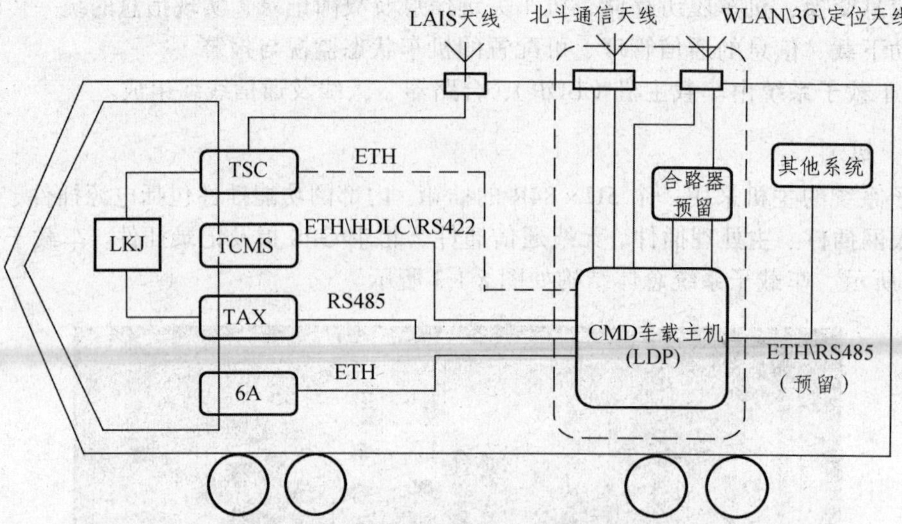

图 8.1.4 各车载系统关联结构示意图

（1）电源板

电源板将机车直流电源（DC 110 V 或 DC 74 V）进行变换后，给装置内部的各功能板供电，具有防浪涌保护、输入欠压保护、输入反向保护、输入过流保护、输入过压保护、输出过流保护、输出短路保护功能。

（2）防护记录板

防护记录板由数据管理单元和防护存储单元组成，具备防火、防水、防振、抗强冲击等特种防护性能，用于机车关键信息、机车履历信息的特种存储。防护记录板及外壳需涂成橙色，色卡号为 RAL 2003。

（3）主处理器板

主处理器板是 LDP 的主控制板，负责数据的处理、内外部通信控制、自检、远程访问控制等功能。

（4）网络接口板

网络接口板具备 RS485 通信接口、RS422 通信接口，用于接收 LKJ 的广播数据，可用于 TCMS、其他扩展设备的总线通信，并将采集到的数据通过内部总线传输给主处理器板，由主处理器板完成数据的处理。

（5）以太网板

以太网板为 LDP 内部的单板及外部的设备提供以太网数据的交换。

（6）无线通信板

无线通信板实现车到地、地到车的数据无线传输，提供 WLAN、3G 无线传输通道，用于实时信息、记录文件、远程命令的传输。

（7）BD/GPS 板

BD/GPS 板提供与卫星导航系统的通信接口，用于北斗短报文信息的接收及发送，并能获取机车的定位信息，为 CMD 系统的机车定位跟踪业务提供数据服务。OX1 为蓄电池电源，在控制系统断电的情况下，为该插件供电。

（8）合路器板

合路器板将 WLAN 无线通信信息、3G 通信信息处理后，发送给 WLAN/3G/定位天线。

（9）CMD 车载主机（LDP）安装位置

6A 柜中的 6A 主机下方预留了 CMD 车载主机（LDP）的安装位置，适用于所有安装了 6A 柜的车型。LDP 安装位置如图 8.1.5 所示。

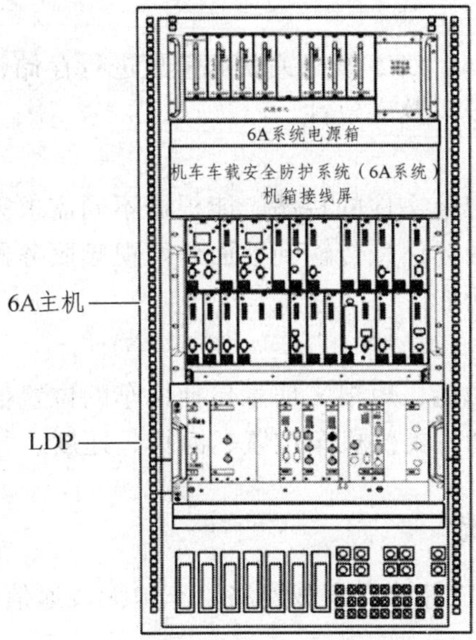

图 8.1.5　6A 柜中 LDP 的安装位置示意图

2. 天　线

CMD 车载子系统天线包括北斗天线和 WLAN/3G/定位天线两种，其外形结构一致，如图 8.1.6 所示。

（1）北斗天线

北斗通信天线集成了北斗发射天线与北斗接收天线，负责接收北斗系统的定位信号及北斗短报文的发送。

机车具有两套定位天线，一是北斗系统，二是 GPS 系统，首选使用北斗系统。

图 8.1.6　CMD 车载子系统天线

（2）WLAN/3G/定位天线

WLAN/3G/定位天线为多频段集成天线，集成了 WLAN/3G 天线、定位天线。其功能如下：

① 在设有地面无线局域网的站场内，能完成 CMD 系统数据的自动下载。

② 能够链接到 3G 通信网，实现 CMD 系统数据的在线播放和数据查询。

③ 能进行 GPS 定位。

3. 车载子系统功能

（1）数据采集

车载子系统通过 RS-485 接口从 TAX 采集机车安全信息，通过以太网接口从 6A 系统采集机车监测信息，通过以太网或 HDLC 接口从 TCMS 采集机车状态信息。其中时间信号来自 LKJ 主机，整个系统的时间信息与 LKJ 一致。

（2）数据处理

车载子系统根据通信协议，向地面综合应用子系统实时传输重要的机车状态信息，包含机车基本运行信息、司机操作命令信息等；另外，从获取的数据中识别机车故障的功能，在故障发生时，提取相应的环境数据，并实时向地面综合应用子系统报警，同时把相应数据传输至地面综合应用子系统。

（3）数据存储

可对采集到的 TCMS、6A、LKJ 等相关联的信息进行存储，并确保事件分析时数据的同步性（主要指的是时间上同步）及一致性。

（4）数据传输与转储

包括实时信息的传输和记录文件的转储，能根据不同需求采取不同的策略，将数据传输至传输子系统；具备将 6A 视频信息传输到地面外网视频服务器的功能；具有无线自动转储与人工手动转储记录文件的功能。

（5）北斗短报文通信与定位功能

具备北斗短报文通信的功能，短报文信息包括机车的位置信息、故障信息、司机操作信息等；具备 BD/GPS 定位功能，提供机车位置、海拔、速度、行进方向、时间等信息。

（二）数据传输子系统

CMD 系统网络架构分为三部分：车载网络、车地无线通信网络和地面有线网络。

1. 车载网络

车载网络主要指与 TAX、TCMS、6A 系统之间的接口网络，通过这些网络 LDP 采集机车安全信息、机车状态信息、机车综合监测信息。车地无线传输网络采用 GPRS/3G、北斗和 WLAN，GPRS/3G 和北斗主要用于在途机车远程实时信息传输。

2. 车地无线通信网络

车地无线通信网络主要实现机车入段后将 TCMS、6A 系统、LDP 等车载设备记录的数据转储到地面。

3. 地面有线网络

地面有线网络利用已经建成的铁路综合 IT 网络系统，主要完成国铁集团、铁路局、机务段/检修段三级网络范围内的数据信息传递。

（三）地面综合应用子系统

地面综合应用子系统按照国铁集团、铁路局集团有限公司、机务段/检修段、机车制造及修理厂商分层管理架构，为各级领导、业务主管和业务人员等用户提供机车运用、故障诊断等管理功能，提供基于业务的数据分析与统计，为其他信息系统提供数据接口。

地面综合应用子系统主要由数据处理中心、综合服务平台和运行维护管理平台三部分组成。

CMD 地面综合应用子系统应用功能包括机车运用、机车整备和检修、专家诊断、数据共享、机车电子履历、统计分析、系统管理和数据下载等模块。CMD 地面综合应用子系统主界面显示如 8.1.7 所示，各应用功能模块业务框图如图 8.1.8 所示。

图 8.1.7　CMD 地面综合应用子系统主界面显示

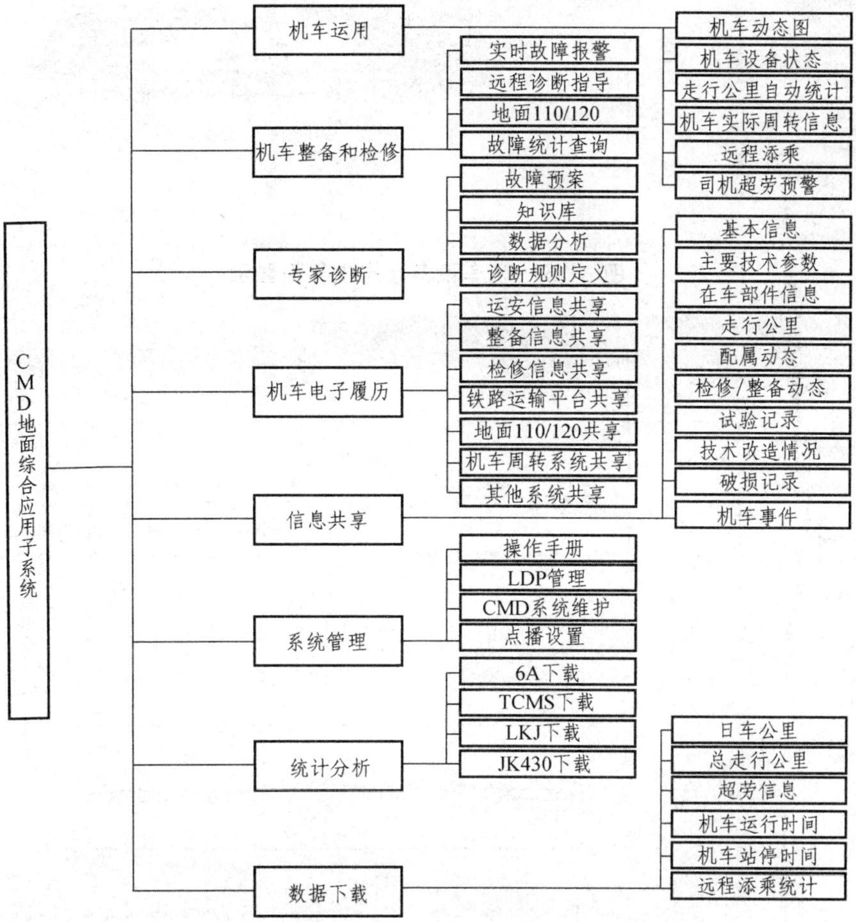

图 8.1.8　CMD 地面综合应用子系统各应用功能模块业务框图

1. 机车运用模块

（1）机车动态图

通过 GIS 地图对在途机车进行查询和位置跟踪，能从宏观上概览所辖区的机车概况，微观上查询具体机车的各种类别信息。

（2）机车设备状态

使用图形化方式展示机车设备的实时状态，并可以深入查看故障设备的详细状况，包含 TCMS、6A 系统、LKJ 等设备的数据。主界面显示如图 8.1.9 所示，6A 状态信息界面显示如图 8.1.10 所示，TCMS 状态信息界面显示如图 8.1.11 所示。

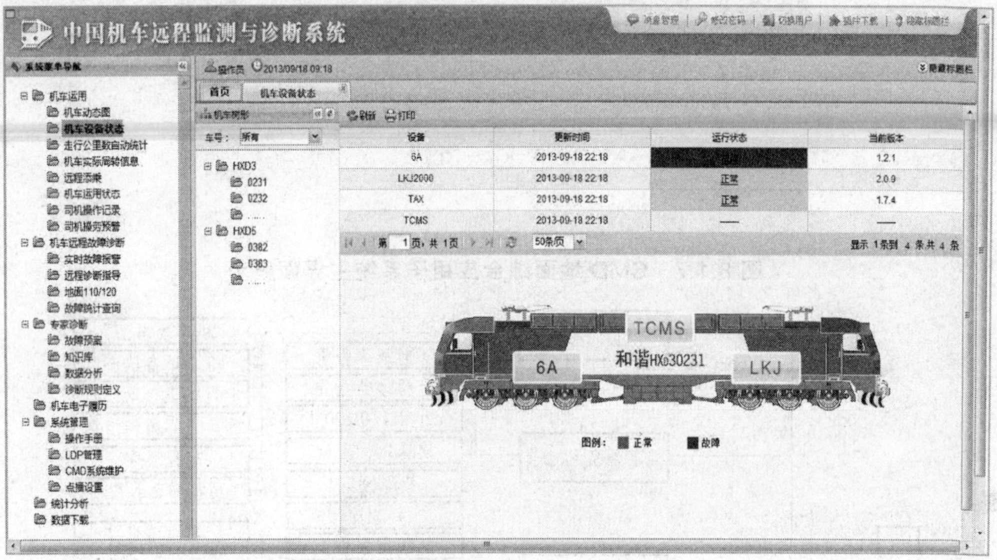

图 8.1.9 机车设备状态主界面显示

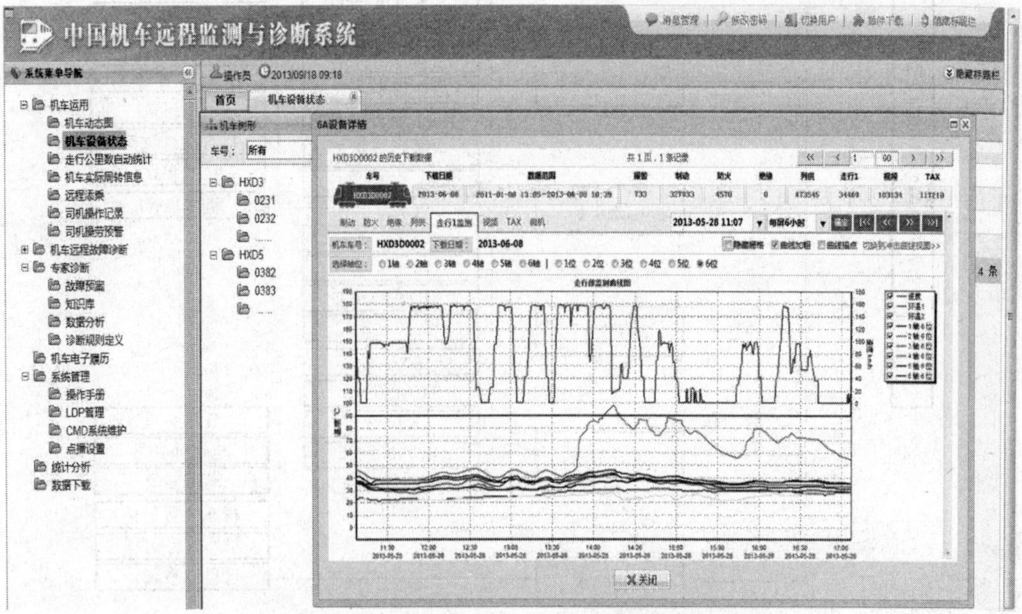

图 8.1.10 车设备状态-6A 状态信息界面显示

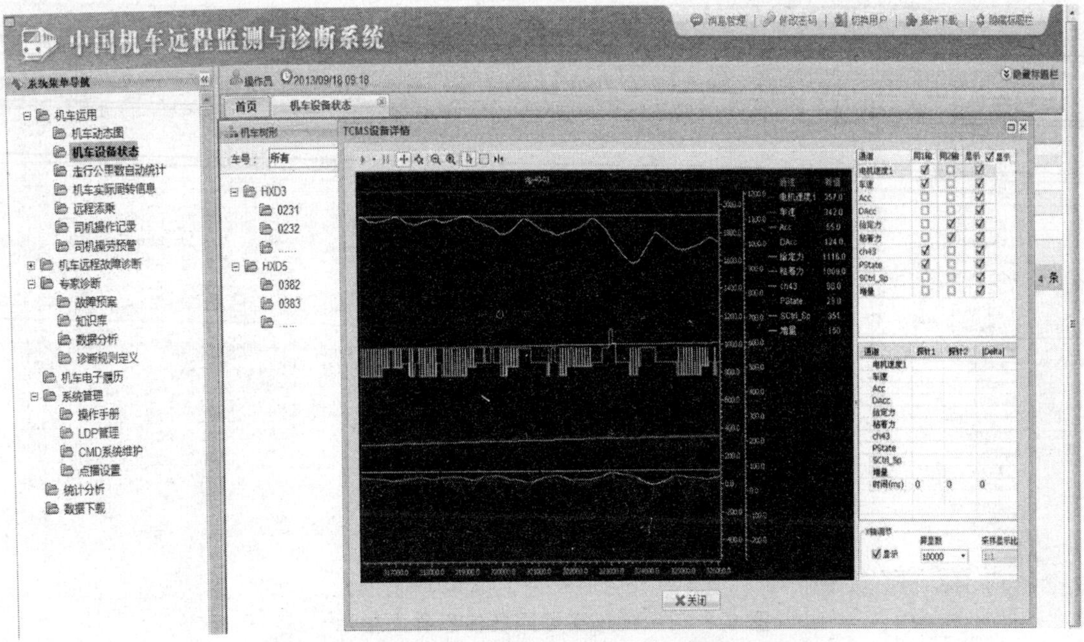

图 8.1.11 机车设备状态-TCMS 状态信息界面显示

（3）走行公里自动统计

系统自动统计机车的实时走行公里，包括日走行公里、累计走行公里、各修程的修后公里。界面显示如图 8.1.12 所示。

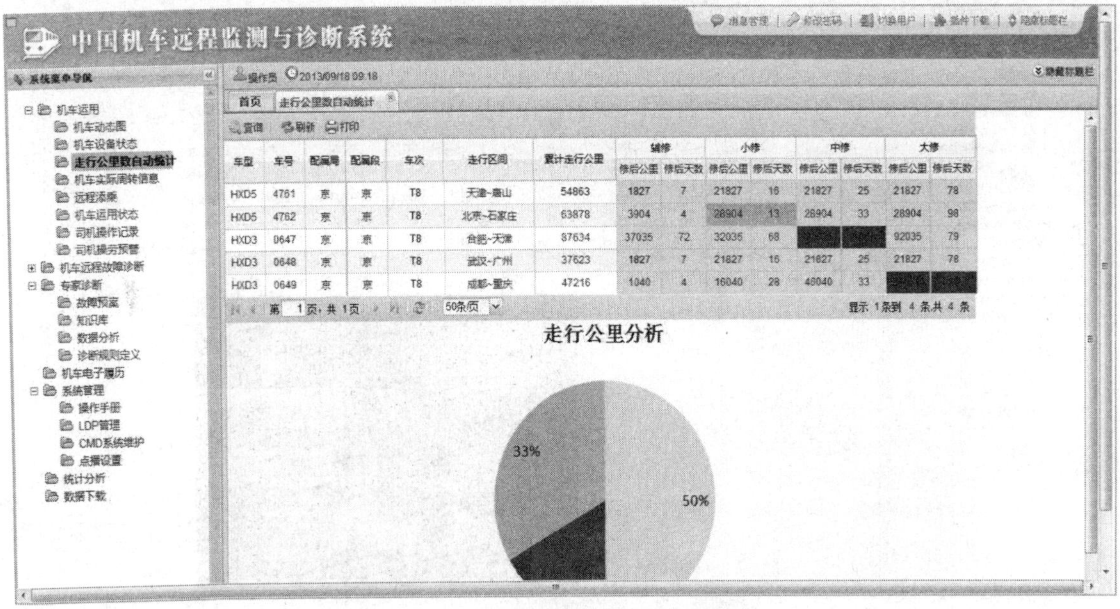

图 8.1.12 走行公里自动统计界面显示

（4）机车实际周转信息

查询配属机车的实际周转信息，实现机车运行轨迹跟踪。界面显示如图 8.1.13 所示。

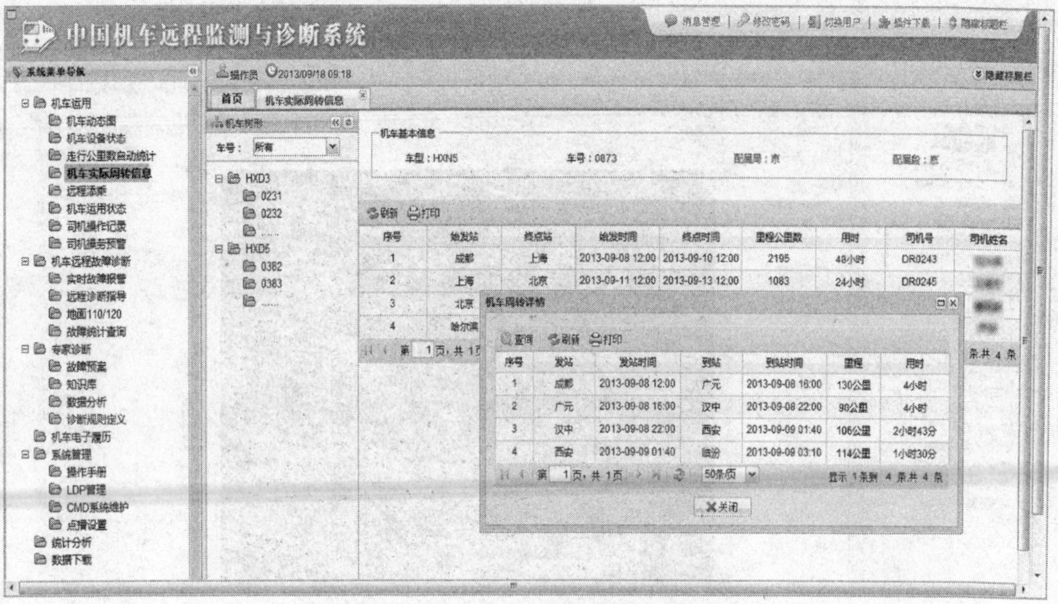

图 8.1.13　机车实际周转信息界面显示

（5）远程添乘

通过该功能可在地面直接连接到运行机车的 TCMS 显示屏、6A 显示屏、LKJ 显示屏，查看机车的实时运行状态和司机操作情况。界面显示如图 8.1.14 所示。

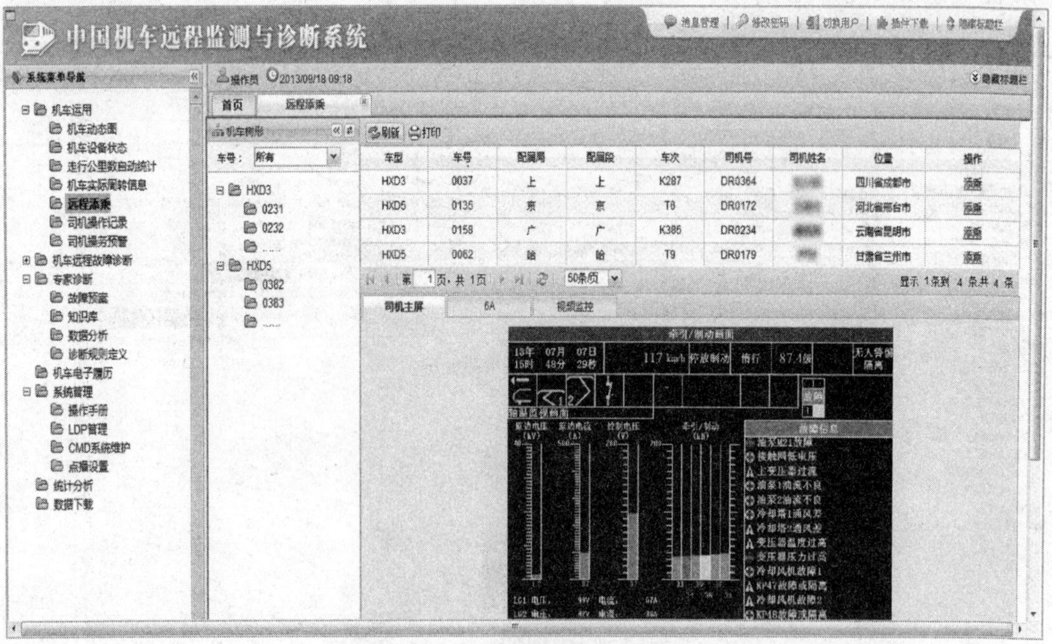

图 8.1.14　远程添乘界面显示

（6）司机值乘超劳预警

查询司机工作时长和超劳情况，实现对机车乘务员乘务工作的合理化安排。界面显示如图 8.1.15 所示。

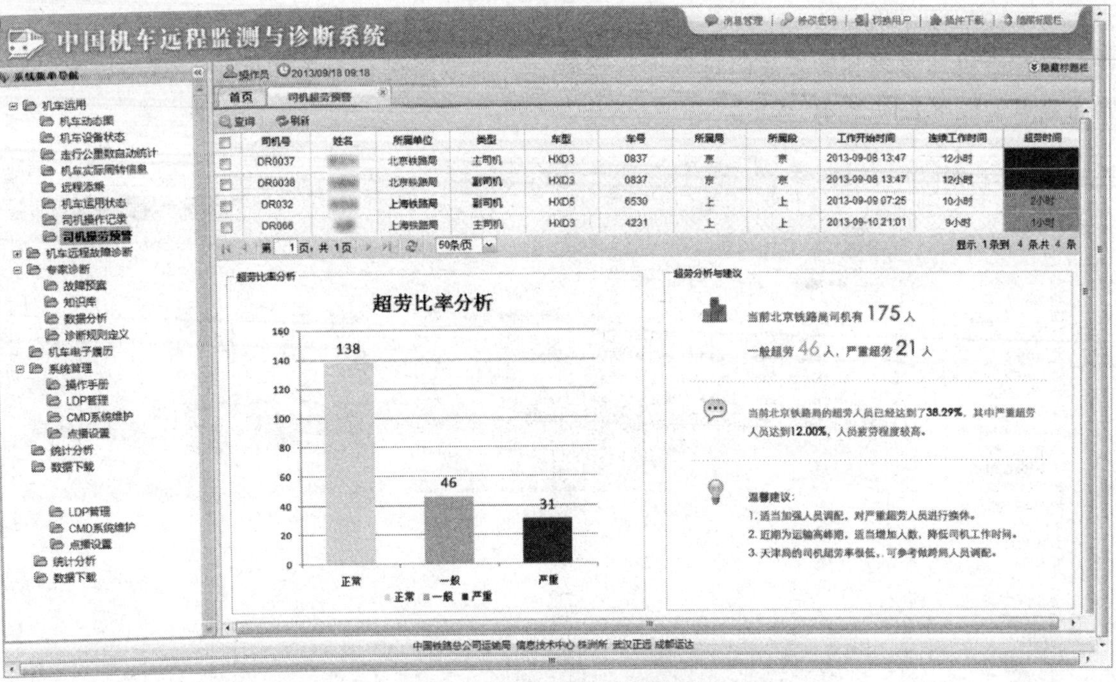

图 8.1.15　司机值乘超劳预警界面显示

2. 机车整备和检修模块

该模块也称为机车远程故障诊断模块。

（1）实时故障报警

查询 CMD 车载子系统发回的故障预警、报警信息，包含故障名称、发生时间、发生车次、故障类别。界面显示如图 8.1.16 所示。

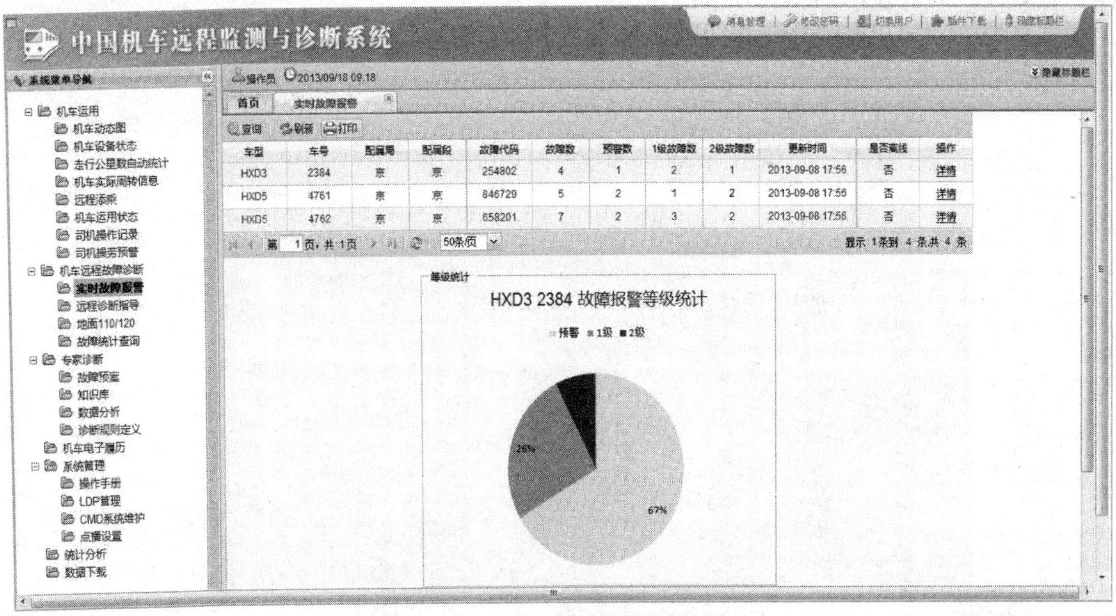

图 8.1.16　实时故障报警界面显示

（2）远程诊断指导

对在途机车故障和动态故障进行远程诊断，并对故障进行分析和排除，减少故障误报。界面显示如图 8.1.17 所示。

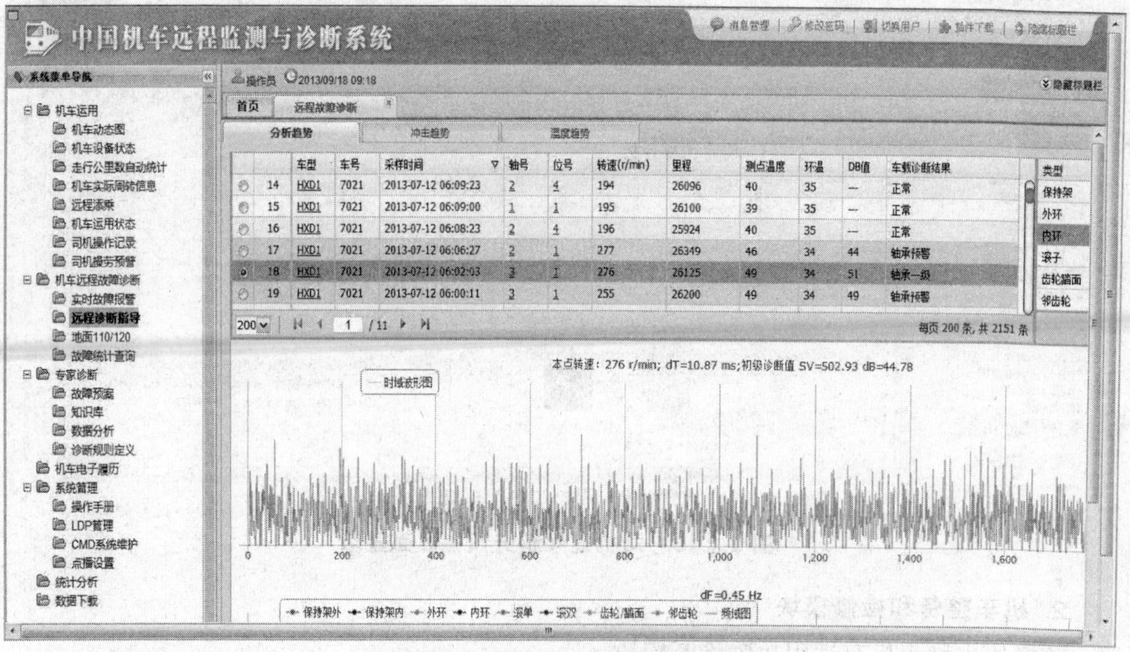

图 8.1.17　远程诊断指导界面显示

3. 机车电子履历

实现机车电子履历在全路范围内的统一规范管理，以保证机车电子履历的规范性、准确性、时效性。界面显示如图 8.1.18 所示。

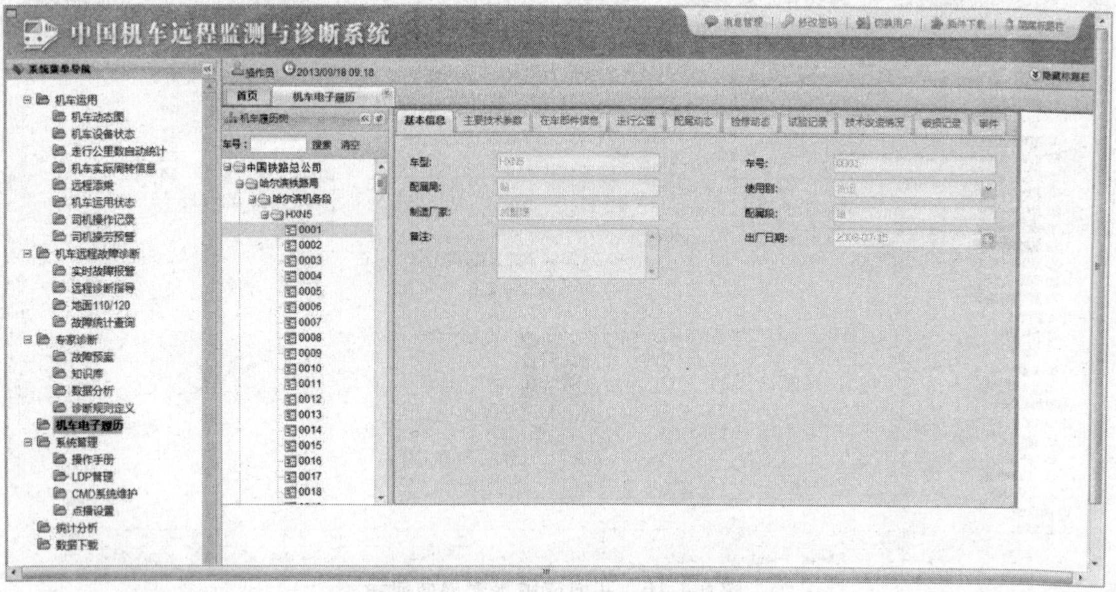

图 8.1.18　远程诊断指导界面显示

"认识中国机车远程监测与诊断系统"课程资源包

任务实施

任务编号	8-1	任务名称	认识中国机车远程监测与诊断系统	
序号	实施内容		完成情况	
			是	否
CMD 系统的定义				
1	CMD 系统的意义			
2	CMD 系统的功能			
CMD 系统结构-车载子系统				
3	车载子系统构成			
4	主机的构成及安装位置			
5	天线的构成			
6	车载子系统功能			
CMD 系统结构-数据传输子系统				
7	数据传输子系统构成及功能			
CMD 系统结构-地面综合应用子系统				
8	机车运用模块显示			
9	机车整备和检修模块显示			
10	机车电子履历显示			

任务评价

任务编号	8-1	任务名称	认识中国机车远程监测与诊断系统	
序号	评价内容	标准分值	自我评分 50%	组内评分 50%
资讯阶段		10		
1	是否积极参与任务书讨论，正确领会任务要求	5		
2	是否积极参与引导文学习讨论，完全掌握学习内容	5		

续表

<table>
<tr><td>任务编号</td><td>8-1</td><td>任务名称</td><td colspan="3">认识中国机车远程监测与诊断系统</td></tr>
<tr><td>序号</td><td colspan="2">评价内容</td><td>标准分值</td><td>自我评分
50%</td><td>组内评分
50%</td></tr>
<tr><td colspan="3">计划→实施→检查阶段</td><td>20</td><td></td><td></td></tr>
<tr><td>1</td><td colspan="2">是否积极参与计划制订，提出建设性计划内容</td><td>5</td><td></td><td></td></tr>
<tr><td>2</td><td colspan="2">是否制订了可行的任务方案</td><td>5</td><td></td><td></td></tr>
<tr><td>3</td><td colspan="2">是否认真履行个人角色，积极参与任务演练</td><td>5</td><td></td><td></td></tr>
<tr><td>4</td><td colspan="2">是否有效使用任务检查单保证任务顺利进行。</td><td>5</td><td></td><td></td></tr>
<tr><td>序号</td><td colspan="2">评价内容</td><td>标准分值</td><td>组间评分
50%</td><td>教师评分
50%</td></tr>
<tr><td colspan="3">（任务展示）评价阶段</td><td>70</td><td></td><td></td></tr>
<tr><td>1</td><td>CMD 系统的定义</td><td>叙述 CMD 系统的定义和功能，每错一处扣 2 分</td><td>20</td><td></td><td></td></tr>
<tr><td rowspan="3">2</td><td rowspan="3">CMD 系统结构</td><td>叙述车载子系统的构成及功能，每错一处扣 1 分</td><td>20</td><td></td><td></td></tr>
<tr><td>叙述数据传输子系统的构成，每错一处扣 1 分</td><td>10</td><td></td><td></td></tr>
<tr><td>叙述地面综合应用子系统的系统框架，每错一处扣 1 分</td><td>20</td><td></td><td></td></tr>
<tr><td colspan="3">总评分值</td><td colspan="3"></td></tr>
</table>

能力测试

1. 叙述 CMD 系统的定义。

2. CMD 系统由（　　　　）子系统、数据传输子系统和（　　　　）子系统三大部分组成。

3. CMD 系统各子系统分别能实现哪些功能？

4. CMD 车载子系统由（　　　　）、合路器、（　　　　）及通信线缆组成。

5. CMD 车载子系统主机由哪些插件组成？

6. CMD 车载子系统主机安装在机车的什么位置？

7. CMD 系统网络架构分为三部分：（　　　　）网络、车地无线通信网络和（　　　　）网络。

8. CMD 系统地面综合应用子系统主要由（　　　　）中心、综合服务平台和（　　　　）平台三部分组成。

9. CMD 地面综合应用子系统应用功能有哪些？

项目 9　列车运行控制系统

随着铁路运输的任务越来越重，列车运行速度越来越高，保证运输安全的问题也越来越突出。完全靠人工瞭望、人工驾驶列车已经不能保证行车安全了，即使装备了机车信号和自动停车装置，也只能在列车一般速度运行条件下保证安全，无法实现高速列车的安全保证，因为它们不能完全防止超速行车和冒进信号的现象。因此，需要列车运行控制系统，实现对列车间隔和速度的自动控制，进一步提高运输效率，保证行车安全。

“列车运行控制系统”项目引入

列车运行控制系统（以下简称列控系统）是在传统自动闭塞基础上增加列车自动控制功能的信号防护系统，由地面设备和车载设备组成。它是计算机、通信、控制等信息技术与信号技术的一个高水平集成与融合的产物。

任务 9-1　认识列车运行控制系统

任务安排

<table>
<tr><td>任务编号</td><td>9-1</td><td>任务名称</td><td>认识列车运行控制系统</td><td>推荐学时</td><td>2（学时）</td></tr>
<tr><td colspan="6">任务描述</td></tr>
<tr><td colspan="6">中国列车运行控制系统（Chinese Train Control System，CTCS），是为了保证列车安全运行，并以分级形式满足不同线路运输需求的列车运行控制系统。今天，请你向大家介绍中国列车运行控制系统（CTCS）。</td></tr>
<tr><td colspan="6">任务实施要求做到：
（1）能说明 CTCS 的功能、构成及各设备的作用；
（2）能说明 CTCS 的应用等级划分方法及其控制方式。</td></tr>
<tr><td colspan="6">实施说明</td></tr>
<tr><td colspan="6">（1）以小组（5~6 人）为单位开展任务实施；
（2）任务前完成知识准备；
（3）验收：小组全部同学通过上机理论考试，给予第一部分成绩；小组指派一名代表进行介绍展示，对 CTCS 的功能、构成、应用等级及其控制方式进行介绍，给予第二部分成绩。第二部分成绩，由教师和其他各组同学对展示小组按标准进行评分。</td></tr>
</table>

续表

<table>
<tr><td>任务编号</td><td>9-1</td><td>任务名称</td><td>认识列车运行控制系统</td><td>推荐学时</td><td>2（学时）</td></tr>
<tr><td colspan="6">任务注意事项</td></tr>
<tr><td colspan="6">（1）任务开始前，必须做好充分的知识储备工作；
（2）任务过程中，要爱护实训设备，禁止暴力操作；
（3）注意用电安全。</td></tr>
<tr><td colspan="6">职业与思政</td></tr>
<tr><td colspan="6">为高铁装上“智慧大脑”——记中国通号研究设计院集团安全控制技术研究院总工程师陈志强
陈志强，中国通号研究设计院集团安全控制技术研究院总工程师，2006 年参加工作，曾获茅以升铁道工程师奖、中国铁道学会科技奖特等奖、中国专利优秀奖、中国通号集团科学技术奖特等奖等多项荣誉。
按时自动开车、区间自动运行、到站自动停车、停车自动开门……奔驰在北京和张家口之间的高铁列车不仅速度惊人，而且拥有实现自动驾驶的“智慧大脑”。高铁列车能够自动运行，离不开众多研发人员的默默付出。中国通号研究设计院集团安全控制技术研究院总工程师陈志强就是其中之一。
列车控制技术被称为高铁列车的“大脑”和“中枢神经”。要控制高铁列车发车停车、运行区段、时速等，都离不开列控技术。十几年来，从瑞典学习到国内实践再到研发产品打入国际市场，从 C2 到 C3 再到 C3 + ATO，陈志强和研究团队砥砺前行，推动中国高铁列控技术在十几年内实现了从无到有、从有到强的精彩蝶变。
2006 年，陈志强进入中国通号研究设计院集团工作。刚工作不久，他就赶上了铁路建设大潮，国家大力推进高铁向前发展。列控技术是高速铁路的核心技术之一，当时，世界上只有瑞典、德国、法国、日本等少数几个国家掌握这一技术。2007 年，中国铁路通信信号集团有限公司已经研发出具有完全自主知识产权的 CTCS-2 级（简称 C2）列控系统，能满足速度 250 km/h 动车组列车控制要求。为使系统进一步升级、满足武广高铁速度 350 km/h 动车组列车的运行控制需求，按照当时铁道部“中外联合设计、打造自主品牌”的顶层设计原则，中国通号集团组建了武广高铁攻关实施组。单位派陈志强及其团队前往瑞典庞巴迪公司，就中国速度 350 km/h 高铁列控系统研发开展联合设计和技术攻关。
在瑞典学习的一年时间里，他们需要对 C2 系统和庞巴迪公司的 E2 系统进行集成设计和联合研发，双方常常出现意见交锋，需要不断进行技术研讨。研讨只能解决部分问题，陈志强明白，要想实现突破、掌握真正的列控技术，还得靠自己。
那段时间，陈志强和研究团队整天泡在实验室里研究系统集成方案，开展软件开发和集成调试，进行各种场景下的功能性试验。虽然当时欧洲的列控技术处于领先位置，但陈志强相信，科研领域只有真理，没有权威。通过细致研究和大量试验，他不仅全面掌握了 E2 系统，而且与团队合力完成技术攻关，研发出具有中国自主品牌、适应中国高铁发展需要的 CTCS-3 级（简称 C3）列控系统。
2009 年 12 月 26 日，京广高铁武广段开通运营。C3 系统迎来了在速度 350 km/h 动车组列车上“实战练兵”的绝佳机会。当天，陈志强添乘武汉至广州北的 G1001 次列车，为 C3 系统护航。“当时我就站在驾驶室里，一路观察司机在我们研发的系统上操作，心里既紧张又兴奋，但更多的是骄傲。”提到 11 年前的那次添乘，陈志强至今历历在目。在首发列车上，C3 系统运转正常，列车运行平稳有序、安全正点到达。</td></tr>
</table>

续表

任务编号	9-1	任务名称	认识列车运行控制系统	推荐学时	2（学时）
职业与思政					
干一行就钻一行，追求卓越的工匠精神是陈志强研发高铁列控系统的制胜法宝。不同时速、不同型号、不同运行场景……陈志强需要考虑高铁运行的方方面面，能够成功靠的就是对系统的精心调试、对品质的精益求精。“不放过一厘米的误差”，他始终笃信，专业就是做到极致、追求最佳。 十几年里，陈志强参与了中国高铁列控系统从无到有、从有到强和引进消化吸收再创新的全过程。一路走来，他始终紧盯目标、心无杂念，不畏难、不动摇、不言弃，就是为了打造具有中国基因的“列控利器”。 摘自：中国国家铁路集团有限公司网站					

任务资讯

中国列车运行控制系统（Chinese Train Control System，CTCS），是为了保证列车安全运行，并以分级形式满足不同线路运输需求的列车运行控制系统。

一、CTCS 的基本功能

（一）安全防护

（1）在任何情况下防止列车无行车许可运行。

（2）防止列车超速运行。

① 防止列车超过进路允许速度。

② 防止列车超过线路结构规定的速度。

③ 防止列车超过机车车辆构造速度。

④ 防止列车超过临时限速及紧急限速。

⑤ 防止列车超过铁路有关运行设备的限速。

（3）防止列车溜逸。

（二）人机界面

（1）以字符、数字及图形等方式显示列车运行速度、允许速度、目标速度和目标距离。

（2）实时给出列车超速、制动、允许缓解等表示以及设备故障状态的报警。

（3）具有标准的列车数据输入界面，可根据运营和安全控制要求对输入数据进行有效性检查。

（三）检测功能

（1）开机自检功能和运行中动态检查功能。

（2）能够记录设备的关键数据以及关键动作，并提供监测接口。

（四）可靠性和安全性

（1）按照信号故障—安全原则进行系统设计。
（2）核心硬件设备须采用冗余结构。
（3）满足电磁兼容性相关标准。

二、CTCS的基本构成

（一）CTCS体系结构

CTCS体系结构按铁路运输管理层、网络传输层、地面设备层和车载设备层配置。

1. 铁路运输管理层

铁路运输管理系统是行车指挥中心，以CTCS为行车安全保障基础，通过通信网络实现对列车运行的控制和管理。

2. 网络传输层

CTCS网络分布在系统的各个层面，通过有线和无线通信方式实现数据传输。

3. 地面设备层

地面设备层主要包括列控中心、轨道电路和点式设备、接口单元、无线通信模块等。列控中心是地面设备的核心，根据行车命令、列车进路、列车运行状况和设备状态，通过安全逻辑运算，产生控车命令，实现对运行列车的控制。

4. 车载设备层

车载设备层是对列车进行操纵和控制的主体，具有多种控制模式，并能够适应轨道电路、点式传输和无线传输方式。车载设备层主要包括车载安全计算机、连续信息接收模块、点式信息接收模块、无线通信模块、测速模块、人机界面和记录单元等。

（二）系统构成

CTCS由车载子系统和地面子系统组成，如图9.1.1所示。

1. 地面子系统

地面子系统由应答器、轨道电路、无线通信网络（GSM-R）、列车控制中心（TCC）/无线闭塞中心（RBC）等组成。

（1）应答器

应答器是向车载子系统发送报文信息的传输设备，既可以传送固定信息，也可连接轨旁单元传送可变信息。

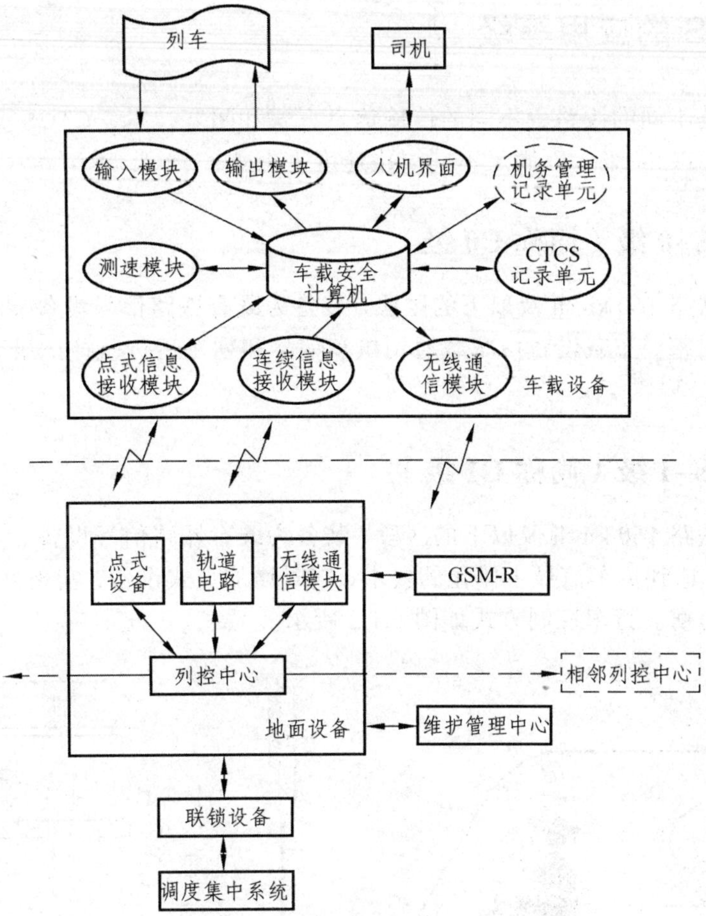

图 9.1.1 CTCS 构成图

(2) 轨道电路

具有轨道占用检查，沿轨道连续传送地车信息功能。

(3) 无线通信网络 (GSM-R)

用于车载子系统和列车控制中心进行双向信息传输的车地通信系统。

(4) 列车控制中心

基于安全计算机的控制系统，根据地面子系统或来自外部地面系统的信息，如轨道占用信息、联锁状态等产生列车行车许可命令，并通过车地信息传输系统传输给车载子系统，保证列车控制中心管辖内列车的运行安全。

2. 车载子系统

车载子系统由 CTCS 车载设备、无线系统车载模块组成。

(1) CTCS 车载设备

基于安全计算机的控制系统，通过与地面子系统交换信息来控制列车运行。

(2) 无线系统车载模块

用于车载子系统和列车控制中心进行双向信息。

三、CTCS 的应用等级

针对中国铁路不同的线路、不同的传输信息方式和闭塞技术，CTCS 划分为 5 个等级，依次为 CTCS0 ~ CTCS4 级，以满足不同线路速度需求。

（一）CTCS-0 级（简称 C0 级）

应用于既有铁路 160 km/h 及以下的区段，装备为既有铁路信号设备。地面采用国产轨道电路构建的固定闭塞。车载设备由车载通用机车信号和列车运行监控记录装置组成。闭塞方式为固定闭塞。

（二）CTCS-1 级（简称 C1 级）

应用于既有铁路 160 km/h 及以下的区段，装备为既有铁路信号设备。它需在既有设备的基础上强化改造，达到机车信号主体化的要求，同时增加点式设备，实现列车运行安全监控。闭塞方式为固定闭塞。行车控制方式如图 9.1.2 所示。

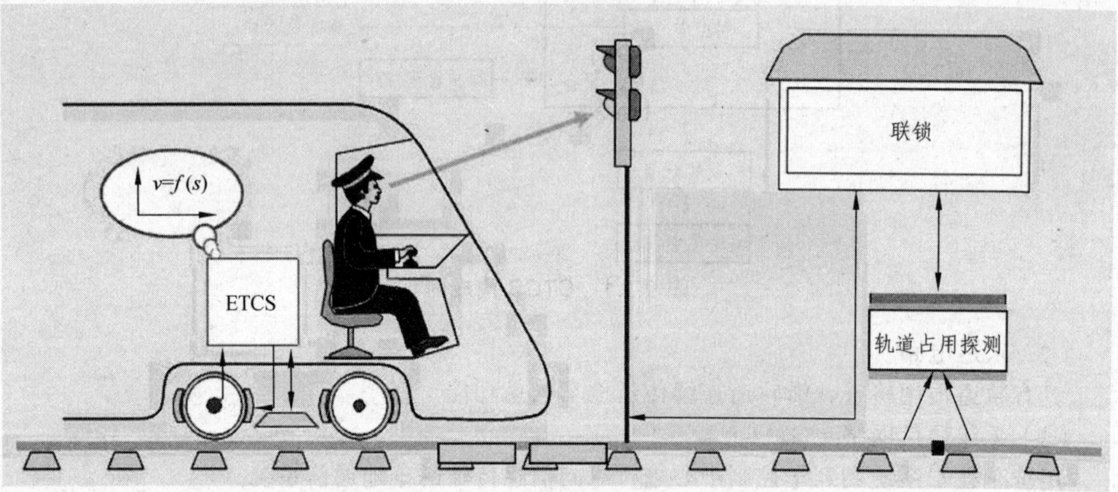

图 9.1.2 C1 级区段行车控制方式

1. 地面子系统组成

（1）轨道电路：完成列车占用检测及列车完整性检查，连续向列车传送控制信息。车站正线采用与区间同制式的轨道电路，侧线采用与区间同制式的叠加电码化设备。

（2）点式信息设备：宜设置在车站附近，主要用于向车载设备传输定位信息。

2. 车载子系统组成

车站子系统由主体机车信号、点式信息接收模块和 LKJ2000 型监控装置组成。

（三）CTCS-2 级（简称 C2 级）

用于提速干线、客运专线和特殊线路，采用车地一体化设计，是基于轨道电路传输信息的列车运行控制系统。闭塞方式为准移动闭塞，适用于各种限速区段，地面可不设通过信号机，机车乘务员凭车载信号行车。行车控制方式如图 9.1.3 所示。

图 9.1.3 C2 级区段行车控制方式

1. 地面子系统组成

（1）列控中心：根据列车占用情况及进路状态计算行车许可及静态列车速度曲线并传送给列车。

（2）轨道电路：完成列车占用检测及列车完整性检查，连续向列车传送控制信息。车站与区间采用同制式的轨道电路。

（3）点式应答器。

2. 车载子系统组成

（1）连续信息接收模块。

（2）点式信息接收模块。

（3）测速模块。

（4）设备维护记录单元。

（5）车载安全计算机：对列车运行控制信息进行综合处理，生成控制速度与目标距离模式曲线，控制列车按命令运行。

（6）人机界面。

（7）运行管理记录单元：规范机车乘务员驾驶，记录与运行管理相关的数据。

（8）预留无线通信接口。

（四）CTCS-3 级（简称 C3 级）

用于提速干线、客运专线和特殊线路，是基于无线传输信息，并采用轨道电路等方式检查列车占用的列车运行控制系统，点式设备主要传送定位信息。C3 级列控系统可以叠加在 C2 级列控系统上。闭塞方式为准移动闭塞，适用于各种限速区段，地面可不设通过信号机，机车乘务员凭车载信号行车。行车控制方式如图 9.1.4 所示。

图 9.1.4 C3 级区段行车控制方式

1. 地面子系统组成

（1）无线闭塞中心（RBC）：使用无线通信手段的地面列车间隔控制系统。它根据列车占用情况及进路状态向所管辖列车发出行车许可和列车控制信息。所使用的安全数据通道不能用于话音通信。

（2）无线通信（GSM-R）地面设备：作为系统信息传输平台完成地－车间大容量的信息交换。

（3）点式设备：主要提供列车定位信息。

（4）轨道电路：主要用于列车占用检测及列车完整性检查。

2. 车载子系统组成

（1）无线通信（GSM-R）车载设备：作为系统信息传输平台完成车－地间大容量的信息交换。

（2）点式信息接收模块：完成点式信息的接收与处理。

（3）测速模块：实时检测列车运行速度并计算列车走行距离。

（4）设备维护记录单元：对接收信息、系统状态和控制动作进行记录。

（5）车载安全计算机：对列车运行控制信息进行综合处理，生成目标距离模式曲线，控制列车按命令运行。

（6）人机界面：车载设备与机车乘务员交互的接口。

（7）运行管理记录单元：规范机车乘务员驾驶，记录与运行管理相关的数据。

（五）CTCS-4 级（简称 C4 级）

面向高速新线或特殊线路，是完全基于无线传输信息的列车运行控制系统。地面可取消轨道电路和通过信号机，由无线闭塞中心和列控车载设备共同完成列车定位和完整性检查，实现虚拟闭塞或移动闭塞。行车控制方式如图 9.1.5 所示。

图 9.1.5 C4 级区段行车控制方式

1. 地面子系统组成

（1）无线闭塞中心（RBC）：使用无线通信手段的地面列车间隔控制系统。它根据列车占用情况及进路状态向所管辖列车发出行车许可和列车控制信息。所使用的安全数据通道不能用于话音通信。

（2）无线通信（GSM-R）地面设备：作为系统信息传输平台完成地－车间大容量的信息交换。

2. 车载子系统组成

（1）无线通信（GSM-R）车载设备：作为系统信息传输平台完成车－地间大容量的信息交换。

（2）测速模块：需要时，实时检测列车运行速度并计算列车走行距离。

（3）设备维护记录单元：对接收信息、系统状态和控制动作进行记录。

（4）车载安全计算机：对列车运行控制信息进行综合处理，生成目标距离模式曲线，控制列车按命令运行。

（5）人机界面：车载设备与机车乘务员交互的接口。

（6）全球卫星定位或其他设备：提供列车定位及列车速度信息。

（7）列车完整性检查设备。

（8）运行管理记录单元：规范机车乘务员驾驶，记录与运行管理相关的数据。

（六）CTCS 各应用等级间的关系

CTCS 对既有线的兼容能力是通过 0 级和 1 级来反映的，2 级、3 级、4 级则是对现代列控系统技术的展现。CTCS 各级均可通过技术装备实现向下兼容，系统级间切换可以自动完成，级间切换不影响列车正常运行，如既有线提速区段，配置 CTCS-2 级车载设备的列车可以在运行过程中自动完成 CTCS1/0 级至 CTCS-2 级或 CTCS-2 级至 CTCS1/0 级的切换。

“认识 CTCS 列车运行控制系统”课程资源包

任务实施

任务编号	9-1	任务名称	认识列车运行控制系统	
序号	实施内容		完成情况	
			是	否
CTCS 的功能				
1	安全防护功能			
2	人机界面功能			
3	检测功能			
4	可靠性和安全性功能			
CTCS 的基本构成				
5	CTCS 的体系结构			
6	CTCS 的构成			
CTCS 的应用等级的划分及关系				
7	叙述 CTCS 的应用等级划分为 5 个等级			
8	叙述 CTCS 应用等级的划分方法			
9	叙述 CTCS 各应用等级间的关系			

任务评价

任务编号	9-1	任务名称	认识 CTCS 列车运行控制系统		
序号	评价内容		标准分值	自我评分 50%	组内评分 50%
资讯阶段			10		
1	是否积极参与任务书讨论，正确领会任务要求		5		
2	是否积极参与引导文学习讨论，完全掌握学习内容		5		
计划→实施→检查阶段			20		
1	是否积极参与计划制订，提出建设性计划内容		5		
2	是否制订了可行的任务方案		5		
3	是否认真履行个人角色，积极参与任务演练		5		
4	是否有效使用任务检查单保证任务顺利进行		5		
序号	评价内容		标准分值	组间评分 50%	教师评分 50%
（任务展示）评价阶段			70		
1	CTCS 的功能	叙述 CTCS 的功能，错误一处扣 2 分	20		
2	CTCS 的构成及各设备的作用	叙述 CTCS 构成及各设备的作用，错误一处扣 2 分	30		
3	CTCS 应用等级的划分及关系	叙述 CTCS 应用等级的划分及关系，错误一处项扣 2 分	20		
总评分值					

能力测试

1. CTCS 有哪些基本功能？
2. CTCS 由哪些设备组成？
3. CTCS 各部件有什么作用？
4. CTCS 的应用等级分几级，如何划分？
5. CTCS 各应用等级间有什么关系？

任务 9-2 CTCS-2 级列车运行控制系统认知

任务安排

任务编号	9-2	任务名称	CTCS-2 级列车运行控制系统认知	推荐学时	2（学时）
任务描述					
CTCS-2 级列车运行控制系统是在我国既有成熟信号系统技术设备基础上，通过适当增加其他信号设备（如应答器、车站列控中心、ATP 车载设备），构成具有中国特色、实现目标距离速度控制功能并基于轨道电路的连续式列控系统。本次任务，我们对 CTCS-2 级列车运行控制系统进行具体认知。					
任务实施要求做到： （1）了解 CTCS-2 级列车运行控制系统的组成和功能； （2）了解 CTCS-2 级列车运行控制系统的地面设备设置及作用； （3）掌握 CTCS-2 级列车运行控制系统车载设备的组成及各构件的作用； （4）掌握 ATP（列车自动防护系统）车载设备的工作模式。					
实施说明					
（1）以小组（5~6 人）为单位开展任务实施； （2）任务前完成知识准备； （3）验收：小组全部同学通过上机理论考试，给予第一部分成绩；小组指派一名代表进行介绍展示，对 CTCS-2 级列车运行控制系统的功能、构成、工作模式等进行介绍，给予第二部分成绩。第二部分成绩，由教师和其他各组同学对展示小组按标准进行评分。					
任务注意事项					
（1）任务开始前，必须做好充分的知识储备工作； （2）任务过程中，要爱护实训设备，禁止暴力操作； （3）注意用电安全。					

任务资讯

CTCS-2 级列控系统是在我国既有成熟信号系统技术设备基础上，通过适当增加其他信号设备（如应答器、车站列控中心、ATP 车载设备），构成具有中国特色、实现目标距离速度控制功能并基于轨道电路的连续式列控系统。CTCS-2 级列控系统为统一制式，与既有线信号系统兼容。地面设备与车载设备采用一体化系统设计，适用于 200 km/h 线路。

一、CTCS-2 级列控系统的组成和功能

（一）系统组成

列控系统由地面设备和车载设备构成。

列控系统地面设备主要由车站列控中心、ZPW-2000 轨道电路、轨旁电子单元（LEU）和有源应答器、区间无源应答器等组成。

车载设备列车自动防护系统（ATP）主要由车载安全计算机、轨道信息接收单元（STM）、应答器信息接收单元（BTM）、制动接口单元、记录单元、人机界面（DMI）、列车运行监控记录装置（LKJ2000）、速度传感器、轨道信息接收天线、应答器信息接收天线等组成。

CTCS-2 级列控系统组成如图 9.2.1 所示。

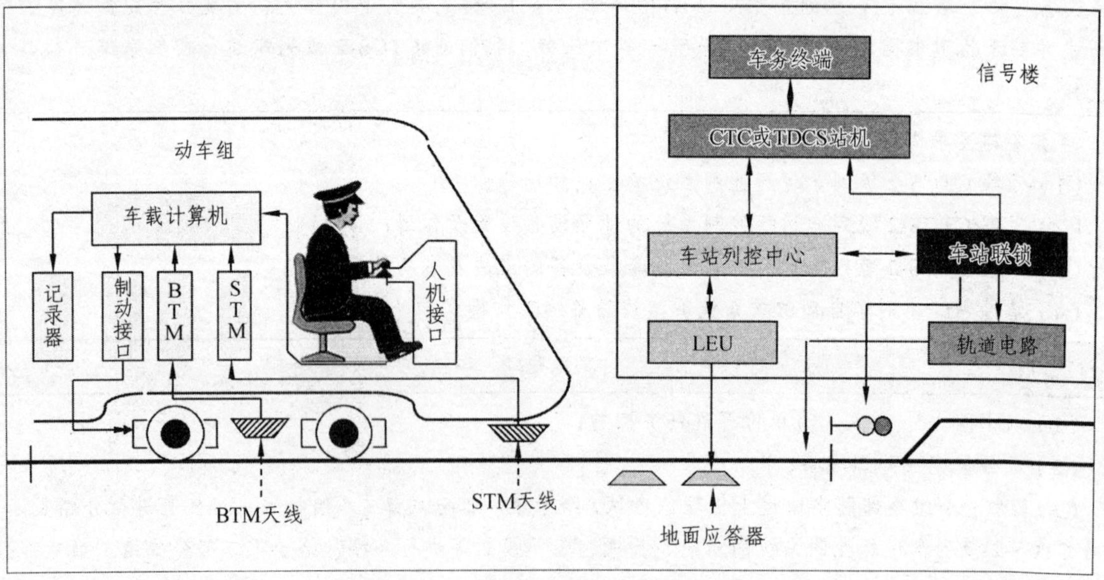

图 9.2.1　CTCS-2 级系统结构示意图

CTCS-2 级列控系统中轨道电路实现列车占用检查及完整性检查，并连续向车载设备传送空闲闭塞分区数量等信息。应答器向车载设备传输定位信息、线路参数、进路参数、临时限速和停车等信息。列控中心具有轨道电路编码、应答器报文存储和调用、区间信号机点灯控制、站间安全信息（区间轨道电路状态、中继站临时限速信息、区间闭塞和方向条件等信

息）传输等功能，根据轨道电路、进路状态及临时限速等信息产生行车许可，通过轨道电路及有源应答器将行车许可传给列控车载设备。

车载控制设备根据地面设备提供的信号动态信息、线路参数、临时限速等信息和动车组参数，按照“目标-距离”模式生成控制速度，监控列车安全运行。

（二）系统功能

1. 测速测距

（1）速度传感器：系统采用 AG43 型速度传感器进行速度和距离的测量。

（2）防滑防空转：系统采用速度传感器检测列车速度，检测到加速度或速度时，判断出现空转或滑行现象，并进行校正处理，列车速度回到合理范围时，结束校正。

（3）轮径补偿：系统可通过主机的开关进行轮径补偿系数的设定。

（4）距离测量：系统根据速度传感器的脉冲和轮径补偿系数计算实际运行距离。

（5）距离校正：系统根据轨道电路载频变化和来自地面应答器的信息进行距离校正。

2. 数据记录

（1）详细数据记录

为了能在事故发生时进行原因分析，系统可采用连续记录的方式对信息进行记录，最少可以连续记录 24 小时。记录的内容见表 9.2.1。

表 9.2.1　CTCS-2 级列控系统车载数据记录内容

序号	大分类	小分类	字节数
1	轨道电路信息	信号状态	1
2		显示	3
3		载波	1
4	应答器信息	应答器接收内容	117 max
5	控制信息	常用制动模式速度	2
6		紧急制动模式速度	2
7		实际速度	2
8		累积距离	4
9		位置（区段内距离）	2
10		剩余区段数	1
11		制动指令	1
12	整体	办理开关位置	2
13		故障信息	2
14		时间	8

数据记录的周期为300 ms。但是，对于应答器信息，只有在通过地面应答器时才进行记录。所有数据域记录满后，用新数据覆盖旧数据。

（2）一般设备状态记录

作为一般设备记录，记录ATP装置的主要状态，并保证记录容量达到30日以上。

3. 机控优先和人控优先

ATP车载设备具有两种模式。根据用户的要求，允许通过列控车载设备内部设置（机柜内跳线）选择其中一种模式。

机控优先带来了高安全性和高运行效率，即实现了运输的均一化；缩短了行车时间；具有良好乘车舒适度的控制；具有高度的安全性；充分考虑了人机界面的问题。

（1）运输的均一化

在高速、高密度的列车运行环境中，各种列车的运行质量均一化成为非常重要的因素。一列列车的晚点对后续列车会造成影响。而制动操作，是一种水平差异很大的操作。人控优先主要依靠司机技术，若某一司机开车效率低，不仅影响自己，对整个线路都会产生影响。

（2）行车时间的缩短

在机控优先方式装置上，在能保证安全的范围内设定了能引起列车最大限度性能的模式，以此模式为控制目标，机械装置自动输出制动，对列车进行控制，使列车沿此模式减速，其轨迹为走行时间最少的运行曲线。

（3）具有良好乘车舒适度的控制

机控优先方式的ATP，在制动时考虑了乘客的舒适性，分阶段加强制动力。

通常制动装置具备制动力延缓功能。除此之外，ATP装置本身附加分阶段控制制动力的功能，以便提高舒适性。

（4）高度的安全性

如果万一因常规制动命令没有被传达给车辆而未产生制动，列车就有可能在车速超过制动曲线规定的速度时还在继续运行，发生这样的现象是很危险的。在超出此制动曲线后，如果车速超出紧急制动曲线规定的速度就实施紧急制动。紧急制动全系统采用故障导向安全的失电制动状态，由于采用了这种结构，装置主机控制系统具有充分的可靠性。

4. 应答器信息接收与处理

设备通过应答器信息接收天线和应答器信息接收单元（BTM）从地面应答器获取地面信息，使列控车载设备能：

（1）获取前方线路信息。

（2）确定列车位置。

（3）确定列车的运行方向。

（4）获得进路信息。

（5）获得临时限速信息。

5. 轨道电路信息解析

设备根据《机车信号信息分配及定义》（TB/T 3060—2016）解析轨道电路的信息，并结合来自应答器的地面信息形成控车信息。

6. 与乘务员进行信息交互

通过 DMI 设备，可以接收乘务员的信息输入，部分不安全信息也可通过运行监控记录装置显示，并向乘务员提供以下信息：

（1）列车实际速度。

（2）目标速度。

（3）限制速度。

（4）目标距离。

（5）机车信号。

（6）车载设备工作模式。

（7）各种文本信息。

（8）设备制动状态。

（9）人控/机控优先表示。

（10）最限制速度曲线（MRSP）。

7. 防护功能

（1）目标距离控制曲线

根据来自 STM 的轨道电路信息、来自 BTM 的线路描述数据以及列车的特性，ATP 车载设备生成一次制动的连续控制曲线。

（2）超速运行防护

设备的超速运行防护功能监控列车允许的速度，具体包括：

① 动车组构造速度。

② 线路允许速度。

③ 进路允许速度。

④ 临时限速和紧急限速。

⑤ 其他：

如果列车速度同允许速度之间的差距超过报警门限，设备提供相应报警信息。

如果列车速度同允许速度之间的差距超过常用制动门限（分三级），设备会产生常用制动。

如果列车速度同允许速度之间的差距超过紧急制动门限，设备会产生紧急制动。

8. 防溜逸功能

设备在列车停车的状态下，会对列车的不恰当移动进行防护。当列车停车后，ATP 设备将输出制动，防止列车溜逸。

9. CTCS 级间切换

（1）与 LKJ 之间控制权的切换

ATP 车载设备在地面应答器的配合下，可以在区间完成与 LKJ 的自动切换，控车权的交接以 ATP 车载设备为主；级间转换时若已触发制动，则应保持制动作用完成，停车或发出制动缓解指令后，自动切换。

（2）机车信号功能

地面配置不具备 CTCS-2 级条件时，设备可以根据条件，具备主体机车信号或通用机车信号功能，并向列车运行监控记录装置输出机车信号信息。

二、地面设备

CTCS-2 级列控系统地面设备由 ZPW-2000（含 UM 系列）轨道电路、点式应答器、列控中心、车站联锁组成。

（一）ZPW-2000 轨道电路

作用：轨道电路占用检查；连续传输传送列控信息。

列控信息包括行车许可、空闲闭塞分区数量、道岔限速等。

轨道电路码序在原四显示自动闭塞基础上增加 L2、L3、L4、L5 码，其信号显示对应关系见表 9.2.2。

表 9.2.2 CTCS-2 级列控系统轨道电路信号显示名称及意义对照表

轨道空闲数量	7	6	5	4	3	2	1	0
信号显示	L	L	L	L	L	LU	U	HU
信息名称	L5 码	L4 码	L3 码	L2 码	L 码	LU 码	U 码	HU 码

（二）应答器

点式信息由有源应答器和无源应答器组成，能向列车提供线路长度（以闭塞分区为单位提供）、线路坡度、线路固定限速、临时限速、级间切换、列车定位等信息。

应答器设置如下：

（1）进站信号机处设置有源应答器，提供接车进路参数及临时限速信息。接车进路建立后，进站应答器发送相应的接车进路信息。能够进行直股发车进路的股道应提供直股发车进路、前方一定距离内的线路参数和临时限速信息。

（2）车站出站口处设置无源应答器和有源应答器。无源应答器提供前方一定距离内的线路参数；有源应答器提供前方一定距离内的临时限速。出站信号机处（含股道）原则上不设置应答器。ATP 车载设备通过成对的应答器识别运行方向。

（3）区间间隔 3 ~ 5 km 设置无源应答器，提供正向运行前方一定距离内的线路参数及定位信息，原则上设置在闭塞分区分界处。除进出站口外，区间可不设置专用于反向运行的应答器。

（4）根据需要可设置特殊用途的无源应答器，如 CTCS 级间转换应答器等。CTCS 级间转换应分别设置具有预告、执行功能的固定信息应答器。

（5）应答器的正线线路参数应交叉覆盖，实现信息冗余。

（三）地面电子单元（LEU）

LEU 经过 1 个冗余的、安全的串行链路（接口 S）接收列控中心发送的编码，并独立地驱动 4 个有源应答器，向其实时发送进路股道、临时限速信息报文。

（四）列控中心

列控中心是 CTCS 的地面设备之一，列控中心分别与车站信号联锁、CTC 或 TDCS、微机监测、地面电子单元（LEU）等设备进行信息交换，获得行车命令、列车进路、列车运行状况和设备状态，通过安全逻辑运算，产生控车命令，通过有源应答器及轨道电路传送给列车，实现对运行列车的控制。

1. 列控中心的主要功能

（1）列控中心根据临时限速命令、车站进路状态，调用相应报文，通过 LEU 传至有源应答器。

（2）列控中心根据列车占用轨道区段及车站进路状态，控制轨道电路的载频、低频信息编码，并控制站内及区间轨道电路发送方向。

（3）列控中心根据列车在区间的走行逻辑，对轨道电路占用、出清、非正常逻辑进行判断和报警，并采取必要的防护措施。

（4）列控中心完成区间信号机点灯控制。

（5）列控中心完成无岔站信号及进路控制。

（6）列控中心完成区间运行方向与闭塞控制。

（7）列控中心间实时传输区间轨道电路状态、临时限速信息、区间闭塞和方向条件等安全信息以及相关状态信息。

2. 列控中心系统组成

车站列控中心设置于车站信号楼，列控中心适用于装备计算机联锁 CTC 的车站、区间中继站和控制无岔站的中继站（列控中心也可使用在与 CTCS-2 级线路相衔接的 CTCS-0 级的 TDCS 车站）。列控中心与车站联锁、CTC 车站分机、应答器地面电子单元（LEU）、ZPW-2000（UM）系列轨道电路、微机监测等设备的关系如图 9.2.2 所示。

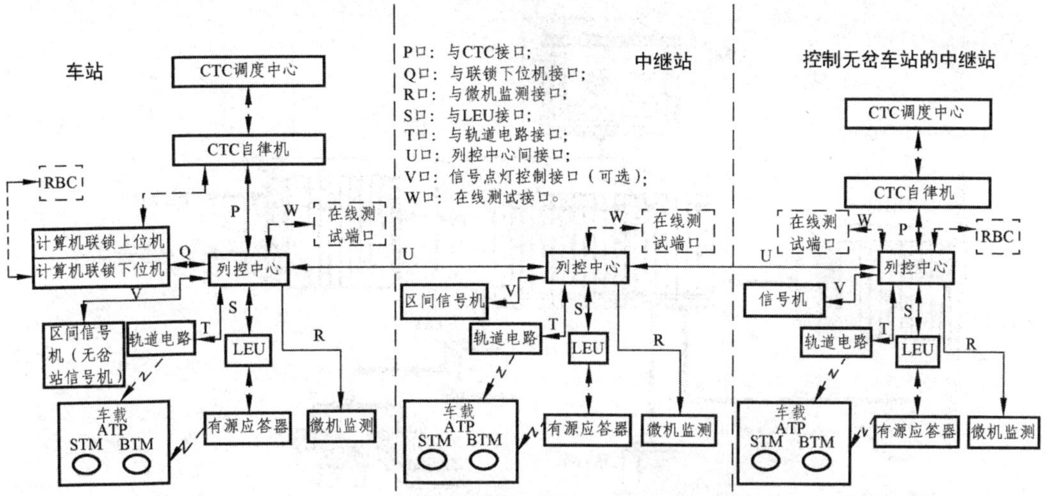

图 9.2.2 CTCS-2 级列控中心系统组成框图

车站列控中心通过 LEU 接口（S）发送给 LEU 系统的信息包括车站列车进路报文、线路临时限速报文、请求状态信息。LEU 发送给车站列控中心的信息包括应答器状态信息、LEU 状态信息。

通过计算机联锁接口（Q）获得车站进路和相关实时信息，包括进站、出站、通过、进路、股道号、信号机开放等，根据需要，输出进站或进路信号机点黄灯、接近区段轨道电路发黄码控制条件。

通过轨道电路接口（T）从轨道电路实时接收轨道区段状态信息，实时向轨道电路发送载频信息、低频信息、轨道电路分路不良状态信息。

通过CTC/TDCS接口（P），CTC/TDCS系统发送给车站列控中心的信息包括线路临时限速命令（起点里程、长度、速度）和时钟同步信息。车站列控中心向CTC/TDCS系统发送的信息包括线路临时限速执行结果信息，状态信息。

通过与相邻列控中心连接（U），实现列控中心间通信，内容包括区间中继站轨道电路状态、信号机点灯状态信息，区间方向切换继电器同步状态信息，区间闭塞和方向条件信息，相邻车站和区间中继站临时限速信息，区间中继站列控中心运行状态信息，车站联锁所需要的信息，编码所需要的信息。

通过微机监测接口（R），车站列控中心向微机监测系统发送的信息包括列控中心状态，LEU、应答器状态，列控中心与其他系统的通信状态，应答器报文特征码。

三、车载设备

CTCS-2级列控系统的车载设备是列车自动防护系统（AutomaticTrainProtection，ATP），由车载安全计算机、轨道信息接收单元（STM）、应答器信息接收单元（BTM）、制动接口单元、记录单元、人机界面（DMI）、列车运行监控记录装置（LKJ2000）、速度传感器、轨道信息接收天线、应答器信息接收天线等组成。

其系统构成如图9.2.3所示。

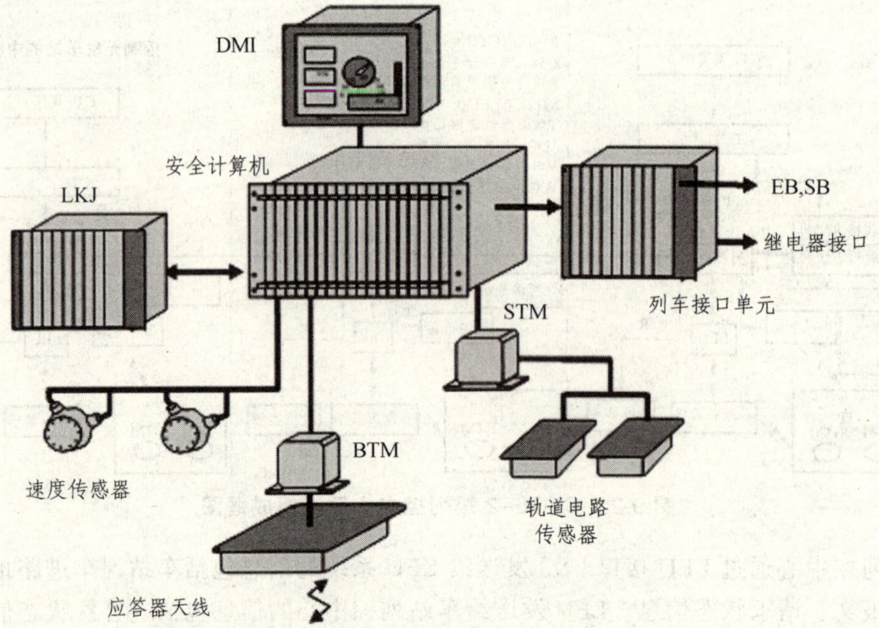

图9.2.3 列控车载设备系统组成

动车组的两端各安装一套独立的 ATP 车载设备；总体结构采用硬件冗余结构，关键设备均采用双套，核心设备采用 3 取 2 或者 2×2 取 2 结构，力求达到高安全性和可用性，安全等级达到 SIL4 级。CTCS-2 列控系统车载系统主体装置如图 9.2.4 所示。

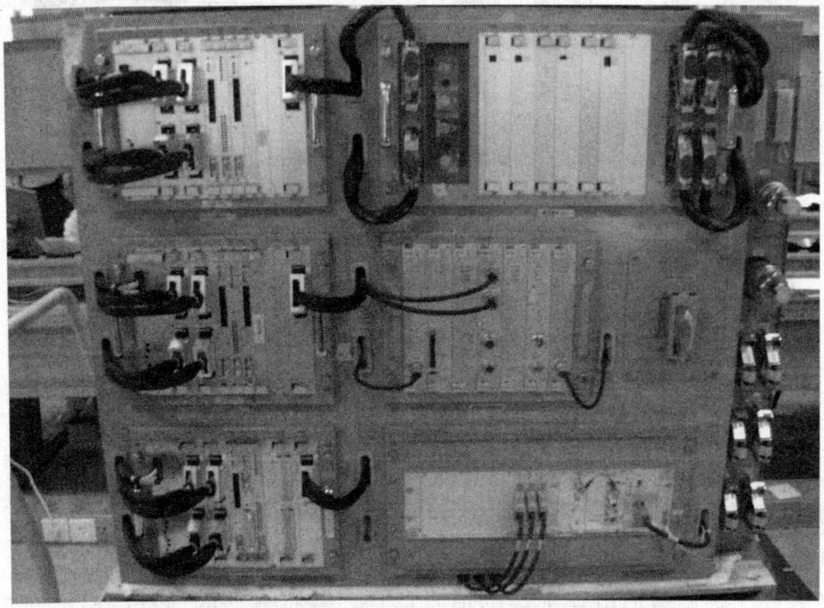

图 9.2.4　CTCS－2 列控系统车载系统主体装置

1. 主要功能

（1）列控数据采集，静态列车速度曲线计算，动态列车速度曲线计算，缓解速度计算，列车定位、速度计算和表示、运行权限和限速在 DMI 上的表示。

（2）监控运行权限和限速，在任何情况下防止列车无行车许可运行，防止列车超速运行，防止列车溜逸。

（3）列车超速时，车载设备的超速防护具备采取声光报警、切除牵引力、动力制动、空气常用制动、紧急制动等措施。

（4）车载设备发生故障时，及时报警提醒机车乘务员并对故障设备进行必要的隔离。

（5）监控司机行为。

（6）反方向运行防护。

（7）CTCS-2 级信息的记录。

2. 安全计算机（Vital Computer，VC）

安全计算机（见图 9.2.5）是 ATP 装置的核心部分，负责从 ATP 各个模块获取信息，依据轨道电路信息、列车制动力、线路坡度、列车运行速度和列车编组等信息，按照列车牵引计算模型的要求，生成制动模式曲线，并把列车运行速度与模式曲线相比较，必要时通过故障安全电路向列车输出制动信息，控制列车安全运行。

安全计算机由功能完全相同的两个系统构成。各个系统包含两个功能相同的 CPU，每个 CPU 的处理结果与另一个 CPU 的处理结果校准。如果两个 CPU 的处理结果不一致，则会作为故障处理，以保证列车控制的安全性和设备的冗余性。

图 9.2.5 车载安全计算机

安全计算机的核心安全逻辑由 FS-LSI（故障安全 LSI）实现。FS-LSI 对两个 CPU 的运算结果（制动指令条件等）输出进行校核，如果校核不一致就立即进行故障检测，确保安全。

3. 轨道信息接收单元（Specific Transmission Module，STM）

轨道信息接收单元（见图 9.2.6），通过 STM 天线（轨道电路感应器，如图 9.2.7 所示）接收轨道电路信号，解调轨道电路上传的信号信息，并将解调的信息传递给安全计算机，为安全计算机生成制动模式曲线提供依据。STM 可以接收最多 16 种载频，包括国产移频、UM71 以及 ZPW-2000 系列轨道电路信息。

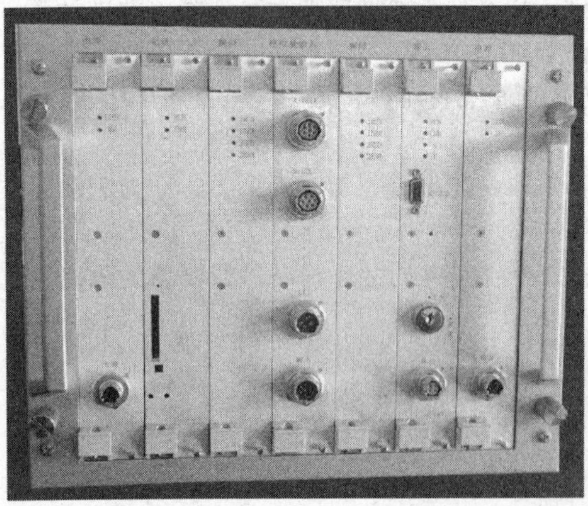

图 9.2.6 轨道信息接收单元

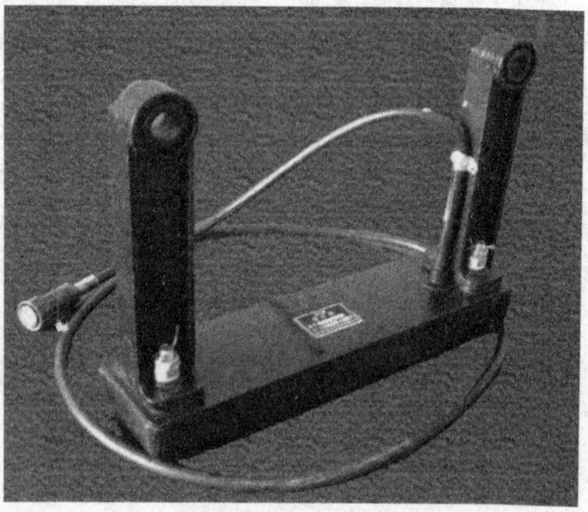

图 9.2.7 STM 天线

STM 可根据应答器信息、轨道电路载频锁定信息、司机操作锁定可接收的载频，防止邻线干扰。

为提高系统的可靠性和安全性，STM 采用 2×2 取 2 结构，即 STM 由功能完全相同的一，两个系统实现，每个 STM 系统与一个安全计算机配合，组成一系控制系统。两系 STM 完全独立工作。

4. 应答器信息接收单元（Balise Transmission Module，BTM）和 BTM 天线

应答器信息接收单元（见图 9.2.8）通过 BTM 天线（见图 9.2.9），接收来自地面应答器线路数据，经校核后，将正确的信息传输至安全计算机，为安全计算机生成制动模式曲线提供数据。来自应答器的数据包括线路参数信息、进路信息、临时限速信息以及级间切换等信息。

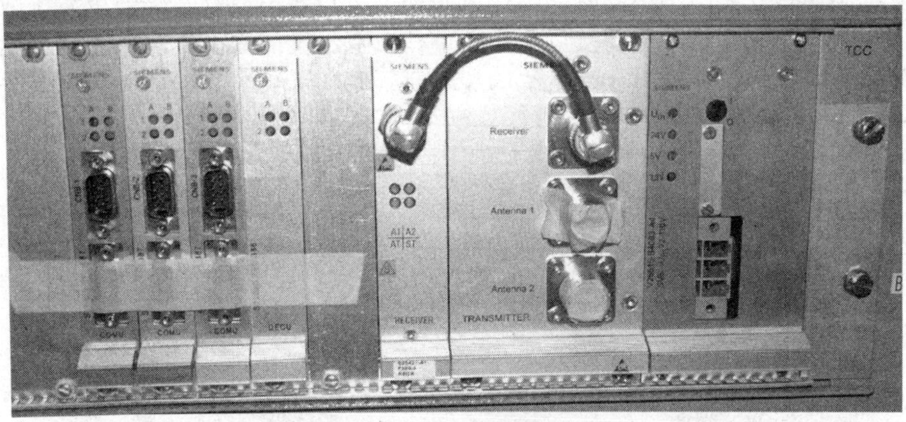

图 9.2.8　应答器信息接收单元

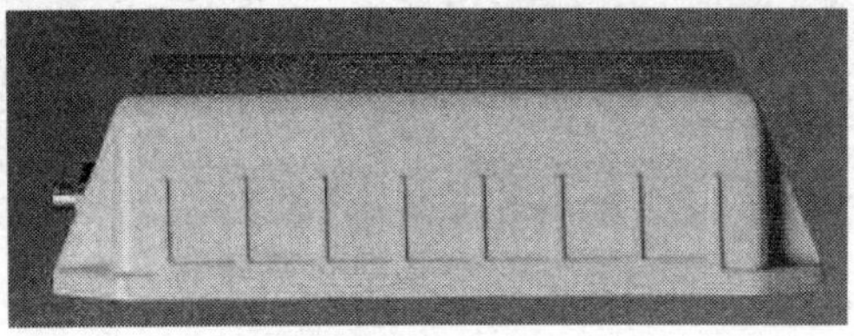

图 9.2.9　BTM 天线

5. 数据记录单元（Data Record Unit，DRU）

系统的数据记录单元（见图 9.2.10）通过记录 ATP 装置的动作、状态以及司机的操作等信息，可将行车及系统自身运行状况的关键数据记录到 PCMCIA 卡上，并可通过读卡器将数据下载至地面分析管理微机，进行设备运行状况分析。

图 9.2.10　数据记录单元

6. 继电器逻辑单元（Relay Logic Unit，RLU）

继电器逻辑单元是主要由继电器组成的单元，实现输入与输出接口功能。制动接口单元核对车载安全计算机各系统输出的制动指令，对两套车载安全计算机输出的制动指令进行“或”操作后，作为系统的最终输出。

当各系统制动指令输出不相同时，选择大制动力进行输出。双系统中单系统故障时，该系统的常用、紧急输出短路，制动接口单元不再核对双系统的输出。此时，正常系统的制动指令输出将作为系统的最终输出。两系统均故障时，则认为系统故障，最终输出紧急制动。继电器逻辑单元如图 9.2.11 所示。

图 9.2.11 继电器逻辑单元

7. 人机界面（Driver Machine Interface，DMI）

CTCS-2 型车载列控系统的 DMI（人机界面）由下列部分组成：屏幕（输出显示）、按键（供司机向车载设备输入数据/命令）、音响发生器（用于提供声音信息）。

DMI 提供车载子系统与司机之间的接口，该接口通过声音、图像等方式将 ATP 车载装置的状态通知司机。司机可以通过 DMI 上的按键来切换 ATP 装置的运行模式或是输入必要的信息。人机界面如图 9.2.12 所示。

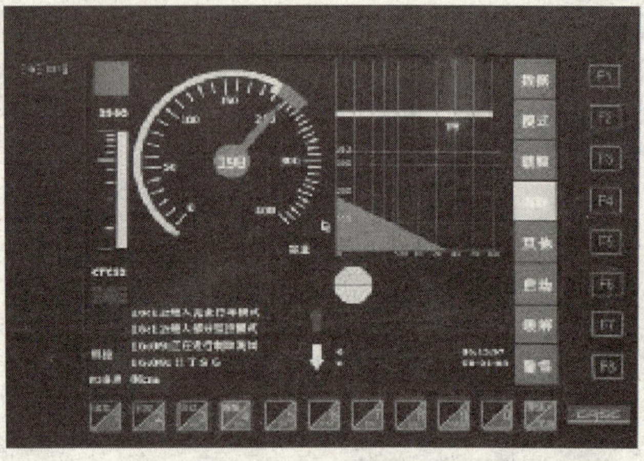

图 9.2.12 人机界面

8. LKJ2000 型列车运行监控装置

200 km/h 动车组车载列控系统，同时装备 ATP 车载设备和 LKJ2000 型监控装置。在 CTCS-2 级区段，由 ATP 车载设备控车。在 CTC-0、CTCS-1 级区段或在 CTCS-2 级区段 ATP 车载设备特定故障下，LKJ 结合 ATP 车载设备提供的机车信号或主体机车信号功能，控制列车运行，最高速度不超过 160 km/h。

LKJ2000 型监控装置通过 ATP 车载设备接收或记录有关列控状态数据（含进路参数、列车位置等）及其对应的操作状态信息。

9. 测速测距模块

测速测距模块由速度传感器（见图 9.2.13）、测量通道和测速测距板构成，为双机冗余结构。正常工作情况下，双机同时从速度传感器采集信号并进行处理。该模块除了进行正常的列车速度、加速度、走行距离的检测外，还具有防滑和防空转功能。

除以上主要模块外，车载系统还预留了 GSM-R 接口，为将来向 CTCS-3 级扩展预留了接口。

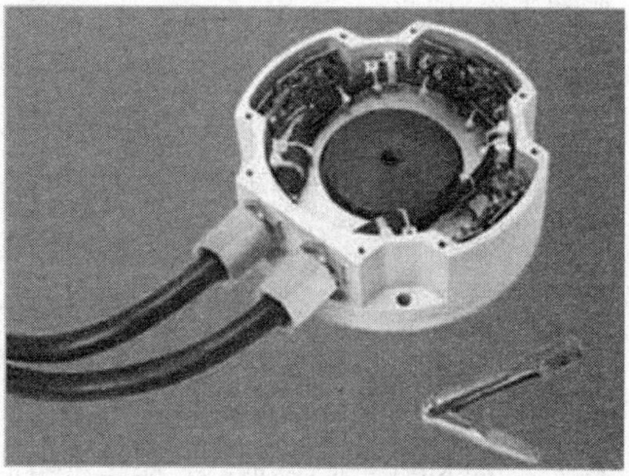

图 9.2.13　光电速度传感器

四、ATP 车载设备的工作模式

ATP 车载设备具备设备制动优先（机控优先）与司机制动优先（人控优先）两种模式，通过 ATP 车载设备内部设置选择其中一种模式。

机控优先的列控 ATP 系统在列车速度高于目标速度后立即进行制动控制，当列车速度低于目标速度后自动缓解，不必司机参与。其优点是能最大限度减轻司机负担，有利于缩短列车追踪间隔。这种控制方式对设备本身的自动化程度及列车的制动缓解性能要求较高。

人控优先的方式只有在列车速度超过安全运行所允许的速度，设备才进行惩罚性的强迫制动。列车正常运行时设备不干预司机操作。人控优先的系统有助于加强司机的责任感，发挥其驾驶技巧。

ATP 车载设备的工作模式如下。

1. 待机模式

待机模式即 SB 模式（SB：Standby）。

如果预先选择了 CTCS-2，投入电源后，系统就直接转入待机模式。在本模式下，ATP 车载装置接收轨道电路信息、接收应答器信息等功能有效，但不进行速度比较等控制，同时，无条件地输出制动。

2. 完全监控模式

完全监控模式即 FS 模式（FS：Full Supervision）。

本模式是 CTCS-2 中最普通的模式，当车载设备具备控车所需的基本数据（轨道电路信息、应答器信息、列车数据）时，ATP 车载装置转入本模式。在本模式下，列车判断自身位置和停车位置后，产生一次制动速度模式曲线，并能通过DMI显示列车运行速度、允许速度、目标速度和目标距离等，控制列车安全运行。

3. 部分监控模式

部分监控模式即PS模式（PS：Partical Supervision）。

PS模式是总侧线发车得不到应答器线路数据、缺省线路数据时的模式。若ATP车载设备接收到轨道电路允许行车信息，但线路数据缺损时，ATP车载设备产生固定限制速度，控制列车运行。

4. 反向运行模式

反向运行模式即RO模式（RO：Reverse Operation）。

RO模式是上行列车运行在下行线，或下行列车运行在上行线且线路数据完整时，ATP的工作模式。

5. 引导模式

引导模式即CO模式（CO：Calling-OnMode）。

在引导运行中，ATP从轨道电路接收HB码后在轨道电路出口处形成NBP（正常制动模式）为25 km/h的模式曲线，越过进站信号机后，自动转入本模式。在该模式下，司机应当在每60 s之内或运行200 m以前按下警惕开关，否则ATP将触动紧急制动。

6. 应答器故障模式

应答器故障模式即BF模式（BF：BTM Fault）。

在站间由于不能正常检测出应答器等原因，无前方线路数据的模式称为应答器故障模式。当ATP在完全监控模式下正常运行时，一旦不能正确接收来自应答器的线路数据，从没有前方线路数据的点开始，ATP设备输出制动，司机确认后，ATP车载装置转入该工作模式。

7. 目视行车模式

目视行车模式即OS模式（OS：On-Sight）。

当ATP车载设备接收到禁止信号或无信号时，列车停车后，根据行车管理办法（含调度命令），司机经特殊操作（如按压专用按钮），ATP生成固定限制速度（20 km/h），列车在ATP监控下运行，司机对安全负责。

8. 调车监控模式

调车监控模式即SH模式（SH：Shunting）。

车列进行调车作业时，司机经特殊操作（如按压专用按钮）后，转为调车模式，ATP生成调车限制速度，控制车列运行。牵引运行时，限制速度40 km/h；推进运行时，限制速度30 km/h。

9. 隔离模式

隔离模式即IS模式（IS：Isolation）。

ATP车载设备故障，触发制动停车后，司机根据故障提示经特殊操作，ATP车载设备控制功能停用，在该模式下司机按调度命令行车。若仅BTM失效，ATP车载设备提供机车信号，可人工转换为 LKJ 控制列车。

10. 机车信号模式

机车信号模式即 CS 模式（CS：Cab Signal）。

CS 模式属于运行在 CTCS-2 以外区段模式。另外，虽然运行在 CTCS-2 区段，但 ATP 车载设备某些故障时，用 LKJ 进行控制，在这种情况下采用本模式，ATP 车载装置不会输出制动。

各种工作模式之间的转换如表 9.2.3 所示。

表 9.2.3　在 CTCS-2 级区段各工作模式之间转换表

		A 待机 SB	B 完全监控 FS	C 部分监控 PS	D 反向运行 R0	E 引导 C0	F 应答器故障 BF	G 目视行车 OS	H 调车 SH	I 隔离 IS
1	待机 SB		—	启动 SW	—	—	—	—	停车按压调车键	隔离开关转向隔离
2	完全监控 FS	—		侧线发车时或侧线进站时，进站应答器丢失	反向区间运行	收到 HB 后，NBP 速度在 25 km/h 以下并且无信号	NBP 120 km/h 以下核对速度且闭塞信息不足	禁止信号停车按压目视 SW	停车按压调车键	隔离开关转向隔离
3	部分监控 PS	—	通过应答器确定位置时		反向区间运行	收到 HB 后，NBP 速度在 25 km/h 以下并且无信号	—	禁止信号停车按压目视 SW	停车按压调车键	隔离开关转向隔离
4	反向运行 R0	—	反向区间结束	—		收到 HB 后，NBP 速度在 25 km/h 以下并且无信号	—	禁止信号停车按压目视 SW	停车按压调车键	隔离开关转向隔离
5	引导 C0	—	—	接收到前进信号	—		—	停车按压目视 SW	停车按压调车键	隔离开关转向隔离
6	应答器故障 BF	—	通过应答器确定位置时	—	—	收到 HB 后，NBP 速度在 25 km/h 以下并且无信号		禁止信号停车按压目视 SW	停车按压调车键	隔离开关转向隔离
7	目视行车 OS	—	接收到前进信号且位置确定	接收到前进信号但位置未确定	—	—	—		停车按压调车键	隔离开关转向隔离
8	调车 SH	按压调车键或收到调车信号	—	—	—	—	—	—		隔离开关转向隔离

注：禁止信号是指 HU、H、无信号；前进信号是指 HU、H、无信号、HB 以外的显示。

“CTCS-2 级列车运行控制系统认知”课程资源包

任务实施

任务编号	9-2	任务名称	CTCS-2 级列车运行控制系统认知	
序号	实施内容		完成情况	
			是	否
CTCS-2 级列控系统的功能、工作原理及组成				
1	具体叙述 CTCS-2 级列控系统的功能			
2	叙述 CTCS-2 级列控系统的工作原理			
3	叙述 CTCS-2 级列控系统的构成			
CTCS-2 级列控系统的地面设备				
4	叙述 ZPW-2000 轨道电路的作用及设置			
5	叙述应答器的作用及设置			
6	叙述地面电子单元（LEU）的作用			
7	叙述列控中心的功能及组成			
CTCS-2 级列控系统车载设备（ATP）的功能及各构件的作用				
8	叙述 CTCS-2 级列控系统车载设备（ATP）的功能			
9	叙述 CTCS-2 级列控系统车载设备（ATP）各构件的作用			
CTCS-2 级列控系统车载设备（ATP）工作模式				
10	叙述机控优先、人控优先的含义			
11	叙述 CTCS-2 级列控系统车载设备（ATP）各工作模式的名称			
12	说明 CTCS-2 级列控系统车载设备（ATP）各工作模式的进入条件			

任务评价

任务编号	9-2	任务名称	CTCS-2 级列车运行控制系统认知	
序号	评价内容	标准分值	自我评分 50%	组内评分 50%
	资讯阶段	10		
1	是否积极参与任务书讨论，正确领会任务要求	5		
2	是否积极参与引导文学习讨论，完全掌握学习内容	5		
	计划→实施→检查阶段	20		
1	是否积极参与计划制订，提出建设性计划内容	5		
2	是否制订了可行的任务方案	5		
3	是否认真履行个人角色，积极参与任务演练	5		
4	是否有效使用任务检查单保证任务顺利进行	5		

续表

任务编号	9-2	任务名称	CTCS-2 级列车运行控制系统认知		
序号	评价内容		标准分值	组间评分 50%	教师评分 50%
（任务展示）评价阶段			70		
1	CTCS-2 级列控系统的功能、工作原理及组成	叙述 CTCS-2 级列控系统的功能、工作原理及组成，错误一处扣 2 分	20		
2	CTCS-2 级列控系统的地面设备	叙述 CTCS-2 级列控系统地面设备的设置及作用，错误一处扣 2 分	10		
3	CTCS-2 级列控系统车载设备（ATP）的功能及各构件的作用	叙述 CTCS-2 级列控系统车载设备（ATP）的功能及各构件的作用，错误一处扣 2 分	20		
4	CTCS-2 级列控系统车载设备（ATP）工作模式	叙述 CTCS-2 级列控系统车载设备（ATP）工作模式，错误一处扣 2 分	20		
总评分值					

能力测试

1. CTCS-2 级列控系统由哪些设备组成？
2. CTCS-2 级列控系统是如何工作的？
3. CTCS-2 级列控系统有哪些功能？
4. 数据记录功能的记录时长、记录周期分别为多少？
5. 应答器信息接收与处理功能，可以为列控车载设备提供哪些信息？
6. 与乘务员进行信息交互功能，DMI 可以向机车乘务员提供哪些信息？
7. CTCS 级间切换功能是指什么？
8. CTCS-2 级列控系统地面设备包括哪些？分别有什么作用？
9. CTCS-2 级列控系统车载设备（ATP）的主要功能有哪些？
10. 叙述安全计算机（VC）的工作原理。
11. 叙述轨道信息接收单元（STM）的工作原理。
12. 叙述应答器信息接收单元（BTM）和 BTM 天线的工作原理。
13. 叙述数据记录单元（DRU）的工作原理。
14. 叙述继电器逻辑单元（RLU）的工作原理。
15. 叙述人机界面（DMI）的组成及工作原理。
16. 将表 9.2.4 中展示的设备名称标在图右方。

表 9.2.4 设备及名称

设 备	名 称	设 备	名 称
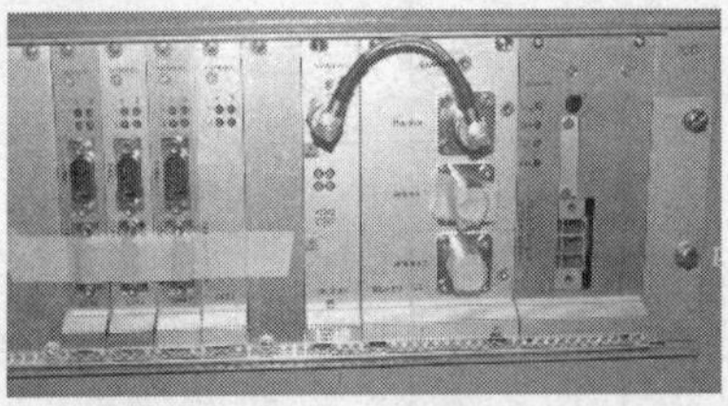		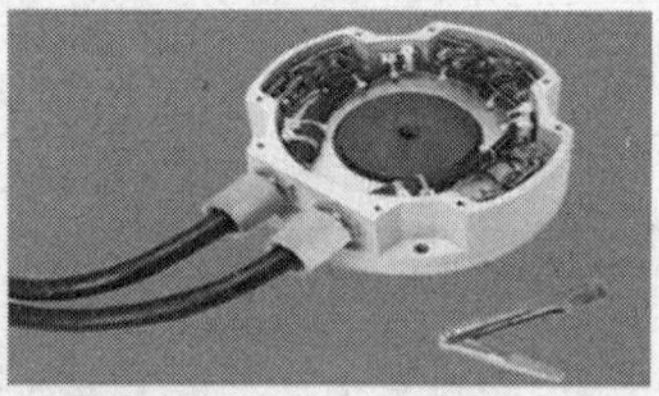	
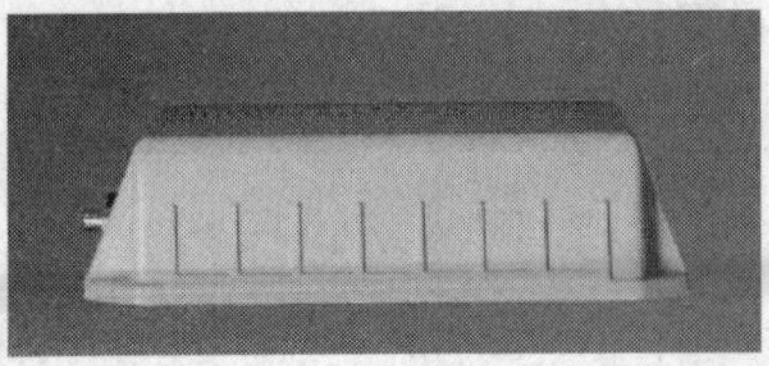			
		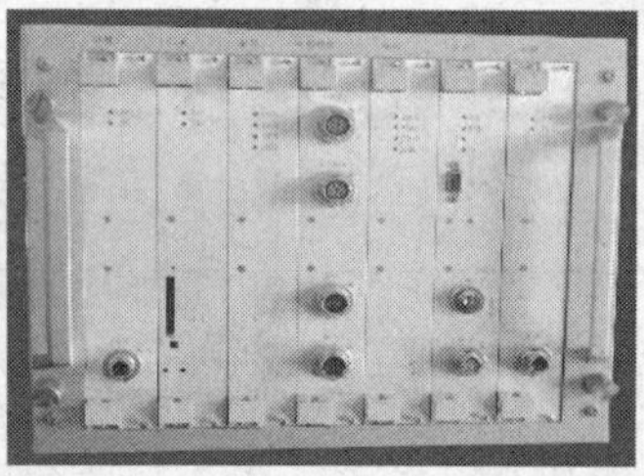	
		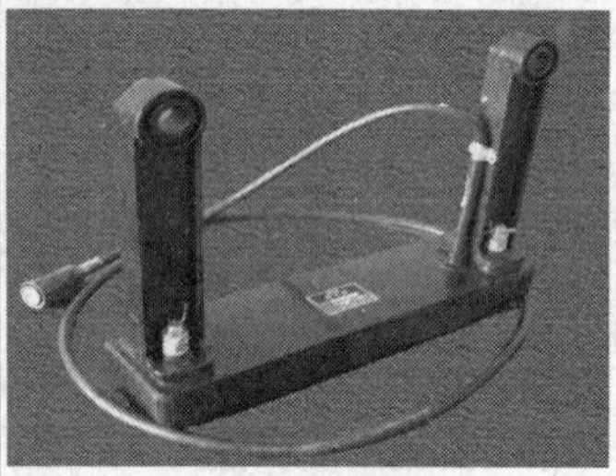	
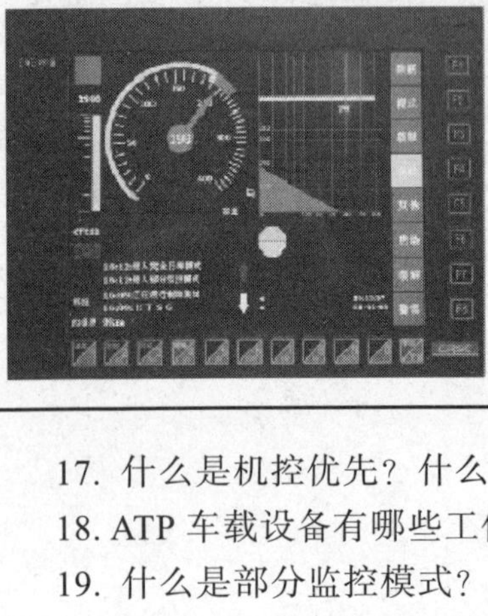			

17. 什么是机控优先？什么是人控优先？
18. ATP 车载设备有哪些工作模式？
19. 什么是部分监控模式？

任务 9-3　CTCS-2 级列控车载设备显示及故障处理

任务安排

<table>
<tr><td>任务编号</td><td>9-3</td><td>任务名称</td><td>CTCS-2 级列控车载设备显示及故障处理</td><td>推荐学时</td><td>2（学时）</td></tr>
<tr><td colspan="6">任务描述</td></tr>
<tr><td colspan="6">CTCS-2 级列控系统车载设备（ATP），通过 DMI 与司机进行沟通，告知司机前方线路状况来控制列车运行速度。司机还可根据需要通过按压 DMI 上的按钮，进行确认操作和警惕操作等。今天，由你来代替司机，进行一次动车组模拟驾驶，并与 ATP 系统的 DMI 进行沟通。</td></tr>
<tr><td colspan="6">任务实施要求做到：
（1）能识读 ATP 设备使用的缩略语的含义；
（2）说明 DMI 显示界面分区及各区显示内容；
（3）说明 DMI 键盘的工作状态和定义；
（4）对教师提出的故障现象给出处理方案。</td></tr>
<tr><td colspan="6">实施说明</td></tr>
<tr><td colspan="6">（1）以小组（5～6 人）为单位开展任务实施；
（2）使用任务引导文完成知识准备；
（3）验收：小组全部同学通过微机进行上机理论考试，给予第一部分成绩；小组指派一名代表进行任务展示，给予第二部分成绩。第二部分成绩，由教师和其他各组同学对展示小组按标准进行评分。</td></tr>
<tr><td colspan="6">任务注意事项</td></tr>
<tr><td colspan="6">（1）任务开始前，必须做好充分的知识储备工作；
（2）实施过程中仔细观察 B2 区速度表的限速显示变化；
（3）任务过程中，要爱护实训设备，禁止暴力操作；
（4）注意用电安全。</td></tr>
</table>

任务资讯

CTCS-2 级列控车载设备（ATP）以接收到的地面信息（轨道电路信息和应答器信息）为基础，由车载设备生成速度控制曲线，并实时与实际速度相比较，如果实际速度超过了速度控制曲线，车载设备就自动实施制动。地面信息和 ATP 车载设备的控制状态由安装在驾驶台上的 DMI（人机界面）来显示。司机在注视前方的同时，监视 DMI，通过 DMI 或者前方线路状况来控制列车的运行速度。司机还可根据需要通过按压 DMI 上的按钮，进行确认操作和警惕操作等。

ATP 车载设备有两个可选择的控制模式：机控优先模式和人控优先模式。这两个控制模式可通过设定在车载设备内部的开关来选择，运行中不能改变。在机控优先模式下，根据控制状态的不同，ATP 有时会暂时自动地变成人控优先模式。

ATP 车载设备用于在 CTCS-2 区间进行控制；在 CTCS-0 区间，由 LKJ 设备实施控制。对于由哪个制动设备来控制的确定，是当列车通过区间转换位置的时候 ATP 车载设备自动进行转换。但当发生异常时，司机可以通过操作 DMI 的按键，进行手动转换监控装置。

一、缩略语定义

在 ATP 显示屏（DMI）上的显示用语（略语）有如下规定：

P——速度（The Permitted Speed Limit）：本书中表示为 P，P 速度只存在于人控优先的情况下。

W——报警速度（The Warning Limit）：报警发生速度，本书中表示为 W。

SBI——常用制动限制速度（Service Brake Intervention limit）：本书中表示为 NBP（Normal Brake Pattern）。

EBI——紧急制动限制速度（The Emergency Brake Intervention limit）：本书中表示为 EBP（Emergency Brake Pattern）。

REL——缓解制动速度（Release Speed）：本书中表示为 REL。

SSP——静态速度限制（Static Speed Profile）：对预知线路有必要限速的区间信息。

TSR——临时限速（Temporary Speed Restriction）：临时限制路线速度的区间信息。

CSM——常数速度监视区（Ceiling Speed Monitoring Section）：CSM 是指 NBP 在 SSP、TSR 或者岔道限速（UU 或 UUS 规定）的常数速度区。

TSM——目标速度监视区（Target Speed Monitoring Section）：TSM 是指 NBP 与距离同时逐渐减少的区域。

二、DMI 界面显示

DMI 显示屏的显示分辨率设为 640×480，在此分辨率下，DMI 的主界面分为如图 9.3.1 所示的 6 个区域。

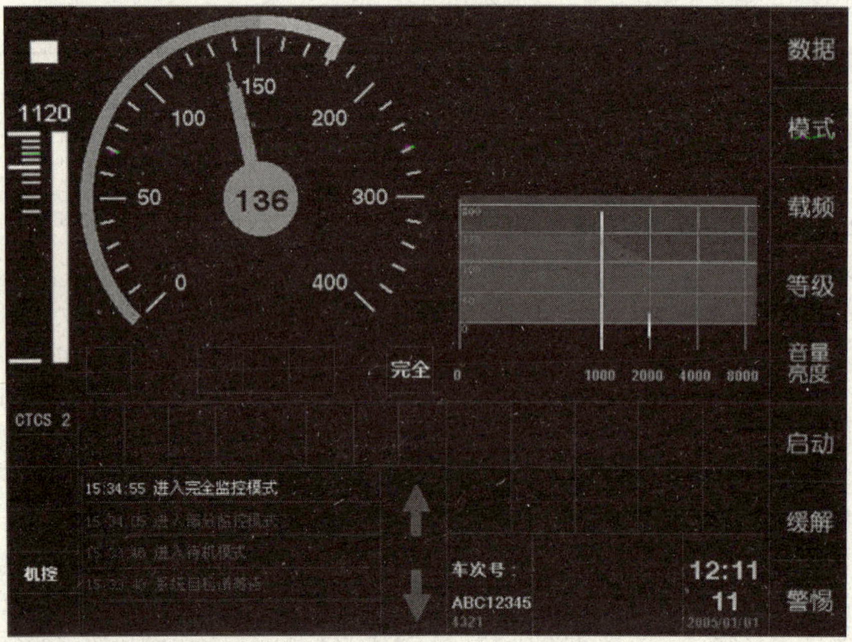

（a）

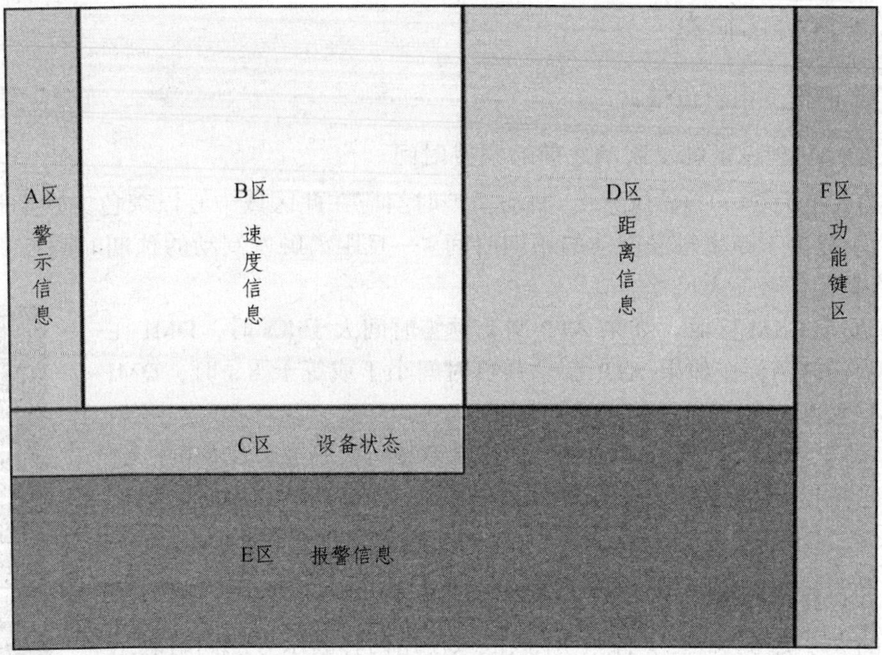

（b）

图 9.3.1　DMI 主界面显示及分区

在每一个主显示区中又细分为不同的内容显示区域，具体划分如图 9.3.2 所示。

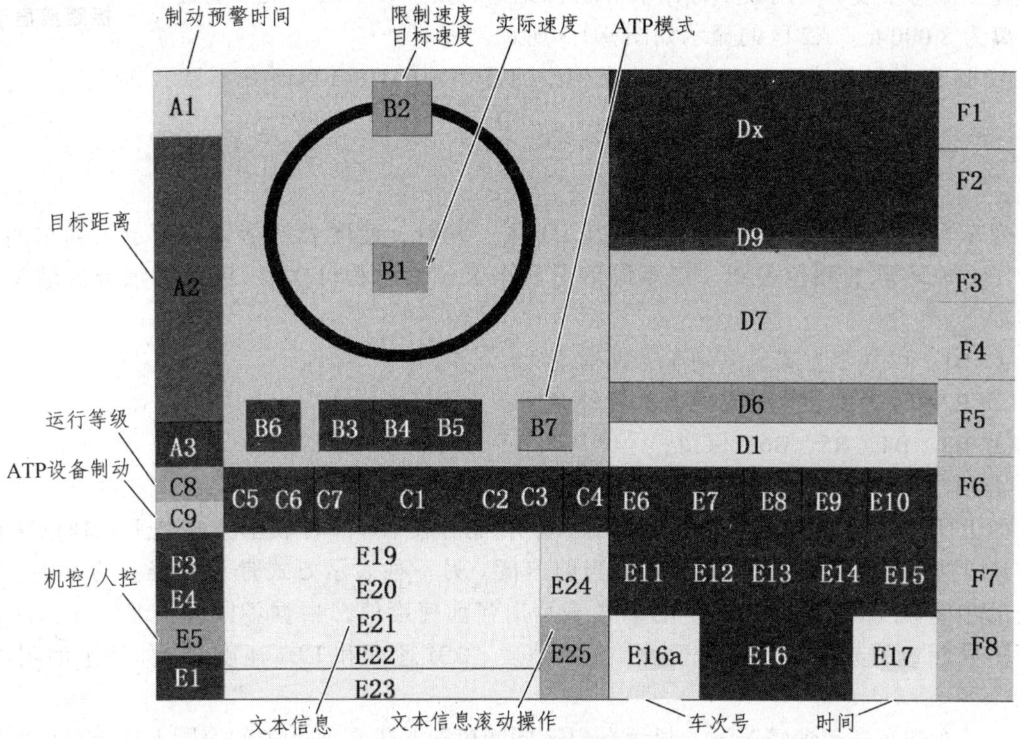

图 9.3.2　DMI 主界面区域具体划分

（一）A 区警示信息

A 区显示的信息内容包括：

1. A1 区：ATP 设备触发制动之前的预警时间

A1 区的大小为 54 × 54（像素）。制动预警时间应在此区域中心以灰色方块图标显示。方块图标的大小取决于距离触发制动的预期时间。一旦距离触发制动的预期时间低于 8 s，方块图标将开始变大直至最大尺寸。

当列车处于 CSM 区时，如果 ATP 制动预警时间大于 8 s 时，DMI 在 A1 区不显示任何图标；如果 ATP 制动预警时间小于或等于 8 s 时，DMI 应当在 A1 区按相应比例显示制动预警图标。

当列车处于 TSM 区时，如果 ATP 制动预警时间大于 8 s，DMI 在 A1 区显示最小的制动预警图标（最大图标的 10%），如果制动预警时间小于或等于 8 s 时，DMI 应当在 A1 区按相应比例显示制动预警图标。

2. A2 区：目标距离

A2 区的大小为 54 × 222（像素）。该区域使用两种表示方法同时表示目标距离：柱状光带表示法以及数字表示法。柱状光带位于该区域的下部，光带正上方为数字表示区。柱状光带的左侧为坐标系，该坐标系采用对数坐标，最大的显示范围是 1 000 m。当目标距离大于 1 000 m 时，柱状光带的高度保持不变，只用数字标出实际目标距离，数字表示法可表示的最远距离为 8 000 m。A2 区的显示如图 9.3.3 所示。

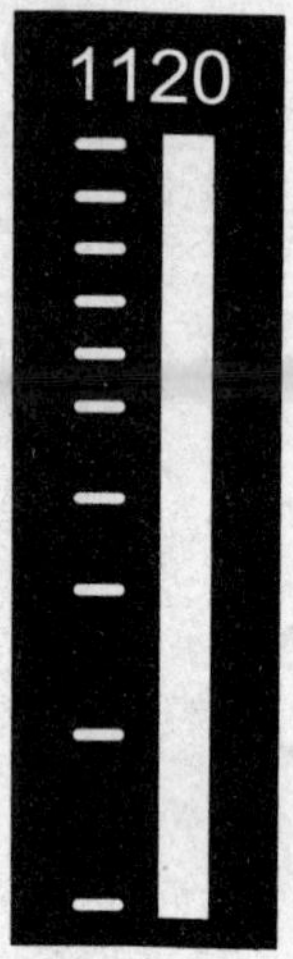

图 9.3.3 A2 区目标距离显示

A2 区仅当列车处于 TSM 区时才有相应的显示，在 CSM 区时并不显示。

（二）B 区速度信息

列车当前速度以数字的方式显示在 B1 区。同时，速度表的指针也指示了列车的当前速度（并以不同的颜色表圈，以不同的形状来表示紧急程度）。B 区中的细分区域及显示内容如下。

① B1：以数字方式显示列车当前速度；

② B2：以速度表盘的方式表示各种速度；

③ B3、B4、B5、B6：保留；

④ B7 以文字图标的方式显示 ATP 设备所处的控制模式。

如上所述，列车实际运行速度采用双显示备份表示。一种表示方式是采用速度表的表示方法，速度表的指针指向刻度盘的当前速度。另一种表示方式是数字表示的方法，在速度表的中间区（B1 区）以数字的形式表示出当前速度值。根据不同的情况，在速度表盘上以不同颜色的光带显示目标速度、允许速度、SBI 速度和 EBI 速度。具体显示如图 9.3.4 所示。

（1）在列车未超速情况下，显示器以不同颜色的光带在速度表的表圈上显示目标速度和允许速度。在允许速度处，光带的宽度是正常光带宽度的两倍，形成“钩”状光带。

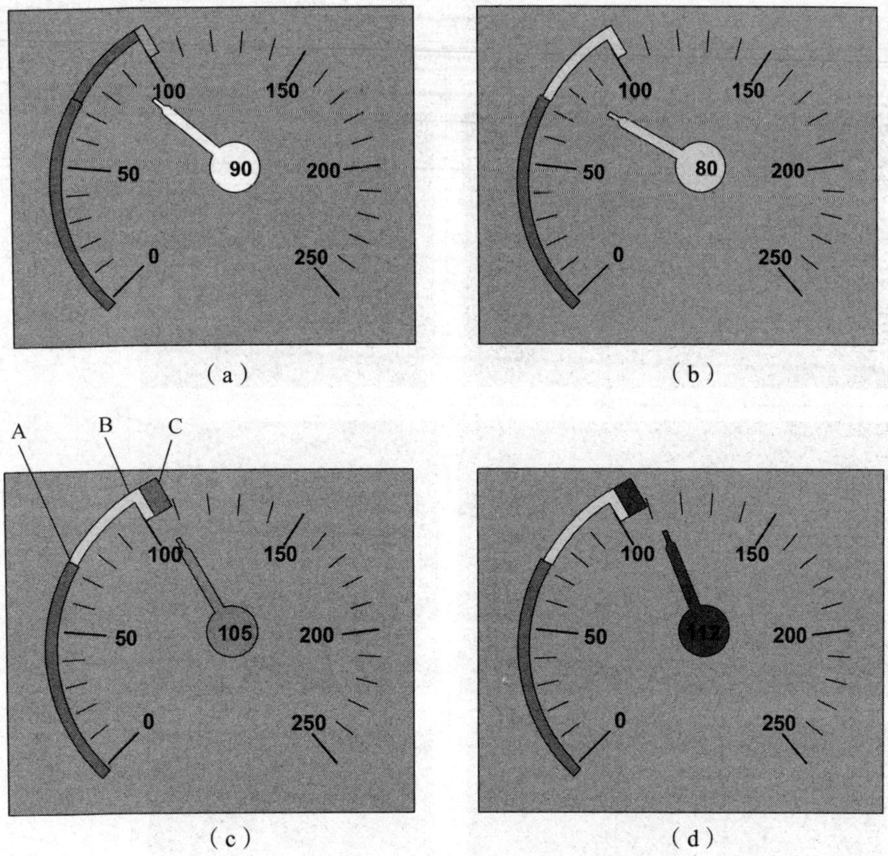

图 9.3.4　B 区速度信息显示

（2）在 CSM 区，列车未超速情况下，目标速度以深灰色显示；允许速度以灰色显示。

（3）在 TSM 区，列车未超速情况下，允许速度以黄色显示。

（4）列车速度超过允许速度但未超过 SBI 情况下，开始以光带方式显示 SBI 速度，从允许速度到 SBI 之间光带的宽度为正常光带宽度的两倍，显示颜色为橙色。同时速度表指针指向列车当前速度。

（5）列车速度超过 SBI 速度但未超过 EBI 情况下，以光带方式显示 EBI 速度，从允许速度到 EBI 之间光带的宽度为正常光带宽度的两倍，显示颜色为红色。同时速度表指针指向列车当前速度。

（6）列车速度超过 EBI 速度后，以光带方式显示 EBI 速度，从允许速度到 EBI 之间光带的宽度为正常光带宽度的两倍，显示颜色为红色，超出 EBI 部分不显示光带，同时速度表指针指向列车当前速度。

在不同状态下速度表的显示方式如表 9.3.1 所示。

当车载设备处于侧线发车的部分监控模式、引导模式、目视行车模式和调车模式，应当显示最大允许速度（P 速度），最大速度指示显示在 B2 区，以灰色单线方式显示，其尺寸和形状与“钩”状光带相同。当速度超过该最大允许速度后，显示方式与表 9.3.1 中超速后的显示方式相同。

B7 区以字符图标的方式表示 ATP 的控制模式。ATP 控制模式与表示图标如表 9.3.2 所示。

表 9.3.1 在不同状态下速度表的显示方式

<table>
<tr><th>序号</th><th>运行情况</th><th>速度表的显示</th><th>说　明</th></tr>
<tr><td>1</td><td>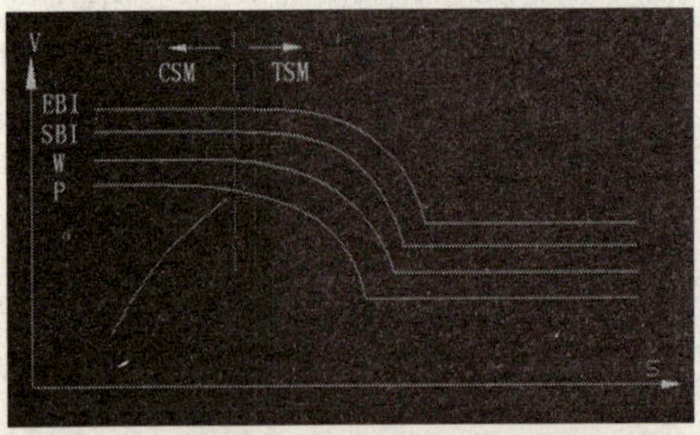
</td><td>
</td><td rowspan="2">1. CSM 区；
2. A：目标速度 ObjS；
3. B：允许速度 P；
4. C：SBI 或 EBI，当前情况下不显示</td></tr>
<tr><td>2</td><td>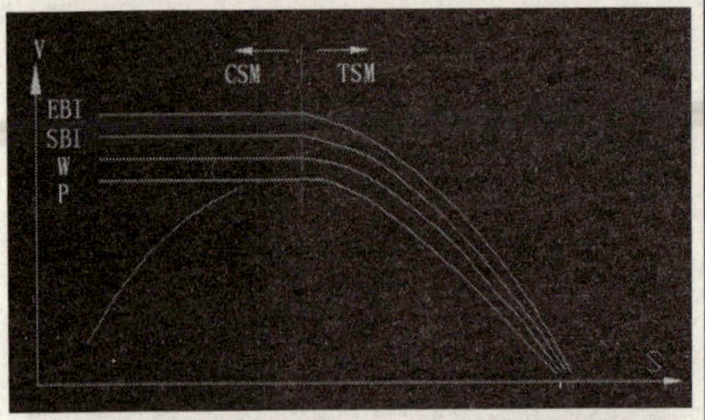
</td><td>
</td></tr>
<tr><td>3</td><td>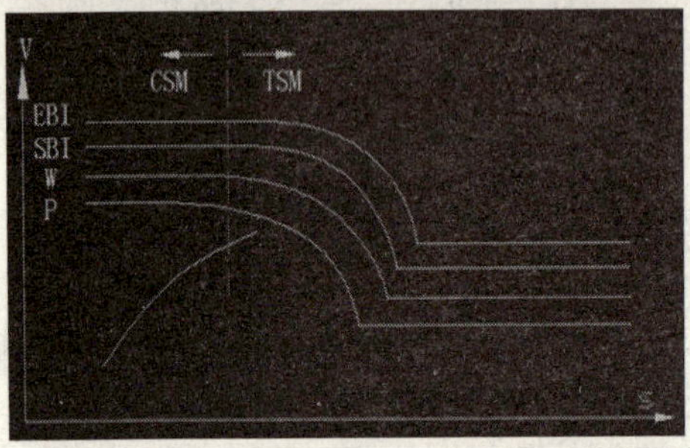
</td><td>
</td><td rowspan="2">1. TSM 区；
2. A：目标速度 ObjS；
3. B：允许速度；
4. C：SBI 或 EBI，当前情况下不显示</td></tr>
<tr><td>4</td><td>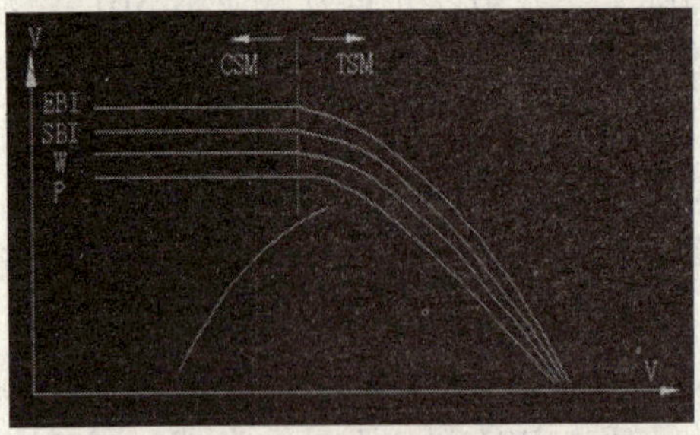
</td><td>
</td></tr>
<tr><td>5</td><td>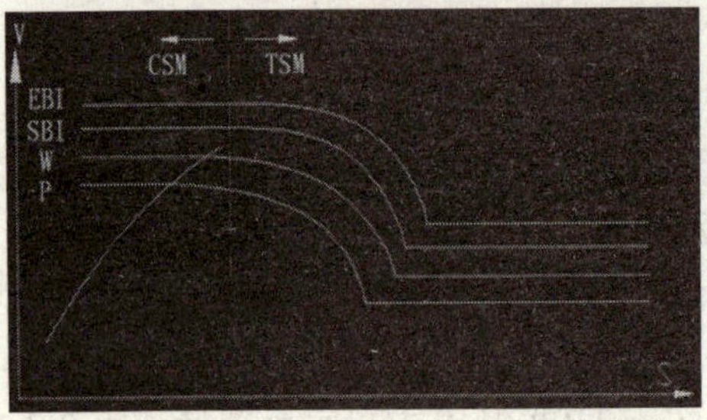
</td><td>
</td><td>1. 超过允许速度，尚未触发常用制动；
2. A：目标速度 ObjS；
3. B：允许速度 P；
4. C：SBI</td></tr>
</table>

续表

<table>
<tr><th>序号</th><th>运行情况</th><th>速度表的显示</th><th>说 明</th></tr>
<tr><td>6</td><td>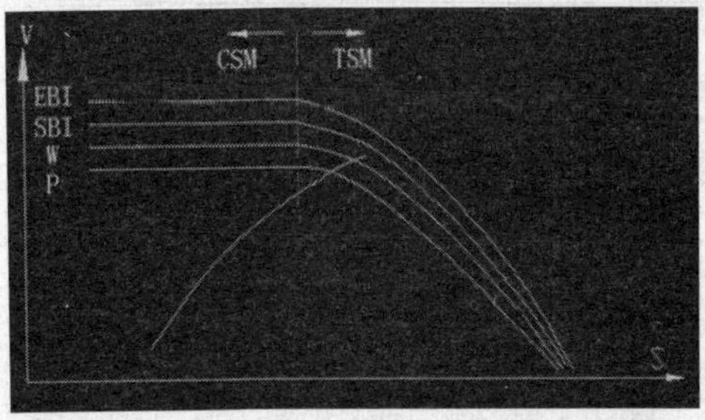
</td><td>
</td><td>1. 超过允许速度，尚未触发常用制动；
2. A: 目标速度 ObjS;
3. B: 允许速度 P;
4. C: SBI</td></tr>
<tr><td>7</td><td>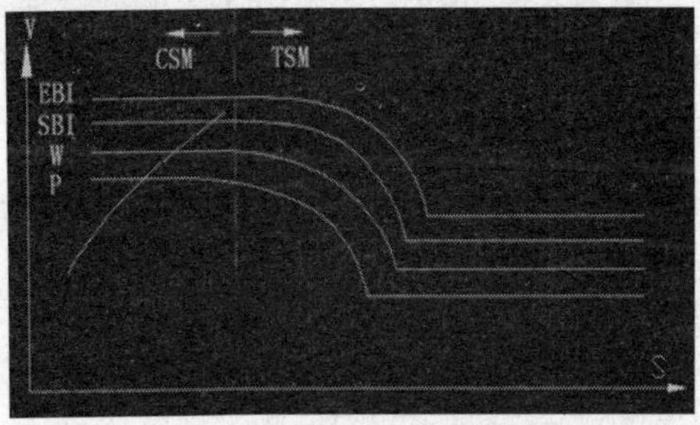
</td><td>
</td><td rowspan="2">1. 触发常用制动，尚未触发紧急制动；
2. A: 目标速度 ObjS;
3. B: 允许速度 P;
4. C: EBI</td></tr>
<tr><td>8</td><td>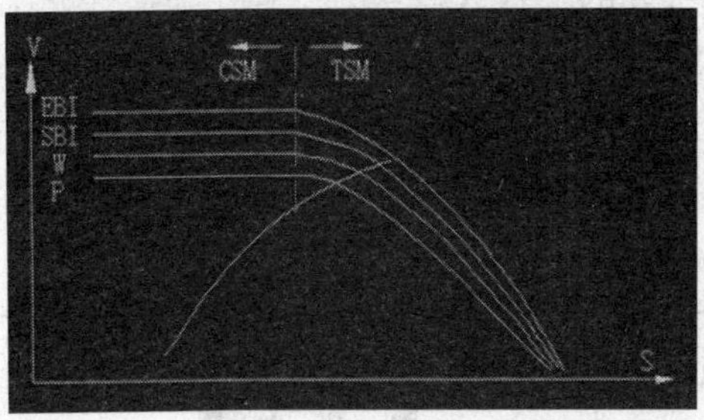
</td><td>
</td></tr>
<tr><td>9</td><td>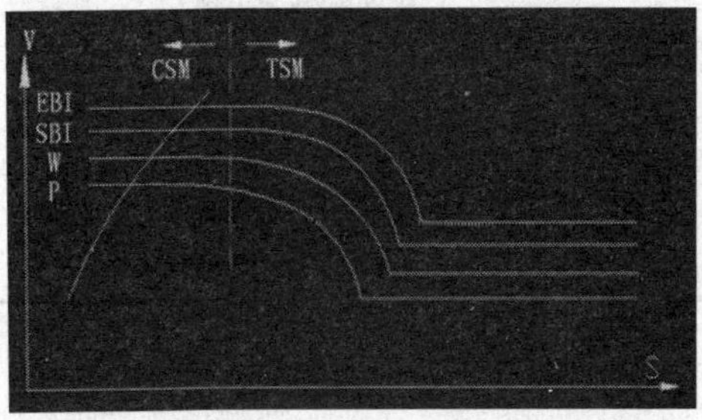
</td><td>
</td><td rowspan="2">1. 人控优先，触发紧急制动；
2. A: 目标速度 ObjS;
3. B: 允许速度 P;
4. C: SBI</td></tr>
<tr><td>10</td><td>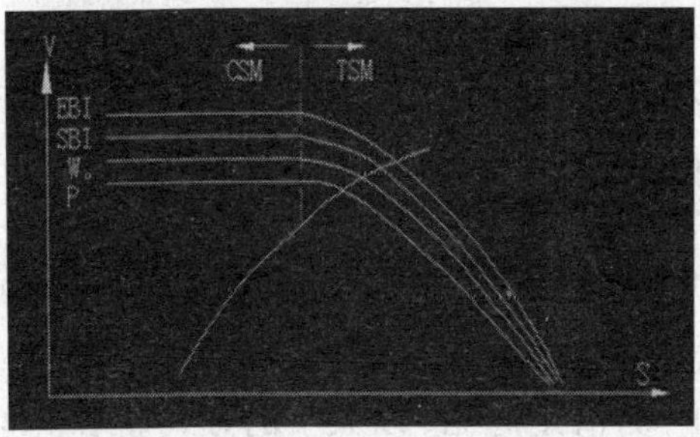
</td><td>
</td></tr>
</table>

表 9.3.2　控制模式与显示对应关系

序号	模　式	图标显示字符
1	完全监控模式	完全
2	部分监控模式	部分
3	调车模式	调车
4	目视行车模式	目视
5	引导模式	引导
6	机车信号模式	LKJ
7	待机模式	待机
8	隔离模式	隔离

（三）C 区设备状态

C1 ~ C7 区保留。

C8 区：该区域以文字的方式显示 ATP 设备所处的 CTCS 等级。

C9 区：以图标的方式显示制动状态。DMI 根据 ATP 设备的制动状态显示图标。如果 ATP 处于非制动非允许缓解状态，则该区域不显示任何图标。制动图标与制动状态对应关系如表 9.3.3 所示。

表 9.3.3　图标与制动等级对应关系

名　称	图　标
紧急制动	
常用制动	
允许缓解	

（四）D 区距离信息

在 CTCS-2 级时，D1 区用于显示距离坐标。坐标系的原点位于 D1 区的左下角，它始终以列车当前所在位置为参考原点，即列车始终位于坐标系的原点。该坐标系的横坐标为距离（单位：米），采用对数坐标，最远显示前方 8 000 m 内的相关信息。坐标系的纵坐标为速度（单位：千米/小时），它表示线路的最大允许运行速度。

D6 区以白色短实线标识出最限制速度曲线（MRSP）的变化点。所谓 MRSP 的变化点，是指相邻的两个不同 MRSP 的位置坐标的交接点。

D7 区显示列车前方 8 000 m 范围内的 MRSP，为清楚起见，以数字的方式显示速度坐标。

D9 区以黄色实线表示列车前方的第一个起模点（CSM 区与 TSM 区的交接点）。同时，将起模点的指示线向下延长到坐标显示区，以便于司机可以清楚地了解到起模点的具体坐标位置。同时，为了给司机做出明显的提示，从起模点到下一个 MRSP 以斜线相连接，表示一个降速过程，便于司机驾驶。

（五）E 区报警信息

E 区用来显示机控/人控优先、文本信息、车次号、时间等信息。

车载 ATP 设备在运行过程中存在机控/人控优先不同控制状态，这两种优先状态可以通过 ATP 机柜内部的跳线来实现初始化设置，也可以由车载 ATP 设备在运行过程中根据具体情况进行实时切换。

E5 区以图标方式表示机控优先和人控优先。在机控优先情况下，显示图标“机控”，当车载 ATP 设备提示司机介入时，E5 区的图标更换为“人控”。

E19、E20、E21、E22、E23 区用于显示各种文本信息。文本信息采用滚动方式显示，最后收到的信息总是以高亮的方式显示于 E19 区，之前的信息依次下移。司机可以通过可扩展功能键中的上、下翻页键查询之前的所有信息。

E16a 区显示当前列车车次号。

E17 区显示当前时间。

（六）F 区可扩展功能键信息

可扩展功能键信息用于指示当前状况下功能键 F1 ~ F8 的具体含义。

三、DMI 键盘

DMI 上有两个键盘。第一个键盘位于 LCD 屏幕的下方，由 11 个硬键组成。第二个键盘位于 LCD 屏幕的右方，由 8 个软键组成。

（一）第一个键盘（硬键）

1. 每个按键都有两种不同功能

（1）用于输入状态，其含义显示在按键的右下角；

（2）用于非输入状态，其含义显示在按键的左上角。

第一个键盘如图 9.3.5 所示。

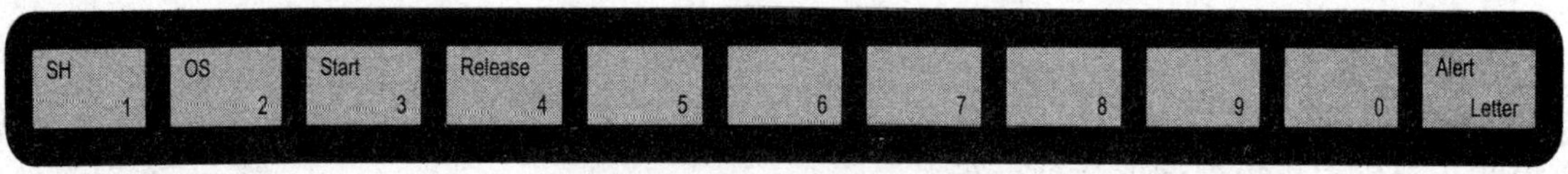

图 9.3.5　LCD 屏幕下方键盘

2. 每个按键的默认定义是非输入状态

（1）非输入状态定义

当按下某个按键时，系统将按照按键左上角的含义动作。

SH：选择调车模式；

OS：选择目视模式；

Start：进入待机模式；

Release：缓解由 CTCS2-200C 触发的常用制动和紧急制动；

Alert：警惕，要求司机确认。

（2）输入状态定义

当输入窗口（司机号、任务号）出现在屏幕右半部分时（取代计划信息、机车信号等），可以用键盘输入字母或数字。与硬键相应的数字在每个按键的右下角。

按压“警惕/字母”键，26 个英文字母将按照预定义的顺序显示在输入窗口内。一直按压此键，直到想要的字母出现在屏幕上。

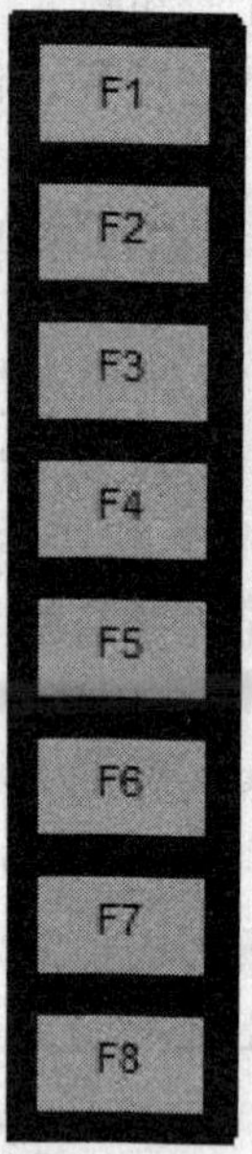

图 9.3.6 显示屏右侧键盘

（二）第二个键盘（软键）

每个软键的含义没有预先定义，而是根据子菜单的不同而变化。具体功能显示在 DMI 屏幕右侧 F 区，DMI 根据实际情况对这些功能键的功能进行定义和更新。主菜单允许司机选择特定的子菜单并确认。第二个键盘如图 9.3.6 所示。

四、CTCS-2 级列控车载设备故障处理

车载设备故障时的处理，这里只讨论对行车模式有影响的部件发生故障时的处理办法。

1. BTM 故障时

BTM 故障时，由于安全计算机（VC）无法正确获得应答器信息，VC 也为故障状态，此时输出紧急制动。如果需要继续行车，应通过司机操作，将 ATP 设备转换为隔离模式，司机按照调度命令行车。

2. STM 故障时

在 STM 单系故障时，由于 VC 无法正确获得轨道电路信息，与 STM 故障系相对应的 VC 也为故障状态，此时输出紧急制动指令。如果 STM 双系均发生故障，两系 VC 均输出紧急制动。如果需要继续行车，应通过司机操作，将 ATP 设备转换为隔离模式，司机按照调度命令行车。

3. DMI 故障时

DMI 故障时，就无法通过 ATP 装置进行运行，因此在取得指挥者的许可后，应该转为隔离模式，然后司机根据调度命令行车。

4. 测速故障

如果某一速度传感器断线，与该系相对应的 VC 检测到该故障后，将会输出制动。由于速度传感器有多个线组，所以在一个线组断线的情况下，各系统会脱离一个有故障的系统使运行能够继续，如果两系都出现故障时，就会一直保持制动状态。司机取得调度命令后，将 ATP 隔离开关切换到隔离侧，并将列车移动到最近的车站。

5. ATP 整机故障

ATP 整机故障后，转为隔离模式，然后司机根据调度命令行车。

CTCS-2 级列控系统车载设备故障现象及应急处理办法如表 9.3.4 所示。

表 9.3.4 CTCS-2 级列控系统车载设备故障处置方法

序号	故障现象	应急处理方案
1	运行途中车载设备发生故障并触发制动停车	司机立即报告列车调度员，通知随车机械师将系统断电 30 s 后重新启动，并将设备恢复情况报告列车调度员。重新启动后根据情况不同分别进行下述处理： （1）重新启动后设备恢复正常，则按列控设备控车继续运行。 （2）重新启动后设备仍未完全恢复正常，但 DMI 或 LKJ 控制屏显示机车信号正常时，由列车调度员下达“转入隔离模式”的命令，司机应通知随车机械师操作列控设备的“隔离开关”将列控车载设备转入隔离模式，按 LKJ 控车运行。 （3）重新启动后不能恢复且无法提供机车信号时，可尝试重新启动，在重新启动 2 次均失败后，需按调度命令等待救援。救援机车牵引时将列控车载设备、LKJ 全部置于隔离状态。 （4）经确认为车载设备故障，列车调度员应及时通知前方动车所待命，做好更换故障设备的准备
2	司机根据车载设备 DMI 报警及显示，经确认连续多个应答器数据缺失或轨道电路信息异常	司机应立即向列车调度员、车站值班员报告；影响列车正常运行时，应按 DMI 指示和列车调度员下达的调度命令行车
3	车站进、出站端应答器（组）皆故障	该故障将导致列控车载设备按 45 km/h 限速运行。动车组司机发现异常后，应立即通知车站值班员和列车调度员，根据调度员的命令切换到 LKJ 控车运行、越过前方站出站端应答器 450 m 后，人工切回列控车载设备控车
4	级间转换应答器故障导致级间转换失败	司机确认后通过 DMI 进行手动切换,同时立即向车站值班员、列车调度员报告
5	区间信号故障，列控车载设备显示停车信号	列车停车等候 2 min 后，将设备转入目视行车模式运行
6	出站（发车进路）信号故障	在取得有关发车手续后，将列控车载设备转入目视行车模式运行

续表

序号	故障现象	应急处理方案
7	车载设备触发异常常用制动或紧急制动，司机不能判定故障原因	应立即通知随车机械师协同查找故障原因，同时向列车调度员、车站值班员报告，对地面设备情况进行确认。待故障原因确定后，司机凭调度命令，在停车状态下将 ATP 的隔离开关由“正常”位转至“隔离”位，制动可以被切断，转为 LKJ 控车，按调度命令行车
8	出现 DMI 故障时，无法通过列控车载设备（ATP）进行运行	司机凭调度命令，在停车状态下将 ATP 的隔离开关由“正常”位旋转至“隔离”位，制动可以被切断，转为 LKJ 控车，按调度命令行车
9	DMI 显示 ATP 单系故障	不影响使用，不需要司机特殊的操作

“CTCS-2 级列控车载设备显示及故障处理”课程资源包

任务实施

任务编号	9-3	任务名称	CTCS-2 级列控车载设备显示及故障处理
序号	检查内容	完成情况	
		是	否
缩略语定义			
1	掌握 ATP 设备使用的缩略语意义		
DMI 显示界面分区及各区显示内容			
2	指明 DMI 界面分区及各区显示内容		
3	指明 DMI 界面各文字显示意义		
4	指明速度表显示含义		
5	指明计划区显示含义		
6	指明目标距离显示含义		
DMI 键盘的工作状态和定义			
7	叙述 DMI 键盘的两种工作状态及默认工作状态		
8	叙述 DMI 键盘在不同工作状态下的定义		

续表

任务编号	9-3	任务名称	CTCS-2 级列控车载设备显示及故障处理	
序号	检查内容		完成情况	
			是	否
应急故障处理				
9	BTM 故障的处理			
10	STM 故障的处理			
11	DMI 故障的处理			
12	测速故障的处理			
13	ATP 整机故障的处理			

任务评价

任务编号	9-3	任务名称	CTCS-2 级列控车载设备显示及故障处理		
序号	评价内容		标准分值	自我评分 50%	组内评分 50%
资讯阶段			10		
1	是否积极参与任务书讨论，正确领会任务要求		5		
2	是否积极参与引导文学习讨论，完全掌握学习内容		5		
计划→实施→检查阶段			20		
1	是否积极参与计划制订，提出建设性计划内容		5		
2	是否制订了可行的任务方案		5		
3	是否认真履行个人角色，积极参与任务演练		5		
4	是否有效使用任务检查单保证任务顺利进行		5		
序号	评价内容		标准分值	组间评分 50%	教师评分 50%
（任务展示）评价阶段			70		
1	缩略语定义	对 ATP 设备使用的缩略语进行解释，错误一次扣 2 分	20		
2	DMI 显示界面分区及各区显示内容	指明 DMI 显示界面各区显示内容及含义，错误一项扣 1 分	20		
3	DMI 键盘的工作状态和定义	叙述 DMI 键盘工作状态及各按键定义，错误一项扣 1 分	20		
4	应急故障处理	针对教师设定的故障，提出应急处理方案，方案不合理或错误一处扣 2 分	10		
总评分值					

能力测试

1. 解释下列缩略语。

（1）P：　（2）W：　（3）SBI：　（4）EBI：　（5）REL：

（6）CSM：　（7）TSM：　（8）SSP：　（9）TSR：

2. 在图 9.3.7 所示的 DMI 界面上标出各显示区域的名称。

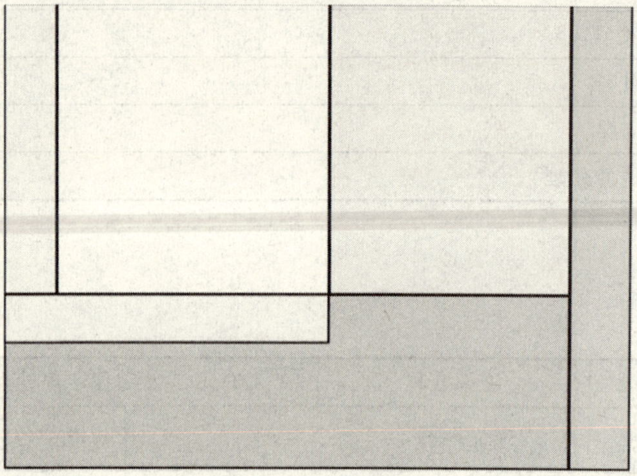

图 9.3.7　DMI 界面显示

3. 在图 9.3.8 所示的 DMI 界面上标出各框格显示的内容。

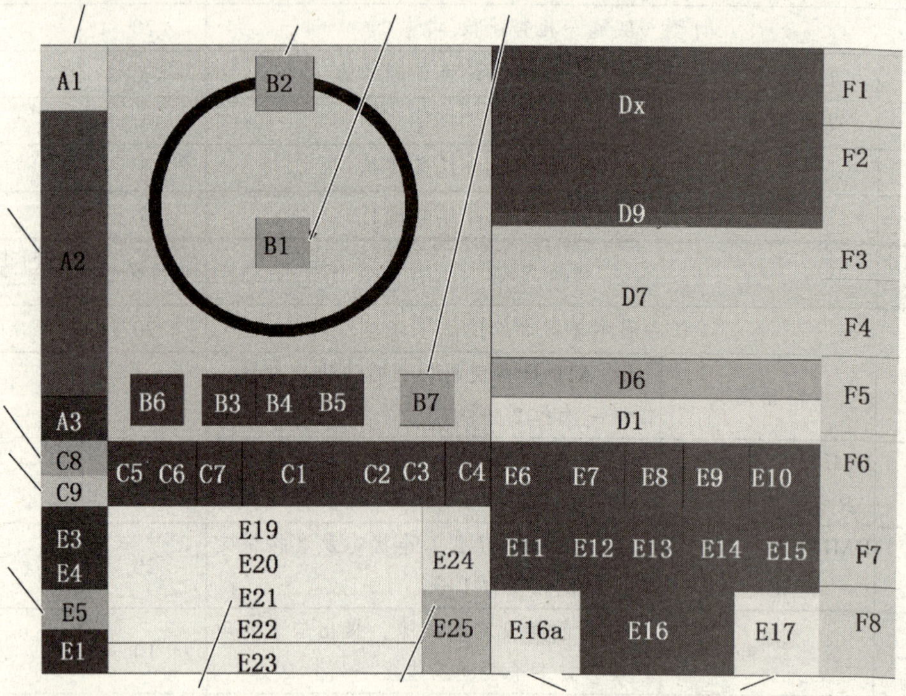

图 9.3.8　DMI 主界面区域具体划分

4. 解释表 9.3.5 中 B2 区速度表的显示含义。

表 9.3.5　B2 区速度表的显示含义

速度表的显示	含　义

续表

速度表的显示	含义

5. C9 区以图标的方式显示制动状态，在表 9.3.6 中填入图标对应的制动状态。

表 9.3.6 图标与制动等级对应关系

制动状态名称	图标

6. D1 区距离坐标，最远处能显示（　　）米距离内的相关信息。
7. 什么是起模点？
8. DMI 键盘有哪两种状态？默认为哪种？
9. LCD 屏幕下方键盘两种状态下各个按键的定义是什么？
10. LCD 屏幕右侧键盘可以自定义，但通常设置为（从上到下）哪些定义的按键？
11. ATP 启动操作流程是怎样的？
12. 为表 9.3.7 给出的故障现象，填上相应的应急处理方案。

表 9.3.7　故障应急处理方案

序号	故障现象	应急处理方案
1	运行途中车载设备发生故障并触发制动停车	
2	司机根据车载设备 DMI 报警及显示，经确认连续多个应答器数据缺失或轨道电路信息异常	
3	车站进、出站端应答器（组）皆故障	
4	级间转换应答器故障导致级间转换失败	
5	区间信号故障，列控车载设备显示停车信号	
6	出站（发车进路）信号故障	
7	车载设备触发异常常用制动或紧急制动，司机不能判定故障原因	
8	出现 DMI 故障时，无法通过列控车载设备（ATP）进行运行	
9	DMI 显示 ATP 单系故障	

参考文献

[1] 中国铁路总公司. 铁路技术管理规程[M]. 北京：中国铁道出版社，2014.
[2] 武新杰，段金辉. 行车安全装置操作与维护[M]. 北京：中国铁道出版社，2013.
[3] 潘京涛，张万成. 机车车载行车安全装备[M]. 北京：北京交通大学出版社，2019.
[4] 周江涛，俎以宏. 列车行车安全装置[M]. 北京：中国铁道出版社，2008.
[5] 铁道部运输局. 机车综合无线通信设备（CIR）操作指南[M]. 北京：中国铁道出版社，2011.
[6] 张铁增. 列车运行控制系统[M]. 北京：中国铁道出版社，2008.
[7] 北京铁路局. CTCS-2 级列车控制系统应用与维护[M]. 北京：中国铁道出版社，2008.
[8] 徐啸明. 列控车载设备（CTCS2-200H 型）/CTCS-2 级列车运行控制系统应用[M]. 北京：中国铁道出版社，2008.